出版说明

2018年11月8日至9日，第十三届国际汉语教学研讨会暨北京大学首届世界汉语研讨会在北京大学举行。大会由世界汉语教学学会、孔子学院总部和北京大学联合主办，主题为“新时代国际汉语教学研究与发展”。来自澳大利亚、俄罗斯、哈萨克斯坦、韩国、加拿大、马来西亚、美国、南非、日本、泰国、新加坡、意大利、英国、越南、中国等32个国家和地区的340名代表参加了研讨会，主要围绕跨学科新理论视角、汉语评估标准、汉语教师本土化建设、课程设计和教学模式、中国文化与中国国情、汉字教学中的文化要素、新技术新媒体新思维的探索与应用等专题展开研讨。

会后，世界汉语教学学会秘书处与学会理事组成《第十三届国际汉语教学研讨会论文选》编辑委员会，名单如下：

编委会秉持尊重作者及其学术作品的严谨态度，经过认真审选，最终确定收录44篇论文。所选论文反映了新时期国际汉语教学、研究和推广的成果与经验，兼顾学术性与应用性，对推动世界汉语教学更加深入的合作和发展具有一定的参考价值。

论文选付梓成册，首先感谢论文作者们的学术奉献，同时感谢理事们承担审选论文工作，最后感谢孔子学院总部和商务印书馆对出版工作的鼎力支持！

世界汉语教学学会秘书处

2019年6月

Proceedings of the 13th International Conference on Chinese Language Teaching

第十三届国际汉语教学研讨会论文选

世界汉语教学学会秘书处编

新时代

创于1897 商务印书馆 The Commercial Press
2019年·北京

图书在版编目(CIP)数据

第十三届国际汉语教学研讨会论文选/世界汉语教学学会秘书处编. —北京:商务印书馆,2019
ISBN 978-7-100-17795-5

Ⅰ.①第… Ⅱ.①世… Ⅲ.①汉语—对外汉语教学—国际学术会议—文集 Ⅳ.①H195-53

中国版本图书馆 CIP 数据核字(2019)第 189355 号

第十三届国际汉语教学研讨会论文选
世界汉语教学学会秘书处 编

商 务 印 书 馆 出 版
(北京王府井大街 36 号 邮政编码 100710)
商 务 印 书 馆 发 行
北京九州迅驰传媒文化有限公司印刷
ISBN 978-7-100-17795-5

2019 年 9 月第 1 版　　开本 787×1092 1/16
2019 年 9 月北京第 1 次印刷　　印张 24
定价:78.00 元

目录

专题四：国际汉语教学课程设计和教学模式研究

专题五：中国文化与中国国情研究与教学实践

专题六：汉字教学中的文化要素及其教学与研究

专题七：新技术、新媒体、新思维在国际汉语教学中的探索与应用

专题八：国际汉语教学其他相关问题研究

附录：第十三届国际汉语教学研讨会参会论文题目

许嘉璐在开幕式上的讲话

尊敬的各位副会长，各位理事、常务理事，尊敬的各位嘉宾、会员代表，尊敬的郝平校长、孔子学院总部的朋友们：

首先，我代表世界汉语教学学会和学会第十届理事会对本届研讨会的东道主，为会议提供了种种支持和方便的北京大学表示衷心的感谢，同时预祝北京大学首届世界汉语研讨会圆满成功。世界汉语教学学会的研讨会和北京大学首届世界汉语研讨会同时在北京大学美丽的校园里举行，在我看来，这表明北京大学以其国际化的视野、雄厚的学术实力，已把世界汉语教学及其高端研究纳入学校进一步攀登人文社会学科高峰、更大步地走向世界的战略部署之中。我相信，这将对中国国内许多大学有所激励，有所启示。

接下来，我想对到会的世界汉语教学学会的朋友们和孔子学院总部的朋友们说几句事关我们这一事业的心里话。

我们每个人，连同我们所从事的事业，正面临着一个人类历史上从未出现过的伟大转折，这就是人类各个群体之间的关系，在彼此相对隔绝，继而普遍对抗之后，进入21世纪以来正在步履虽然缓慢，但却坚实地进入不同文化间对话的阶段。步履之所以缓慢，主要是因为人类在过往历史中欲望膨胀的积弊太深；向前迈进之所以坚实，是因为自然科学、人文社会科学和哲学出现了恢复彼此融通的趋向。当下，人类需要更深刻、更全面地认识自己和宇宙，需要消除历史的积垢，需要促进人类和睦相处，需要形成人类命运共同体，一切科学应该为这一美好的远景提供智慧和依据。清醒的人们在对比了既往的仇杀和20世纪两次规模空前的残酷战争，逐渐深刻地认识到应该有越来越多的族群、国家和知识精英站到促进人类走入不同文化间对话这条路的队伍中来，由因对抗而饿殍遍地、尸骨成山的崎岖之路改道走上平等、谦和、互尊、互学，携手并肩、共创和平的大道。这条大道就是交流、对话、协商、合作、发展之道，其方向或曰目标，就是习近平主席提出的“构建人类命运共同体”。在世界这样一个似无声响的变动中，孔子学院这一新鲜事物应运而生，她在150多个国家落地生根，正反映了世界对对话的需求。

没有人会认为我们所选择的这条道路是平坦的、高速的、可以一蹴而就的。就以中国的经验而言，公元前四五世纪的文献中，记载了孔子的“小康”社会的理想，但历朝历代都没能实现，有时还出现了历史的倒退。而在21世纪第二个十年，中国就将基本建成全面小康社会了。由此可以推想，要建构起类似而又远远超越了孔子的至高理想“大同”世界的“人类命运共同体”，将会多么艰难，将要经过多么长的时间。

在现阶段这样一个特殊的时代，世界汉语教学学会承担着与很多学术团体不一样的责任，这是无须多说的。将近20年前，我曾把世界汉语教学譬喻为中国和世界各国人民之间友好往来之桥、心灵相通之桥。现在我想说，这座桥梁不仅已经如我所期望并预见的那样越来越宽、越来越牢，甚至我们还可以说，通过不断地改革创新，它正在化为一条无形而永恒的大路。为铺设这条大路而从事这一事业是光荣的，是值得骄傲的。

预祝研讨会圆满成功，

祝福各位工作顺利，生活幸福，

祝福北京大学更加成功，更加辉煌！

谢谢大家！

郝平在开幕式上的讲话

尊敬的许嘉璐先生，各位领导、各位来宾，老师们、同学们：

大家上午好！

深秋的燕园美不胜收，很高兴在这美好的时节里，在北大举办本次研讨会。刚才，许嘉璐先生在讲话中对我们给予了极大的鼓励和鞭策。首先，我要代表北京大学向许嘉璐先生，向国家汉办、孔子学院总部的领导，以及世界汉语教学学会各位理事、专家学者、各方代表的莅临和支持，表示诚挚的欢迎和衷心的感谢！

习近平主席深刻指出，语言是了解一个国家最好的钥匙，要了解一个国家，就离不开了解这个国家的语言。中国有着五千多年悠久灿烂的文明，汉语作为中国的母语，数千年绵延不绝，是中华民族的一大辉煌。随着中国改革开放的深入发展，世界各地都掀起了汉语热。今天在座的著名汉学家、北大校友白乐桑先生曾讲过，20 世纪 70 年代在法国，如果你说自己正在学汉语，周围的朋友会觉得你在开玩笑，而如今的情况已经发生了截然不同的巨大变化。就以法国为例，2016 年，法国已经有约 5.2 万名中小学生在学汉语，是 2004 年的五百多倍。汉语已经成为联通中国与世界的重要桥梁，汉语的推广也极大深化了中国与世界各国的相互认知和友好合作。

各位来宾，老师们、同学们，国际汉语教学研讨会为全世界汉语教学和研究者、汉语爱好者提供了一个开放、多元、包容的交流和互动平台，对汉语教学研究和传播起到了重要的推动作用，北京大学对此高度赞赏。事实上，我们与世界汉语教学学会的渊源由来已久，早在 20 世纪 80 年代，北大副校长朱德熙先生就担任了第一、第二届会长，中文系陆俭明教授曾担任第六、第七届会长。

在汉语教学方面，北京大学是中华人民共和国最早开展对外汉语教学的大学，从 1952 年的东欧留学生中国语言专修班到 1984 年成立对外汉语教学中心，再到 2002 年成立的对外汉语教育学院，以及现在我们与国外十所大学共建的孔子学院，经过我们的努力，已经打造了一批精品教材，形成了一些有效的教学模式，产生了众多的研究成果，培养了成千上万的汉语学习者和一大批顶尖的专业人才。

此次我们同时举办北京大学首届世界汉语研讨会，就是要进一步推动北大的国际汉语教学交流与合作。北大也是一个国际交流大平台，近期日本首相安倍晋三先生、俄罗斯副总理戈利科娃女士都在北大参加了座谈，今天下午北大的名誉博士基辛格先生也将到北大与师生座谈。

过去几十年间，中国经济社会不断发展进步，和世界的联系愈发紧密，全球学习汉语的人数大幅增加，汉语教学与研究不断取得新成果，同时也面临着新形势、新挑战、新课题。刚才，许嘉璐先生讲到，人文社会科学要和自然科学紧密结合，这是一个新机遇，也是一个新课题。

对外汉语教学是一门交叉型学科，具备跨学科细分领域的视角非常重要；同时，它也是一门实践型学科，对新技术、新媒体、新领域的探索应用不容忽视。对外汉语教学和科研需要更多的、面向未来的创新，需要探索一条更贴合现实实际的教学与科研之路。

本次国际研讨会将聚焦新时代国际汉语教学研究与发展，有着深刻的意义。我衷心期待通过本次研讨会，各位专家学者充分交流，畅所欲言，碰撞出更多的思想火花，共同为促进国际汉语教学研究和推广献计献策，为增进中国与世界的理解和友谊，推动构建人类命运共同体做出更多贡献。

预祝此次研讨会取得圆满成功，谢谢大家！

马箭飞在开幕式上的讲话

尊敬的许先生，尊敬的郝平校长，尊敬的各位代表，各位嘉宾、老师们、同学们：

大家好！

首先我代表孔子学院总部、代表汉办，向前来参加研讨会的各位会员、理事和来自世界各地的各位代表表示热烈欢迎和衷心感谢。

向筹备大会辛苦工作的北京大学的领导、同事们，特别是对外汉语教育学院的同事们、同学们以及国际合作部的朋友们表示衷心的感谢，谢谢你们！

要特别向倡议并全力支持两个研讨会在北大同时举行，让汉语研讨和汉语教学研讨相互辉映、相得益彰的郝平校长致以衷心感谢和诚挚敬意。郝平校长是我个人和孔子学院的老领导，现在也是孔子学院总部理事会的常务理事。

与此同时，我要向尊敬的许嘉璐会长，这位可敬可爱的老先生致以深深的谢意和崇高的敬意。显而易见，许先生是抱着比较虚弱的身体参加今天会议的。昨天在我向先生打电话请示工作的时候，先生告诉我，他要用一天的时间来养精蓄锐，确保今天的开幕式能够来到现场，同时确保明天在闭幕式上能够亲自为获奖论文的作者们颁奖。虽然身体有些虚弱，但是对本次研讨会的准备工作、大会主题和分议题的设计及致辞等工作，许先生依然是一贯地亲力亲为、一丝不苟、呕心沥血。这种精神令人动容。

刚才先生在讲话中谈到了孔子学院和世汉学会的使命和责任。孔子学院和汉办有着共同的使命和责任，那就是促进文明对话，铺设沟通桥梁，为世界各国人民服务，这个构建人类命运共同体的目标也正在逐步实现。

众所周知，孔子学院总部 / 国家汉办脱胎于世界汉语教学学会，源自于国际汉语教学研讨会。世界汉语教学的发展不仅催生了孔子学院的诞生，同时也推动了孔子学院的发展。经过 15 年的努力，目前全球有 151 个国家（地区）设立了 531 所孔子学院和 1113 个孔子课堂，学员总人数超过了 200 万人，并带动了 67 个国家将汉语纳入国民教育体系。

孔子学院是全球最大的国际化语言教育网络，也是全球最多样化的国际教育平台。孔子学院所秉承的相互尊重、增进理解、适应需求、特色发展等价值理念，是孔子学院受到各国人民欢迎的根本原因。新事物的发展并不是一帆风顺的，无论遇到什么样的困难、什么样的挑战、什么样的质疑，孔子学院的初心不会改变。

孔子学院的发展得益于在座各位代表、世界汉语教学学会各位理事和会员以及各国专家学者的大力支持。世界汉语教学学会为各国孔子学院培养了众多的专业人才，提供了丰富的汉语教学理念和大量帮助，这些都成为孔子学院不断创新发展、推动学术实践的支撑和源泉。

我们由衷希望孔子学院总部能与世界汉语教学学会、与北京大学一道，面向孔子学院发展的未来打造一支高质量、高水平的专职骨干教师队伍，研发一批有内涵、有趣味的新一代汉语教材，推出并且推广实用、简单、有效的汉语教学法，推动孔子学院向高质量、内涵式、特色化发展，为适应世界各国人民学习中文的需要，为增进中国人民和世界各国人民的了解和友谊，为促进多元文化的发展，贡献我们的力量。

所以特别感谢大家！最后祝愿各位健康、愉快，预祝这两个研讨会都取得圆满成功，谢谢大家！

许嘉璐在闭幕式上的讲话

尊敬的各位理事和会员代表、尊敬的郝平校长、尊敬的各位副会长：

借着这次研讨会即将结束、彼此就要再道祝福、珍重的机会，我要向荣获第五届创新论文奖的各位老师致以衷心的祝贺。你们的论文，以及其他众多朋友提供的论文和作品，都是从自己的实践中总结提炼而成的，是大家心血的结晶。作为中国一个语言文字工作者，我要向你们学习，我要感谢你们！

我在昨天的开幕式上说过，我们通过改革创新，将把世界汉语教学铺设为一条无形而永恒的大路。怎样改革创新？大道至简，实干为要。就目所能及的未来一些年来说，我认为有两点至关重要：第一，及时把握大数据和人工智能技术的进展动向，适时地运用到我们的教学和管理工作中来。第二，在世界汉语教学中更广泛、更深入地沟通中华文化和各个国家以及民族间的深层文化交流。这两点，是密切关联着的。

众所周知，人类的发展史早已揭示了这样一个道理：历史前行、社会进步乃至人类自身的演进，都离不开人作为主体去探索、认知主观与客观这两个世界，并且恰如其分地运用基于这种探索、认知而创造的方法、工具和思维方式。大数据和人工智能是迄今最为先进的技术成果，如果与之失之交臂，就会一步跟不上，步步跟不上。至于世界汉语教学和不同文化深度交流的关系，自不待言，因为知其史方明其今，探其理始通其俗。而语言，是各个民族文化特殊的组成部分，单就教授语言并开掘传播语言中所包含的史、今、理、俗的深刻内涵而言，我们的远大理想恐怕只有在大数据和人工智能技术的支持下才能尽快地、广泛地实现，反过来看，对语言的认识不断扩展和深化，也是大数据和人工智能技术的重要资粮。

最后，我要向学会，向全体会员致以深深的歉意。近几年我接连突发几种疾病，难以像过往那样为学会尽力，真可谓有其心而乏其能啊！ 31 年来，我和在座的一些老朋友一起见证了世汉学会从出生到成长、从小到大、从鲜为人知到名扬五洲的过程。感谢伟大的时代，感谢学会的历届领导，感谢全体会员！此情此理决定了，我虽然已经年迈气衰，但是还会站好最后一班岗，在大家的信任和支持下把学会 2019 年的工作做好。力虽小而心甚切，希望能和大家一起，往汉语教学这堆温暖之火里添柴加草，让它烧得更加旺些，再旺些。

在这样的时刻，我只想说，当我们再相会时，学会一定更壮大了，各位的教学和研究成果更为光彩夺目了。

祝世汉学会好运连连，祝各位副会长工作顺利，祝各位理事返程愉快，成绩卓著！

谢谢！

专题一
Topic 1

跨学科新理论视角下的国际汉语教学研究
Research on International Chinese Language Teaching from the Perspective of a New Interdisciplinary Theory

现代汉语中“A 啊 B 啊”及其音变形式的列举功能

南开大学　董淑慧　天津师范大学　宋春芝

摘　要：本文将“A 啊 B 啊”看作现代汉语口语中表达列举义的一种重要手段，是汉语嵌套式列举标记之一。“A 啊 B 啊”具有音变形式，即“A 呀（啦、哪、喽）B 呀（啦、哪、喽）”，使用频率最高的是“A 呀 B 呀”。本文考察了“A 啊 B 啊”与其他列举标记共现的情况，三个以上汉语列举标记共现遵循“比如 > 像 > 什么 > ‘A 啊 B 啊’及其音变形式 > 等 / 等等”的规律。

关键词：A 啊 B 啊　列举功能　共现

一、引言

列举是揭示某概念外延时常用的方式。学界对列举标记有过一些研究。张谊生（2001）、马喆和邵敬敏（2015）、王琳（2016）等对汉语列举形式进行整体分析。张谊生（2001）考察了现代汉语中的列举助词，共分四组十二个：等、等等，云、云云，一类、之类、之流、者流、一流，什么的、啥的、的$_3$；还从句法、语义和语用等多角度对列举结构进行深入的分析。马喆和邵敬敏（2015）将列举方式分为五种：“A. 如 / 例如”“B. 比如（说）/ 好比（说）”“C. 像……（这样的 / 这种的 / 这类的 / 这几种类型的等）”“D. L_1 啊，L_2 啊”“E. L_1、L_2……什么的 / 什么 L_1、L_2”。文章还考察各组共现的情况，认为五种方式不仅可以两两共现，也可以多个共现，最多可以出现四组共现的情况（B>C>D>E）。王琳（2016）则区分了“列举”和“举例”两个概念，将汉语列举标记归纳为“前项列举标记”“后项列举标记”和“嵌套式列举标记”三组。此外，童盛强（2002）、朱军（2006、2008）、张国艳（2011）、芜崧（2012）、丁加勇（2014）、马喆和邵敬敏（2015）则对某个具有列举功能的词语或结构进行深入探讨；还有一些文章专门对比两个列举标记，如杨淑璋（1981）、崔益勇（1982）、刘公望（1988）、邹哲承（2007）对比了“等”和“等等”，李劲荣（2015）对比了“什么 X”与“X 什么的”。

专门讨论“A 啊 B 啊”或其音变形式的只有陈光（2010），作者将“A 啊 B 啊”（如“鱼啊肉啊”）和“A 啊 A 啊”（如“跑啊跑啊”）等统一看作现代汉语中“表示展延量”的结构。在对外汉语教学领域，有文章、工具书或教材提及“A 啦 B 啦”或“A 啊 B 啊”具有列举功能。马喆和邵敬敏（2015）将“L_1 啊，L_2 啊”看作汉语的列举方式，但王琳（2016）反对这种看法。吕叔湘主编（1999）提到“啊”，“用在句中停顿处，表示列举”。有的汉语教材提及“A 啦 B 啦”的列举功能。《博雅汉语 · 初级起步篇 Ⅰ》（2013）第 18 课专门讲解“A 啦 B 啦 C 啦”：

列举 Enumeration/Listing

过生日啦，过节啦，来客人啦，一般都包饺子吃。

常用格式是“A 啦，B 啦，C 啦……”。例如：

①我们大学有很多国家的留学生，美国啦，日本啦，英国啦……

②大卫每次到商店都买很多东西，衣服啦，食品啦，啤酒啦……他都要买。

③那儿有很多饮料，咖啡啦，果汁啦，茶啦……随便喝。

《博雅汉语 · 初级起步篇 Ⅰ》（2013）未提及“A 啦 B 啦 C 啦”的音变形式，也未详细分析进入其中的 A、B、C 的语义特征。我们将“A 啊 B 啊”及其音变形式看作现代汉语表达列举义的一种重要手段，是汉语的“列举标记”，本文将其看作构式。Goldberg（2007）给“构式”下的定义是：“C 是一个构式，当且仅当 C 是一个形式—意义的配对（Fi，Si），且 C 的形式（Fi）或意义（Si）的某些方面，不能从 C 的构成成分或其他已有的构式中得到完全推测。”“A 啊 B 啊”的语义功能不能从其构成成分推知。本文将考察“A 啊 B 啊” 及其音变形式的列举功能，并考察“A 啊 B 啊”与其他列举标记共现的规律。

二、“A 啊 B 啊”及其音变形式的列举功能

（一）“A 啊 B 啊”及其音变形式的列举功能

马喆和邵敬敏（2015）将“L_1 啊，L_2 啊”看作汉语的列举方式。王琳（2016）则认为：“‘啊’只是起语气停顿作用，不是真正的列举标记，不使用也可以完成列举。”王琳（2016）在脚注中进一步解释：

审稿专家指出“啊 / 啦 / 哪 / 哇” “的”等成分的作用在于停顿而不表列举。我们认为前者主要用于口语中，书面语中不出现也可以表列举。因而不做讨论。但是“的”既有语音停顿作用，又有列举功能，去掉有时会影响表达。例如：“利用妹妹在火车上当列车员的便利，上海、南京、杭州【的】跑了起来。”

按照王琳（2016）的逻辑来推理，“A 啊 B 啊”跟“的”一样，也应该是列举标记。王琳（2016）认为，“利用妹妹在火车上当列车员的便利，上海、南京、杭州【的】跑了起来”中“的”去掉会影响表达，因而把“的”看作列举标记，然而若是将该句中的“的”换成“A 啊 B 啊”，即“上海啊、南京啊、杭州啊跑了起来”，去掉“啊”同样影响表达。因此我们认为，“A 啊 B 啊”中“啊”既有语音停顿的作用，又有列举功能，去掉“啊”会影响整个句子语义功能的表达。我们再看老舍作品中“A 啊 B 啊”的例子：

（1）他以为，必须得投一点资：先给人家送点礼物啊，或是请吃吃饭啊，而后才好开口。（《四世同堂》）[1]

（2）我省吃俭用，供给她上技术学校，盼着她能去开矿啊，采石油啊，真给国家做点事！（《春华秋实》）

（3）举个例子说吧。在京音大鼓中，下句的末一字虽用平声（中啊，人啊，前啊），可是往往因音乐的关系而出音很低。（《“现成”与“深入浅出”》）

例（1）中“给人家送点礼物”“请吃吃饭”只是“他以为，必须得投一点资”的多种方式中的两种，说话人将其当作典型例子列举在此，而并非只有这两种方式。例（2）“开矿”“采石油”是“（我希望她）真给国家做点事”的多种途径中的两种，说话人将其当作典型例子列举在此，而并非只有这两种途径。上述两例，若将“啊”去掉，句子表达的意思就只剩下“给人家送点礼物”“请吃吃饭”两种方式、“开矿”“采石油”两种途径，与说话人原话所表达的意思相去甚远。例（3）括号中的“中啊，人啊，前啊”是为“下句的末一字虽用平声”列举的例子。若去掉“啊”，“下句的末一字虽用平声（中，人，前）”这一表达方式是错误的，没有“啊”，则必须加“如”“例如”“等”等其他列举标记进行标示。换句话说，“A 啊 B 啊”指称的范围实际上是大于 A+B 的，有“类”及其他的意义，也就是说，“A 啊 B 啊”指称的范围是 A、B 两个事物或行为所代表的大类，是一个不确知的大概范围。

我们把“A 啊 B 啊”看作汉语列举标记，其中“啊”是语气词，同时兼具表达列举的功能。按照王琳（2016）的分类，是嵌套式列举标记。

陈光（2010）将“A 啊 B 啊”（如“鱼啊肉啊”）和“A 啊 A 啊”（如“跑啊跑啊”）等统一看作现代汉语中“表示展延量”的结构，并进一步阐述“N^1 啊 N^2 啊”这个结构：“侧重‘类’的展延，表现为物的种类多和每个种类的数量大。比如‘鱼啊肉啊撑死你们’，结构中只出现了‘鱼’‘肉’两项，但说者实意为‘鱼也多，肉也多，而且不止鱼和肉这两种’。”该文对“鱼啊肉啊撑死你们”的分析跟本文看法相近，我们觉得将“跑啊跑啊”等看作展延量有道理，它们都具有【+持续】和【+反复】的语义特征，而将“鱼啊肉啊”看作展延量则不妥，因为“鱼啊肉啊撑死你们”中“鱼啊肉啊”并不具备【+持续】和【+反复】的语义特征，换句话说，结构并未传递出物体量的累积和增加的任何信息。“鱼啊肉啊”重点还在于“鱼”“肉”是高档菜肴的典型代表，“鱼啊肉啊”用来指称“鱼”“肉”所代表的高档菜肴。所以我们认为将“A 啊 B 啊”看作汉语列举标记更为妥当。

（二）“A 啊 B 啊”中 A 和 B 的句法特征

马喆和邵敬敏（2015）指出：“‘L_1 啊，L_2 啊’，列举成员常为简短的词或短语，带有口语性和即时性。”

A 和 B 可以是体词（或体词性结构），如例（3）、例（4）、例（5）、例（8）；也可以是谓语（或谓词性结构），如例（1）、例（2）；还可以分别是体词性结构和谓词性结构，如例（6）、例（7）；还可以是小句，如例（9）、例（10）。在实际语言生活中，“A 啊 B 啊”可用于连接句内成分，在句中做主语、定语、宾语、状语等，也可用于连接并列关系的小句。例如老舍作品中：

（4）人呀，马呀，牛呀，都变成那么一小块，一小块的在地上慢慢的动。（《贫血集》）【主语】

① 本文所有例句保留语料原貌。

（5）再说穷人家的孩子历来爱起个猫啊、狗啊的浑名，一是盼着他能好养活，二来据说沾了这些小生灵的性气能命大。（《老舍传》）【定语】

（6）想想看吧，小木人虽然是木头的，可也得吃饺子呀，炸酱面呀，鸡蛋糕和棒棒糖什么的呀。（《小木头人》）【动词宾语】

（7）你是个新发了财的，对于交际呀，礼节呀，穿什么衣裳呀，恐怕还不大，不大——（《面子问题》）【介词宾语】

（8）文艺不专仗思想支持着，可是你若专从文字或感情上入手，你便很自然的只会制造些小玩意儿，花啊儿啊的哭哭啼啼，而不敢正眼看社会与世界；尽管文学与感情也是文艺中的重要构成分子。（《储蓄思想》）【状语】

（9）于是，旅客，脚行，千百件行李，都要由这缝子里钻进去。嚷啊，挤啊，查票啊，乱成一团。（《老舍自传》）【小句】

（10）我拉二爷出去，他总设法在半道上耽搁会儿，什么买包洋火呀，什么看看书摊呀，为什么？为是叫我歇歇，喘喘气。（《黑白李》）【小句】

“A 啊 B 啊”“A 呀 B 呀”中“啊”“呀”在例（4）至例（8）中连接的是句内成分，在例（9）和例（10）中连接的是并列关系小句。

（三）“A 啊 B 啊”的音变形式

语气词“啊”发音时往往受前字读音的影响而产生音变，变成“呀”“啦”“哪”“喽”等，而且还存在“啊”“呀”“啦”“哪”“喽”交叉使用的情况。

（11）小地方庙少，就一个庙，比方说，就一个菩萨庙。怎么办哪？那也有主意，甭管求什么都上这儿来。求财呀，求药呀，求子呀，全在这一个庙里求。（刘宝瑞相声《芜湖关帝庙》）

（12）他脑子里萦绕着这些问题，无计可施，只好买些东西来安慰安慰她——糖果啦，小玩艺儿啦，凡是一向常给秀莲买的，现在必定也给大凤买一份。（老舍《鼓书艺人》）

（13）小叔子的举动使辣辣感觉到了一种甜蜜的意味。她也就心照不宣地回敬小叔子：为他炒个爱吃的菜哪，在他碗里卧个蛋哪，每日里嘘个寒问个暖哪，等等。（池莉《你是一条河》）

（14）以前结婚喽，做生日喽，添孩子喽，都要大吃大喝一顿，现在这也减少了。（老舍《与日本友人的一次谈话》）

（15）他叫——不懂，大伙儿都叫他满不懂。别的事儿他不懂，吃呀，喝呀，花钱哪，他可都懂，仗着祖上留下的几个糟钱儿。（刘宝瑞相声《贯行家》）

（16）村儿里呀，地也不算多，干脆这么说吧，全是他的。吃地租啊，放高利贷呀，什么全干。（刘宝瑞相声《火龙衫》）

（17）没别的，您琢磨，五十多年前也就是赔送什么茶叶罐哪，掸瓶啊，帽筒啊，果盘啊，茶壶、茶碗啊，以及使的这个饭碗哪，这是瓷器。（刘宝瑞相声《化蜡扦儿》）

例（15）至例（17）是“啊”及其音变形式交叉使用的例子。不过从使用频率看，表示列举功能“A 啊 B 啊”或其音变形式“A 呀（啦、哪、喽）B 呀（啦、哪、喽）”在语言生活中使用频率存在一定的差异。使用频率最高的是“A 呀 B 呀”，其次是“A 啊 B 啊”和“A 啦 B 啦”，使用频率最低的是“A 哪 B 哪”和“A 喽 B 喽”。表 1 是对老舍作品、刘宝瑞相声作品、冯骥才作品中“A 啊 B 啊”及其音变形式的统计：

表 1 "A 啊 B 啊"及其音变形式例句统计①

作品	A 呀 B 呀	A 啊 B 啊	A 啦 B 啦	A 哪 B 哪	A 喽 B 喽	总计
老舍作品	31	18	3	1	1	54
刘宝瑞相声作品	8	6	2	2	0	18
冯骥才作品	23	1	8	0	0	32
百分比 /%	59.62	24.04	12.50	2.88	0.96	100.00

注："啊""呀""啦""哪""喽"交叉使用的各算 1 例。

三、"A 啊 B 啊"及其音变形式单用和共现情况

"A 啊 B 啊"及其音变形式可以单独用，也可以与其他列举标记共现。

（一）"A 啊 B 啊"及其音变形式单用

"A 啊 B 啊"中的 A 和 B 可以是人、事物、活动、时间、性状。列举项的数目一般是两项以上。例如：

（18）在四川，在云南，什么军长啊，银行经理啊，土财主啊，黄登登的金条，白花花的现洋，客客气气的来……（老舍《方珍珠》）【A、B 为人】

（19）不要教我说的格式呀、韵呀、平仄呀，把您吓住。（老舍《和工人同志们谈写作》）【A、B 为事物】

（20）风俗习惯上有很大变化，以前嘛，很迷信。特别是过年、过节，都要烧香啊，求神啊，拜神啊，这个风俗变了。（老舍《与日本友人的一次谈话》）【A、B 为活动】

（21）每到年呀节呀之前我们经理都让我找个饭店部门出去撮一顿。（新浪博客《吃的就是新和鲜——原味腌虾》）【A、B 为时间】

（22）因为你看了八字，把这个家伙坏呀、好呀看出来了，嘴上说："嗯！很不错了！很不错了！"（南怀瑾《八字算命可否改变命运？》）【A、B 为性状】

列举项若为一项，则必须同其他列举标记共现。例如：

（23）最近老是吃到一些菜，里面放了些中药的，像当归啊这些能吃吗？（丁加勇，2014）

（24）蔡队长，你们宣传队送一些乐器呀之类的给他们。（莫言《白狗秋千架》）

（二）"A 啊 B 啊"及其音变形式与其他列举标记共现

王琳（2016）将汉语列举标记分为三组五小类：（1）前项列举标记，分为三个小类。A："例如、如、比如说、比方说、譬如"都是动词性成分；B："像……"独立性稍弱；C："什么……"是代词。（2）后项列举标记。D："等 / 等等 / 云 / 云云、之类 / 一类 / 之流 / 一流 / 者流、这样 / 这些 / 那些、什么的 / 啥的 / 的$_3$"用于标示列举完成。（3）嵌套式列举标记，嵌套式列举结构中列举标记常配套使用。E："有（的）……有（的）……"，标记为 E_1；"包括……（在内）"，标记为 E_2。

① 老舍作品包括老舍的长篇小说、短篇小说和戏剧作品；刘宝瑞相声作品来自笔者自建语料库；冯骥才作品《一百个人的十年》等小说均来自北京大学 CCL 现代汉语语料库。

“A 啊 B 啊”及其音变形式是嵌套式列举标记，本文将其标记为 E_3。我们发现 E_3 与 E_1 和 E_2 不能共现，但 E_3 可以与前项列举标记、后项列举标记（A 组至 D 组）共现。一般规律如表 2 所示：

表 2　“A 啊 B 啊”及其音变形式与其他列举标记共现情况表

A	B	C	D
$A>E_3$	$B>E_3$	$C>E_3$	$E_3>D$
	$A>B>E_3$	$B>C>E_3$ $A>C>E_3$	$A>E_3>D$；$B>E_3>D$；$C>E_3>D$
			$B>C>E_3>D$；$A>B>C>E_3$；$A>B>E_3>D$

注：“>”表示“先于”。

“A 啊 B 啊”及其音变形式与其他列举标记共现，从数量看，两项共现情况最多，三项次之，最多可以是四项。限于篇幅，略举几例说明。

1. 两项共现。例如：

（25）第二类性质，比如说黑呀白呀、长呀短呀、高啊低啊……（何光沪《存在与人生》）

（26）最近喜欢上很帅的东西，像墨镜啊手表啊。（北京语言大学 BCC 语料库）

（27）什么花呀草呀，那才真是象一把沙子，随手儿落出去。（老舍《四世同堂》）

（28）心碧说：“济仁这个人，大烟呀、麻将呀、酒呀这些坏瘾都没有，就是在外面住得久了，染上了些时髦的习气，爱往家里买些时新用物。”（黄蓓佳《新乱世佳人》）

例（25）—例（28）分别是 $A>E_3$、$B>E_3$、$C>E_3$、$E_3>D$ 的两项共现例。

2. 三项或三项以上共现。例如：

（29）像什么“见面发财”啦，“黄金万两”啦，这种语言现在您听不到了。（刘宝瑞相声《要账》）

（30）我弄不懂也懒得弄懂他那些个事情，什么寄售啊，高价啊，创汇啊，交税啊，被检查组立案检查啊，等等，等等。（刘心武《兔儿爷》）

（31）道理俺们懂，可踢个别的动物不行吗，比如猪啊鸡啊什么的。（北京语言大学 BCC 语料库）

（32）穿越小说，比如像《笑倾三国》啊之类的，拜托了。（网络）

（33）比如像什么假释呀、保外就医呀，有重大立功表现提前出狱呀，有期徒刑变为缓刑呀，等等等等。（张平《十面埋伏》）

例（29）—例（33）分别是 $B>C>E_3$、$C>E_3>D$、$A>E_3>D$、$A>B>E_3>D$ 和 $A>B>C>E_3>D$ 的例子。我们未找到 E_3 与后项列举标记“云”“之流 / 一流 / 者流”共现的例子。大概是因为后者书面语色彩比较强的缘故。四项列举标记以上共现情况比较少，大致遵守“比如 > 像 > 什么 > ‘A 啊 B 啊’及其音变形式 > 等 / 等等”的规律。

四、结语

汉语的列举标记是一个复杂的系统。本文将“A 啊 B 啊”看作现代汉语表达列举义的一种重要的手段，是汉语的嵌套式列举标记之一。“A 啊 B 啊”具有音变形式，即“A 呀（啦、哪、喽）B 呀（啦、哪、喽）”，但使用频率不一样，使用频率最高的是“A 呀 B 呀”。列举标记“A 啊 B 啊”及其音变形式还可以与其他列举标记共现。汉语的列举标记有的偏书面语，有的偏口语化。“A 啊 B 啊”及其音变形式是汉语中偏口语化的列举标记。

参考文献

[1] 陈光．现代汉语量级范畴研究．上海：上海人民出版社，2010.
[2] 陈紫．列举逻辑方法及其现代汉语表达．上海师范大学硕士学位论文，2010.
[3] 储泽祥．现代汉语后缀语助词的数排式．湖北大学学报（哲学社会科学版），1995（6）.
[4] 崔益勇．“等”“等等”跟省略号的异同．汉语学习，1982（1）.
[5] 丁加勇．指示词“这些、那些”的列举功能．汉语学报，2014（4）.
[6] 黄俐娜．列举助词“之类”探析．华中科技大学硕士学位论文，2008.
[7] 李劲荣．列举形式“什么 X”与“X 什么的”的语义偏向．汉语学习，2015（5）.
[8] 李晓琪主编．博雅汉语・初级起步篇Ⅰ（第二版）．北京：北京大学出版社，2013.
[9] 刘公望．试论“等”和“等等”的词性及语法功能．新疆大学学报（哲学社会科学版），1988（1）.
[10] 龙泉．列举助词“什么的”分析．华中科技大学硕士学位论文，2007.
[11] 吕叔湘主编．现代汉语八百词（增订本）．北京：商务印书馆，1999.
[12] 马喆，邵敬敏．“包括 NP 在内”的语义功能及其焦点凸显作用．汉语学习，2015（1）.
[13] 毛书昌．“等”“等等”“什么的”的分析研究．华中科技大学硕士学位论文，2010.
[14] 童盛强．列举助词“这样”．西北师大学报（社会科学版），2002（5）.
[15] 王琳．现代汉语中的列举系统及形式标记．汉语学习，2016（4）.
[16] 芜崧．“等（等等）”字短语（词组）的逻辑认知解释．江汉大学学报（人文科学版），2012（4）.
[17] 肖奚强等．外国学生汉语句式学习难度及分级排序研究．北京：高等教育出版社，2009.
[18] 徐敏．现代汉语列举类词语考察．上海师范大学硕士学位论文，2010.
[19] 杨淑璋．代词“等”和“等等”的一些用法．语言教学与研究，1981（1）.
[20] 余夕仁．“等”的两种用法及其纠结．六安师专学报，1996（4）.
[21] 张国艳．现代汉语助词“等”的使用状况及规范刍议．殷都学刊，2011（3）.
[22] 张谊生．现代汉语列举助词探微．语言教学与研究，2001（6）.
[23] 朱德熙．语法讲义．北京：商务印书馆，1982.
[24] 朱军．多项列举式后“等”的多维考察．北方论丛，2006（6）.
[25] 朱军．列举助词“等”及相关结构的句法、语义特点研究．语言教学与研究，2008（1）.
[26] 邹哲承．助词“等”与“等等”的作用．语言研究，2007（4）.
[27] Goldberg, A. E. 构式：论元结构的构式语法研究．北京：北京大学出版社，2007.

汉语国际教育视角下的学术汉语词汇特点研究

云南师范大学　黄启庆　丽江市古城区金安镇中心校　薛　蕾

摘　要：本文基于应用语言学论文语料库，对比《现代汉语常用词表（草案）》（2008），采用词频统计和频级序差两种计量方法，对应用语言学学术汉语词汇的组成特点进行了初步分析，并于文后就汉语国际教育界如何进行学术汉语词汇教学提出了一些建议。

关键词：应用语言学　学术汉语词汇　组成特点　汉语国际教育

近年来，来华攻读学位的外国本科生、硕士研究生甚至博士研究生越来越多，基本的汉语口语交际和简单的书面语写作已不能满足该群体的学习和研究需求，如何训练和提高该群体的专业学习和研究能力，尤其是学术写作能力无疑是当前汉语国际教育界一个迫切需要解决的问题。这是因为“学术汉语的表达力和创新力之增强，深远地影响着中国学术文化软实力的未来命运，决定着‘文化中国’在国际战略格局中的话语权”（潘涌，2018）。汉语国际教育界曾对行业汉语和专业汉语进行了大量研究，但对用于专业学习和研究的学术汉语研究则重视不够。本文利用应用语言学论文语料库，通过词频统计和频级序差分析，就学术汉语词汇的组成特点进行了尝试性探索。

一、学术汉语已有研究及本文语料库建设

英语作为外语教学分为通用英语（English for General Purposes）教学和专门用途英语（English for Specific Purposes）教学，专门用途英语又分为职业用途英语（English for Occupational Purposes）和学术用途英语（English for Academic Purposes）。学术用途英语国内常译为“学术英语”。在汉语国际教育界，张红（2004）在谈到对外汉语教育模式时首提“学术汉语（Academic

Chinese）”一语，将“学术汉语”视为“为深造型学习者开设的一门主要课程”。其后，杨承青和张晋军（2007）谈到了学术汉语的考试问题，吴中伟（2016）、吴中伟等（2017）谈到了学术汉语教学模式和学术汉语能力问题，汲传波（2016）、刘弘和杨欣怡（2017）谈到了学术汉语论文写作问题，高增霞和刘福英（2016）、汲传波（2016）、潘涌（2018）等对学术汉语的重要性进行了论证。上述研究多是偶尔谈及，且侧重应用，但究竟什么是学术汉语，学术汉语要素各有什么特点，学界还缺少充分讨论。

关于学术汉语的性质问题，高增霞和刘福英（2016）和周泉（2017）都认为：“学术汉语的目的是为专业学习服务的，通用学术用途汉语指的是各学科通用的汉语教学，而特殊学术用途汉语指的是各个专业领域的汉语教学，也就是我们通常说的‘专业汉语’。”这两项研究将学术汉语理解为具有特定教学内容的汉语教学行为。汲传波（2016）将学术汉语界定为“主要指从事专业学习和学术研究所使用的汉语”。我们认为这一界定切中肯綮，原因在于：其一，作者将学术汉语理解为用于特定领域的一种语言系统，而不是一种教学行为；其二，作者在界定学术汉语时强调的是使用领域，而不是教学目的。我们认为，学术汉语是现代汉民族共同语在专业学习和研究领域的一种社会变体，是一种在语法、词汇、语音和修辞方面都有着自己特点的社会方言。

本文抛砖引玉，仅对国内应用语言学领域的学术汉语词汇组成特点进行初步探讨。语料库是词汇计量研究的重要基础（苏新春，2010）。为考察学术汉语词汇的组成特点，我们按照构建语料库的一般原则，分别从《汉语学习》《世界汉语教学》《语言文字应用》《语言教学与研究》四种期刊中选取近三年的高引论文建立了一个共 250 万字的侧重语言教学的应用语言学论文语料库。经过文本转换、机器分词、人工校对等程序，共析取出 32 696 个词。

二、应用语言学领域汉语词汇描述性统计与分析

（一）学术汉语词汇高频词高度集中，低频词离散分布

经词频统计发现，析取出的 32 696 个词存在着高频词数量少、语料覆盖率高，低频词数量多、语料覆盖率低的特点，也可以说，高频词高度集中分布，低频词离散分布。这一统计结果与苏新春和杨尔弘（2006）、王铁琨等（2007）、马创新和陈小荷（2017）等对其他领域汉语词汇的统计较为一致。为显示该分布特点，我们按照词频对 32 696 词进行了排序，并以千词为统计区间对前 30 000 词的语料覆盖情况进行了描述性统计，结果如表 1：

表 1　应用语言学所用词汇分布统计（单位：%）

千词顺序	千词覆盖率	累积覆盖率	千词顺序	千词覆盖率	累积覆盖率	千词顺序	千词覆盖率	累积覆盖率
1	74.58	74.58	8	0.69	95.83	15	0.22	98.24
2	9.60	84.18	9	0.55	96.38	16	0.19	98.43
3	4.56	88.74	10	0.45	96.83	17	0.15	98.58
4	2.62	91.36	11	0.37	97.20	18	0.15	98.73
5	1.70	93.06	12	0.31	97.51	19	0.15	98.88
6	1.19	94.25	13	0.29	97.80	20	0.15	99.03
7	0.89	95.14	14	0.22	98.02	21	0.12	99.15

续表

千词顺序	千词覆盖率	累积覆盖率	千词顺序	千词覆盖率	累积覆盖率	千词顺序	千词覆盖率	累积覆盖率
22	0.07	99.22	25	0.07	99.43	28	0.07	99.64
23	0.07	99.29	26	0.07	99.50	29	0.07	99.71
24	0.07	99.36	27	0.07	99.57	30	0.07	99.78

从表 1 数据可以看出，最常用的 1000 个词的覆盖率高达 74.58%。第二个千词的覆盖率急剧下降，占 9.60%，其后的 28 000 词的覆盖率更低，累积覆盖率仅占 15.60%。为进一步体现该专业论文语料中高频词高度集中的特点，我们采用了苏新春和杨尔弘（2006）对新闻语体词汇的统计方法并将二者进行了对比，结果如表 2：

表 2　与新闻语料所用词汇分布对比统计

累积覆盖率 /%	新闻语料词语数 / 个	本文统计词语数 / 个
<50.00	657	218
<80.00	5403	1451
<90.00	15 136	3421
<95.00	34 819	6820
<99.00	410 903	19 803

表 2 数据显示，在新闻语料中覆盖率小于 50.00% 的词语数为 657 个，而本文具有同样覆盖率的词语数仅为 218 个。本文统计覆盖率小于 80.00% 的词语数为 1451 个，也比新闻语料里 5403 个词少得多，其他比较区间亦然。相同覆盖率的词语数量却差别较大，第一个原因与两个语料库的规模差别较大有关，第二个原因应该与两种语体中的词汇特点有关，即学术语体里的高频词汇相较新闻语体更加集中。本文的统计与 Coxhead（2000）对英语学术词汇表（AWL）的统计比较一致，当文本覆盖率为 90.00% 时，本文的词语数为 3421 个，Coxhead（2000）的统计是 2570 个英语词族（Word Families）。

（二）词类角度下的学术汉语词汇专业特色鲜明，书面性强

学术汉语高频词高度集中，是否意味着语料中的高频词汇就是学术汉语词汇的代表？我们对析取出来的 32 696 个词进行了词类统计，结果发现，应用语言学语料里存在着大量的国内外学者姓名（14.31%）、地名（2.01%）、简称（1.15%）和机构名称（0.14%）。其他词类统计如表 3：

表 3　应用语言学所用词汇词类分布统计

词类	符号	数量 / 个	百分比 / %	高频常用词举例（下标数字为词频）
名词	n	9358	28.62	结构$_{5448}$、动词$_{5275}$、语言$_{5167}$、人$_{4850}$、语义$_{4491}$
动词	v	7692	23.53	是$_{24\,239}$、有$_{9454}$、可以$_{5137}$、为$_{4119}$、能$_{3884}$
形容词	a	1930	5.90	不同$_{3154}$、大$_{2089}$、小$_{1947}$、高$_{1667}$、多$_{1572}$

续表

词类	符号	数量 / 个	百分比 / %	高频常用词举例（下标数字为词频）
动名兼类词	vn	1697	5.19	研究 $_{2778}$、教学 $_{1868}$、影响 $_{1151}$、分析 $_{1098}$、认知 $_{1097}$
名词性词素词[①]	ng	1260	3.85	语 $_{3537}$、式 $_{2820}$、义 $_{2733}$、体 $_{1655}$、性 $_{1523}$
副词	d	1055	3.23	不 $_{11\,243}$、也 $_{6781}$、都 $_{5125}$、就 $_{4495}$、还 $_{3078}$
属性词	b	448	1.37	一定 $_{952}$、主要 $_{566}$、上述 $_{533}$、单 $_{464}$、所有 $_{435}$
动词性词素词	vg	428	1.31	述 $_{771}$、表 $_{571}$、示 $_{285}$、现 $_{197}$、非 $_{276}$
数词	m	421	1.29	一 $_{17\,225}$、两 $_{4095}$、三 $_{2693}$、二 $_{2202}$、第二 $_{1176}$
时间词	t	362	1.11	现代 $_{770}$、现在 $_{394}$、目前 $_{324}$、过去 $_{167}$、以往 $_{164}$
量词	q	313	0.96	个 $_{12\,180}$、种 $_{5908}$、句 $_{4326}$、类 $_{1854}$、次 $_{1045}$
专有名词	nz	239	0.73	汉语 $_{7467}$、汉字 $_{1411}$、英语 $_{1016}$、中文 $_{258}$、韩语 $_{187}$
形副兼类词	ad	238	0.73	一般 $_{727}$、完全 $_{591}$、直接 $_{547}$、多 $_{372}$、容易 $_{274}$
形名兼类词	an	214	0.65	困难 $_{135}$、矛盾 $_{94}$、礼貌 $_{73}$、不足 $_{50}$、努力 $_{46}$
形容词性词素词	ag	194	0.59	主 $_{282}$、详 $_{139}$、简 $_{44}$、歧 $_{37}$、优 $_{20}$
连词	c	169	0.52	和 $_{14\,243}$、而 $_{5392}$、与 $_{3925}$、或 $_{3565}$、但 $_{3098}$
处所词	s	168	0.51	其中 $_{1106}$、这里 $_{429}$、国内 $_{128}$、家里 $_{120}$、海外 $_{119}$
方位词	f	164	0.50	中 $_{13\,138}$、上 $_{5904}$、时 $_{3523}$、后 $_{2491}$、之间 $_{1799}$
指示代词	rn	128	0.39	这 $_{10\,317}$、这些 $_{1416}$、那 $_{1309}$、该 $_{1195}$、本文 $_{1116}$
介词	p	91	0.28	在 $_{15\,778}$、对 $_{7534}$、从 $_{3748}$、与 $_{3641}$、为 $_{2813}$
拟声词	o	54	0.17	啊 $_{14}$、哇 $_{8}$、吧嗒 $_{6}$、丁当 $_{6}$、嘿 $_{6}$
语气词	y	51	0.16	了 $_{4004}$、呢 $_{854}$、吗 $_{424}$、吧 $_{297}$、啊 $_{273}$
疑问代词	ry	51	0.16	什么 $_{1435}$、谁 $_{288}$、为什么 $_{258}$、多少 $_{207}$、哪 $_{200}$
人称代词	rr	49	0.15	我 $_{4146}$、我们 $_{4023}$、其 $_{3921}$、他 $_{2831}$、你 $_{2206}$
时间性词素词	tg	40	0.12	现 $_{133}$、今 $_{89}$、清 $_{50}$、汉 $_{49}$、晚 $_{32}$
助词	u	36	0.11	的 $_{93\,576}$、了 $_{9044}$、等 $_{3850}$、所 $_{3269}$、着 $_{1742}$
叹词	e	31	0.09	啊 $_{72}$、嗯 $_{46}$、哎 $_{22}$、哦 $_{22}$、呀 $_{14}$
副词性词素词	dg	29	0.09	复 $_{89}$、甚 $_{63}$、顿 $_{36}$、频 $_{20}$、俱 $_{9}$
词缀	k	27	0.08	者 $_{2355}$、式 $_{1823}$、化 $_{1800}$、非 $_{1176}$、型 $_{1046}$

如果从词类分布来看，该语料所用词汇的词性分布较广，与其他语料没有什么不同。但如果从具体的词类及其最常用词例来看，则显示出较强的学术性和浓厚的书面表达色彩。

① 本文之所以将这些词称为“词素词”，主要是因为这些词多为古代单音节词或现代汉语的缩略词，在现代汉语口语中一般以词素的形式存在，在书面语中自由度较大，有的可独立成词，如表示语法意义的“体”和“性”，表示时间的“现”“今”等，有的只用于一些结构中，如用于“所”字结构的“述”“示”等，有的常作为词缀或准词缀，如“非”“式”“性”等。之所以将这些成分析取出来，主要是因为这些成分常用于书面语中，体现了浓厚的书面语色彩。

1. 多数词类中的高频常用词都有着较强的专业特色。上面各词类中最为常用的一些词语多是与专业研究有关的专业用语或研究用语。最常用的五个名词即“结构”“动词”“语言”“人”“语义”中，除“人”以外，其他四个词全是语言学专业术语，“结构”主要是指语言中语法、语义、词汇、语音或汉字的结构。最常用的五个动词即“是”“有”“可以”“为”“能”，多表判断、具有和能愿功能，具有鲜明的定性色彩。最常用的五个形容词即“不同”“大”“小”“高”“多”，多用于比较，具有鲜明的比较和定量研究色彩。最常用的五个动名兼类词中，“研究”和“教学”体现了应用语言学的主要研究内容是教学研究，“影响”“分析”和“认知”体现了该领域研究的过程和角度。最常用的五个形副兼类词即“一般”“完全”“直接”“多”“容易”，亦多用于对语言规律或现象做出的判断和推理。

2. 大量单音节词或词素有着浓厚的书面语体色彩。为体现书面语简洁和典雅的特点，书面语体常使用一些古已有之或由双音节词缩减而成的单音节词，在严谨和规范的学术性书面语中更是如此。这些词一般都有对应的现代汉语双音节词，如“述”与“叙述”、“频”与“多次”等。表 3 中具有此类特点的单音节词十分鲜明地体现了学术语体浓厚的书面语色彩，动词性词素词如“述”“表”“示”“非”“现”，形容词性词素词如“主”“详”“简”“歧”“优”，副词性词素词如“复”“甚”“顿”“频”“俱”等。这些词素常用在“如上文所述”“详见下表”“简言之”“最优模式”“复现”“不甚了解”等表达之中。而最常用的名词性词素词如“语”“式”“义”“体”“性”则多用于专业术语之中，如“语际干扰”“后附式话题标记”“常用义”“持续体”“远指性有标话题”等。

表 3 所列的其他词也或多或少地体现了学术语体的色彩，如指示代词“本文”、介词“对”、语气词“呢”等。介词“对”常用在“对……进行了研究 / 探讨 / 讨论 / 澄清”格式中，语气词“呢”常用于表强调或引起注意的学术设问中，如“三种语法形式的语体差异是否可以在时空度上找到印证呢？”。其他词的使用情况不一一列举。

另外，需要说明的是，表 3 所列词语的使用频率有高有低，使用频率高的显然需要引起重视，但使用频率比较低的有时更能体现学术语体的词汇使用特点，在学术语体研究中更应引起重视。

三、与《现代汉语常用词表（草案）》（2008）对比下的学术汉语词汇特点

（一）未见于《词表》的 1450 个词型专业研究色彩鲜明

由表 1 可以看出，至第 10 个千词即前 10 000 词的累积覆盖率可达到 96.83%。这 10 000 词的最高频率为 93 576 次，最低频率为 6 次。也就是说，所析取出来的 32 696 个词中，占 69.42% 的 22 696 个词的使用频率等于或低于 6 次。考察后发现，这些使用频率较低的词语多用于例句中。因此，最能够体现学术汉语词汇特点的应该是前 10 000 个词甚至前 6000 多个词，这符合人类语言同样存在的“二八定律”，即前 20.00% 的高频词可以反映 80.00% 的信息量。

在与通用语体或其他语体对比中研究学术汉语词汇的特点无疑是一种更为直接与科学的研究方法。本文根据频序取出前 10 000 个词，并将这些词汇与能够代表通用汉语词汇面貌的《现代汉语常用词表（草案）》（2008，以下简称《词表》）中的词汇进行对比统计。由于《词表》的表内条目“按频级升序排列，频级相同的按汉语拼音音序排列”，没有具体词频和词性，无法细分频级。为此，我们以词型（Word Types）为统计分析对象，将 10 000 条词语中有两个或两个以上语音或意义类型的同形词归并为一个词型，词型词频为同词型内词语的词频之和，共得出 8389 个

词型。将《词表》中56 008个词语归并为55 681个词型，词型的词序为词型内不同词语词序的平均值。将8389个词型与55 681个词型进行联表检查，结果发现，两表相同的词型共有6939个，有1450个词型未见于《词表》，占17.28%，现根据词频将未见于《词表》的前50个词型列出如表4：

表4　未见于《词表》的前50个词型举例

词型	词频	词型	词频	词型	词频	词型	词频	词型	词频
与	7566	语素	683	用例	398	看到	276	吕叔湘	205
不同	3163	域	605	来说	391	看出	275	量级	195
学习者	2809	们	593	谓词	362	区别词	271	韩语	187
第二	1176	分为	499	只能	356	正确率	251	提到	187
语用	1057	语言学	464	两者	353	而是	244	主谓	187
句式	1023	补语	456	一点	341	做出	242	来看	177
宾	875	很多	422	施事	338	宾格	226	疑问句	176
述	771	复合词	416	带来	290	复数	217	放在	175
第	745	第三	411	示	285	词素	215	条件句	175
提出	701	某种	400	可能性	282	研究者	208	中国式	175

未见于《词表》的原因较多：一是《词表》收词失误，如常用连词“与”失收。① 另外，《词表》收词的主要依据是词频，不会考虑收词的系统性，如收了“语音”“语法”“语义”，未收“语用”。二是《词表》未收的词语多是一些专业术语，除了“语用”以外，还有“句式”“语素”“语言学”“补语”等，也有一些专业研究者的名字，这些词语在通用语料里的使用频率显然是不太高的。三是与机器分词方式有关，本文所用分词软件将介于词素与词、词与短语之间的一些成分划分为独立的语言成分，前者如前缀“第”、后缀“们”、专业后缀“域”、用于“所”字结构的“述”“示”、用于并列简称的“宾”等，后者如“不同”“学习者”“第二”等。笼统地说，未见于《词表》的1450个词型多是专业术语、研究者姓名、用于定量研究（如“自变量”“因变量”“相关性”“大部分”“绝大多数”“绝大部分”“大规模”等）、定性分析（如“不足以”“不可避免”“毫无疑问”“必不可少”“并未”“有所不同”“截然不同”等）、表指代（如“此类”“该类”“本次”等）、表序数（如“第四”“其一”）、插入语（“事实上”“一般来说/说来”“相比之下”“相对而言”“整体而言”）的一些词型。显然，这些词型多与专业研究有关，有着鲜明的学术语体色彩。

（二）与《词表》共有的6939个词型的序差考察

Zipf（1932、1936）发现在人类语言的真实文本中，任何一篇文章中词的频次和频次等级的乘积总是一个常数，二者之间呈反比例关系。也就是说，真实文本中词语的分布不是一盘散沙，而是有规律的，国内学者如陈海波（2010）、刘锐等（2017）、马创新和陈小荷（2017、2018）

① 除连词“与”外，《词表》亦未收录1450个词型中的“红酒”“精准”“局长”“强势”“弱势”“微博”“掌声”等词。

的研究证明了这一点。不同语体文本共有词语的序差或级差成了学界考察词汇分布尤其是高频特征词的主要研究方法之一。两表共有词型 6939 个，占 82.72%。将本文统计出的词型频序减去《词表》中相同词型的频序得出每个词的序差，将序差按照升序排列，并从 1 开始顺次编号得出序差序（r），那么每个词型都有一个固定的坐标（r，D），将 6939 个词语置入坐标系中，得到所有词型序差的散点图（见图 1）。散点图显示，两种文本的序差有着鲜明的规律性，总体趋势平滑，上尾较短，下尾较长，说明学术语体里的许多词型都要比通用语体更加常用。下尾段显然是本文重点考察的部分，那么该从哪些词型入手重点考察呢？为进一步确定重点考察词型对象，我们用 Excel 统计了序差的箱形图（见图 2）。

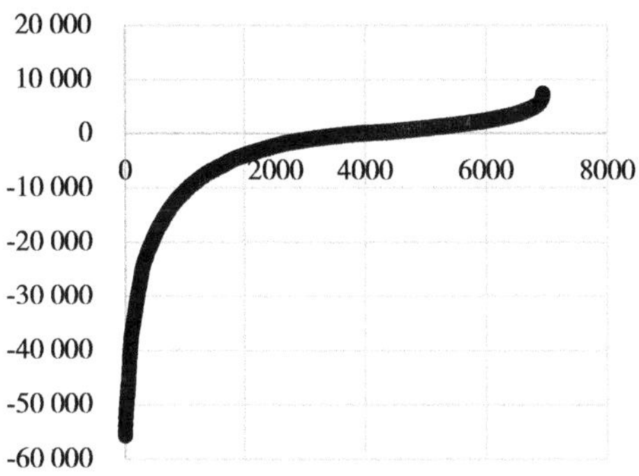

图 1 共有词型散点图

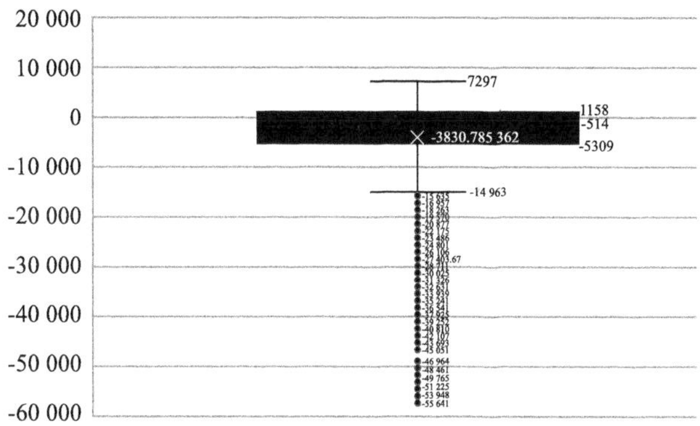

图 2 序差箱形图

按照刘锐等（2017）的研究结论，序差在 1158 至 7297 之间的词型为通用语体常用词型，对应的是上尾段；序差在 -5309 至 1158 之间词型为两种语体共用词型，对应的是中段词；序差在 -14 963 至 -5309 之间的 1040 个词型为学术语体常用词型，对应的是下尾段；小于 -14 963 的 695 个词型为异常词型或极端词型，是学术语体更加常用的词型。限于篇幅，本文先重点考察 695 个异常或极端的词型。处于下尾段的 1040 个词型将留待另文讨论。

1. 应用语言学专业术语多

分析发现，在 695 个异常或极端的词型中，将近 50.00% 的词型为语言学专业术语或与专业有关的固定表达用语，现以词频为序将最常用的 30 个词型举例如表 5：

表 5　695 个异常或极端词型中的专业术语举例

词型	序差	序差序	词频	词型	序差	序差序	词频
动词	-16 715	596	5275	语境	-18 447	511	1272
语义	-15 231	674	4491	副词	-34 607	145	1178
句法	-24 627	295	2269	习得	-33 939	155	1176
宾语	-30 481	202	1916	短语	-30 955	198	1061
母语	-22 265	365	1916	形容词	-20 877	414	984

续表

词型	序差	序差序	词频	词型	序差	序差序	词频
量词	-21 933	375	898	主观性	-37 550	102	415
字句	-15 603	645	867	教学法	-23 082	342	395
语料	-50 965	17	851	韵律	-17 032	577	387
主语	-22 936	348	805	词义	-18 394	513	382
音节	-16 042	628	792	受事	-47 958	41	368
介词	-55 641	1	614	词类	-55 410	3	363
情态	-28 580	232	574	虚词	-42 521	71	363
语料库	-55 457	2	556	状语	-41 305	76	358
代词	-37 105	106	507	语序	-54 978	4	355
谓语	-25 309	281	417	义项	-52 468	11	346

2. 定量研究词型较多

除专业术语外，占 12.95% 的 90 个词型多用于表达学术论文的定量研究方法，带有浓厚的实证研究色彩。这符合应用语言学的发展趋势，即基于定量的实证研究越来越多。现将最常用的 30 个词型展示如表 6：

表 6　695 个异常或极端词型中的定量研究词型举例

词型	序差	序差序	词频	词型	序差	序差序	词频
评分	-18 032	528	417	异同	-22 715	355	64
序数	-34 142	152	263	归类	-19 494	470	62
替换	-15 092	685	247	小量	-39 238	90	62
交互	-15 370	663	179	类同	-36 742	114	59
均值	-29 242	218	147	合计	-17 406	556	58
切分	-39 819	86	105	排序	-17 707	543	55
百分比	-21 170	407	99	遗漏	-16 662	602	55
标注	-18 508	509	97	导出	-26 001	273	52
推导	-21 536	387	91	介于	-17 206	563	44
实证	-16 590	606	82	无误	-16 915	583	44
互换	-16 789	591	78	个数	-19 690	463	41
线性	-15 569	649	77	频度	-37 925	98	36
选项	-26 185	269	76	换位	-15 382	662	35
度量	-20 045	451	75	低频	-36 311	118	31
级差	-24 401	303	65	交集	-31 393	188	30

3. 定性分析词型占一定比例

定性是学术研究的根本目的之一。在统计中，我们发现有一定比例的词型常用于学术论文的结论部分，即在对事物的本质属性进行界定时常用的词型，举例如表 7：

表 7　695 个异常或极端词型中的定性分析词型举例

词型	序差	序差序	词频	词型	序差	序差序	词频
显性	-28 868	226	405	泛指	-24 509	298	34
隐性	-19 075	484	346	契合	-17 050	576	26
特指	-34 665	142	117	鲜有	-20 109	448	18
突显	-29 582	214	92	截然	-16 742	595	15
唯一	-53 948	5	91	贴切	-15 026	694	10
申明	-16 810	590	72	相悖	-15 219	675	9
存疑	-34 145	151	54	已见	-21 216	402	8
推论	-15 054	689	54	略为	-19 026	490	8
彰显	-15 495	656	38	悖论	-16 031	631	6
明示	-20 468	432	37	—	—	—	—

4. 有一些体现学术论文结构和引征的词型

现代学术论文的结构主要包括论文的宏观结构和微观结构，前者主要指期刊要求结构和论文内容结构，后者主要指学术语言的逻辑表达结构。体现这些结构的词型也出现在本文统计出的异常值和极端值里。体现期刊要求结构的词型有“关键词”“引言”“结语”“提要”“附录”“小结”“索引”等，体现学术语言逻辑表达结构的词型主要是具有衔接功能、总括功能、置信功能的插入语，如“综上所述”“如前所述”“毋庸置疑”“有鉴于此”“换言之”“说白了”“简言之”“同理”等。引征他人学术观点是学术论文常用的论证手段之一，异常值和极端值里也出现了一些用于引征的词型，如“参见”“引述”“转引”“引语”等。

除了上述四种与专业研究有关的词型外，在 695 个异常或极端的词型里还有约 22% 的用于举例或研究对象的词型，这些词型使用频率不高，专业性不强，书面色彩不明显，如“综艺”“惨败”“完胜”“口诀”“乘法”“口香糖”“性行为”“再婚”等。

四、结论及教学建议

本文以应用语言学论文语料为学术汉语词汇考察材料。词频统计显示，学术汉语词汇同其他领域汉语词汇一样，呈现出高频词高度集中、低频词较为离散的整体特点。经进一步统计发现，除去数量较多的学者姓名、地名、简称和机构名称以外，多数词类中的高频词都有着鲜明的专业色彩和浓厚的书面语色彩。将根据词频选取的前 10 000 词与《现代汉语常用词表（草案）》（2008）进行对比和序差分析发现，学术汉语词汇主要包括专业术语、书面性词汇、研究性词汇和结构性词汇四大部分，专业术语为学界常谈的专业词汇，后三者为通用的学术汉语词汇。

从上述结论中可以看出，学术汉语词汇与其他语体汉语词汇相比，既有共同的词频统计性质，也有其鲜明的语体特点。这启示我们，学术汉语研究既可以丰富领域汉语或汉语语体的理论研究，也可以提高汉语国际教育的实践水平。对以专业学习和研究为主要目的的来华汉语学习者来说，在高级阶段、预科阶段或专业学习阶段学习专门的学术汉语课程是十分必要的。在开设学术汉语课程时，隔行如隔山，专业术语应当通过专业的教师开设专业课程进行教学，而通用的学术汉语词汇、结构或修辞手段当使用专门的汉语教材由研究经验丰富的汉语教师进行教学。通用学术汉语既可通过专门的课程来学习，也可以融进高级汉语或论文写作类课程中进行学习。

参考文献

[1]《现代汉语常用词表》课题组．现代汉语常用词表（草案）．北京：商务印书馆，2008.
[2] 陈海波．序差在文本区别特征研究中的应用．长江学术，2010（4）.
[3] 单韵鸣．专门用途汉语教材的编写问题——以《科技汉语阅读教程》系列教材为例．暨南大学华文学院学报，2008(2).
[4] 高增霞，刘福英．论学术汉语在对外汉语教学中的重要性．云南师范大学学报（对外汉语教学与研究版），2016(2).
[5] 汲传波．韩国学生汉语学术论文中文言结构使用初探．汉语学习，2016（6）.
[6] 李宇明．领域语言规划试论．华中师范大学学报（人文社会科学版），2013（3）.
[7] 刘弘，杨欣怡．基于语步的汉语国际教育专业本科生教学研究类论文引言结构考察．云南师范大学学报（对外汉语教学与研究版），2017（2）.
[8] 刘锐，孙碧泽，龙云飞，王珊．词语序差的分布特点与文本间词汇异同．中文信息学报，2017（5）.
[9] 马创新，陈小荷．文献中的词语分布、词型等级和风格计算．中文信息学报，2017（4）.
[10] 马创新，陈小荷．文献中的词型分区规律与高频特征词的发现．语言文字应用，2018（3）.
[11] 潘涌．积极语用：提升我国学术文化软实力的重要途径．首都师范大学学报（社会科学版），2018（1）.
[12] 苏新春，杨尔弘．2005年度汉语词汇统计的分析与思考．厦门大学学报（哲学社会科学版），2006（6）.
[13] 苏新春．词汇计量及实现．北京：商务印书馆，2010.
[14] 王铁琨，侯敏，杨尔弘．报纸、广播电视、网络用字用词调查．语言文字应用，2007（1）.
[15] 吴中伟，耿直，徐婷婷．汉语教材建设的发展趋势和相关理论问题．国际汉语教育（中英文），2017（1）.
[16] 吴中伟．汉语教学模式的集成、创新和优化．华文教学与研究，2016（1）.
[17] 杨承青，张晋军．汉语水平考试（HSK）改革设想．语言文字应用，2007（3）.
[18] 张红．用服务提升对外汉语教育机构的竞争力．辽宁教育研究，2004（8）.
[19] 周泉．学术汉语："一带一路"背景下汉语国际教育的新发展．中国职业技术教育，2017（26）.
[20] Coxhead, A. A new academic word list. *TESOL Quarterly*, 2000, 34(2).
[21] Nation, P. A study of the most frequent word families in the British National Corpus // P. Bogaards & B. Laufer (Eds.). *Vocabulary in a Second Language: Selection, Acquisition and Testing*. John Benjamins Publishing Company, 2004.
[22] Zipf, G. K. *Selected Studies of the Principle of Relative Frequency in Language*. Harvard University Press, 1932.
[23] Zipf, G. K. *The Psycho-Biology of Language: An Introduction to Dynamic Philology*. George Routledge & Sons Ltd., 1936.

多语生态下的个体优选语分析：以新加坡华裔为例

上海外国语大学　邵洪亮

摘　要：个体优选语是指个体成年后运用得最熟练的语言。个体优选语都只有一种，即使在新加坡这样采取“双语”教育政策的社会也是如此。在多语生态下，各个族裔个体都具有一定的双语能力，属于广义上的双语人，但他们的两种语言能力之间，可以从比较接近到差别很大，其组合模式构成了一个连续统。华裔个体双语能力架构、优选语的形成过程会深受不同代际、家庭常用语、学校教学媒介语的影响，也会受到国家语言政策、社会主导语的国际影响力、汉语在当地社会的实用价值、中国的国际地位、族裔家庭的社会地位等诸多因素影响。本研究同样有助于我们对国内民族语言和汉语方言未来发展趋势的思索。

关键词：多语社会　个体优选语　族裔语　社会主导语　语言政策　双语人　华裔汉语学习者

一、引言

个体优选语（Preferred Language / Individual Dominant Language，也称“个体主导语”）是指个体成年后最常使用、运用起来最得心应手、最熟练的语言。一般情况下，个体优选语都只有一种，经过基础教育阶段，个体优选语一旦形成后，不可能被其他语言替代，即使是在新加坡这样采取“双语”教育政策的社会。

个体优选语往往是个体所处社会的社会主导语。但是多语生态的移民社会情况比较复杂，由于族裔语（Heritage Language / Native Language）不属于社会主导语，[①]因而各个族裔的个体优选语都具有明显的代际差异：如果是第一代移民，未在迁入国接受以当地社会主导语进行的基础教育，或者是部分仍就读当地华校的第二代移民，那么其个体优选语一定还是他自己的族裔语、第一语言，不是当地的社会主导语（故第一代移民的生活往往最辛苦）；如果是第二代以后的移民，在迁入国接受以当地社会主导语作为媒介语的完整的中小学基础教育，那么其个体的优选语言基本上会转为当地的社会主导语。

对于二语教学而言，一般认为“一语 / 二语”这组概念比“族裔语 / 外语”这组概念重要，因为多语生态中，个体的族裔语不一定是其第一语言（尤其是到了第三代以后）。而“个体优选语”这个概念的提出甚至比“一语”这个概念更有意义，因为在移民社会中，个体的第一语言也不一定成为其将来成年后的个体优选语。这种情况在移民社会非常普遍。有的人第一语言可能还是自己的族裔语，但是只要他在当地接受了主流的中小学基础教育，教学媒介语言是当地的社会主导语，那么其族裔语（第一语言）水平就会进步缓慢甚至停止不前（往往只限于日常的听说能力，读写能力未能全面发展），涉及比较抽象的思维或各学科概念体系的表达，他都会借助于社会主导语。也就是说，其最后形成的个体优选语极有可能就是当地的社会主导语。

下面我们主要以新加坡华裔为例，对多语生态下的个体优选语进行详细的分析。

二、新加坡社会多语生态概貌

作为一个典型的移民社会，新加坡具有多元种族、多元语言和文化特质。根据 Singapore Department of Statistics 2018 年最新的统计数据，新加坡社会总人口 563.86 万（含公民 347.19 万，永久居民 52.23 万，常住外籍人士 164.44 万）。其中，华族（汉族）约占 74.3%，马来族约占 13.4%，印度族约占 9.1%，其他族裔约占 3.2%。

新加坡于 1965 年独立后，政府重申四大语言——英语、汉语（当地称“华语”）、马来语和泰米尔语皆为国家的官方语言。但是李光耀曾对四种语言做了如下定位：

后来我们认识到在工作场所和人民相互沟通时应该用英语。作为一个依靠国际贸易的社会，如果使用马来语、华语或泰米尔语的话，根本无法谋生。使用英语就没有任何一族会占优势。不过这个课题太敏感，我们不能立即实行变革。各个族群当时都热切维护各自的母语，要在这种情势下宣布人人都得学习英语，后果将不堪设想。我们的做法是维持现状，让四种官方语言——马来语、华语、泰米尔语和英语共存（Lee，2000）。

在这个多元种族、多元语言的社会里，英语是唯一能让大家接受的中立语，并能让新加坡立足于国际社会（Lee，2000）。

教授第二语言的价值，主要是在于传授道德观念并使学生了解文化传统。[②]……教导华文的最大价值是在于传播社会行为与道德行为的准则。这主要是指儒家学说对做人、对社会以及对国家的思想与信念（新加坡《联合早报》和新加坡联邦出版社供稿，1993）。

① “族裔语”这一概念是针对移民社会而言的，也称“族群语言”“传承语”“祖语”“本族语”，新加坡则将它统称为“母语”。

② 此处的“第二语言”指新加坡三大种族的族裔语。

李光耀的思想对新加坡社会语言生态产生了深刻的影响。事实上，英语在新加坡的各个领域，尤其是在政治、经济、法律、教育、科技和行政等领域占据绝对主导地位。在新加坡的教育体制里，所有新加坡学生都必须修读英语作为第一语言科目，英语同时也是科学和人文科目的教学语言。

尽管学龄儿童还要接受各自的族裔语作为二语教育，但是英语的强势主导地位还是影响着族裔语（包括汉语）的发展。首先，新加坡华族家庭“脱华入英”的情况已经十分明显。有越来越多的新加坡小学华裔学生来自讲英语家庭，至 2011 年，比例升至 61%。① 其他种族的情况亦是如此，至 2010 年，新加坡小学马来裔学生来自讲英语家庭的比例已达 37%，印度裔学生来自讲英语家庭的比例亦是高达 58%（新加坡教育部母语检讨委员会，2011）。其次，英语作为各民族的共同语和社会主导语（Social Dominant Language），属于地位最显赫的官方语言，学生必须从小学阶段开始学习英语作为第一语言，这自然减少了学生掌握汉语的机会，越来越多来自讲英语家庭的学生甚至无法应付华文科目。即使是来自讲汉语家庭的学生，当其接受了完整的中小学教育，并由英语建立起了对客观世界的认知结构系统之后，他们最终形成的个体优选语也几乎都是英语。

三、狭义双语人与广义双语人

狭义上的双语人是指完美地掌握了两种语言的人。他们可以随时随地、毫无障碍地使用这两种语言，并且十分自然地与掌握其中任何一种语言的单语人进行交流。这样的双语人不仅在日常生活中具有使用两种语言的能力，而且能够熟练地使用两种语言与受过良好教育的本族语使用者进行交际（Valdés，2001）。

广义上的双语人泛指拥有两种语言能力的人。两种语言能力之间，可以从比较接近到差别很大。不同的双语能力组合模式构成了一个连续统（The Bilingual Continuum）。现实生活中真实的双语人（Real Bilingual），更多的就是指这些既非单语人，又非完全精通两种语言的人。比如有人精通英语，同时理解汉语口语（具备“听”的能力），虽然不具备汉语“读”“写”能力，甚至有可能“说”的能力尚比较薄弱，但是不能不说他已经具备某种程度的双语能力，因为他跨语言交际能力已经超越了只具备英语单语能力的人。

对双语人的界定持广义看法的学者认为，两种语言能力对等的完美双语人更像是神话般的人物（Mythical Bilingual），纯属极端理想层次的概念（Valdés，2001）。这样的双语人能够运用其中一种语言做到的事情（如背诵童谣、祷告、撰写学术论文、讲笑话、与兄弟姐妹争论等），也能够运用另一种语言而做得一样好。但是，这只是一种理论上的可能性，在现实生活中几乎不太可能存在。这是由于两种语言鲜少出现在同一种交际语境中，每个个体与其他人交际时也没有机会同时运用两种语言去执行同一任务，所以他们不可能发展出具有同样高水准的双语能力。Kroll & Stewart（1994）提出的“双语记忆表征的非对称性模式（The Asymmetrical Model of Bilingual Memory）”也正好说明了这一点。吴英成和邵洪亮（2014）对“双语记忆表征的非对称性模式”有过详细的分析，本文不再赘述。

如上所述，现实生活中真实的双语人，其不同的双语能力组合模式大致构成以下连续统（见图 1）：

① 此数据引自新加坡时任教育部长王瑞杰在 2011 年 9 月 9 日新加坡中华总商会中秋庆祝会上的讲话。

$$\underline{A\ \ A_b\ \ Ab\cdots\cdots\rightarrow Ab}\ \|\ \underline{Ba\leftarrow\cdots\cdots Ba\ \ B_a\ \ B}$$

A 优选区　　　　B 优选区

图 1 双语能力组合模式连续统

这个连续统需要从以下几个方面来加以理解：

第一，A 优选区是以语言 A 作为个体优选语，B 优选区就以语言 B 作为个体优选语。A 优选区内部和 B 优选区内部的双语组合是一个渐变的过程。这个连续统的两端实际上就是单语人，两种单语人之间在语言能力和文化认同方面存在天壤之别。

第二，这个连续统的中间是被阻断的。一旦个体发展出某种优选语 A 或 B 之后，其在 A、B 优选区之间不可能跨越，即个体优选语不可能再被其他语言所替代。

第三，省略号表示这个连续统内部的组合模式实际上是无定的。如果真要细分，可以说是每个个体之间都会有差异。

第四，在这个连续统当中，每个双语组合中的字母先后顺序反映的是语言习得顺序。字母大小不同代表不同个体的非优选语 a 或 b 所处的不同水平。

当然，这个连续统首先假定了双语人的第一语言也是其后来所受教育的媒介语，从而也成为其成年后的优选语。但事实上，移民社会的情况并非如此简单，倘若一个儿童入学后，他所接受的学校教育媒介语并非其第一语言，那么他的第一语言水平将进步缓慢甚至停止不前，而他后来所接受的教育媒介语（往往也是社会主导语）则进步迅速，将成为其成年后的优选语。如前所述，在新加坡，即使来自于讲汉语家庭的学生，当其接受了完整的中小学教育，并由英语建立起了对客观世界的认知结构系统之后，他们成年后的个体优选语也几乎都转为了英语。因此，在新加坡，如果是来自于讲汉语家庭的学生，当他们接受了学校中小学基础教育，成年以后的双语能力组合模式则构成了以下这个连续统（见图 2）：

$$\underline{{}_aB\ \ aB\ \ aB\cdots\cdots\rightarrow aB}$$

a 为族裔语汉语（第一语言），B 为个体优选语英语（第二语言）

图 2 新加坡讲汉语家庭的学生成年后的双语能力组合模式连续统

图 2 可以说是图 1 的一种特殊的变体形式，说明了在移民社会中，一个人的第一语言也未必是其成年后的优选语。

作为一个多元种族、多元语言和文化的移民社会，新加坡华裔都具有一定的双语能力，属于广义上的双语人。其中，A_b 主要反映了第一代华裔的双语能力，作为一个早期的双语人，族裔语汉语（A）是其第一语言，也是其个体优选语，而他们对社会主导语、第二语言英语（b）的掌握尚处于初级阶段；B_a（包括 Ba、Ba、Ba……）则主要反映了第三代以后华裔的双语能力，作为一个双语人，英语（B）已经成为其第一语言，同时也是其个体优选语，但他仍然持有一定的汉语（a）能力。

四、多语生态下的个体优选语

总体而言，在以英语为社会主导语的国家，华裔汉语学习者在入学前，就其初始的语言能力来看，主要存在以下四种基本类型（见图3）：

a	b	ab	ba
汉语单语人	英语单语人	汉英双语人	英汉双语人

图3 华裔汉语学习者初始语言能力类型

如前所述，双语组合中的字母先后顺序表示语言习得顺序。此处全用小写的字母表示，这是因为华裔儿童在入学前，绝大多数人的一语或二语尚处于基础阶段。少数多语家庭成长的儿童，两种语言几乎同时开始习得，甚至很难分辨一语和二语。这就是说，一语作为优选语的地位在此时实际上并未得到真正确立和稳固，甚至经过往后的学习，很有可能被二语替代。在新加坡社会，a表示族裔语汉语单语人；b表示社会主导语英语单语人；ab表示汉语一语、英语二语的双语人；ba表示英语一语、汉语二语的双语人。

上述四种基本类型可以归并为两类汉语学习者——来自以汉语为家庭常用语的学习者（a / ab）和来自以英语为家庭常用语的学习者（b / ba）。

由于家庭语言背景不同，华裔个体之间的初始语言能力差别很大。华裔个体幼年的初始语言能力不同，其双语能力线性衍变进程也会有所差别。此外，华裔汉语学习者的双语能力的衍变，很大程度上受到学校教育的影响，这是毫无疑问的。因此，只要在当地接受主流的学校教育，并且接受当地社会主导语作为教学媒介语的华裔学习者，其双语能力线性衍变进程主要有以下几种情况：

第一，如果学校除了以社会主导语英语作为教学媒介语之外，还开设汉语课程作为单科学习科目，就会出现以下两种线性衍变过程：（1）来自以汉语为家庭常用语的学习者（汉语单语人或汉英双语人a / ab）的双语能力线性衍变过程：a / ab → ab → ab → …… → aB / Ab（英语优选 / 少数汉语优选）。（2）来自以英语为家庭常用语的学习者（英语单语人或英汉双语人b / ba）的双语能力线性衍变过程：b / ba → ba → ba → …… → Ba（英语优选）。

第二，如果学校除了以社会主导语英语作为教学媒介语之外，未开设汉语课程作为单科学习科目，或者学生没有选择学习汉语，就会出现以下两种线性衍变过程：（3）来自以汉语为家庭常用语的学习者（汉语单语人或汉英双语人a / ab）的双语能力线性衍变过程：a / ab → ab → ab → …… → aB（英语优选）。（4）来自以英语为家庭常用语的学习者（英语单语人或英汉双语人b / ba）的双语能力线性衍变过程：b / ba → b / ba → b / ba → …… → B / Ba（英语单语 / 英语优选）。

根据上述华裔个体双语能力四种线性衍变进程，不难发现，不管华裔的初始语言能力如何，只要他在当地接受主流的学校教育，并且接受当地社会主导语作为教学媒介语，最终的结果基本上都是社会主导语成为个体的优选语言（包括出现完全不懂汉语的单语人）。唯一的例外是这样一种情况：少数第二代华裔，尽管接受的是英语作为教学媒介语的主流教育，但由于其入学后仍在继续学习汉语，并且，他跟父辈的家庭用语仍沿用汉语，加上他之后的工作性质或社会圈子仍然是面向华人为主，那么也有可能汉语将成为其个体的优选语言。

在新加坡，英语是社会主导语，也是教学媒介语，华裔学生同时修读汉语是强制性的。因此，华裔汉语学习者的双语能力线性衍变过程主要是（1）和（2）两种情况。这也意味着，新加坡华裔汉语学习者经过学校教育之后，除了英语成为其个体的优选语言之外，其汉语能力相对于其他国家的华裔，总体上处于较高水准。这一点要归功于新加坡双语教育体制。

五、影响双语能力架构的因素

族裔个体双语能力架构、优选语的形成过程，会明显受到代际差异、家庭常用语、学校教学媒介语的影响。根据我们近年对不同代际、不同家庭语言背景的新加坡南洋理工大学国立教育学院的华裔学生的抽样调查和个别情况深入访谈所得出的结论，构拟了不同代际、不同家庭语言背景、以英语作为教学媒介语（也是社会主导语）的华裔双语能力架构过程（见表 1）：

表 1　不同代际的华裔双语能力架构过程

世代	幼年		成年
第一代	a 汉语单语	成年移民后→	Ab /A 汉语优选 / 少数汉语单语
第二代	a / ab 汉语单语或汉英双语	受学校教育后→	aB /Ab 英语优选 / 少数汉语优选
第三代	ab / ba 汉英双语或英汉双语	受学校教育后→	aB / Ba 英语优选
第四代	ba / b 英汉双语或英语单语	受学校教育后→	Ba / B 英语优选 / 少数英语单语

值得注意的是：第一，表 1 所反映出来的华裔幼年的语言使用情况完全取决于家庭常用语。第二，表 1 所反映出来的华裔成年的语言使用情况极大地受到学校教学媒介语的影响。第三，表 1 中的“学校教育”指以英语作为教学媒介语的当地社会主流学校教育，而非以汉语作为教学媒介语的（旧制）“华校教育”。第四，表 1 呈现的是以英语作为主导语的社会的一种普遍情况，基本上是一个有规律的自然更替过程。

除此之外，族裔个体双语能力架构、优选语的形成过程还会受到以下几个因素的影响：

第一，国家语言政策。比如，在新加坡，汉语政策与种族挂钩——华裔学生自小学一年级开始必须修读汉语作为二语；修读汉语是强制性的——凡符合要求的华裔学生，其族裔语必须是汉语而非其他语言。只要这个语言政策不变，那么不管是第几代华裔——因为他们会或多或少地接受汉语的培训——成为英语单语人的可能性就几乎没有，绝大多数华裔将定格在 Ba（以英语作为优选语，汉语作为从属语、增值语）的层次。

第二，社会主导语的国际影响力。比如，很多人会问：为什么同属东南亚的马来西亚华裔和新加坡华裔，前者在主观上会较为积极地学习汉语，能够将汉语水平维持在一定的水准，而后者学习汉语的积极性远不如前者，其汉语水平每况愈下？其实这个问题不难回答。这正是由于语言是人类最重要的交际工具，当个体处于多语生态下，需要对所学语言做出选择的时候，会有一种“就高”心态，即尽量学习以后“用得上”的语言。新加坡的社会主导语英语的国际影响力远高于汉语，属于“高阶语”，而马来西亚的社会主导语马来语的国际影响力明显弱于汉语，因而新加坡华裔代与代之间双语能力的更替相对于马来西亚华裔就越发快速和显现，经过第二代的过渡，到了第三代以后基本上形成了以英语为优选语、汉语为从属语的双语能力模式。可以预见，如果没有国家语言政策的影响，没有特别营造汉语学习的环境，到了第四代，新加坡华裔必将与英语单语人无异（Goh, 2017）。事实上，以英语作为社会主导语的国家，其国民学习其他语种的迫切性都不强，都需要政府的政策鼓励，比如澳大利亚，情况亦是如此（陈平，2013）。反观马来西亚华裔，他们对于汉语的态度相对积极许多，许多华裔甚至自费选择民办的“华校”来强化自身的汉语学习。

第三，汉语在当地社会的实用价值。比如，在新加坡社会，由于华裔社群人数占总人口的大多数，加上新加坡与中国在政治和经济方面的双边联系紧密、交往频繁，因此，虽然汉语并非新加坡的社会主导语，但它在当地的实用价值还是高于其他英语国家，因而新加坡华裔学习汉语的动机相对于其他英语国家的华裔又要强一些，实践机会也相对多一些。此外，在新加坡，尽管汉语、马来语和泰米尔语同属于族裔语，但华裔学习汉语的主观积极性相对于马来族裔学习马来语、印度族裔学习泰米尔语而言，又要稍强一些，这也与汉语的国际影响力以及在当地社会的实用价值强于马来语、泰米尔语有一定的关系。

第四，中国的国际地位。中国在世界上的政治、经济、军事和文化地位，以及中国同华裔居住国之间的政经双边关系，也会影响华裔学习汉语的动机。

第五，族裔家庭的社会地位。在以英语作为主导语的社会，越是处于高阶社会、经济地位的人群，其使用英语的机会更多，因而对族裔语和文化的认同感便越发薄弱。新加坡华裔亦是如此。

六、余论

经过前面的分析，我们还可以进一步反观我们国内的民族语言和方言的未来发展趋势。一般认为，当一个社会有一门强势的社会主导语（即社会各民族及各方言区的共同语，比如我们国内的“普通话”）存在，那么其他的民族语言、方言都会必然地日趋式微，这是语言的交际工具性使然，也是被社会语言学界证明了的客观事实。但同时必须看到，国家语言政策（包括学校语言教育政策）会对族裔语、方言在一定范围内的保持，以及对族裔、方言区人民语言能力的架构产生直接影响（Baker，2011）。吴英成和黄志远（2015）就新加坡双语政策的背景、沿革，以及所面临的挑战进行过详细的论述。陈平（2013）对澳大利亚汉语教学的历史与现状的分析，同样证明了国家语言政策对族裔语发展的重大影响。当然，关于语言政策问题，还可以继续分国别地深入地加以探讨。

此外，多语言多文化生态下的各族裔都会存在多元身份认同的问题。事实上，族裔的身份认同问题十分复杂，至少涉及三个层面：国籍、血缘、族裔语和文化。其中，国籍认同和血缘认同，十分刚性，比如，作为一名新加坡华裔，他认为自己是“新加坡人”（国籍认同）或是“华人”（血缘认同）是没有异议的。如果族裔语不是社会主导语和国家的教育、行政语言，那么国籍认同与族裔语和文化学习原本就无关。即使血缘认同也不能成为学习族裔语和文化的直接动机。过去汉语教学界一直有一种看法，认为华裔在学习汉语和汉文化的动机方面，与其他外籍人士相比必然有差异，因为华裔存在血缘认同。然而，这些差异性可能存在，但是并不绝对，因为华裔内部的差异性非常大（Li，2011）。我们认为，华裔最大的特点就是其内部的非匀质性，在语言和文化的认同上，从接近中国的“汉人”到接近纯外族血统的“洋人”都是客观存在的。华裔对汉语和汉文化的认同并不是伴随血缘关系而与生俱来的。居住国的社会语言生态、华裔所处的代际、家庭常用语和教育背景等都会影响华裔对汉语、汉文化的认同。语言认同与文化认同在特定条件下也会割裂，有的只认同文化、不认同语言，有的只认同语言、不认同文化，但两者又会相互影响。这一系列族裔身份认同问题也必将成为人类学、社会学、教育学、语言学共同关注的热点课题。

参考文献

[1] 陈平．政治、经济、社会与海外汉语教学——以澳大利亚为例．世界汉语教学，2013（3）．

[2] 吴英成，黄志远．新加坡华语政策与规划的硬道理．*De Gruyter Mouton (Global Chinese)*，2015（1）．

[3] 吴英成，邵洪亮．华裔汉语学习者解读：新加坡视角．世界汉语教学，2014（2）．

[4] 新加坡《联合早报》，新加坡联邦出版社供稿．李光耀 40 年政论选．新加坡：新加坡报业控股华文媒体集团，1993.

[5] 新加坡教育部母语检讨委员会．乐学善用——2010 母语检讨委员会报告书．2011.

[6] Baker, C. *Foundations of Bilingual Education and Bilingualism* (5th edition). Multilingual Matters, 2011.

[7] Goh, Y.-S. *Teaching Chinese as an International Language: A Singapore Perspective.* Cambridge University Press, 2017.

[8] Kroll, J. F. & Stewart, E. Category interference in translation and picture naming: Evidence for asymmetric connections between bilingual memory representations. *Journal of Memory and Language*, 1994, 33(2).

[9] Lee, Kuan Yew. *From Third World to First—The Singapore Story 1965-2000: Memoirs of Lee Kuan Yew*. The Straits Times Press, 2000.

[10] Li, W. Moment analysis and translanguaging space: Discursive construction of identities by multilingual Chinese youth in Britain. *Journal of Pragmatics*, 2011, 43(5).

[11] Singapore Department of Statistics. *Population and Population Structure*. Singapore Department of Statistics, Ministry of Trade & Industry, 2018.

[12] Valdés, G. Heritage language students: Profiles and possibilities // Joy Kreeft Peyton & Scott McGinnis (Eds.). *Heritage Languages in America: Blueprint for the Future*. Center for Applied Linguistics and Delta Systems, 2001.

会话身份视角下的国际汉语教学研究*

上海海事大学　田　笑

摘　要：　Firth & Wagner（1997）奠定了国际汉语习得社会转向的基础，基于此，越来越多的国际汉语习得领域的学者开始关注“身份变化”。目前相关领域缺少以会话身份建构为基础的对国际汉语课堂教学实践的探索。结合国际汉语课堂会话语料，本文从情景身份、可迁移身份两个层面出发对国际汉语教学实践提供了一些具体操作的建议。具体来说，教师情景身份建构的过程中需要关注课堂调控和学生自主性两个方面的问题。课堂会话可迁移身份的建构方面，教师可以从事实和推理两个层面出发引发参考性提问。

关键词：　国际汉语教学　会话　身份　教学法

Firth & Wagner（1997）奠定了国际汉语习得社会转向（Social Turn）的基础，基于此，越来越多的国际汉语习得领域的学者开始关注“身份变化”。学界近年来越来越重视会话中动态身份的研究，“身份不是固定前置的标签，而是个人与环境互动中多样化、动态化的实体”的建构观逐渐成为共识（Antaki & Widdicombe，1998；董平荣，2009；兰良平和韩刚，2013）。近年来也出现了一些有关课堂会话身份的研究，例如 Kasper（2004）通过对德语课堂会话分析，探究了学习者“目的语专家”和“目的语新手”身份在会话互动中浮现的过程，强调了课堂会话身份动态性。兰良平和韩刚（2013）从词汇选择、话轮设计、序列组织、会话整体结构等层面，探究了课堂会话中“权威教师”的建构策略。徐敏和陈新仁（2015）主要通过对教师言语行为的探究，分析了博学型教师、权威型教师、亲和型教师和同伴型教师四种教师身份的建构过程。田笑和黄金声（2015）以对外汉语示范课堂会话为语料，对课堂会话中师生可迁移身份的建构形式进行了探索。

* 本研究得到上海海事大学教学改革和管理改革研究项目（项目编号：C4/ 规划 02/001）资助。

近年来国际汉语教学的重心从培养学生的语法能力逐渐转向交际能力。交际能力不仅是指语言学习者运用句法、词法、语音等语法规则的能力，还包含学习者组织正确的话语并知道何时、何地、在何种情况下如何恰当地使用话语的能力（王晓燕，2012）。国际汉语教学目标已由过去的“使他们互相谈话”发展到“使他们进行交际”。它要求学习者运用语言知识和交际策略去解决交际中产生的问题。师生交流是提高学生交际能力的必由之路。交际能力的培养可以通过课堂中的“双向交际”进行提高（Long，1983），课堂中师生间、同学间的会话交流是实现交际的基础，通过双方意义协商和交互调整（Interaction Modification），从而提高交际能力。交际是课堂教学的根本形式，是活生生的人与人交流的过程（Allwright，1984），课堂交际和师生的会话身份的建构是紧密相连的，合理建构课堂会话参与者的身份是课堂交际的前提，也是提高交际能力的有效途径。然而，目前学界缺少以会话身份建构为基础对国际汉语课堂教学实践的探索。本文结合国际汉语课堂会话语料，从情景身份、可迁移身份两个层面出发对国际汉语教学实践提供了一些具体操作的建议。

Zimmerman（1998）认为会话身份是会话互动情景中的元素，并将身份划分成“话语身份（Discourse Identities）”“情景身份（Situated Identities）”和“可迁移身份（Transportable Identities）”三种身份类型。其中话语身份是课堂会话层面出现的最基本的身份。情景身份是与机构性质和目标联系最为紧密的身份，在课堂中具体表现为“课堂知识传授者—课堂知识接收者”这样一对关系身份。可迁移身份是课堂会话情景身份之外的其他社会身份。需要注意的是，在“教师为主导”的教学模式中，情景身份作为默认身份是课堂会话的主体，可迁移身份在会话过程中不断融入情景身份；在“学生为中心”的教学模式中，情景身份所占的比例远不如其在“教师为主导”教学模式中高，情景身份建构过程在此教学模式下更为凸显。下面我们从课堂会话身份的情景身份和可迁移身份层面出发探讨国际汉语教学实践。

一、情景身份建构与国际汉语教学实践

课堂会话中情景身份是基于课堂的机构性质和目标提出的一对关系身份，在国际汉语课堂中主要指的是“汉语知识传授者—汉语知识接收者”。通常教师承担汉语知识传授者这个情景身份，学生承担汉语知识接收者的身份。如果二者主体进行对调，我们认为这种情况属于课堂教学机构性质以外的可迁移身份建构的表现，这种情况请参考可迁移身份的建构。这里我们主要探讨国际汉语课堂教学实践相关的教师作为汉语知识传授者的情景身份的建构。在教师情景身份建构的过程中需要注意两个方面的问题：课堂调控和学生自主性。

课堂调控是教学活动赖以生存的基本条件，是课堂教学活动顺利实施的重要保障，有效的课堂调控是提升教学效果的前提。教师在课堂调控的过程中情景身份得到凸显。教师合理建构情景身份进行课堂管理，突出表现在教师对教学节奏的调控。课堂教学节奏指的是课堂教学内容的编排，教学方法的转换、教学手段的变化等的分析和运用所构成的轻与重、缓与急、张与弛等有规律的现象（诸培英，2004）。课堂教学节奏是贯穿于整个教学流程中并影响教学效益的一个重要因素，教师从学生的知识基础、能力条件出发，依据教材的具体内容，掌握教学节奏，有利于克服课堂教学系统中的不确定性，从而保证课堂教学的有效和高效。请参考下例：

会话 1

情景信息：汉语语法课生词讲解。

01 T:　　　谁喜欢吃蛋糕？（老师举手引导）

02 Ss:　　（有同学举手）

03 T:　　都喜欢

04 亚历山大:　　我不喜欢，太甜了 =

05 T:　　= 哦，亚历山大不喜欢，太甜了，哦，对，太甜了，有的同学不喜欢吃甜的。

06　　[中国的蛋糕:

07 S_1:　　[老师，要是他去我们国家，我们国家的一种甜，他是 - 他觉得世界都是甜的，@=

08 T:　　我知道，孟加拉的东西都很甜，> 点心都很甜 <。
好，好，蜡烛…（开始讲解下一个生词）

会话 1 中，教师对亚历山大的回答进行反馈（06），但是在此过程中有学生主动介入教师的话轮（07），教师和该学生的话轮发生了重叠，教师放弃了自己的话轮，学生继续发表观点，教师等待学生完成其话轮，马上接过话轮，针对学生发表的观点进行反馈，最后引发讲解下一个生词（08）。在整个会话过程中，我们可以发现，教师对于教学节奏的把控：当自己的话轮和学生的话轮相冲突的时候，并没有抢断学生的话轮，而是充分尊重学生的课堂参与权，把话轮让渡给学生发表观点。教师对课堂的知识点教学的进程节奏掌握有度，当学生完成话轮后，教师马上接过学生话轮，发表总结反馈，表示自己已经明晰上一话轮中的话语含义，并且接连运用两个总结性话语“好，好”来承上启下，进入下一个教学回合。请再看一例：

会话 2

情景信息：汉语语法课“把”字句教学。

01 T:　　我做一个动作，你们用一个汉语句子说出来，看看会不会？
（教师将一瓶花放在一个同学 Nina 的桌上）

02 Ss:　　老师送给 Nina 一瓶花 @

03 T:　　嗯：老师送给 Nina 一瓶花：（教师掌心朝上指定一位同学作答[1]）

04 S_1:　　你把：那瓶花放在：额在：她的桌子上。

05 T:　　嗯：（~）

06 S_2:　　老师一瓶花放在 Nina 桌子上

07 T:　　啊，老师一瓶花 > 放在 Nina 桌子上 <（~）

08 S_3:　　老师一瓶花，放地方

09 T:　　啊：老师一瓶花放地方（~）

10 S_4:　　老师：这瓶：花，放在 Nina 桌子上

11 T:　　啊：老师这瓶花放在 Nina 桌子上（~）

12 S_5:　　老师把这瓶花放在了 Nina 的桌子上。

13 T:　　嗯，老师这瓶（~）

14 S_6:　　老师：额老师桌子里：额 [老师] 这瓶花拿到 - 放到 [Nina 的桌子上]

15 T:　　[嗯]　　[Nina 的桌子上] 嗯（~）

16 S_7:　　老师放那瓶花到：Nina 的桌子上

17 T:　　嗯，刚才：大家每个人都说了 @ 你们觉得说的对吗？

---

① 之后话轮中教师回应中会重复该动作，我们以“~”号代替。

18 Ss：　对 @

19 T：　老师现在告诉你们啊都：不对（单手在胸前比画了一个“×”的形状）

20 Ss：　啊：！（×××）

21 T：　好，好，我们今天要学的语法，是汉语里头一个特别的句子，叫什么句子呢？啊，叫把字句…

会话 2 中，学生对于教师问题的回应答案不一，其中有三个回答是合理的，包括同学的齐答（02），S_1 的回答（04），S_5 的回答（12）。教师对这些回答通常以“嗯”“啊”等感叹词进行回应，然后完全或者部分重复上一话轮学生的回答。教师这些回馈的共同点是不管是错误还是正确的回答，都没有进行否定或者肯定的反馈评价，而是用副语言指定下一话轮进行回答的学生。不同的是，对于不准确的回答，教师在反馈重复的时候会有意识地强调错误的地方，但是对于学生正确的回答，教师一般快速重复或者部分重复。特别是最后教师对所有的回答做了一个总结性的反馈（19），结合副语言，强调了学生回答都是错误的，没有提出正确的回答。教师不置可否的一系列反馈是其建构情景身份把握课堂节奏的表现，因为还没有对新的知识点进行讲解，教师让学生尝试回答目的是引起学生对新知识的学习兴趣，重视“把”字句的解决问题的作用。在知识点讲解之前，对于每一位学生的回答正确性的判断和讲解启示意义不大，甚至不利于整个课堂教学的进展，所以教师采取了不置可否的反馈策略，调整“把”字句教学的节奏。

课堂会话情景身份建构除了要重视对课堂节奏的调控，教师对学生自主性学习的把握也很重要。广义上学生自主性的定义是学生在进行的课堂会话中采取任何未受到教师邀请的行为的尝试，这里的“未受邀请”具体指的是：没有被明确地选为下一个话语者，或者是被选为了下一话语者，但是没有给出教师期待中的回应。狭义上学生的自主性主要体现在积极、能动地学习，主动创造学习机会探索课堂知识。Waring（2011）对课堂自主学习提升学习效果的方式进行了探索，发现了三种学生自主学习的形式：第一，引发话语序列（Initiate a Sequence）；第二，主动回应（Volunteer a Response）；第三，利用被指定的话轮（Exploit an Assigned Turn）。学生通过介入他人话轮，当没有问题引发的时候主动回应，或者利用给予的机会做出多于教师期望的行为等，在课堂限制条件下，他们通过这些行为进行自我发声，从而表现了学习的自主性。国际汉语课堂中对于学生的自主性，Fagan（2012）发现教师通常采用两种方法进行回应：第一是不聚焦于学生的自主行为（Glossing over Learner Contribution）；第二是承担信息提供者角色（Assuming the Role of Information Provider）。会话 1 中 07，表现了学生学习的自主性，学生在没有收到教师的问题引发的时候，介入教师的话轮进行会话。教师对于学生的自主行为采取了不聚焦的策略，使用总结性话语处理学生的理解以结束相关教学回合进入新的教学回合。请再参考一例：

会话 3

情景信息：汉语听力课师生讨论听到的内容。

01 T：　好，我们来看下一个问题 -

02 S_1：　老师，刚刚那个冒着：冒着天寒地冻什么额我没听清楚

03 T：　额，你们刚才听到的是什么，额，冒着天寒地冻：，嗯，我们先来看（老师板书“冒着天寒地冻的危险”）
首先来看天寒地冻，天寒地冻和季节有关啊，冬天非常非常的冷。那为什么是天寒地冻的危险呢？下雪你们来上课，骑车可能会打滑，积雪很深走路不安全，所以他用冒着危险，这是一个固定的用法啊，冒着什么危险。

04 S_2： I risk my life to save you，我冒险我的生命吗？

05 T： 哦，中文里面不这么表达，我们说冒着什么危险做什么事情，要把冒险拆开，或者你可以在里面加一个被动句，比如说我冒着被杀的危险来救你，很好的问题啊。

会话3中，02和04分别有两位学生表现了自己学习的自主性，根据听力材料主动提出了问题。面对学生主动提出的问题，教师承担了信息提供者的角色进行解答，而且回答中提供的信息大于学生提问的目标。教师对第一位学生的提问的回答中，不仅帮助学生回忆了听力材料中的内容，而且解释了相关内容涉及的语义内容（天寒地冻的危险）和语法形式（冒着……危险）（03）。同时，教师解释"冒险"的离合用法，还拓展了被动句与它的搭配用法（05）。在整个会话片段中，教师对学生主动提问创造进一步学习的机会的自主学习行为表示了极大的支持，认真回答问题并进行了拓展，提供了学生需要的足量的信息。

不管是不聚焦于学生的自主行为，还是承担信息提供者角色，在面对学生自主学习的课堂行为的时候，教师都是在情景身份建构的前提下进行会话，换句话说，学生的自主行为没有影响课堂机构的性质，整个过程中，教师"课堂知识传授者"的身份没有改变，教师还是掌握着课堂管理和节奏调控的权利。

二、可迁移身份建构与国际汉语教学实践

可迁移身份是随会话情景变化的潜在身份，基于主体间的物质或者文化标记，由于学生的经历、教师的背景、教学的模式、课堂的氛围等条件的变化，课堂会话可迁移身份是变化的。课堂会话中可迁移身份主要表现在其他社会身份的建构，合理可迁移身份建构有利于增加课堂的多元性，促进学生参与课堂的积极性。可迁移身份的建构教师要注意参考性提问以及对学生表达中内容的关注。

参考性提问主要指的是用来获取或交换信息的问题，是教师引导学生建构可迁移身份的有效会话策略。这类问题的提问者并不知道问题的答案，也不能预测对方的回答。在课堂教学实践中，教师可以从事实（Factual）和推理（Reasoning）两个层面出发进行参考性提问。教师根据学生的个人经历、观点、文化背景、社会经历等提出的一些具体的问题，我们称之为事实导向的参考性提问。教师可以从个人和方位两个维度以事实为导向进行参考性提问。个人化事实层面参考性提问就是跟学生有关的个人问题，例如："你们找的爱人，你们找到的男朋友如意吗？""我们班上谁爱喝酒？""有同学去上海旅行过么？"方位化事实层面参考性提问就是跟话题发生的地点有关的问题，例如："我们宿舍门口有没有人卖报纸？""上海有哪些有名的地方？"除了事实导向的提问以外，参考性提问还包括推理导向的提问。推理导向的提问是在事实问题的基础上进行的抽象、推理及上升的提问。例如："你觉得北京的气候有什么特点？""你说你不喜欢这家饭馆，能不能谈谈他们的问题在哪里？比方说，一是什么，二是什么……"

参考性提问是建构课堂会话可迁移身份的重要策略，可以让教师突破课堂机构性质的局限和教材的约束，以一个更加平等的社会人的交流身份与学生交换信息。这些参考性提问通常不是完全脱离课堂学习的，经常是以课文为导向提出的平行问题，为学生在课堂环境中创造了一种类似真实社会互动交流的语境，方便学生在课堂环境下学以致用。这些参考性提问可以激活学生日常社会生活中兴趣爱好和专业权威，引起其交流及表达的欲望，在很大程度上能提升学生的课堂参与积极性。总的来说，参考性提问可以从横向展开，跨越个体、社会、国家、家庭、文化等等，

同样也可以从纵向深化，如从具体问题（交通、孩子）到制度问题，从地方风俗习惯到文化传统，从社会到历史，等等。

除了教师引导，教师反馈话步对于可迁移身份建构也很重要，这主要体现在教师对于学生回应中内容的关注。语言形式是国际汉语课堂习得的焦点，但是教师在反馈中也要关注内容和意义。语言课堂的本质在于师生之间的交互与话语生成，而非单向、被动的知识授受。教师应尽可能使用基于信息传递与观点交流的意义协商、主题反馈，而避免使用机械的、无意义的问答和过于简单的反馈。这将有利于降低学生的语言焦虑，激发其社会其他身份下的多重感官，强化汉语习得的效果。

三、国际汉语教学示例

以上我们主要从教师的角度从情景身份和可迁移身份讨论了国际汉语课堂教学需要注意的方面并提出了一些操作性建议。下面我们通过一个国际汉语教学案例，具体讨论会话身份建构和教学实践的问题。

教学目的：教师通过不同话语策略，合理建构课堂身份，不仅帮助学生习得语言知识，而且培养学生根据交际场景运用语言进行互动的能力。

教学内容：“根本不”“A 是 A，不过……”“……也好，……也好，都……”

教学步骤：

步骤一：引出一个主话题，提问的时候建议循序渐进，从是非问题、选择问题一类易于学生回答的问题着手逐渐过渡到回应相对复杂的特指问题。我们设定的一个主话题是体育锻炼。步骤一体现了教师引导学生建构（非）锻炼者的可迁移身份。例如：（1）你们平常锻炼身体吗？（2）你们一般在哪里锻炼？（3）你们最（讨厌）喜欢什么运动？（4）你们为什么（不）喜欢锻炼？

步骤二：关注学生回应的内容，从学生的回答中总结规律，引出课堂知识点，这里教师“课堂知识传授者”的情景身份凸显。例如：（1）S_1 每天上完课就在家里，我们可以说 S_1 平常根本不运动，“根本不”表示完全否定，一点儿都没有。（2）S_2 有时候去健身房锻炼，但是一周才一次。S_2 锻炼是锻炼，不过锻炼得很少。正面里面说负面的，或者反过来，负面里面说正面的，我们经常使用这样一个句型“A 是 A，不过……”。（3）S_3 很喜欢跑步、游泳，我们可以说跑步也好，游泳也好，S_3 都喜欢。当你觉得两个东西都一样，可以用“……也好，……也好，都……”的句型。

步骤三：深入探讨步骤二中提出的话题，教师可以根据学生的背景参考性提问，有意识地引导学生建构可迁移身份，并且运用已学过的知识点作答。例如：我听说英国人最喜欢打板球和网球，你打得怎么样？（我根本不打。/我打是打，不过打得不多。/板球也好，网球也好，我都打得不错。）

步骤四：跳出当前主话题，使用目标知识点引入更多话题，在此过程中加强、上升目标语法点的理解和使用。此步骤中，建议多使用特殊疑问句，根据学生情况多准备话题，以便更多学生参与课堂讨论，融入更多可迁移身份。当然教师自己也可以陈述自身经历，建构其他社会身份，拉近与学生的距离。例如：（1）什么事情让你们根本不敢去想？（2）我觉得咖啡好是好，不过我更喜欢喝中国茶。（3）有人说“开心也好，悲伤也好，都是一种经历”，你怎么看这句话？

以上我们展示了国际汉语教学示范，当然这些建议和策略只是一个参考，教师需要根据知识点的结构、学生不同的课堂身份背景进行调整，尽量使话题之间联系更加连贯，使师生间的交流变得更加自然。

四、结语

本文考察了课堂会话身份建构和课堂教学实践的问题。我们从课堂会话身份的情景身份、可迁移身份两个层面出发探讨国际汉语教学实践，为一般国际汉语教学提供了一些具体操作的建议。我们还引入一个教学示例综合多种策略以供参考。教师情景身份建构的过程中需要注意两个方面的问题：课堂节奏的调控和学生自主性的关注。教师要从学生的知识基础、能力条件出发，依据教材的具体内容，掌握教学节奏，努力克服课堂教学系统中的不确定性，保证课堂教学的有效和高效。课堂会话情景身份建构除了要重视教师对课堂节奏的调控，教师对学生自主性学习的把握也很重要，主要表现在不聚焦学生的自主行为和承担信息提供者角色两个方面。课堂会话可迁移身份的建构方面，教师可以从事实和推理两个层面出发引发参考性提问。教师可以根据学生的个人经历、观点、文化背景、社会经历等提出一些具体的以事实为导向的参考性提问。教师可以从个人和方位两个维度以事实为导向进行参考性提问，也可以在事实问题的基础上进行抽象、推理及上升，然后进行推理性提问。

参考文献

[1] 董平荣．试论语言与身份研究中话语分析的整合视角．外语与外语教学，2009（7）．

[2] 兰良平，韩刚．教师身份构建——课堂提问遭遇沉默的会话分析．外语界，2013（2）．

[3] 田笑，黄金声．建构观下课堂会话身份研究——从 Zimmerman 会话身份理论到对外汉语示范课堂．华文教学与研究，2015（4）．

[4] 王晓燕．通过组织英语教学中的交际活动提高大学生英语交际能力．中国海洋大学硕士学位论文，2012.

[5] 徐敏，陈新仁．课堂语境下大学英语教师的身份建构及顺应性．外语教学，2015（3）．

[6] 诸培英．课堂教学的节奏与氛围的营造．高教论坛，2004（5）．

[7] Allwright, R. L. The importance of interaction in classroom language learning. *Applied Linguistics*, 1984, 5(2).

[8] Antaki, C. & Widdicombe, S. *Identities in Talk*. Sage, 1998.

[9] Fagan, D. S. "Dealing with" unexpected learner contributions in whole group activities: An examination of novice language teacher discursive practices. *Classroom Discourse*, 2012, 3(2).

[10] Firth, A. & Wagner, J. On discourse, communication, and (some) fundamental concepts in SLA research. *The Modern Language Journal*, 1997, 81(3).

[11] Hutchby, I. & Wooffitt, R. *Conversation Analysis: Principles, Practices and Applications*. Polity Press & Blackwell, 1998.

[12] Kasper, G. Participant orientations in German conversation-for-learning. *The Modern Language Journal*, 2004, 88(4).

[13] Long, M. H. Native speaker/non-native speaker conversation and the negotiation of comprehensible input. *Applied Linguistics*, 1983, 4(2).

[14] Rowe, M. B. Pausing phenomena: Influence on the quality of instruction. *Journal of Psycholinguistic Research*, 1974, 3(3).

[15] Waring, H. Z. Learner initiatives and learning opportunities in the language classroom. *Classroom Discourse*, 2011, 2(2).

[16] Zimmerman, D. H. Identity, context and interaction// C. Antaki & S. Widdicombe (Eds.). *Identities in Talk*. Sage, 1998.

附录

会话转写符号（Hutchby & Wooffitt，1998）

[	重叠开始的地方
=	在一行话语的结束和另一行话语的开端，或者在一行话语的内部表示没有间隔
@	笑声
(.)	少于 0.2 秒的停顿
(1.0)	停顿的时间（1 秒）
:	前面声音的延长，冒号越多表示延长越厉害
好	下面画线表强调
?	上升的语调，不同于标点符号
。	下降的语调，不同于标点符号
,	继续的语调，不同于标点符号
!	强调或欢乐的声音，不同于标点符号
-	声音突然结束
。。	中间的言语比周围的轻
><	中间的言语比周围的快
( )	非言语行为，或者是转写者对于某个现象的描述
…	话语内部省略
T	教师
Ss	多名学生同时说话
S_n	无法识别姓名的第 n 名学生

关于汉语作为第二语言／外语教学法的研究（2005—2016）：演变与发展*

华东师范大学　吴勇毅

摘　要：随着汉语教学的不断发展，学习汉语的人数日益增多，但教学效果却不尽如人意。如何能更快、更有效地使学习者掌握汉语，教学法起着至关重要的作用。对此，有人对汉语教学法产生了迷茫，有人提出要用后方法时代的语言教学观重构汉语教学法体系，也有人认为教学法要附丽于特定语言，等等。本文主要基于文献分析，探讨近十年来，国内汉语作为第二语言教学法的继承、演变与发展，并试图发现存在的问题、特点和未来的取向。本文主要从教学法的理论思考、不同教学法的借鉴与创新、任务教学法的研究、课堂教学方法的革新与探索、教学目标的设定与有效陈述等方面加以阐释。近年来汉语作为二语的习得和学习策略的研究取得了不少有价值的成果，使我们对汉语学习过程有了更深入的认识与了解，这既能促使我们反思教学法和教学策略，也为教学法的改进打下了坚实的基础。

关键词：汉语作为第二语言／外语　教学法　研究　演变　发展

一、引言

教学法实在是一个非常复杂和笼统（即不明确、含混）的概念，汉语作为第二语言／外语教学法，或称对外汉语教学法亦是如此，讨论起来，难免挂一漏万。语言教学法，上可以指教学理念和

* 本研究为教育部人文社会科学重点研究基地重大项目“汉语作为第二语言教学学科年度发展报告”（项目编号：14JJD740007）子课题“汉语作为第二语言的教学理论研究”的阶段性成果。

信念（比如依据对语言本质的认识、对语言学习的认识以及对语言教学的认识所形成的“三观”——语言观、语言学习观、语言教学观）、教学原则以及教学的整体设计等，在这个意义上，常被称为“教学法理论”“教学路子”等；中可以包括教学过程安排、教材的编写（呈现方式）与使用、教学策略、评估方式与手段等；下可以具体到某种课型、某个语言要素、某种语言技能怎么教，甚至是课堂教学所使用的某个方法、某种技巧等。

大家对教学法的认识和理解颇为不同，于是也就有了不同的概括与分类，“教学法是有层次的，可以依据其侧重的方面分类”（史有为，2008）。Anthony（1963）建构了一个三层的教学法体系AMT，即 Approach-Method-Technique。Approach 是理论性的、原则性的（Axiomatic），Method 是程序性的（Procedural），Technique 是工具性的、实施性的（Implementational）。Richards & Rodgers（1986）则提出了一个以 Method 为统领，下面由 Approach、Design 和 Procedure 三个部分组成的教学法框架 ADP。Design 要根据语言观和语言学习理论（即 Approach）决定教学目标，形成教学大纲（选择教学内容和组织方式），组织教学活动，阐释教学中的师生关系以及教学材料的功能，并在 Procedure 中加以贯彻和实施。中国汉语教学界最熟悉的是吕必松（1986、1990）提出的“四大环节”说，即总体设计、教材编写、课堂教学和测试。“这四大环节是环环相扣，缺一不可的。它们之间的关系是：总体设计是其他环节的前提和主要依据；教材是课堂教学的基础；课堂教学是直接帮助学生掌握语言的中心环节，其他环节都必须为这个中心环节服务；测试是检验的手段，它不但检验学生的学习成绩和达到的水平，而且检验包括测试本身在内的全部教学活动是否科学、合理、有效。”可见“现代外语教学法是一个多元化、多维度、多层次的体系”（章兼中主编，1993）。

二、教学法的理论思考

近些年来（2005—2016 年），对外汉语教学法的研究取得了丰硕的成果，除了发表的大量的研究论文以外，仅以“对外汉语教学法”为名的教科书就有四部：《对外汉语教学法》（陈枫主编，2008）、《对外汉语教学法》（吴勇毅主编，2012）、《简明对外汉语教学法》（张新明，2012）、《实用对外汉语教学法》（冯希哲主编，2012），其中以吴勇毅主编的商务馆《对外汉语教学法》影响最大，另外，徐子亮和吴仁甫的《实用对外汉语教学法》也于 2013 年出了第三版，与上一版相比有了许多扩展和深化。作为本科生、研究生、师资培训和在职教师参考的关于具体的汉语语言要素、语言技能以及不同课型的教学方法的教材类书籍更是种类繁多，似乎也是大家的兴趣所在。比如，有北京语言大学出版社系列[①]，有北京大学出版社系列（包括专门的国

① 《国际汉语教学：综合课教学方法与技巧》（姜丽萍等，2014）、《国际汉语教学：读写教学方法与技巧》（田然，2014）、《国际汉语教学：语法教学方法与技巧》（朱文文等，2015）、《国际汉语教学：词汇教学方法与技巧》（李先银等，2015）、《国际汉语教学：汉字教学方法与技巧》（别红樱等，2015）、《对外汉语课堂教学艺术——来自教学实践的微技能探讨》（黄晓颖，2008）、《对外汉语阅读教学 16 讲》（陈贤纯，2008）等。

别化汉语“教学法”）①，有高等教育出版社系列②，有外语教学与研究出版社系列③，有商务印书馆系列④，等等⑤。此外，还有将现代教育技术与汉语教学方法结合在一起的，如《汉语多媒体教学课件设计》（郑艳群编著，2009）、《对外汉语可视化教学方法论》（郑世珏、张萍编著，2013），后者将计算机可视化技术应用实例和对外汉语教学方法融合在一起。这种对不同课型、语言要素、语言技能乃至课堂教学技巧的“浓厚”兴趣，一方面是源于形势发展的需要，世界上众多不同类型的汉语学习者（成人、少年儿童乃至幼儿，各行各业的专业人士等）的学习需求多样，要满足这些需求就需要采用不同的教学策略、教学方法和教学技巧；大量汉语教学志愿者和非汉语专业出身的教师的派出，使得原本非常专业化的课堂教学变得不那么“专业”了，需要从最基本的课堂教学方法和教学技巧补起，尽管这充分反映出汉语教学界强调“务实”的态度。但另一方面，这种“兴趣”和“务实”也使得我们有可能只停留在“匠”和“术”的层面，从而失去了在教学法更高层次上改革与创新的动力。

在教学法理论研究方面比较重要的著作有吕必松的《汉语和汉语作为第二语言教学》（2007）⑥。程棠的《对外汉语教学理论与实践关系问题综论》（2007）和《对外汉语教学目的、原则、方法》（2008）、邵菁和金立鑫的《认知功能教学法》（2007），后者“是一种新型的外语教学法。这种外语教学法建立在当代转换生成语言学和功能主义语言学理论的基础上”，它是“在对历史进行批判和吸收的基础上”提出来的，是一种创新的探索（下文还会涉及）。此外，崔希亮主编的课堂教学研究系列⑦则是探讨不同课型教学法的。

---

① 《国别化：对韩汉语教学法（上）· 语言要素教学篇》（王海峰，2011）、《国别化：对韩汉语教学法（下）· 语言技能教学篇》（王海峰，2011）、《对外汉语听说教学十四讲》（杨惠元，2009）、《对外汉语课堂教学行为的理论与实践》（卢华岩，2011）。美国爱荷华大学开发的汉语作为外语教学丛书：《汉语听力教学》（柯传仁等编著，2009）、《汉语口语教学》（柯传仁等，2012）、《汉语字词教学》（沈禾玲等，2011）等。

② 《国际汉语词汇与词汇教学》（刘座箐，2013）、《国际汉语汉字与汉字教学》（王秀荣，2013）、《国际汉语语法与语法教学》（杨玉玲、吴中伟，2013）、《国际汉语教师课堂技巧教学手册》（王巍、［韩］孙淇编著，2011）、《国际汉语教师语音教学手册》（宋海燕编著，2015）、《国际汉语教师中级语法教学手册》（杨玉玲、孙红玲，2017）、《国际汉语教师汉字教学手册》（王秀荣编著，2017）（因为是系列，故把 2017 年的两本也列上了）、《汉语国际教育实训教程》（杨晓黎主编，2015）等。

③ 《汉语作为第二语言教学——汉语技能教学》（吴中伟主编，2014）、《汉语作为第二语言教学——汉语要素教学》（毛悦主编，2015）。

④ 《汉语可以这样教——语言要素篇》（张和生主编，2006）、《汉语可以这样教——语言技能篇》（赵金铭主编，2006）、《汉语课堂教学技巧 325 例》（周健主编，2009）。

⑤ 单本的还有《对外汉语的课堂教学技巧》（丁迪蒙，学林出版社，2006）、《轻松教汉语——汉语课堂教学实用技巧 72 法》（杨文惠，世界图书出版公司，2009）等。

⑥ 吕必松自己说这是《对外汉语教学概论（讲义）》（国家教委对外汉语教师资格审查委员会办公室，1996）的改写版，不是修改版，里面有很多作者后期关于汉语教学法的思考和转变。笔者注。

⑦ 《对外汉语综合课课堂教学研究》（崔希亮主编，北京语言大学出版社，2010）、《对外汉语听说课课堂教学研究》（崔希亮主编，北京语言大学出版社，2011）、《对外汉语读写课课堂教学研究》（崔希亮主编，北京语言大学出版社，2015）。

尽管如此，但在这种丰硕和繁荣的背后，对对外汉语教学法的争论却一直没有停止过。黄启庆（2012）针对赵金铭（2010）关于“汉语综合教学法”的定名与阐释，提出质疑和忧问：“汉语综合教学法”是一种教学法吗？目前，对外汉语教学法的现状如何？对外汉语教学法的前途又在何方？

黄文以第十届国际汉语教学研讨会（2010年8月于中国沈阳召开，主题是“世界汉语教学的新教材与新教法”）的172篇论文（包括汉语教学法创新、汉语技能教学、汉语要素教学、汉语课堂教学四个相关专题）的“提要”为考察对象，进行统计与分析并得出结论，其核心观点是：（1）论文所“依靠”的背景理论、论文提要所提及的教学法理论几乎都是“舶来品”或者多数是“进口产品”。（2）“教学方法”的创新不等于“教学法”的创新，[①]且证实或证伪研究少，经验介绍多。（3）教学法研究中汉语的特点没有得到足够重视，尤其是对汉字教学和语音教学以及与此相关的写作、听力和汉字课型方面关注不够（黄文仅仅是基于对这届研讨会的论文统计，笔者注）。黄文引用吕必松（2003）的话作为佐证：“我国对外汉语教学现在占主流地位的教学路子存在的主要问题就是在很大的程度上背离了汉语的特点。因此，探索汉语教学的新的教学路子，必须首先在汉语特点的研究上下工夫。”[②]在提出对外汉语教学存在问题的基础上，黄文认为，“国际汉语教学法的专业理论基础尚未成熟，国际汉语教学法的理论体系尚未成型，借鉴多于创新。我们认为此时没有必要为国际汉语教学法取一个‘合法’的名字。赵金铭先生提出的‘综合教学法’，我们认为与其称之为一种教学法，不如称之为一种教学方法或原则”[③]，“‘综合教学法’的提出恐怕也值得商榷”。

黄文仅以一届国际汉语教学研讨会相关论文提要的统计分析为基础得出的结论，恐易一叶障目，有失公允，其实对外汉语教学界对教学法的总结、改革与创新的脚步一天也没有停止过（参见下文的讨论），吴勇毅和徐子亮（1987）对此曾做过深入的评述，但黄文的迷茫和担忧也并非完全没有道理，持这种观点的人也不仅仅是他一人。邵菁和金立鑫（2007）就认为，“长期以来，我国外语教学界、对外汉语教学界所采用的教学法基本上都是从国外引进的”，“对外汉语教学几乎没有自己较为成功的教学法理论”（金立鑫，2006）。[④]

对外汉语教学有没有自己成功的教学法理论见仁见智，但黄文说的有一点是对的，即我们要“加强语言对比，认真总结和归纳汉语的本质和特点，在此基础上研究汉语教学法和教学方法应更具有针对性和实效性”，黄文的“回归”之意大约也在此。

前文我们说过，尽管有迷茫、质疑和担忧，但对外汉语教学界对汉语教学法的总结、改革与创新的脚步一天也没有停止过，发表了大量的研究文章和著作。这类研究分两个方面：一是对过往的理论总结，二是对改革与创新的探索。

---

① 黄文区分“教学法”与“教学方法”，“教学法是基于某种或某几种心理学、教育学及专业学科特点并建立在长期的教育实践基础上而形成的一种教学理论，而教学方法则是指在一定的教学法指导下由教育人员使用的一些教学手段、技巧或方法。教学法包括教学方法，教学方法是教学法理论指导下的实践手段或方法”。

② 值得注意的是吕必松后期的观点跟他之前的很不相同，甚至是颠覆性的，这篇文章是其标志之一。笔者注。

③ 黄文的教学方法和教学原则在两个完全不同的层面上。笔者注。

④ 这也是金立鑫和邵菁要创建“认知功能教学法”的原动力。黄文发表于2012年，而金立鑫和邵菁的《试论认知功能教学法》发表于2001年的《语言教育问题研究论文集（2000）》，大大早于黄文。笔者注。

赵金铭（2010）把国内过往的汉语教学法定名为“汉语综合教学法”（他把对汉语作为第二语言 / 外语教学法的探讨上溯至 90 年前，即 20 世纪 20 年代），它“不断发展、完善与创新，至今已成为汉语作为第二语言教学法之主流。这种教学法生发于汉语自身，在教学中成型，既有汉语教学特色，也符合世界第二语言教学法发展趋势”。他认为 90 年来对外汉语教学法一脉相承，总结了各个时期汉语教学法的“综合”的特性（不同的“综合”形态），并得出了无论如何发展，“教学原则与教学方法的综合，却是一成不变的”的结论。到 80 年代后期，学界对综合教学法已基本形成共识，即“集传统法、听说法、句型法、直接法、功能法等理论与实践于一身的、互为补充的、以结构和功能相结合为主的方法，对于汉语作为第二语言教学来说，从理论到实践，看来是可行的。三十多年来，我们始终是沿着这条路子前进的，而且路子越走越宽”（赵贤州执笔，1988）。赵金铭从理论上深刻论述了汉语综合教学法的本质与特点，认为它是在“全面深刻地认识第二语言教学的本质和特点的基础上，把一些有影响的教学法中的某些理论和原则抽出来，按照语言教学的优化组合规则重新组织，并结合所教语言——汉语的特点，特别是汉字的特点，注入新的成分之后，所生成的带有新质成分的教学法体系”。赵金铭在另一篇重要的文章《附丽于特定语言的语言教学法》（2014）中（“附丽”即依附、附着），基于语言教学法的五重格局，从对外汉语教学界多年总结出的“听说领先，读写跟上”“妈麻马骂，汤糖躺烫”“字不离词，词不离句”“整体识字，先认后写”“结构组块，词组本位，精讲多练”等教学口诀出发，在三个层次上详细论证和阐释了依据汉语特点而形成的，同其他语言教学既有共性，又不同于其他语言教学（个性）的汉语综合教学法。这三个解读口诀的层次是：（1）教学理念 / 教学法思路，主要阐述汉语教学内容与教学法之关系。（2）教学方法 / 教法，在这个层次上主要处理语言要素、言语技能和交际技能之关系。（3）教学技巧 / 技法，主要指教学内容与教法之具体结合，即所谓语言教学之技巧。目的是要“总结出既符合语言规律、语言教学规律、语言学习规律，又附丽于汉语的汉语作为第二语言教学法”。赵金铭的这两篇文章是姊妹篇，亦可看成是对上述黄文的一种回应。

汉语综合教学法的说法笔者是赞成的，我们在研究中华人民共和国成立以来对外汉语教学法时就发现，从一开始对外汉语教学界就没有单纯走过哪个教学法的路子，而是有我们自己的中国特色，这个特色之一就是“综合”。“回顾三十六年来我国对外汉语教学法的发展，我们得到的感觉是动态的，也就是说它是在不断总结经验，吸取新的理论和方法，结合对外汉语教学的特点，朝着逐步形成我国自己的对外汉语教学法理论及教学法体系的方向发展，中国特色愈来愈显著。”（吴勇毅和徐子亮，1987）往深里想，中国人的骨子里有着“中庸”的思想，通常不好极端或标新立异，善综合，但这种综合又是依据汉语教学的对象、环境和汉语的特点而选择的，综合里有个性。

史有为（2008）从另一个视角分析各种教学法，他把 11 种教学法从“语言工具（母语 / 媒介语、目标语）”“语言本体（语法、句型）”“语言功能（交际、任务）”“心理基础（刺激—反应、认知）”“教学程序（听说领先、重视整体、重视书面）”五个方面进行解析，看其特点（有无）和强度（强调程度多少），根据排列的结果得出“大部分教学法并不是完全互相排斥的。它们大都只是对某些项目强调的程度不同而已。只有少数如翻译法和直接法才是严重对立的，但也并非不可折中调和。而综合性的教学法虽然来源比较杂，似乎不够纯正，但效果却较好”的结论。基于此，他又以各教学法侧重强调的东西作为分类标准，将教学法分作“非排他性”的四大类，即（1）侧重于语言工具的分类、（2）侧重于语言功能与使用的分类、（3）侧重于语言构成和教学程序的分类、（4）侧重于心理基础的分类。把各种教学法归类后看，“这四大教学法类型之间大都不是互相排斥的，而是分别突出不同的项目，或者以教学中的某个方面作为关键点，加以强调、突出，从而形成貌似排他的教学法”。他还分析了控制、影响教学法的五对十个“深层因素”（理性和感性、演绎和归纳、通则和习惯、学习和习得、主动和被动），并得出：“这些深层要素在不同的教学法中更多的是这也有一点儿，那也有一点儿，大多是一种带有不同倾向性的调和折中与综合。绝对的纯是没有的，它们之间可能只是参与综合的比例不同，但比例的不同却往往就有高下之别。而这种调和折中与综合不纯恰恰就是应用学科的特点。”史有为的分析是客观、理据充分而有说服力的。

以库玛（B. Kumaravadivelu）为代表的“后方法时代（Post-Method Era）”的语言教学思想或者说思潮对汉语教学界也产生了相当的影响，①《世界汉语教学》（2014 年第 4 期）曾以“后方法理论视野下的对外汉语教学研究”为题专门汇辑了 11 位中外学者对后方法语言教学理论的看法。② 在反思、解构和批判“方法”的基础上，“‘后方法时代’的语言教学观意识到没有一种现成的最佳方法可以一劳永逸地用于教学。它主张第二语言教学界应抛弃传统教学方法的思想，从更开阔的视域探求替代方法观的教学新理念和新途径，而不再因循旧模式，谋求替代现有方法的另一种教学法”，“倡导在最大程度上关注教师在教学方法运用和支配上的自主性及创造性，主张由教学实践第一线的教师根据自身的教学理解，及所具备的教学理念、风格和经验，构建一个‘由下至上’适应具体教学场景、立足课堂教学的教学实践者自身的教学理论体系”（陶健敏，2006），而途径就是由恪守某种教学法转向灵活运用教学原则。为此，库玛（2013）提出了十项宏观策略（指导性原则），包括（1）最大化学习机会、（2）最小化感知失配、（3）促进协商互动、（4）提升学习者自主性、（5）培养语言意识、（6）激活直觉启发、（7）语境化语言输入、（8）整合语言技能、（9）确保社会关联、（10）增进文化意识。我们认为从某种意义上说，综合法的理论和后方法的精神是契合的，比如都主张“教无定法”“因材施教”。马真（2014）说“‘后方法’，按我的体会，就是强调不要拘泥于某一种教学方法，要因人、因时、因地、因条件采用有针对性的教学手段”，“教学法要适人而用、适境而用、适时而用”（史有为，2008）。

陶健敏（2006）则更进一步，依据“后方法”的语言教学观，尝试建构一个对外汉语教学法体系，这是一个宏观教学方法论（Methodology）体系模式，由理论基础、教学原则以及传统教学方法论三部分组成，以教学原则的形式突出“后方法时代”教师自主教学对于灵活对待传统教学方法的重要性。

三、不同教学法的借鉴与创新

不断的改革与创新是汉语作为第二语言 / 外语教学可持续且健康发展的动力、源泉和保证，这其中也包括借鉴各种新的第二语言 / 外语教学理论与方法。许多学者都想寻找突破点，以追求

① 北京大学出版社翻译出版了库玛的两本著作：《超越教学法：语言教学的宏观策略》（*Beyond Methods: Macrostrategies for Language Teaching*，陶健敏译，2013）、《全球化社会中的语言教师教育：“知”“析”“识”“行”和“察”的模块模型》（*Language Teacher Education for a Global Society: A Modular Model for Knowing, Analyzing, Recognizing, Doing, and Seeing*，赵杨、付玲毓译，2014）。《国际汉语教学研究》从 2017 年第 1 期到第 4 期，连续四期刊载刘颂浩等翻译的库玛在北京大学的演讲稿。

② 这 11 位学者是：陈申、崔永华、郭春贵、郭熙、陆俭明、马真、孙德金、孙德坤、吴应辉、吴勇毅、赵杨。

提高汉语作为第二语言 / 外语教学 / 习得的“速度”和“效率”，哪怕只是泛起小小的“涟漪”（客观地说，何谓“高速”和“高效”并不容易界定，更多的也许只能用“相对什么而言”来表达，而对现实的不满意和批评却比较容易）。

尽管学界早就关注到“语块（Chunk）”这种语言现象的存在，比如类似成语、熟语、习语、惯用语、套话等，但作为一种语言习得与教学理论（Chunk Theory）影响汉语教学界还是在 21 世纪开始以后（Miller，1956；Nattinger & DeCarrico，1992；Lewis，1993、1997；Wray，1999、2002）。亓文香（2008）尝试“把语块理论引进课堂教学，形成一种新的对外汉语教学法——语块教学法”。“所谓的语块教学法，就是教师在教学过程中，运用语块理论，对汉语中一些固定词语、固定组合和固定用法等语块加大教学力度，让学生掌握其语法、语境和语篇意义，然后通过对大量语块的反复教授和习练，充分调用学习者已有的语言知识和认知能力，把词汇学习和语法学习结合起来，从而提高学习者语言综合运用能力的一种教学方法。”语块是一种多词短语（连续的或不连续的），或称词汇短语（Lexical Phrase）、程序言语（Formulaic Speech）等，它的习得和使用（记忆、贮存、提取）是有认知心理基础的，人们通常以整块的形式将其贮存在大脑的记忆之中，具有预制和程式的特点，使用时整块提取，无须再用语法进行生成和分析。人们之所以能够使用母语进行流利的表达（口头、书面），是跟我们的大脑中贮存有大量的语块，而非仅仅是一个一个的单词有关。它跟组织“建筑材料（词汇）”的语法规则一起共同成为我们学习和习得第二语言的关键。亓文香着重阐述了语块教学法的作用，如可以指导和帮助教材的编写和课程的设计、可以充实教学方法、可以在教学实践中提高教学效果等，但未详细讨论语块教学法的实施。吴勇毅等（2009）提出，广大教师要提高对汉语语块的敏感度（因为它有不同于其他语言的特点），切实加强语块的研究与教学实践，把“语法词汇化”（吴勇毅，2002）与语块教学结合起来，他们还根据教学实际，专门提出了一类教学用“即时语块”（指教师根据教学对象的特点，比如学习者的母语和教学内容，在教学过程中自主即时生成的一类语块），并讨论了这类语块的特点。

苏丹洁和陆俭明（2010）依据构式语法理论和组块理论提出了一种“构式—语块”句法分析法和教学法，尝试把“构式语法理论与组块理论结合使用”，以解决存在句和“把”字句等句式在教学中出现的问题。它“是一种新的补充性的句法研究与教学的理论和方法。这一方法建立在人类认知和语言的共性基础之上，在分析和教授一些汉语句式方面，优于传统的思路”。但施春宏（2011）指出，苏丹洁［施文中指的是苏丹洁（2010）］对构式和语块这些核心概念的理解跟一般构式理论、语块理论对这两个概念的理解均有所不同，薛小芳和施春宏（2013）认为其所指的构式基本上是句式，而语块则基本上是指构成特定句式的各个组成单元，[1] 因此“构式—语块”教学法在本质上应该理解为“句式—组块”教学法，尽管如此，这样的探索仍具有“很强的现实意义”。苏丹洁不仅展示了此法的教案设计，还用这种教学法进行了教学实验，检验其教学效果（苏丹洁，2011）。

---

① 苏丹洁和陆俭明（2010）自己也承认：“本文所说的‘语块（Chunk）’与当前第二语言教学界讨论较多的‘语块（Formulaic Language）’是不同的：‘Formulaic Language’指的是词汇层面上一个一个的词语聚合体，即语言中高频出现的、具有一定习语性的构块。”

“认知功能教学法”是邵菁和金立鑫多年来一直在走的一条创新之路，也是他们多年研究的结果。[①]该教学法建立在转换生成语言学和功能主义语言学理论的基础之上，强调汉语教学中的“认知”和“功能”，“‘功能’是对提供给学生的语料进行必要的（功能）处理，‘认知’是教师引导学生对语料进行参数设定，即认知语言规则”（邵菁和金立鑫，2007）。具体来说，“认知功能教学法”主张不要将语言规则直接告诉学生，而是要充分利用学生的认知能力和语言能力（人类天生能够获得语言的能力），为学生提供准确的、规范的、数量上足以让学生认知出目的语某一语言规则的“有效语料”，从而引导学生认知、总结语言规则并最终获得自主学习的能力（邵菁，2011）。要达到此目的，教师必须提供经过功能处理的“有效语料”，以保证学生认知的可能性，所谓“功能处理”是指把语料放在一定的语境或给语料提供一定的情境，这种语境既包括交际的也包括语篇上下文的，并且赋予结构或语法规则交际的价值等。

邵菁在“认知功能教学法”的教学应用方面下了很大的功夫，除了《认知功能教学法》（2007）这本书，她还发表了许多文章专论该法在汉语教学各方面的应用，比如她讨论了如何利用“认知功能教学法”进行词语辨析教学（通过教师设计的有效语料，在语境中让学生发现近义词之间的差异，进而总结出规则，再加以练习以内化规则），教师应如何准备“有效材料”（邵菁，2011）。她还以此法进行教学实验，以证明它对人称回指教学的有效性（邵菁，2013）。

语言是文化的载体（学习语言从本质上说也是学习文化），又是学习文化的途径。以往的文化教学大都采用“认知型文化教学模式”，即把文化作为一种知识来处理，是以教师为中心的，注重的是文化教学的内容和结果，教学方式以教师讲授为主，教学目标是增加学习者的文化知识(祖晓梅，2015）。如何改变这种状况，又能在语言教学中有效地实施文化教学，为此，祖晓梅（2015）以体验型学习模式（Kolb，1984）为理论基础，提出了一个“体验型文化教学模式”，它把文化主要看作习俗和意义，是以学习者为主体的，注重的是文化教学的过程，教学目标是培养学习者认知、行为和态度的综合能力以及文化学习的能力。这个模式由感知文化、了解文化、理解文化和比较文化四个阶段组成，其主要优势之一是“实现了语言教学和文化教学的融合”，因为文化教学的过程，“实际上也是训练学习者使用汉语进行叙述、描述、表演、概括、解释、比较、评价等语言功能的过程”。体验型文化教学的主要方法有角色扮演 / 情景模拟、文化比较、问卷调查、小组任务、人种学方法（田野工作）等，祖文都给出了具体操作例子。在笔者看来，文化教学强调“体验”，融语言和文化学习为一体，这是另一种“沉浸”。祖晓梅（2014）还把“提问”作为一种文化教学的有效策略，从提问内容和提问技巧加以研究和总结，提出一系列的提问策略（问什么、怎么问），颇有启发。

人类的语言学习是有共性的，各种语言的学习 / 教学理论和方法的借鉴是很自然的，但创新则是更加难能可贵的。除了上述的探索，近些年来较有影响的汉语教学法还有吴伟克等的“体演

① 该教学法是在2001年提出的，并且在实践中完善、检验和发展。参见《试论认知功能教学法》（金立鑫、邵菁，中国对外汉语教学学会秘书处《语言文字应用》编辑部编《语言教育问题研究论文集（2000）》，华语教学出版社，2001）；《认知功能教学法及其在对外汉语教学中的应用》（邵菁，上海外国语大学硕士学位论文，2002）；《再论认知功能教学法》（朱立元主编《新世纪　新视野——华东地区对外汉语教学研究论文集》，山西人民出版社，2002）；《认知功能教学法》（邵菁、金立鑫，北京语言大学出版社，2007）；《认知功能教学法：理论、设计和程序》（邵菁，华东师范大学博士学位论文，2012）等。后两种是集大成者。

文化教学法（The Pedagogy of Performing Another Culture）”，这是一种语言教学法，它认为，语言教学即文化教学，文化即体演（Performance），外语学习的目的就是要反复灌输语言和社会中的那些默认的、符合文化规范的行为方式。靳洪刚等的“主题导入教学法（A Thematic Approach to CFL Teaching）”[①]，是一种语言课堂互动与呈现方法，强调以主题贯穿整个外语教学课堂，以交流互动带动语言形式与功能的学习。此外还有任务教学法等，这些都使得汉语作为第二语言 / 外语教学法呈现出多种形态。

不管是英语教学界还是汉语教学界，对教学法有效性的实证研究，尤其是实验研究一向不多。因此任何验证教学法有效性（仅仅“有用”是不够的，还应考虑“时间”和“效率”）的实证研究都应鼓励和提倡，尽管有时这种实证研究的设计和实施本身也许并不够完善。我们举三个例子：

苏丹洁（2010、2011）为了证实“构式语块教学法（The Construction-Chunk Approach，参见上述相关讨论）”的效用，以兼语句教学和兼语句与存现句交叉教学进行了两个实验。以自然班分为实验和对照两个组，实验组采用构式语块教学法，对照组采用“主—谓—宾”教学思路［实验二中兼语句教学时，实验组（A 组）采用构式语块教学法，对照组（B 组）采用“主—谓—宾”教学思路；存现句教学时，A 组改为对照组，采用“主—谓—宾”教学思路，B 组成为实验组，采用构式语块教学法，故曰交叉］，前后测（实验一还有后后测，即延时后测）的结果表明，前测两组无显著差异，而后测（包括后后测）都有显著差异，实验组得分都显著高于对照组。结论是与传统的“主—谓—宾”思路相比，构式语块教学法有更优表现，且习得效果更牢固、长久。苏丹洁的实验（严格地说是一项准实验）对变量控制其实并不是很严格，短时的一次性教学是否就真的能证明构式语块教学法的效用，也还可以商榷，尤其是进行传统的“主—谓—宾”思路教学时，完全不提兼语句的“使令”意义，令人生疑。因为通常即使是传统的“主—谓—宾”思路教学，教师也一定会讲“使令”意义的。

邵菁（2013）为证实汉语语篇规则的可教性和检验“认知功能教学法”的有效性进行了一项准实验研究，实验内容是语篇中的“人称回指”。她的研究对象是汉语同一水平的 4 个自然班，其中 1 个为实验班，其余 3 个为对照班。实验班采用“认知功能教学法”教授 9 条语篇常用的涉及“人称回指”的规则（实验组有教学干预，即“人称回指”规则的教学，对照组无教学干预）。实验周期约为一个学期（分五次教学“人称回指”规则），采用前测、后测和延后测模式（前测在开学后第 3 周，后测为五次教学后的第 17 周，延后测在后测两个月后）。实验结果显示，前测实验班和对照班各班之间的成绩差异不显著，后测实验班和对照班各班之间存在着显著差异，延后测结果同后测；独立样本 T 检验结果显示，对照组每个班内部前后测成绩无显著差异，实验组的前后测成绩有显著差异。结论是“认知功能教学法”的效果显著，且语篇规则是可教的。同苏文的实验相比，邵菁的设计要更周全，采用“认知功能教学法”的教学过程比较完整，结论也比较可信。

对外汉字教学到底是采用“识写同步”还是“识写分流”一直是汉语教学界争论的问题。从实际教学看，在国内的汉语教学（CSL）大多采用前者，在国外的汉语教学（CFL）有不少采

---

① “主题导入教学法”是由靳洪刚、梁新欣于 2004 年提出来的，日臻完善。《国际汉语教学研究》曾于 2015 年第 3 期发表《21 世纪的外语教学：以能力为出发点的主题导入教学新论》，靳洪刚教授治学严谨，认为该文尚不能反映出该教学法的全貌，不建议收入本文，而建议读者阅读《主题导入教学法的理论基础、设计原则及其呈现方式》一文，见中华书局（香港）的《国际中文教育学报》2017 年第 2 期。

用后者的方法。[①] 江新（2007）提出针对非汉字文化圈学习者的汉字教学，要走“认写分流、多认少写”的道路，即将初级阶段的汉字学习分解为汉字认读和书写两部分，强调多认读少书写，会认读的汉字量要大于会书写的汉字量。该文采用了单因素被试间实验设计，自变量为汉字教学方法，实验组（20人）采用“认写分流、多认少写”的汉字教学方法，对照组（15人）则采用传统的“认写同步”的教学方法，为期三个月（一个学期左右）。测量工具为实验前（50个随机选择的高频汉字）、后（100个随机选择的高频汉字和62个课本汉字）的识字测验，结果显示，不仅识字效果实验组优于对照组，而且写字效果实验组也好于对照组。据此，该文得出了“认写分流、多认少写”有利于学生识字，也有利于学生写字的基本结论。由于这个实验主要的测量工具是识字，写字是附带看的，因此，关于后一个结论笔者认为还需要进一步证明。

影响汉语教学效果的因素是多样的、复杂的，并不仅仅是教学方法，比如江新（2007）就提到汉字的特点、学生汉字学习的特点、教师汉字教学的特点等因素都对汉字教学的效果有重要影响。说实在的，采用实验组、对照组的方式证明某种教学法有效（苏文、邵文和江文均是如此）相对来说还比较容易，但要证明一种教学法比另一种教学法好则更难。Seliger & Shohamy（1989）曾举过这样一个例子，20世纪60年代，许多研究都试图证明听说法优于语法翻译法，这些研究采用实验或准实验的研究框架，雄心勃勃，但最终也无法证实一种方法比另一种更加有效。这也使他们意识到，教学效果所蕴含的东西远不仅仅是教学方法。

四、任务教学法的研究

任务（型/式）教学法引入中国的汉语教学界大约是在21世纪初，似乎比进入北美汉语教学界还早了几年（袁芳远，2010）。迄今为止发表的论文已逾百篇（还不包括硕士学位论文和国外学者在中国刊物上发表的文章），还有博士学位论文和专著等。吴勇毅（2016a）对此做过长篇专门论述。时至今日，任务（型/式）教学法依然时髦，以至于“在汉语教学中，似乎不谈‘任务’、没有‘任务教学’就过时了，至于到底是不是任务（型/式）教学法的‘任务’，是不是真正的‘任务教学’，那就另当别论了”。其实，任务（型/式）教学法本身也在发展，Prabhu的任务教学法（Task-based Teaching，TBT）跟Long的任务教学法（Task-based Language Teaching，TBLT）就有很多不同之处（Prabhu，1981、1983、1987；Long，1985a、1985b、1991；Long & Robinson，1998）。

吴勇毅（2016b）概述了任务教学法的研究现状：（1）真正从理论上和实践中介绍、研究任务型语言教学的文章并不多，专著和以此为专门研究对象的博士学位论文则更少，[②] 正因为如此，

---

① 比如，在法国就有两种“识写分流”的方式：一种是一本教材，听说领先，教听说时全部是拼音，不出现汉字，教读写时，全部是汉字［听说部分的一部分词语，会在读写时以汉字形式出现，其余词语会在以后的读写课文中逐步出现，故意造成汉字的“滞后”；“识”和“写”则采用“积极主动字（识写都要）”和“消极被动字（只读不写）”的不同处理方法］，代表教材是Isabelle RABUT、吴勇毅、刘虹的《汉语入门》（法国L'ASIATHEQUE出版社，2003）；另一种是采用同一种教材、两个版本（拼音本和汉字本）的方式，学习者可以选择，代表教材是Monique Hoa（华卫民）的《汉语双轨教程》（法国友丰书店，1999）。具体参见王若江（2004）和吴勇毅（2012）。

② 专著只有吴中伟、郭鹏的《对外汉语任务型教学》（北京大学出版社，2009），博士学位论文仅有段沫的《基于需求分析的任务型教学研究》（上海师范大学博士学位论文，2010）。

不少文章对任务型教学的理解，甚至包括什么是任务型教学的“任务”存在偏误。（2）大家都在尝试把任务型教学法应用于课堂教学，即听、说、读、写四种技能的教学中，而四种技能的教学又被天然地建立在分技能课（包括听力课、口语课、阅读课、写作课）的基础上，这似乎与任务型教学的“原意”不符，就“完成任务”的方式来说，任务型教学是主张“综合”的。（3）不少研究提出了编写任务型教材的建议和设想，但迄今出版的这类教材寥寥。[①]（4）已经有任务型语言测试的研究，但现实毫无跟进。（5）与相对较多的研究相比，整个汉语教学界似乎并不热衷于实践，至少在国内，总体上汉语课堂教学法并无多大改观，类似 3P（Presentation，Practice，Production）的“传统”教学模式依然占据主导地位。

任务型语言教学是脱胎于交际语言教学的，但它们之间却有着重要的差异。吴勇毅（2006）指出，任务型语言教学或任务（型）教学法承认培养语言交际能力是其目标，但在这方面更进了一步。具体说，培养语言交际能力只是其目标之一，它至少有两个目标：一个是培养学生的语言交际能力，另一个是发展学生的发现问题、分析问题和解决问题（表现为完成任务）的能力。前一种能力为后一种能力服务，目的语是发展后一种能力的工具。另外，任务型教学的大纲——“任务型大纲”是“过程式大纲”，完全不同于交际语言教学的“功能-意念大纲”，后者是“产品式大纲”。吴中伟（2005）指出，“任务式大纲必然只是一个过程性大纲，不可能是结果性大纲。因为，现实世界的交际活动——‘目标任务’——是无穷尽的”。

任务的性质以及任务如何在课堂教学中运用一直是大家感兴趣的问题。吴勇毅（2016b）专门讨论了“任务”的性质，核心是如何理解“教学任务 / 学习任务”和“真实世界的任务 / 目标任务”，这两者之间究竟是什么关系[②]；“任务”是否等同于“活动”或“练习”。吴文意见是明确的，纯语言学习的所谓“任务”（或者叫练习、操练），可以为任务型教学的某些环节所利用，但绝不属于任务型教学的“任务”，而“活动”只是完成任务的各种形式。

任务教学法有自己的课堂教学模式，它把课堂教学分为三个环节，即任务前、任务中、任务后，以任务贯穿整个教学过程，在任务链中“做中学”“用中学”。在目前国内汉语课堂教学模式依然是 3P 占主导地位的情况下，吴中伟（2008、2016）一直在探讨如何把传统的 3P 模式等和任务型教学结合起来。他认为，任务在第二语言教学中的应用，有三种类型：第一是基于任务（Task-based）的教学，即任务型教学，基本特点是基于任务大纲进行教学，并以任务为基本教学单位；第二是结合任务（Task-supported）的教学，即在 3P 模式下适度结合任务（一般在 production 阶段），基本特点是基于语言大纲进行教学，任务是强化、检验学习效果的手段；第三是基于语言大纲进行教学，但以任务为基本教学单位。如果把输入与输出看作是或处理成一种互动的关系，任务教学法可以考虑把传统的 3P 模式和任务教学法结合起来；目前在 3P 的表达阶段引入任务概念，就是改良的 3P 模式，即“借助任务”的教学（Task-supported）。他关于在教学中任务既可以作为教学内容，也可以作为教学途径和手段的认识是非常深刻的。

赵雷（2008）提出要建立一个任务型对外汉语口语教学系统，并探讨了如何更有效地在任务型汉语口语教学中实现意义和形式的平衡，解决好在以表达意义为中心的前提下切实关注语言形式的问题。赵雷（2016）还具体说明了如何从“任务前”“任务中”和“任务后”多个环节来设

① 真正冠以“任务型”的教材，如赵雷主编的《沟通——任务型中级汉语口语（上、下册）》（北京语言大学出版社，2012、2013），其他大都是所谓的“结合”了的教材。

② 另可参见韩宝成（2003）、刘壮等（2007）。

计与实施聚焦于形（Focus on Form）。赵雷主编的“任务型”的教材《沟通——任务型中级汉语口语（上、下册）》（2012、2013）是其构建任务型对外汉语口语教学系统的具体体现。

在任务教学中，任务难度或者说任务的复杂度是一个很不好控制的因素，可能会影响到语言输出的准确性、流行性、得体性 / 合适性、复杂性 / 多样性，因此有许多研究考察的是任务难度 / 复杂度对语言表现的影响。胡格非和鹿士义（2016）采用实验的方式考察了任务复杂度（写作时有无图片背景）对对外汉语写作任务中语言表现的影响。根据对四个组（两个汉语中级水平组，两个高级水平组，每个水平其中一组为“+ 此时此地”，即在为时 30 分钟的写作过程中不收回图片，另一组为“- 此时此地”，即在看过 5 分钟图片后，收回图片，再开始 30 分钟的写作）实验结果的统计和分析，发现在“- 此时此地”条件下，流利度、准确度和复杂度都有更好的表现，“+/- 此时此地”只对词汇多样性有显著影响，而对语言流利度、准确度和语法复杂度的影响都不显著，而语言水平对语言表现的流利度、准确度和词汇多样性都有影响。胡、鹿进行的只是一个实验，我们需要更多的实验来探讨完成任务与语言表现之间的关系。

任务的复杂度与语言测试也有相当的关系。对汉语任务型语言测试的研究尽管很少，但很值得我们关注。从语言能力到交际能力，乃至综合运用语言的能力，对培养目标和语言能力的认识不同，导致了测试模型的改变，测试内容和测试方式也发生了变化，刘壮等（2008）认为，任务式测试的构念可以表述为：通过考生完成语言测试任务的语言行为，评价考生的语言能力。语言测试的测量目标是语言能力，考生完成测试任务本身并不是测量目标，真正的测量目标是完成任务所具备的语言能力；任务式测试既然是“基于”任务，就表明任务只是测量途径，既然是基于“任务”，也表明任务是必要条件。但现实生活中的语言使用任务是众多的，目标任务的类型是大量的，而能够成为教学任务的却是有限的，能够编制成测试任务的就更有限，因此，测试任务要具有代表性，而代表性是基于需求分析得出的。任务式测试相对传统的散点式测试，对考察学习者真实的运用语言的能力具有很好的“真实性”，可惜汉语教学界对此几乎没有作为。

任务型教学中的任务目标具有双重性。一重是完成任务本身（即做成一件所要求的事儿），另一重是任务的教学目标——语言目标（即使用语言的目标，包含在特定语境下语用的得体性等），这是任务的真正目标。任务目标的双重性自然就导致了任务结果的双重性。完成了任务是一重结果（或许可以叫作非语言结果）；达到了教学目标，即语言目标（使用语言的目标），是另一重结果，是任务背后的结果。做得好的话，双重结果可以一致；做得不好的话，就可能出现把事儿给办了，但语言目标没有达成，甚至干脆给忘了的情况，表现在课堂教学中，常是热热闹闹的活动结束后，不知道对语言能力或语言交际能力的提升有何帮助。这就把任务型教学走歪了（吴勇毅，2016b）。

任务教学法有没有可能成为一种汉语教学的主流教学法，我们的看法并不乐观。吴勇毅（2016a）曾有过这样一段预测：纯粹的按照任务型教学法的理论和教学模式去实践，全面应用于汉语教学的可能性不大。尽管对其研究还会增加和深入，尽管“任务”的概念已经“深入人心”，尽管似乎每个教师都在进行所谓“任务教学”，但它似乎仍然无法撼动国内汉语作为第二语言教学的主流，“任务”“任务型教学”将被“综合”掉，或“改良”掉，汲取其理念和精华是一定的。中国的汉语作为第二语言教学法有自己很强的“传统”，“综合”和“改良”是其一种特有的合力，这或许是源于中国传统哲学的理念，亦或许就是任务型教学法的一种“归宿”。

五、课堂教学方法的革新与探索

如何根据汉语的特点进行课堂教学，提高教学效率，一直是教学界孜孜探索的方向。

在语音教学方面，相较于没有声调的语言，汉语的声调是一个重要的特点也是学习的难点。王安红（2006）从分析学生的声调错误入手（阳平和上声的混淆、阴平和去声的混淆），在讨论单字调和语流中声调的发音差异（单字调受了语调多层级的影响）的基础上，找出声调的本质特征（可概括为：阳平以“升”特征与其他三个声调相区分；阴平以“高”和去声相似，但“平”“降”把两者区分开来；上声以“降”和去声相似，但起点高低的显著不同区分了上声和去声；调值是一个相对的概念），并提出“声调特征教学”主张，又以示例展现了教学过程，成效显著。

轻声是汉语语音的另一个特点（跟声调一样都属于超音段的特征），但要不要教、教哪些一直是有争议的。王韫佳（2016）在详细讨论了普通话轻声词的规范原则（可类推轻声词的界定、普通话和北京话中轻声词的关系等）后认为，轻声应该纳入普通话语音教学的基本内容，尽管轻重音的功能远不如声调来得强，但就语音特征而言，一些词的重音格式仍然是重要的，例如带无调后缀的双音节词，重叠式的称谓词、单音节动词的重叠式、口语中出现频率较高的非语法轻声词。如果把这些词都念成重重式，在普通话母语者的语感里不易接受。教学应该删繁就简，但简不等于无。与轻声词分为必读轻声和轻重两可两个不同的类别相对应，在轻声词的教学中也可以根据学生普通话水平的不同和学习需求的不同来讲授不同的内容。

在词汇和语法教学方面，吴中伟（2006）对语法的词汇化教学①做了更详细深入的阐释和讨论。他指出，“语法教学的词汇化，其实质就是把一般性、概括性的规律具体化、个别化”。它跟先讲语法规则再造句的语法教学路子不同，把一些不易说清楚的结构成分（如“好<u>极了</u>”“累<u>死了</u>”“好<u>得很</u>”之类）、固定搭配、凝固性较强且/或内部关系复杂的结构等作为词语单位来教（不必分析），待具体词语单位积累、掌握多了，学习者自然会归类。“学习者具有这样一种范畴化能力和类推能力，这种能力是与生俱来的。儿童就是这样习得母语语法的。成人的认知能力更强，更善于运用这种范畴化和类推能力。”“要培养习惯还是得从具体的、个别的词语开始，在具体的使用中学习、掌握用法。”采用语法的词汇化教学不是“淡化语法教学”，而是改变了语法教学的策略，简化了语法教学的内容和难度，也打通了词汇教学和语法教学的壁垒，其实词汇教学和语法教学本来就是一个连续统（Continuum）。吴中伟还按照语法教学词汇化的原则和路子提出了很好的教材编写和课程设置的改革意见。

卢福波（2007）基于厚实的研究和丰富的教学经验提炼归纳出语法教学相互关联的五个基本教学环节（包括备课中完成的和授课中完成的）和七种精讲环节教学模式及三种操练环节教学模式，并展示了具体操作过程，对语法教学具有很强的指导性。她把语法研究与语法教学的辩证关系概括为：研究应使问题逐步深化；教学则使深化的问题趋于浅显；研究是教学的前提；教学是研究的转化——具象化、浅显化、规则化。

近年来冯胜利和施春宏提出了一个新的汉语二语教学的语法体系，即“三一语法”，其基本框架包括（1）句子的形式结构、（2）结构的功能作用、（3）功能的典型语境。尤其是典型语境

---

① “语法词汇化”是吴勇毅提出来的，他把语法的词汇化教学，或者说，语法教学的词汇化，视为一种语法教学策略，就是把语法现象、语法规则的教学转化为词汇教学的方式来进行，以词汇教学代替语法教学，以词汇教学带动语法教学。参见吴勇毅（2002）。语法的词汇化教学跟语块教学有共性，但不相等。

维度的加入，使得语法结构“是什么（样）”“干什么用”有了着落——“在哪儿用”，也为语法教学的目的做了具体的阐释。这个“三位一体”的语法系统体现了“场景驱动、潜藏范畴、实现法则”这一教学法上的科学性，也为语法教学开辟了一条新途径。冯胜利等指出“三一语法”是教学语法，不是教学法，但它的三个方面都可以通过不同的教学法来实现和完成。另外，他们也在尝试把“三一语法”的观念和原则用于汉语词汇教学。①

在汉字教学方面，崔永华（2008）考察了中国儿童学习汉字的过程和方法，并与外国人学习汉字的过程和方法进行了比较，发现他们在学习和教学中存在很多相同或类似的问题，由此假设非汉字圈汉语学习者在汉字学习过程中一定程度上遵循着与中国儿童学习汉字相同的过程，但教学的思路却很不一样，结果也完全不同。崔永华认为，目前对外国人的汉字教学的程序和方法可能违背了汉字学习的自然顺序和学习规律，尤其是汉字教学缺少设计，应用训练不足，对外国人的汉字教学可以借鉴中国儿童学习汉字的过程和方法。文章提出要遵循汉字学习的基本规律，循序渐进地进行教学。具体建议包括：（1）语文分开，先语后文。（2）先认读，后书写。（3）分层次教学。（4）认多写少。创造条件，使学习者在使用中学习；设立单独的课程、教学阶段或教学环节，改进教学方法。

在口语教学方面，孙宁宁（2004）探讨运用建构主义教学模式下的支架式教学法（Scaffolding Instruction）来改进中级口语教学的效果。所谓支架式教学法是指围绕当前的学习主题，为学生提供一种概念框架（即搭建一个便于登攀的脚手架），一个模拟的真实情景，然后将学生引入一定的问题情境中（即概念框架中的某个节点），让学生独立探索，并且进行小组协商、讨论，使学生自己在概念框架中不断攀升，并最终通过支架把管理调控学习的任务逐渐由教师转移给学生自己，最后撤去支架。“支架”要以“最近发展区”来合理搭建。孙文以具体课例展示了支架式教学的六个环节：（1）设置情境，搭脚手架。（2）进入情境。（3）独立探索。（4）小组协作，模仿课文初步练习交际。（5）在模拟情境中活化语言。（6）效果评价。从应用过程看，该教学方式“在组织对话课各环节的教学上优势非常明显，学生的语言运用能力在教师精心设计的教学环节中逐步攀升”。

支架式教学法重在教学过程中如何帮助学生一步步地“攀登”（借助“脚手架”），而任务教学法则强调要在运用语言的过程中学习语言（借助“完成任务”）。

在阅读教学方面，我们不得不承认这样一个事实，即汉语学习者的阅读量实在很小。课外除了课本，学生几乎不或很少阅读其他的汉字材料，初级汉语水平的学生如此，中高级水平的学生亦无多大改观，这里除了有认读汉字的客观困难以外，与我们的教学设计和教学方法有很大的关系（近年来已开始注重汉语分级阅读材料的编写与课外阅读 APP 的开发等）。罗青松（2005）针对高级汉语阅读教学所面临的三对基本矛盾——（1）课时量与阅读量的矛盾、（2）教材的有限性和教学内容多样化要求的矛盾、（3）难度要求与速度要求的矛盾，提出通过延伸课堂，将课外自主阅读环节导入阅读课的教学中，以此扩大语言输入，丰富教学的内容与形式；并使得学生在阅读训练中有更大的选择性，最终达到提高学生实际阅读技能的目的。罗文提出的自主阅读（既是教学策略，又是教学目的），是在对外汉语阅读课的框架之内，安排在课外进行的自主阅读；

① 参见《论汉语教学中的“三一语法”》（冯胜利、施春宏，《语言科学》2011 年第 5 期）；《三一语法：结构·功能·语境——初中级汉语语法点教学指南》（冯胜利、施春宏，北京大学出版社，2015）；《基于“三一语法”观念的二语词汇教学基本原则》（施春宏等，《华文教学与研究》2017 年第 1 期）。

教师对其材料、过程、效果进行不同形式、不同程度的监控。首先是自主阅读材料的选择，有三种形式：限定阅读材料的自主阅读，自由选择材料的自主阅读，在限定主题范围内选择材料的自主阅读；其次自主阅读的反馈形式是多样化的阅读报告，既是阅读要求，也是评价依据；再次自主阅读是在阅读课的教学框架下进行的，是课堂教学的延伸和拓展，因此必须以课堂指导和自主阅读的互动为前提。实践表明这种教学方式作用明显，可以让学生更多地参与到课堂教学活动中，使教学过程更充分地体现出学生的自主性，课程设计更符合教学对象的实际水平和学习需求。

现代化教育技术的创新与发展不仅会使教学手段发生变化，也会使教学形态乃至师生关系发生变化。在汉语二语课堂上，多媒体教学手段的运用已是常态，但用什么、怎么用、何时用，如何使之成为课堂教学方法和手段的有机组成部分，以便更有效地提高教学效率，并不是一件简单的事儿。郑艳群（2006）指出，研究多媒体条件下的汉语课堂教学方法，就是研究综合运用传统的汉语课堂教学手段和多媒体教学手段来组织教学、提高教学效率的方法，包括如何获取资源、使用什么原则、怎样备课以及如何处理课堂上的随机事件等。多媒体教学手段的使用，应当与教学内容的讲解相配合，与学生的学习需要相配合，与教学的目的相一致。最重要的是要把握住适时、适量和综合使用的原则，把握教学过程中的操作方略。而对这些原则的把握，会直接影响教学的效果，同时也反映出教师使用多媒体教学手段的能力，是科学性和艺术性的综合体现。这对目前汉语课堂上由于不当使用多媒体教学手段而出现的诸多弊病，具有针对性。另外，科技的创新、现代教育技术的进步、网络技术的发展已使得课堂的物理延伸成为现实，可以满足各类学习人群的需求，或课内、或课外，或离线、或在线，或现实、或虚拟，于是构建一个健康的支持教学 / 学习所需的网络环境（包括内容提供系统和服务支持系统等）就变得十分重要。郑艳群（2013）认为，在数字化时代以"数字环境"和"生态环境"为基础构建汉语网络学习体系，对于网络语言学习来讲是必要的，前者满足学习者"对内容的需求"，后者满足学习者"对服务的需求"。她专门讨论了汉语网络学习的数字环境与生态环境体系设计问题，以应对当前汉语网络教学的发展需求。

六、教学目标的设定与有效陈述

汉语教学的目的宏观上可以表述为培养学生的汉语交际能力或综合运用汉语的能力，姜丽萍（2007）认为，从汉语作为第二语言教学的角度看，"交际能力"（表现为相对的、动态的、具体的）是动态发展的，要在使用中不断完善，同时它也是可以定级的、可操作的，教学中要一步一步逐级完成，直至达到最高目标。该文提出要构建课堂教学中"交际能力"的实现层级。"准确性"是言语训练要达到的第一个目标层级（一级），"流利性"是言语训练的第二个目标层级（二级），这两个层级属于"语言能力"，即语言知识和言语技能；"得体性"是言语训练的第三个层级（三级），从准确性、流利性到得体性，逐步形成"语用能力"；"创造性"是言语训练的第四个层级（四级）。具备汉语的准确性、流利性、得体性、创造性就能够形成个性化的语言，有了运用汉语的"综合能力"，进而真正形成学习者自己的交际能力。这也是教学的实现顺序，该文还讨论了这个顺序在教学中的实施步骤。

培养学生的汉语交际能力或综合运用汉语的能力必须要通过一个一个具体的教学活动来实现，而一个一个的教学活动又有其不同的教学目的和目标，因此，教学目的或目标是有层级性的，姜丽萍（2007）说的是一种层级，而刘颂浩（2010）指的是另一种层级，"层级，指的是教学目的可以区分主次”。该文从提高教学效率的角度出发，探讨如何“同时实现多个目的”，提出教学目的的分层兼顾问题，其核心观点是：教学目的是一个层级系统。在设计教学活动时，应力争在实现主要教学目的的同时，兼顾其他教学目的，从而使教学效益最大化。两个教学活动，如果在主要目的上面没有区别，那么，能够兼顾次要目的的一个就是更好的选择。刘颂浩（2010）还讨论了兼顾的前提、原则和制约条件等。“兼顾”是一个非常重要的教学和设计理念，可以表现在教学的方方面面，值得我们重视。

在汉语教学中，每堂课都有具体的教学目标，每篇课文都有具体的学习要求，教学目标会影响教学方法的选择和教学手段的运用，教学目标是教学的起点，也是教学的归宿。从课堂教学的角度看，所谓教学目标是教师设定的或教师跟学生协商后共同设定的，在课堂教学或在教学活动中所要达到的预期的结果和标准。这里的“结果和标准”有两种理解：一种是从教的角度出发，是教师希望达到的“教学结果和标准”；另一种是从学的角度出发，是学生能够达到的“学习结果和标准”。以往的汉语教学，教师在陈述教学目标时，比如在教案中，常常比较随意、模糊和抽象地从自己期望的角度出发设定教学目标（使用的词语常常是“使学生……，培养学生……，让学生……，提高学生……”等），“目标中对能力能够和应该达到什么水平未做任何要求，看不出学生学习后的行为和结果”（王添淼，2006）。这种教学目标的设定对教学并无任何促进和监督作用，于是教学目标的有效陈述就引起了学者们的关注。姜丽萍（2006）以实例指出目前在对外汉语教学目标编写中存在的问题：（1）教学目的、教学目标概念混淆。（2）教学目标的陈述过于含混、抽象、笼统。（3）把教学目标作为教师要做的事，没有陈述期望学生发生什么样的变化。（4）教学目标的设置缺乏相关的理论指导和依据。王添淼（2006）首先从正面论述了教学目标的三种功能，即导向功能、定向功能和测度功能，然后用实例讨论了三种有效目标陈述法在汉语教学中的运用，并阐释了教学目标有效陈述的思路和技巧。姜丽萍（2006）则认为，教学目标应按认知领域、技能领域、情感领域和学习策略分类陈述。

对课堂教学目标的有效陈述直接关涉教学途径的选择、教学方法和手段的运用，进而影响到教学效果，乃至学生的学习兴趣，其“规定性”跟最近流行的教学“逆向设计”非常吻合。

研究语言教学法的最终目的无非是提高教学效率（在最短的时间内获得最佳的效果），世界上语言众多，所有语言都有共性（否则我们无法沟通与交流），因而所有语言的学习与习得也有共性（无论是母语还是第二、第三语言），作为第二语言的教学理论与教学法自然也有共性，所不同的是各种语言的表现形式，也包括书写形式，这就使得教学法有了个性，它不得不去考虑所教语言的特点，由此就形成了或者说创造了各种语言“特殊”的教学法。各种教学理论、各种教学法的借鉴是很自然的事,关键是别把只适合于那种语言的教学法拿到咱们自己的语言教学中来，那就南辕北辙了。教学法多种多样，选择时不仅要考虑到所教授的语言和学习者的母语，还要考虑到教师自身的“个体因素”以及教学对象和教学环境，“因材施教”“对症下药”中国古已有论。一线教师不仅是教学法的使用者、消费者，也是教学法，甚至教学理论的改革者、创造者，学习、实践、经验积累和反思是“角色”转变的关键，这也是“后方法”所倡导的。教学有法，教无定法，贵在得法，万法归宗，什么是“宗”我们一定要想明白。

我们还应该看到，近些年来汉语作为第二语言 / 外语的习得研究和学习策略的研究为教学法的改革与创新起到了推波助澜的作用。

参考文献

[1]［美］库玛．超越教学法：语言教学的宏观策略．陶健敏译．北京：北京大学出版社，2013.
[2] 陈枫主编．对外汉语教学法．北京：中华书局，2008.
[3] 程棠．对外汉语教学理论与实践关系问题综论．北京：北京语言大学出版社，2007.
[4] 程棠．对外汉语教学目的、原则、方法（第二版）．北京：北京语言大学出版社，2008.
[5] 崔永华．从母语儿童识字看对外汉字教学．语言教学与研究，2008（2）.
[6] 冯希哲主编．实用对外汉语教学法．北京：中国人民大学出版社，2012.
[7] 韩宝成．语言测试的新进展：基于任务的语言测试．外语教学与研究（外国语文双月刊），2003（5）.
[8] 胡格非，鹿士义．任务复杂度对对外汉语写作任务中语言表现的影响．国际汉语教学研究，2016（1）.
[9] 黄启庆．对外汉语教学法的迷失与回归．云南师范大学学报（对外汉语教学与研究版），2012（2）.
[10] 江新．"认写分流、多认少写"汉字教学方法的实验研究．世界汉语教学，2007（2）.
[11] 姜丽萍．关于有效陈述对外汉语教学目标的思考．云南师范大学学报（对外汉语教学与研究版），2006（4）.
[12] 姜丽萍．关于构建"以培养交际能力为目标"的对外汉语教学框架的思考．汉语学习，2007（1）.
[13] 金立鑫，邵菁．试论认知功能教学法 // 中国对外汉语教学学会秘书处《语言文字应用》编辑部编．语言教育问题研究论文集（2000）．北京：华语教学出版社，2001.
[14] 金立鑫．试论汉语国际推广的国家策略和学科策略．华东师范大学学报（哲学社会科学版），2006（4）.
[15] 刘颂浩．对外汉语教学目的的分层兼顾问题．语言教学与研究，2010（4）.
[16] 刘壮，戴雪梅，阎彤，竺燕．任务式教学法给对外汉语教学的启示．世界汉语教学，2007（2）.
[17] 刘壮，戴雪梅，竺燕，阎彤．对任务式语言测试的探索．语言文字应用，2008（2）.
[18] 卢福波．对外汉语语法教学的基本环节与模式 // 崔希亮主编．汉语教学：海内外的互动与互补．北京：商务印书馆，2007.
[19] 罗青松．高级汉语阅读课的自主阅读指导．海外华文教育，2005（1）.
[20] 吕必松．试论对外汉语教学的总体设计．语言教学与研究，1986（4）.
[21] 吕必松．对外汉语教学发展概要．北京：北京语言学院出版社，1990.
[22] 吕必松．汉语教学路子研究刍议．暨南大学华文学院学报，2003（1）.
[23] 吕必松．汉语和汉语作为第二语言教学．北京：北京大学出版社，2007.
[24] 马真．教有法，教无定法．世界汉语教学，2014（4）.
[25] 亓文香．语块理论在对外汉语教学中的应用．语言教学与研究，2008（4）.
[26] 邵菁，金立鑫．认知功能教学法．北京：北京语言大学出版社，2007.
[27] 邵菁．"认知功能教学法"在词语辨析教学中的应用．汉语学习，2011（5）.
[28] 邵菁．"认知功能教学法"人称回指教学实验．世界汉语教学，2013（4）.
[29] 施春宏．面向第二语言教学汉语构式研究的基本状况和研究取向．语言教学与研究，2011（6）.
[30] 史有为．教学法和教学模式的解析与重组——兼及日本汉语教学中的相关课题．世界汉语教学，2008（3）.
[31] 苏丹洁，陆俭明．"构式—语块"句法分析法和教学法．世界汉语教学，2010（4）.
[32] 苏丹洁．试析"构式—语块"教学法——以存现句教学实验为例．汉语学习，2010（2）.
[33] 苏丹洁．构式语块教学法的实质——以兼语句教学及实验为例．语言教学与研究，2011（2）.
[34] 孙宁宁．支架式教学法及其在对外汉语中级口语教学中的应用．暨南大学华文学院学报，2004（4）.
[35] 陶健敏．"后方法时代"语言教学观与对外汉语教学法体系构建．暨南大学华文学院学报，2006（3）.
[36] 王安红．汉语声调特征教学探讨．语言教学与研究，2006（3）.
[37] 王若江．对法国汉语教材的再认识．汉语学习，2004（6）.
[38] 王添淼．教学目标的有效陈述与对外汉语教学．汉语学习，2006（3）.
[39] 王韫佳．轻声规范和教学琐议．国际汉语教学研究，2016（2）.
[40] 吴伟克主编．体演文化教学法．武汉：湖北教育出版社，2010.
[41] 吴勇毅，何所思，吴卸耀．汉语语块的分类、语块化程度及其教学思考 // 世界华语文教育学会．第九届世界华语

文教学研讨会论文集（第二册）. 台北：世界华文出版社，2009.

[42] 吴勇毅，徐子亮 . 建国以来我国对外汉语教学法研究述评 // 中国高等教育学会对外汉语教学研究会编 . 对外汉语教学讨论会第二次学术讨论会论文选 . 北京：北京语言学院出版社，1987.

[43] 吴勇毅 . 汉语作为第二语言语法教学的“语法词汇化”问题 . 暨南大学华文学院学报，2002（4）.

[44] 吴勇毅 . 从交际语言教学到任务型语言教学 . 对外汉语研究，2006（2）.

[45] 吴勇毅 . 汉语作为外语环境下的教材编写——以《汉语入门》为例 //《第十届国际汉语教学研讨会论文选》编辑委员会编 . 第十届国际汉语教学研讨会论文选 . 沈阳：北方联合出版传媒（集团）股份有限公司、万卷出版公司，2012.

[46] 吴勇毅 . 近十年来（2004—2014）中国汉语二语教学法的演变与发展：任务教学法的兴起与走向 //《现代中国语研究》编辑委员会编 . 现代中国语研究 . 日本：朝日出版社，2016a.

[47] 吴勇毅 . 再论任务型语言教学的“任务”. 国际汉语教学研究，2016b（1）.

[48] 吴勇毅主编 . 对外汉语教学法 . 北京：商务印书馆，2012.

[49] 吴中伟 . 从“3P 模式”到“任务教学法”——任务教学法研究之三 . 国际汉语教学动态与研究，2005（3）.

[50] 吴中伟 . 语法的词汇化教学 // 朱永生，彭增安主编 . 多元文化背景下的对外汉语教学 . 上海：学林出版社，2006.

[51] 吴中伟 . 输入、输出和任务教学法 . 华东师范大学学报（哲学社会科学版），2008（1）.

[52] 吴中伟 . 任务：作为教学内容还是作为教学途径 . 国际汉语教学研究，2016（1）.

[53] 徐子亮，吴仁甫 . 实用对外汉语教学法（第三版）. 北京：北京大学出版社，2013.

[54] 薛小芳，施春宏 . 语块的性质及汉语语块系统的层级关系 . 当代修辞学，2013（3）.

[55] 袁芳远 . 任务式教学在北美汉语教学界：应用与研究 . 国际汉语教育，2010（4）.

[56] 张新明 . 简明对外汉语教学法 . 上海：学林出版社，2012.

[57] 章兼中主编 . 外语教育学 . 杭州：浙江教育出版社，1993.

[58] 赵金铭 . 对外汉语教学法回视与再认识 . 世界汉语教学，2010（2）.

[59] 赵金铭 . 附丽于特定语言的语言教学法 . 世界汉语教学，2014（4）.

[60] 赵雷 . 建立任务型对外汉语口语教学系统的思考 . 语言教学与研究，2008（3）.

[61] 赵雷 . 任务型口语课上的聚焦于形——以任务型中级汉语口语教学为例 . 国际汉语教学研究，2016（1）.

[62] 赵贤州执笔 . 建国以来对外汉语教材研究报告 // 第二届国际汉语教学讨论会组织委员会编 . 第二届国际汉语教学讨论会论文选 . 北京：北京语言学院出版社，1988.

[63] 郑世珏，张萍编著 . 对外汉语可视化教学方法论 . 北京：清华大学出版社，2013.

[64] 郑艳群 . 多媒体汉语课堂教学方法 . 语言文字应用，2006（1）.

[65] 郑艳群 . 汉语网络学习的数字环境与生态环境体系设计 . 汉语学习，2013（2）.

[66] 郑艳群编著 . 汉语多媒体教学课件设计 . 北京：北京语言大学出版社，2009.

[67] 祖晓梅 . 提问——汉语课堂文化教学的基本方法 . 国际汉语教学研究，2014（1）.

[68] 祖晓梅 . 体验型文化教学的模式和方法 . 国际汉语教学研究，2015（3）.

[69] Anthony, E. M. Approach, method and technique. *ELT Journal*, 1963, 17(2).

[70] Kolb, D. A. *Experiential Learning: Experience as the Source of Learning and Development*. Prentice Hall, 1984.

[71] Lewis, M. *The Lexical Approach: The State of ELT and a Way Forward*. Language Teaching Publications, 1993.

[72] Lewis, M. *Implementing the Lexical Approach: Putting Theory into Practice*. Language Teaching Publications, 1997.

[73] Long, M. H. & Robinson, P. Focus on form: Theory, research, and practice // C. Doughty & J. Williams (Eds.). *Focus on Form in Classroom Second Language Acquisition*. Cambridge University Press, 1998.

[74] Long, M. H. A role for instruction in second language acquisition: Task-based language training // K. Hyltenstam & M. Pienemann (Eds.). *Modelling and Assessing Second Language Acquisition*. Multilingual Matters, 1985a.

[75] Long, M. H. Input and second language acquisition theory // S. M. Gass & C. G. Madden (Eds.). *Input in Second Language Acquisition*. Newbury House, 1985b.

[76] Long, M. H. Focus on form: A design feature in language teaching methodology // Kees de Bot, Ralph B. Ginsberg & Claire

Kramsch (Eds.). *Foreign Language Research in Cross-Cultural Perspectives*. John Benjamins Publishing Company, 1991.

[77] Miller, G. A. The magical number seven, plus or minus two: Some limits on our capacity for processing information. *The Psychological Review*, 1956, 63.

[78] Nattinger, J. R. & DeCarrico, J. S. *Lexical Phrases and Language Teaching*. Oxford University Press, 1992.

[79] Prabhu, N. S. *Bangalore Project 1980*. Ms., Institute of Education, University of London, 1981.

[80] Prabhu, N. S. Procedural syllabuses. Paper presented at the RELC Seminar, Singapore, 1983.

[81] Prabhu, N. S. *Second Language Pedagogy*. Oxford University Press, 1987.

[82] Richards, J. C. & Rodgers, T. S. *Approaches and Methods in Language Teaching*. Cambridge University Press, 1986.

[83] Seliger, H. W. & Shohamy, E. *Second Language Research Method*. Oxford University Press, 1989. 第二语言研究方法 . 上海：上海外语教育出版社，1999.

[84] Wray, A. Formulaic language in learners and native speakers. *Language Teaching*, 1999, 32(4).

[85] Wray, A. *Formulaic Language and the Lexicon*. Cambridge University Press, 2002.

语素教学中重点语素的选取与相关思考

安徽大学　杨晓黎

摘　要：目前语素教学较多采用的是随机性教学，缺乏有效的指导与规定。语素分级特别是面向入门阶段的重点语素的选取，有助于实现语素教学服务于词汇教学，同时又兼顾文化教学的目标。语素分级应参照已有权威大纲对字、词分级的方法，同时也要充分考虑汉语作为第二语言教学的特殊性和语素教学的辅助性，重点语素选取应特别关注语素的历史传承和字、词、语素的三位一体。本文基于《汉语水平词汇与汉字等级大纲》（2001）的全部 3120 个语素，结合《汉语国际教育用音节汉字词汇等级划分》（2010）普及化等级词汇中语素和普及化等级汉字情况，分层设级，由一般而重点，尝试确定了适用于国际汉语词汇教学的 228 个重点语素和 95 个核心语素。基于国际汉语词汇教学而划分出的语素层级，可以使语素教学的路径更加明晰。

关键词：语素教学　语素层级　重点语素　选取原则

一、引言

语素教学可以有效解决国际汉语词汇教学中的诸多难题并大大提升汉语词汇教学的质量，20 世纪 90 年代初就开始为国际汉语教学界所关注。盛炎（1990）曾呼吁：“我认为，要大力提倡适合汉语特点的语素法，可以提高汉语词汇教学的效率。”吕文华（1999）在第六届国际汉语教学讨论会上提出《建立语素教学的构想》，认为解决词语难的途径是建立语素教学。

目前语素教学较多采用的是随机性教学，带有较大的盲目性和不确定性，不能充分体现汉语语素教学辅助词汇教学的功能。要使语素教学落到国际汉语教学的实处并切实发挥作用，当务之急是将数量庞杂的汉语语素加以梳理，分层次有先后，特别是要精选出一批有用易学的重点语素给一线课堂并指导相关汉语教材的编写。

二、重点语素的选取范围与原则

（一）重点语素的选取范围

汉语词汇浩如烟海，作为构词单位的语素也是难以计数。考虑到重点语素选取的目的与适用对象，我们将目光首先投向《汉语水平词汇与汉字等级大纲》（2001，以下简称《等级大纲》）和《汉语国际教育用音节汉字词汇等级划分》（2010，以下简称《等级划分》）。《等级大纲》曾作为我国初、中、高等汉语水平考试的命题依据，长期以来被作为国际汉语词汇教学的纲领性文件，是学界进行语素研究的重要参照。吕文华（1999）和李开（2002）都曾以《等级大纲》中的甲级词为例做语素分析，提出了语素教学的步骤和设想；邢红兵（2006）则对《等级大纲》中全部双音节词进行考察，并对双音节词的语素按义项进行标注，进而建立了语素数据库。而《等级划分》作为新形势下推出的面向全球汉语教学的国家标准，也正在引起越来越多的学者关注，对语素教学与研究带有显见的指导作用（刘英林和马箭飞，2010；翟颖华，2011）。

我们首先对纳入《等级大纲》的全部8822条词语进行了穷尽性考察，建立了由3120个语素构成的全部语素语料库，又在此基础上对《等级划分》中的普及化等级共2245个词语做了较为细致的观察和分析，建立了普及化等级词汇中以全部984个语素为重点观察与研究对象的语料库。这两个语料库的建立是我们确定重点语素的基础，具有很强的针对性和实用性。

（二）重点语素的选取原则

如何对语料库中的语素分出层级、由一般而重点，我们认为必须考虑的因素有二：（1）汉语作为第二语言教学的特殊性。（2）语素教学的辅助性。以此为出发点，我们确定了重点语素的选取原则。

1. 从上古传承至今，历久而弥新

在现代汉语词汇系统中，语素大多数是从上古汉语的词演变而来的，经历了一个由词转换为语素的语素化过程。从上古汉语的词发展而来、在现代汉语中作为构词成分而存在的语素，我们称之为传承语素（杨晓黎，2008、2012）。

选取重点语素时关注其历史来源，是由汉语作为第二语言教学既是语言教学又是文化教学的特性决定的。从语言教学方面看，提倡语素教学的一个重要目的是帮助学习者理解词义，而学习过程中让学习者感到费解难学的很多“问题语素”，往往是源于语素本身所携带的在历史上曾经具有的意义和功能，进入到现代汉语词汇系统后或变或不变的复杂情况。对语素本义和发展义的追溯与描写，有助于词语教学的释疑解惑，也可以显示汉语构词的有理性。再从文化教学方面看，源于上古的语素都是在汉语悠久的发展历史中经历淘汰选择而流传下来的，富有深厚的历史文化底蕴，从语素所包孕的文化义入手，挖掘并探讨语素中所反映的汉民族的各种思想、观念，可以帮助学习者从一个新的视角理解中国文化的博大精深。

2. 字、词、语素三位一体，易学且实用

语素是构词的单位，而非语言的使用单位，汉语学习者希望掌握的是可以用于交际的词语，语素教学仅仅是起到了辅助词汇教学的作用。为了让学习者轻松自如地认识语素并自觉自愿地进入语素学习的过程，适于入门阶段的重点语素的选取就必须将字、词、语素作为一个整体来考虑。

具体而言，重点语素应该是成词语素，同时也是学习者常写常用的汉字。因为只有当语素学习与字、词的学习无缝对接、融为一体时，学生才会乐于接受并容易掌握这样一个看似无用的语言单位，愿意跨过语素这个门槛进入广阔的词汇学习天地。

三、语素分级与重点语素选取标准

（一）大纲语素的考察与统计

我们对构成《等级大纲》的全部3120个语素进行了逐一考察，最后确定出传承语素总数目为2425个，占全部语素总数的77.7%；后起语素695个，占全部语素总数的22.3%。其中，参与构成合成词的传承语素2184个，所占比例高达90.1%。我们对传承语素的来源认定主要参照《王力古汉语字典》（2000）和《辞源》（1983），同时也参考了《汉语大词典》（1997）和《汉语大字典》（2010）的词（字）源分析。

我们对《等级划分》普及化等级词汇中语素的统计在《等级大纲》语素统计的基础上进行，即首先利用《等级大纲》的3120个全部语素语料库，建立了《等级划分》普及化等级词汇中的共984个全部语素语料库，接着又对这984个语素中的传承语素进行了筛选，确定出853个传承语素，包括可用作单音节词的463个语素（如“爱”“大”）和只用作构词语素的390个语素（如“安”“必”）。

（二）大纲语素的分级与重点语素选取标准

我们对《等级大纲》中传承语素分级的依据包括：（1）能否作为词出现以及作为词出现的级别。（2）能否构词以及参与构词的级别。据此标准，我们分出了甲、乙、丙、丁四级语素，包括甲级语素298个、乙级语素822个、丙级语素1361个、丁级语素2184个。

经统计发现，甲级语素在四级语素中构词的能力最强，298个甲级语素在《等级大纲》中构词超过10个以上的就有177个；而且其构词的覆盖率也很高，在甲、乙、丙、丁四级词语中的总体覆盖率达到了92.7%。另外，甲级语素中单用级别和构词级别均为甲级的语素（以下简称“甲甲”）有190个，其余108个语素虽单用级别为乙级，但构词级别也都为甲级（以下简称“甲乙”），是我们确定重点语素的基础。

我们将《等级划分》普及化等级词汇中确定的853个传承语素与《等级大纲》中的甲级语素进行了匹配分析。853个语素中有177个见于“甲甲”，其中可以单独使用，同时参与普及化词汇三个级别构词的达172个，包括一① 105个、一② 62个、一③ 5个。另外还有58个语素见于“甲乙”，既可以单独使用，同时又参与了普及化词汇三个级别的构词。

在对大纲语素细致分析并综合比较的基础上，我们尝试确定了重点语素的选取标准：（1）在《等级大纲》和《等级划分》普及化等级词汇范围内既可以单独使用，又可以参与构词。（2）在《等级大纲》298个甲级语素的范围之内。（3）属于《等级划分》普及化等级词汇中确定的853个传承语素。（4）在《等级划分》普及化等级的900个汉字范围之内。

四、重点语素的确定与层级

重点语素是个相对的概念。从方便国际汉语词汇教学考虑，我们依据上述选取标准，首先确定了228个重点语素，又在此基础上提取出95个最常用的核心语素。

（一）重点语素的选定

重点语素的确定步骤为：首先删去《等级大纲》298 个甲级语素中不见于《等级划分》普及化等级词汇的 7 个语素，然后考察这 291 个语素在《等级划分》普及化等级词汇范围内单独使用与参与构词的情况，去除在普及化等级词汇范围内未参与构词的 7 个语素和未单独使用的 56 个语素，最后选定了 228 个重点语素，包括：

爱、办、半、包、杯、北、比、笔、边、变、表、病、不、步、部、才^{2}、常、场、车、成、城、出、初、床、词、从^{2}、错、大、代^{2}、带、但、当、到、道^{1}、得 dé、地、第、点、电、定、东、动、度、对、多、发、饭、放、飞、分 fēn、富、改、干^{1}gān、高、个、各、关、国、过、行 háng、好 hǎo、合、黑、后、化、画、话、回、会^{1}、活、火、或、鸡、级、急、加、家、间 jiān、见、建、将、较、接、节、斤、紧、进、近、静、久、酒、就、句、开、看 kàn、考、科、刻、课、空、口、苦、块、快、困、来、离、里^{2}、力、练、凉、领、留、录、马、满、门、米^{1}、名、南、难 nán、能、年、牛、女、平、期、齐、起、气、前、轻、请、求、取、去、全、热、人、日^{1}、上^{1}、上^{2}、少 shǎo、生^{1}、胜、十、使^{1}、市、事、试、是、室、收、手、书、水、睡、说、算、他、它、太、提、题、天、条、跳、听、通、痛、头^{1}、图、团、外、完、玩、晚、为 wéi、为 wèi、围、闻、问、我、西、洗、系、下^{1}、下^{2}、先、响、想、向^{1}、像、小、笑、写、新、信、行 xíng、姓、学、眼、演、也、一、银、用、有、远、院、月、再、在、早、照、真、正 zhèng、直、只 zhǐ、治、中 zhōng、钟、种 zhǒng、重 zhòng、周、准^{1}、组、最①

（二）重点语素中核心语素的确定

在选定 228 个重点语素的基础上，为了使语素教学能适应不同层次和不同学习者的需求，我们又对这 228 个语素进行了分析统计，从中选择出在汉语教学的入门阶段即可见到、用到，能很自然地融于教学，丝毫不会增加学习者学习与教师教学负担的最常用语素——核心语素。

我们对核心语素的确定标准为：《等级大纲》中构词级别与单用级别均为甲级（“甲甲”），《等级划分》中构词级别和单用级别均见于入门等级词汇一①的语素。总数为 95 个，占重点语素总数的 41.7%。包括：

半、北、病、不、才^{2}、常、场、车、出、从^{2}、大、当、到、第、点、电、东、动、对、多、饭、放、飞、高、关、国、过、好 hǎo、后、回、会^{1}、活、鸡、家、间 jiān、见、进、酒、开、看 kàn、课、口、块、来、里^{2}、马、南、能、年、牛、女、起、前、请、去、全、人、日^{1}、上^{1}、上^{2}、少 shǎo、是、手、书、水、睡、说、他、天、听、外、玩、晚、问、我、西、洗、下^{1}、下^{2}、先、向^{1}、小、笑、学、一、用、有、再、在、早、真、正 zhèng、中 zhōng、重 zhòng、最

① 才^{2}（刚刚，刚才）、从^{2}（介：由）、代^{2}（朝代）、道^{1}（道路）、干^{1}gān（湿之反）、会^{1}（会合，聚会）、里^{2}（衣服的内层）、米^{1}（稻米，大米）、日^{1}（一昼夜，一天）、上^{1}（名：上面）、上^{2}（动：升、登）、生^{1}（动：生长）、使^{1}（动：派遣、指使）、头^{1}（物体顶端）、下^{1}（名：下面）、下^{2}（动：降落）、向^{1}（方向）、准^{1}（标准，准则）。

五、结语

我们对重点语素的选取采取了逐层深入的方法。《等级大纲》全部3120个语素奠定了考察基础，2425个有历史传承的语素及其中在大纲范围内参与了构词的2184个语素是我们特别关注的对象，并首先分出了甲、乙、丙、丁四级语素。将298个甲级语素与《等级划分》普及化等级词汇中源自上古词语的853个语素进行匹配处理，我们最终确定了适用于国际汉语词汇教学的228个重点语素和95个核心语素。

语素的分级处理有助于汉语课堂教学和汉语教材的编写。目前已颁布的多个权威教学大纲均有对字、词的分级，但缺少对语素的关注。要想充分利用语素进行国际汉语词汇教学，就应该参照已有权威大纲对字、词分级的方法，重视对语素分级特别是对重点语素的选取工作。

参考文献

[1] 广东、广西、湖南、河南辞源修订组，商务印书馆编辑部编．辞源（修订本）．北京：商务印书馆，1983.

[2] 国家汉语水平考试委员会办公室考试中心制定．汉语水平词汇与汉字等级大纲（修订本）．北京：经济科学出版社，2001.

[3] 汉语大词典编辑委员会，汉语大词典编纂处编纂．汉语大词典．上海：汉语大词典出版社，1997.

[4] 汉语大字典编辑委员会编纂．汉语大字典（第二版）．武汉：崇文书局、成都：四川辞书出版社，2010.

[5] 李开．对外汉语教学中的词汇教学与设计．语言教学与研究，2002（5）.

[6] 刘英林，马箭飞．研制《音节和汉字词汇等级划分》 探寻汉语国际教育新思维．世界汉语教学，2010（1）.

[7] 吕文华．对外汉语教学语法体系研究．北京：北京语言文化大学出版社，1999.

[8] 盛炎．语言教学原理．重庆：重庆出版社，1990.

[9] 王力主编．王力古汉语字典．北京：中华书局，2000.

[10] 邢红兵．《（汉语水平）词汇等级大纲》双音合成词语素统计分析．世界汉语教学，2006（3）.

[11] 杨晓黎．汉语词汇发展语素化问题刍议．汉语学习，2008（1）.

[12] 杨晓黎．利用传承语素进行词汇教学的思考与实践//《第十届国际汉语教学研讨会论文选》编辑委员会编．第十届国际汉语教学研讨会论文选．沈阳：北方联合出版传媒（集团）股份有限公司、万卷出版公司，2012.

[13] 翟颖华．对外汉语词表研制的新进展——简评《音节和汉字词汇等级划分》词汇部分．江汉大学学报（人文科学版），2011（6）.

[14] 中华人民共和国教育部，国家语言文字工作委员会发布．汉语国际教育用音节汉字词汇等级划分（GF 0015–2010）．北京：北京语言大学出版社，2010.

海外华人的语言认同与语言学习的个案研究*

西南交通大学　赵　静　张　贝

摘　要：海外华人的华文教育是汉语国际推广不可或缺又独具特色的一个组成部分。毛里求斯是一个多民族、多文化融合的国家，在其历史上曾有大量来自中国的移民，现在华裔是毛里求斯的四大民族之一，汉语（普通话）被列入教育体系之内。身处毛里求斯这样多元的文化环境之中，语言认同与文化认同的问题显得尤其敏感。本文以三个毛里求斯典型华人家庭为切入点，重点审视毛里求斯当地华人移民对于自己身份认同的变化，以及语言使用情况的代际差异，探讨毛里求斯华人语言选择背后深层次的社会文化因素，揭示毛里求斯华人语言使用、语言学习和语言认同之间的复杂关系。由于历史、地理等原因，以往关于毛里求斯华人的研究多关注其历史与社会变迁等，本文对毛里求斯华人语言认同与语言学习的调查研究，可以为海外华文教育与祖语传承规划提供实证依据。

关键词：海外华人　语言认同　语言教育

在当今国际人口迁移流动频繁的大环境下，语言认同研究是一个热点问题。Crystal（2002）认为语言能够表达多种认同：物理、心理、地域、社会、族群或国家、语境、风格。语言认同的变化也相应地引起语言变化，如语码的转换、语言的转用等。同时，语言不仅是人们的沟通工具，也承载着一个族群的历史与文化，是族群认同的重要标志，人们需要依靠保持其族群特性才能得以区别他族，界定自我，找到身份归属和文化认同（韩晓明，2016）。

* 本研究为教育部规划基金项目（项目编号：17XJA740003）的阶段性成果。

毛里求斯是位于非洲东部、无原住民的一个火山岛国，华族是毛里求斯的四大民族之一。官方语言为英语，国家奉行多元文化政策。身处多种族、多宗教的多元文化环境中，毛里求斯华人的语言与身份认同问题就显得尤其敏感。本文以个案研究的方法，选取毛里求斯三个典型华人家庭为切入点，采用访谈、调查日记和观察等方法收集数据，历时一年，以期探讨目前毛里求斯华人语言认同与语言学习的相关问题。三个家庭的基本情况如表 1 所示：

表 1　研究对象概况

家庭名称	研究对象概况
吴家	吴逸轩（化名），小学一年级，5 岁，男。父母为第一代移民，父母受教育程度高，会中文、英文。他出生于中国，但在来毛里求斯前未学过普通话，只会讲闽南话，来毛里求斯后才开始学习普通话。
梁家	梁淑芳（化名），小学六年级，11 岁，女。母亲是祖籍广东的本科毕业生，因亲戚关系结识丈夫，从中国嫁到毛里求斯，是毛里求斯当地某小学的汉语教师，父亲是第三代华人。她与父母和祖父母居住在一起。
杜家	杜云熙（化名），硕士研究生一年级，23 岁，女。曾祖父为第一代移民，她与父母和三个哥哥住在一起，每周末都会去看望祖父母。高中毕业后在中国读大学本科才开始学习中文，现在国内某知名大学攻读汉语国际教育硕士。

毛里求斯目前的华人家庭格局主要表现为以上三种：一是祖辈就已经移民毛里求斯，已完全融入毛里求斯当地的生活，如杜家；一是父亲一方祖辈来自毛里求斯，母亲则是从中国远嫁而来，属于新旧移民结合体，这种家庭在现今毛里求斯很常见，如梁家；还有一种是父母都是新移民，孩子属于第二代移民的家庭，如吴家。

一、毛里求斯的社会文化环境、教育环境与语言认同

毛里求斯于 1968 年才脱离英国殖民获得独立，人口约 126.56 万（2018 年 6 月统计），居民主要由印度和巴基斯坦裔（69%）、克里奥尔人（欧洲人和非洲人混血，27%）、华裔（2.3%）和欧洲裔（1.7%）组成（中华人民共和国外交部网站数据，更新时间 2019 年 1 月）。官方语言为英语，法语亦常使用，克里奥尔语是当地人最普遍使用的语言。国家奉行多元文化政策，对各族裔自身语言文化传承持鼓励支持态度，汉语（普通话）也是当地东方语言选修课之一。毛里求斯虽然国土面积小，但是由于历史迁入的民族和使用语言众多，世界上几大宗教（基督教、天主教、印度教、伊斯兰教、佛教等）也在此聚集，所以整个社会呈现出比较复杂的多元文化环境。

（一）毛里求斯华人移民的状况与语言认同

华人移民毛里求斯的历史最早可追溯到 17 世纪初，早期移民主要来自福建一带和广东南海、顺德。华人大规模的移民始于 19 世纪 60 年代，自 1859 年起，广东梅县的客家人便逐渐移入毛里求斯，成为当地华人的主要构成人口，现今约占华人总数的 90%（巫秋玉，2009）。19 世纪末，华人取得了毛里求斯的公民权。华人在毛里求斯的发展中起到了不可替代的作用，在当地有较高的经济政治地位，毛里求斯也是为数不多的将中国春节设为国家法定节假日的国家。

虽然毛里求斯的华人总数只有3万左右，但是由于其国土面积小，华人中有亲缘关系的很多又长期保持一定的聚居状态，尤其是唐人街所在地首都路易港（Port Louis）以及库雷皮佩（Curepipe）、罗斯希尔（Rose Hill）、波巴森（Beau Bassin）、卡特邦（Quatre Bornes）这几个城市。加之华人社团长期存在，主要有汉语促进会、福禄寿联谊会、仁和会馆和华语促进会，这些华人社团在汉语的传承和传播上发挥了至关重要的作用。目前，由于当地华侨华人文化、血缘的高度本地化和华人人口大量外迁，毛里求斯传统华社趋于萎缩（石沧金，2014）。在当地多语言环境的冲击下，越来越多的人迫于生存压力和实用性的选择，对汉语的学习逐渐放松甚至于放弃。但近年来由于全球化的加剧和中国的崛起，汉语学习又出现了回温的状态，或有“隔代传承”的趋势出现。

（二）毛里求斯的语言政策与汉语教育

毛里求斯是一个没有原住民的岛国，16世纪初被葡萄牙人发现，先后被荷兰、法国和英国殖民。历史上来自不同地方的劳工也带来了各种不同的语言，促成了毛里求斯多民族、多语言的多元文化环境。如今英语为官方语言，但法语和克里奥尔语依旧是岛上最为通行的语言，媒体、路标等官方书面语多使用法语，人们的日常口语则大多使用克里奥尔语，大多数毛里求斯人的母语也是克里奥尔语。

多元文化环境决定了毛里求斯实行多语制的语言政策，尊重各民族的语言文化传统，毛里求斯教育部陆续将各民族的母语纳入教育系统。截至2012年，毛里求斯境内所有不同族裔的母语都被纳入了教育系统，汉语（普通话）作为东方语言选修课之一，也被纳入了教育系统之中。截至2017年年底，政府学校中小学有25所开设汉语课程，学生总数2608人。小学阶段除了学习数学、历史、科学、英语和法语外，学生还可以选择一门东方语言，其中包括汉语、印度语、阿拉伯语、泰米尔语、乌尔都语、德来固语等，有的学校还可选修克里奥尔语，汉语是选修人数最多的东方语言之一。汉语成绩也是当地小学升初中的选修汉语课的学生考试总分的一部分。中学阶段政府学校现有9所开设汉语课程，学生总人数392人。大学阶段现只有毛里求斯大学开设了孔子学院，于2016年12月正式揭牌。此外，毛里求斯中国文化中心除了舞蹈、武术、二胡、剪纸等课程外，也常年开设汉语课。还有一些华人援建的华文学校，现在只在周末上课，其中影响力比较大的有华夏、新华和光明三所学校。还有一些华人社团开设了汉语教学班，学员以中老年华裔为主。现在毛里求斯开设汉语课的学校和选修汉语课的学生越来越多，汉语的教学出现了供不应求的情况。基于此，毛里求斯教育部也越来越重视汉语教学工作，近年来也联合中国驻毛里求斯大使馆引进汉语教师志愿者和公派教师来弥补当地汉语老师的欠缺（毛里求斯教育部汉语督学温红红老师提供的数据）。

二、毛里求斯华人语言认同与语言学习的个案分析

我们试图用周明朗（2014）的语言认同过程理论来分析毛里求斯华人的语言认同与语言学习。该理论认为“语言认同”可分解为两个建构、一个过程：一个建构是个人多重身份库，另一个建构是个人语码库；一个过程是语码和身份相匹配的过程。

（一）个人多重身份库的建构

每个人都有多重身份，在不同的场合，根据不同的社会关系，个人会根据自己的阶级、地位、角色、民族、文化、宗教等从自己的身份库中确定一个或几个身份跟别人交流。

1. 三个家庭的身份认同

表 2　族裔身份归属调查

族裔身份归属	吴家			梁家			杜家		
	吴爸	吴妈	吴逸轩	梁爸	梁妈	梁淑芳	杜爸	杜妈	杜云熙
毛里求斯人								√	
毛里求斯华人				√			√		√
中国人	√	√	√		√	√			

如表 2 所示，吴家由于是新移民，对中国的感情较为浓烈，一家人仍认同自己是中国人。梁淑芳虽在毛里求斯出生，但受母亲的影响较大，从小学习中文也了解中国文化，在内心深处觉得自己跟别的同学不一样，认定自己是中国人。梁爸由于祖辈已经移民毛里求斯，生于斯长于斯，对毛里求斯有着强烈的情感，认为自己是毛里求斯人，但又承认自己的血缘来自中国，在习俗、道德观念、生活方式和宗教等方面都有别于其他民族，因此身份定位为毛里求斯华人。杜家移民历史最早可追溯到杜云熙外祖母的祖辈，杜妈已认同自己是毛里求斯人。

表 3　语言文化认同度调查

语言文化认同度	吴家			梁家			杜家		
	吴爸	吴妈	吴逸轩	梁爸	梁妈	梁淑芳	杜爸	杜妈	杜云熙
关注自身族群历史文化传统	4	5	4	5	4	5	5	4	5
中华文化活动参与度	5	5	5	4	5	5	4	4	4
语言能够维护和巩固族群文化	5	5	5	4	5	5	4	3	5
族群归属感和自豪感	4	4	5	5	5	5	4	4	4

表 3 为五度量表，数值越高代表认同度越高。由结果可见三个家庭都比较或非常关注毛里求斯华族的历史文化传统，并且有强烈的族群归属感。毛里求斯的中国文化活动比较多，特别是春节、中秋节这样大型的传统节日。吴家的参与度很高，基本上每次有中国文化相关活动就会去参加；梁家则是选择性参加，大型的活动基本上会去凑热闹；而杜家则较少参加，只有全民参与的一些节日才会去。

2. 身份认同与语言学习

通过调查可知，学习者对语言学习的投资与学习者在语言学习过程中自身所构建的社会身份密切相关。海外华人首先面对的是身份建构的问题，毛里求斯的中国移民总体来说身份认同有两种趋势：一方面政治身份认同继续当地化，融入当地社会；另一方面，由于学习的语言越来越多，在文化认同上日益走向多元化，形成多元化的语言观和多重身份认同。如新移民的吴家对中国人和中国文化的认同度最高，使用最多的语言仍为闽南话和普通话，但是已经在为了融入当地社会而学习当地的克里奥尔语；新旧移民结合的梁家，梁爸为双重身份认同，梁妈和梁淑芳都认同自己是中国人，成为多语使用家庭；三代以内都在毛里求斯生活的杜家，杜妈已认同自己是毛里求斯人，杜爸、杜云熙为双重身份认同，全家都使用克里奥尔语，杜云熙已不会使用客家话。

（二）个人语码库的建构

每个人都有一个语码库，这个语码库可能是单语多码，也可能是多语多码。

表 4　三个家庭的语码库

家庭名称	家庭成员	语码库（按语言熟练度排序）
吴家	吴逸轩	闽南话＞普通话＞克里奥尔语＞法语、英语
	吴爸	闽南话、普通话＞英语＞克里奥尔语
	吴妈	闽南话、普通话＞英语＞克里奥尔语
梁家	梁淑芳	克里奥尔语＞普通话＞法语＞客家话＞英语
	梁爸	克里奥尔语＞客家话＞法语＞英语
	梁妈	普通话、客家话＞克里奥尔语＞英语
杜家	杜云熙	克里奥尔语＞英语＞法语＞普通话
	杜爸	克里奥尔语＞法语＞英语＞客家话
	杜妈	克里奥尔语＞法语＞英语＞客家话

如表 4 所示，三个家庭都支持多语码习得。吴妈认为：“我们现在又有点儿担心孩子同时学习那么多语言会不会学不过来，不过看到毛里求斯这边的孩子都是这么过来的，我觉得他应该也没什么大问题。”梁妈说：“我女儿小时候大人们对她使用的都是不同的语言，我希望她能学汉语，于是我对她说普通话，她爸爸对她说克里奥尔语，她爷爷奶奶对她说客家话，结果她一直到三岁都不怎么开口说话，加上性格有些害羞，我们就有点儿担心。但是过了一段时间我们发现她突然间就什么话都能说了，而且能够区分清楚，我觉得真的很神奇。”

关于家庭语言习得顺序规划，三个家庭对克里奥尔语的评价都很高，认为该语言在毛里求斯最实用，是赖以生存的工具；其次是英语和法语，对法语的评价比英语要高，因为当地的图书、报刊、电视广播等媒体、超市的商品等均使用法语；再次是汉语普通话，由于中国经济的发展，中毛两国来往日益密切，汉语的实用性和价值逐渐得到了认可；最后是汉语方言，现在华人社区除了早期移民可能还会使用方言，大多数家庭在三代以后已经不会使用汉语方言了。

（三）语码和身份相匹配的过程

每当需要用语言表达的时候，说话人会根据场合和人际关系，从自己的多重身份库中确认一个身份或角色；同时也从自己的语码库中选定一个合适的语码，建立这个身份与被选择的语码的匹配。根据语言使用的不同语域，可分为不同情况。

1. 家庭生活中的语言使用情况

表 5　家庭生活中的语言使用情况

说话人	对父亲	对母亲	对祖父	对祖母	对外祖父	对外祖母	对兄弟姐妹
吴逸轩	闽南话、普通话	闽南话、普通话	闽南话	闽南话	闽南话	闽南话	
梁淑芳	克里奥尔语、客家话、法语	普通话、克里奥尔语、客家话	克里奥尔语、客家话	克里奥尔语、客家话	客家话	客家话	
杜云熙	克里奥尔语	克里奥尔语		客家话	克里奥尔语	克里奥尔语	克里奥尔语

如表 5 所示，初移民毛里求斯的华人，例如吴家，家庭用语主要还是保留以前的习惯，使用方言或者少量汉语普通话。梁家的家庭语言，用梁妈的话说，“我家没有什么固定使用的语言，说的是‘乱七八糟’语”。他们全家人都能说克里奥尔语和客家话，有的时候也会用法语和英语，但是梁妈为了让女儿能说好汉语，一直坚持对她使用普通话进行交流。杜家的家庭用语则比较单一，默认是克里奥尔语。

2. 学习工作领域、社会生活领域的语言使用情况

表 6　学习工作领域、社会生活领域的语言使用情况

领域	对象	梁淑芳	杜云熙
学习工作领域	同学	克里奥尔语 跟中文班的同学克里奥尔语和普通话两种语言混用	默认克里奥尔语 如果一群人里有人讲法语则大家讲法语
	老师	克里奥尔语、法语、英语混用 跟中文老师说汉语（普通话）	大多数说法语和英语 年纪越大，老师说英语的可能性越高 补习班或较随意的老师讲克里奥尔语
	政府机构	法语、英语、汉语（普通话）	法语、英语、少量克里奥尔语、汉语（普通话）
社会生活领域	邻居	默认克里奥尔语，大家基本都会用	看邻居平时说什么语，默认克里奥尔语 部分印度人喜欢讲英语
	唐人街	克里奥尔语和客家话	克里奥尔语，少部分老人（>60 岁）讲客家话
	超市	基本上都使用克里奥尔语	默认克里奥尔语，部分销售员也说法语
	华人餐馆	克里奥尔语、客家话和普通话	克里奥尔语，中国厨师讲客家话或普通话
	华人社团	没怎么接触过	克里奥尔语，少部分老人（>60 岁）讲客家话

从表 6 中可以看出克里奥尔语在当地的使用范围最广，基本上可以运用于所有社会生活场景；在相对正式的场合，比如政府机构和高年级的课堂上，会优先使用官方语言英语和法语。梁淑芳说，在参加中国驻毛里求斯大使馆的活动时，大家基本上会优先使用普通话或者英语；如果是参加中毛合办的活动，则会优先使用双方都能听得懂的英语。

3. 语言认同的流变和逆转

在语码和身份相匹配的过程中，也可能会出现语言认同的流变和逆转。受主流强势语言的影响，儿童早期可能对祖传语产生偏见，不愿意接触和学习。但是随着年龄的增长，种族认同意识会在社会化过程中逐渐增强，会出现不同形式的母语寻根的动机表现（方小兵，2017）。例如杜云熙，在学习汉语之前，她的母语是克里奥尔语，对自己毛里求斯人身份的认同会强一些，但在学习汉语之后，她通过学习这门语言了解了更多关于祖裔语言的文化和思维方式，逐渐强化了她的华人身份认同并改变了一些思维方式。再如梁淑芳在毛里求斯出生和长大，不会说客家话。梁妈说："自从我有一次带她回国去我们老家之后，她就一直以中国人自居，而且客家话水平也大有进步。"随着中国经济的发展和中毛两国来往的日益密切，也有很多华人选择让子女重新开始学习汉语，可能会出现"隔代遗传"的趋势。

按照语言认同过程理论，语言学习和使用必须有相应的身份支撑，而身份的建构离不开文化的建构。学习华语的目的不仅仅是为了交流，如果对中华文化的认识没有构成完整的框架，就难以产生文化认同。因此，华语教育不仅仅是"教什么"和"怎么教"的问题，发挥汉语的认同功能是更深层次的命题。华语在海外的重要社会功能是文化传承和身份认同，华语教育应致力于帮助海外华人建立和强化华人身份认同和文化认同。在汉语迅速全球化的今天，语言认同不仅仅是一个学术问题，更是一个亟待解决的语言政策问题。

参考文献

[1] 方小兵．国际祖传语研究焦点分析——基于《祖传语期刊》历年文献．语言战略研究，2017（3）．
[2] 方小兵．当前语言认同研究的四大转变．语言战略研究，2018（3）．
[3] 韩晓明．东南亚华人身份认同变化对汉语传播的影响及前瞻．语言文字应用，2016（4）．
[4] 石沧金．衰微中的坚持与努力——毛里求斯华人社会发展动态考察与分析．东南亚研究，2014（1）．
[5] 巫秋玉．客家文化在海外的传承与发展——以毛里求斯客家人为例．八桂侨刊，2009（1）．
[6] 周明朗．语言认同与华语传承语教育．华文教学与研究，2014（1）．
[7] Crystal, D. 剑桥语言百科全书（2nd edition）．北京：外语教学与研究出版社，2002.

专题二
Topic 2

国际汉语教学与评估标准研究
Research on International Chinese Language Teaching and Assessment Criterion

汉语国际教育质量标准和质量保障建设：回顾与前瞻*

南京大学　曹贤文

摘　要：本文首先从汉语国际教育事业规模迅速扩大使质量问题凸显，加强质量建设成为从规模发展转向内涵建设的现实需求，以及质量标准和质量保障建设的重要作用等方面分析了推进汉语国际教育质量标准和质量保障建设的背景；然后从20世纪对外汉语教学质量建设和新时代汉语国际教育质量建设这两个阶段，回顾了汉语国际教育质量标准和质量保障建设的历史；最后通过对汉语国际教育质量建设的成绩与不足的讨论，从强化质量意识，加强汉语国际教育质量建设顶层设计，进一步完善汉语国际教育质量标准体系，大力构建汉语国际教育质量保障体系等方面分析了汉语国际教育质量建设的措施与未来发展趋势。

关键词：汉语国际教育　质量建设　质量标准　质量保障

近年来，随着中国国际影响力的不断提升，以及国家对汉语国际推广工作的大力支持，孔子学院和汉语国际教育事业实现了跨越式发展。为了落实中央全面深化改革领导小组《关于推进孔子学院改革发展的指导意见》，适应新时代汉语国际教育事业提质增效、再上新台阶的发展需要，当前急需加强汉语国际教育质量标准和评估标准的研究，进一步完善汉语国际教育质量标准，建设科学高效的质量保障体系。

* 本研究得到孔子学院建设和汉语国际教育2018年度课题重点项目（项目批准号：18CI05B）资助。

一、新时代汉语国际教育质量标准和质量保障建设的背景

（一）汉语国际教育事业规模迅速扩大使质量问题凸显

新时代汉语国际教育事业发展迅速，首先体现在海外汉语学习人数的快速增长，国际汉语教学规模迅速扩大。据统计，截至2017年年底，已有67个国家和地区将汉语教学纳入基础教育体系，170多个国家和地区开设汉语课程或中文专业，全球汉语学习人数达到1亿人（《中国教育报》，2017年10月23日）。截至2018年12月31日，孔子学院已在全球154个国家和地区设立548所孔子学院和1193个孔子课堂（孔子学院总部/国家汉办官网数据）。截至2017年，中外专兼职教师4.6万人，累计各类学员900多万人（马箭飞，2018）。孔子学院和汉语国际教育事业取得的成绩令人瞩目，不过迅速扩大的规模和迅速增长的数量也引起了人们对教学质量的担心。崔希亮（2018）指出，“孔子学院和孔子课堂数量增长过快，导致办学质量和管理体系问题多多”。同时，虽然汉语教学在一些国家已进入国民教育体系，但却面临着教学水平参差不齐，正规化、标准化、专业化程度有待加强等诸多问题的制约。

从国内情况来看，来华留学生的数量近年呈现井喷趋势。由于国家放开了招生权的限制，教育部统计数据显示，仅2017年全国就有935所高等学校及科研院所接收了来自204个国家和地区的48.9万留学生，另有十几万名国际学生在我国学前教育机构和中小学就读，各级各类国际学生总数已达60多万人（教育部国际合作与交流司，2017）。来华留学生规模迅速扩大，显著推进了中国教育的国际化进程，不过由于一些学校入学标准不严，加上缺乏专业师资和教学管理经验，导致在留学生招生、培养和毕业标准等方面规范性低，使得来华留学生教育质量问题日益凸显，引起了公众的普遍关注。

与此同时，为了适应快速发展的汉语国际教育事业的需要，培养从事国际汉语教学和汉语国际推广工作的专门人才，近年来开设汉语国际教育本科和硕士专业的学校迅速增加。据中国学位与研究生教育信息网统计，全国培养汉语国际教育硕士的学校达到107所，开设汉语国际教育本科专业的高校数量已达403所（教育部高等教育司官网“本科专业”数据）。由于一些开设汉语国际教育本科和硕士专业的学校并不具备相关条件，使得培养质量得不到保障，专业声誉亦严重受损。施家炜（2016）根据调查发现，汉语国际教育本科专业人才培养在师资队伍、专业定位与培养模式、课程体系、教学实践、教学管理、就业“出口”等方面存在一系列问题，使得“人才培养增量而未能质优”。针对汉语国际教育硕士专业培养情况，吴应辉（2014）指出，“目前存在数量扩张太快、质量参差不齐的问题……盲目扩张将导致‘汉语国际教育硕士’专业学位研究生培养质量降低，就业形势恶化，最终将造成该专业学位社会声誉严重受损的恶果”。

上述发展形势显示，无论是国外还是国内的汉语教学，抑或是汉语国际教育本科和硕士专业人才培养，在经历数量和规模上的快速发展后，都面临着强化质量标准、提高教学质量、保障教学效果的现实必要性和紧迫性。

（二）加强质量建设成为从规模发展转向内涵建设的现实需求

随着中国发展进入新时代，我国经济由高速增长阶段转向高质量发展阶段，我国高等教育也处于从规模扩张的外延式发展转向以质量提升为核心的内涵式发展的关键时期。在以高质量发展为显著特征的新时代，如何促进汉语国际教育事业深化改革和内涵式发展已成为新时代的重要课题。2018年年初，中央全面深化改革领导小组第二次会议审议通过了《关于推进孔子学院改革发

展的指导意见》。中央要求孔子学院“深化改革创新，完善体制机制，优化分布结构，加强力量建设，提高办学质量”。中央的指导意见体现了孔子学院和汉语国际教育事业从关注规模扩张转向以质量提升为核心、由高速增长转向高质量内涵式发展的现实需求。

规模增长与教育质量之间存在着密切的关系，没有一定的规模，很难谈到高质量的汉语国际教育事业；然而，如果片面追求数量和规模，忽视教学条件和教学水平的提升，必然无法保证办学质量和效益。没有质量支撑的数量扩张，会造成教育资源的浪费，也难以取得良好的社会效益。汉语国际教育事业在经历多年规模扩张的绩效增长之后，正面临着公众质疑和提质增效的压力，质量问责和质量保障随之将成为新时代的主题，并作为解决矛盾、加强内涵建设、提高办学质量的重要手段。

质量问题是伴随着教育的产生而产生的，不过在高等教育的长久历史中，质量保障并不是一个引人关注的问题，只是从 20 世纪 80 年代开始，随着发达国家高等教育从精英阶段进入大众化阶段，高等教育质量才成为世界高等教育改革中的焦点问题。质量保障，也叫质量保证，原本是工业领域的一种质量管理思想，即“使产品质量在程序上获得严格的保证，由此来保证产品的最终质量符合顾客需要”（史秋衡和罗丹，2007）。20 世纪 60 年代，工业领域进入全面质量管理阶段，随后发展出系列国际标准，开启了质量管理的标准化时代，由此掀起了一股全球质量保障热潮。在这一潮流的影响下，加上高等教育大众化引起的质量问题升温，质量保障被移植到高等教育领域，从而兴起了世界范围的高等教育质量保障运动。

目前教育质量保障研究主要集中在高等教育领域。关于教育质量保障概念，陈玉琨等（2004）的定义比较经典：“高等教育质量保障是根据预先制定的一系列质量标准与工作流程，要求高校全体员工发挥每个人的最大潜力与自觉性，认真地实施并不断改进教育教学计划，从而达到或超过预定的教育质量目标，一步步地达到学校总体目标的过程。”保证教育质量重要的是建设一套科学的质量标准和质量保障体系，从而发挥质量改进和教育问责等功能。教育质量标准是指教育教学各环节应该达到的规范水平，教育质量保障体系是对质量全过程、全要素、全环节的组织、管理和控制，包括教育质量保障机构和由它制定的各种评估模式、一系列的评估指标体系及所开展的质量保障活动。

吕必松（1987）曾指出：“教学质量的高低，不但关系到能不能培养出合格的人才，而且关系到我国对外汉语教学的声誉。”重视质量和声誉，加强规范和管理是保持汉语国际教育生命力的根本。经过多年快速发展，目前汉语国际教育事业到了提质增效、强化内涵建设的关键时期。完善质量标准、强化质量保障措施、加强质量建设是当前汉语国际教育事业的重心由规模发展转向内涵建设的现实需求，将有利于推动汉语国际教育事业向高质量、规范化、精细化纵深发展。

二、汉语国际教育质量标准和质量保障建设的历史回顾

（一）20 世纪对外汉语教学质量标准建设

20 世纪 80 年代，随着国家的改革开放，来华留学生开始迅速增长，出现了第一波“汉语热”。当时由于允许招收和培养留学生的院校快速增加，引起了人们对教学质量的担心。针对当时的情况，吕必松（1987）谈到，“我听到不少外国朋友向我表示担心，说是中国的对外汉语教学发展这么快，一下子有几十所院校办起了汉语短训班，有些老师根本不知道应当怎样对外国人进行汉语教学，连看都没看过，就来上课了，这样会影响中国对外汉语教学的声誉”。为了解决存在的教育质量

问题，满足当时面临的新要求，使对外汉语教学逐步走向科学化、规范化和标准化，在对外汉语教学研究会的领导下，启动了以对外汉语教学标准和规范为中心的质量建设和管理工作。

工作的重心首先集中在制定一个可供大家共同遵照执行的汉语水平等级标准。1987 年，对外汉语教学学会委托李景蕙等专家，成立课题组开始研制《汉语水平等级标准和等级大纲》。1988 年《汉语水平等级标准和等级大纲（试行）》研制成功并正式出版，从而使对外汉语教学的总体设计、大纲制定、教材编写、课堂教学及汉语的水平考试等有了规范的基本依据。“尽管还相当粗糙，但其面世却表明对外汉语教学在向科学化、规范化的道路上前进了一大步，是从‘大纲意识’到大纲行动的第一步，具有里程碑意义。”（李杨，2006）《汉语水平等级标准和等级大纲（试行）》（1988）经过试行，后来又陆续修订和完善。它的出版、修订和完善，标志着我国对外汉语教学开始沿着科学化、规范化和标准化的道路稳步前进。

此后，在国家汉办的指导下，又陆续开展了一系列教学标准和大纲的研制工作，先后制定出版的汉语水平等级标准有《汉语水平词汇与汉字等级大纲》（1992/2001）、《中高级对外汉语教学等级大纲（词汇•语法）》（1995）、《汉语水平等级标准与语法等级大纲》（1996）。根据汉语水平等级大纲，进一步编制了测定留学生汉语水平的考试大纲，如《中国汉语水平考试大纲（初、中等）》（1989/1995）、《HSK 中国汉语水平考试大纲（高等）》（1996）等。在汉语水平等级大纲的基础上，又制定了指导汉语长短期教学和汉语言本科专业教学的大纲，如《对外汉语教学语法大纲》（1995）、《高等学校外国留学生汉语教学大纲（短期强化）》（2002）、《高等学校外国留学生汉语教学大纲（长期进修）》（2002）、《高等学校外国留学生汉语言专业教学大纲》（2002）等。为了测定对外汉语教师能力，还制定了《国家对外汉语教师资格考试大纲》（1998）。此外，北京语言文化大学等也制定和出版了一批教学大纲，如杨寄洲主编的《对外汉语教学初级阶段教学大纲》（1999）、赵建华主编的《对外汉语教学中高级阶段功能大纲》（1999）、陈田顺主编的《对外汉语教学中高级阶段课程规范》（1999）等。

“作为完善教学体制，提高教学质量的一个重要突破口”（李杨，2006），这些标准和大纲的制定，是对外汉语教学实现从“标准意识”到“标准行动”的重要标志性成果，为对外汉语教学质量标准和质量保障建设奠定了重要基础。

（二）新时代汉语国际教育质量标准建设

上述教学标准和大纲，是根据当时对外汉语教学发展的需要，主要是针对来华留学生的汉语教学情况所制定的。进入 21 世纪后，随着汉语国际推广工作重心从“请进来”向“走出去”的转变，研究视角和关注焦点开始从国内对外汉语教学转向世界范围的国际汉语教学。

面对新形势、新任务和新需求，在国家汉办的领导下，启动了一系列国际汉语教学标准的研制工作，先后完成并发布了《国际汉语能力标准》（2007）、《国际汉语教学通用课程大纲》（2008/2014）、《汉语国际教育用音节汉字词汇等级划分》（2010），以及用于学习者汉语水平测试的《商务汉语考试大纲》（2006）、《新汉语水平考试大纲》（2009）、《新中小学生汉语考试大纲》（2009）等。

与此同时，为了加强适应海外汉语教学需要的师资队伍建设，在国家汉办推动下，国务院学位委员会于 2007 年设立了汉语国际教育硕士专业学位。为保证汉语国际教育硕士专业学位研究生的培养质量，受国务院学位委员会办公室、教育部学位管理与研究生教育司的委托，全国汉语国际教育硕士专业学位教育指导委员会秘书处组织专家制定了《汉语国际教育硕士专业学位研究生指导性培养方案》。此外，为了对国际汉语教师所应具备的知识、能力和素质进行全面描述，为国际汉语教师的培养、培训、能力评价和资格认证提供依据，国家汉办组织专家制定了《国际汉语教师标准》（2007/2012）[①]，并制定了用于国际汉语教师考试的《国际汉语教师证书考试大纲》（2015/2017）。

（三）汉语国际教育质量保障建设

在汉语国际教育领域，质量保障是一个比较新的术语。迄今为止，我们还没有看到关于汉语国际教育质量保障的专门讨论或研究成果，不过作为质量保障措施的汉语国际教育评审和评估并不陌生。早在 2001 年，根据对外汉语教学事业发展的需要，教育部出台了建设国家对外汉语教学基地的方案。2002—2003 年，由国家汉办负责组织实施了国家对外汉语教学基地的评审工作。自 2006 年以来，国家汉办又启动了汉语国际推广基地建设。另外，孔子学院总部每年都开展先进孔子学院和先进孔子课堂的评选活动。这些评审和评选工作，推动了有关学校和机构对汉语国际教育事业的重视，促进了国际汉语教学能力建设和质量建设，可以视为汉语国际教育质量保障的初级形式。

为了检查汉语国际教育硕士专业学位点研究生培养体系的完备性和人才培养质量，在全国汉语国际教育硕士专业学位教育指导委员会的领导下，2014 年和 2018 年分别开展了汉语国际教育硕士专业学位授权点专项评估工作。评估方案包括师资队伍、人才培养和质量保障等方面的评估内容，设计了详细的一、二、三级评估指标，确定了组织实施机构，规定了具体的评估程序与方式，是真正意义上的汉语国际教育质量保障措施。

近年来，国家汉办领导下的一些项目也开始关注质量保障问题。例如，出国汉语教师和志愿者培训项目、国际汉语教师证书考官培训项目、孔子学院奖学金项目等开始关注学员的培训和培养质量，并正探索制定质量标准，采取质量保障措施，开展质量评估，提升培养质量。不过总体上说，仍处于起步阶段，还没有形成浓厚的质量保障文化，缺乏系统的质量保障标准和措施，尚未形成定期评估、持续改进的完善机制。

（四）汉语国际教育质量建设成绩的评价

通过几十年的建设，我们已在汉语教学、汉语测试、师资培养等方面制定了一系列的标准和大纲，为国际汉语教学的质量标准和质量保障建设积累了丰富经验，为建立科学化、规范化和标准化的汉语国际教育质量体系奠定了重要基础。然而，随着汉语国际教育事业的快速发展，特别是进入以高质量发展为特征的新时代，面对新的形势，已有的汉语国际教育质量建设标准和质量保障措施远远不能满足孔子学院和汉语国际教育“深化改革创新，完善体制机制，优化分布结构，加强力量建设，提高办学质量”的要求。

总体上来看，目前汉语国际教育质量标准和质量保障体系建设仍比较滞后。尽管我们具备了一定的质量意识，制定了一些质量标准，采取了一些质量保障措施，但仍缺乏顶层设计和全球视角。一方面，各个标准之间缺少内在联系与呼应，一些标准的质量和精细程度仍有待完善，已有标准在教学实践过程中所起的作用也有待评价和总结；另一方面，一些标准与在国外开展汉语教学实

① 教育部 2004 年发布了《汉语作为外语教学能力认定办法》，国家汉办 2005 年发布了《汉语作为外语教学能力等级标准及考试大纲》，不过很快被新的《国际汉语教师标准》取代，未能广泛实施，本文不讨论。

践的需要还有不少距离，缺乏与国际上，尤其是美国和欧洲地区的外语教育质量标准的有效对接，在国际上学术权威性不够，国际认同度较低。“汉语要走向世界，必须要有世界汉语教学公认的标准。”（王建勤，2008）这就要求国际汉语教学标准建设要面向世界各国的汉语教学，为世界汉语教学提供一套具有先进理念的、科学的质量标准体系。与此同时，还需借鉴国内外先进经验，强化质量保障观念，制定权威的质量保障标准并采取有效措施，加强汉语国际教育质量保障体系建设。

最近，国家汉办加强了对汉语国际教育质量建设的重视程度，2018 年国家汉办发布的《孔子学院建设和汉语国际教育课题指南》中，明确列举了“孔子学院汉语教学课程大纲研究”“孔子学院文化教学课程大纲研究”“孔子学院评价指标体系研究和设计”“孔子学院经费管理和绩效评估研究”“国际汉语教师能力建设和标准研究”“国际汉语教学资源体系建设和标准研究”等系列重点研究课题。我们需要以此为契机，强化质量意识，联合海内外学术力量，采取有效措施，加速汉语国际教育质量标准与质量保障体系的建设。

三、汉语国际教育质量标准和质量保障建设的展望

展望未来的汉语国际教育质量标准和质量保障建设，笔者认为，最重要的是要强化质量意识，加强汉语国际教育质量建设顶层设计，完善汉语国际教育质量标准体系，构建汉语国际教育质量保障机制。

（一）加强汉语国际教育质量建设顶层设计

强化质量意识，根据汉语国际教育事业的发展需要，加强顶层设计，加强质量标准和质量保障研究，统一谋划汉语国际教育质量标准体系和质量保障体系建设，发挥汉语国际教育各个主体的质量建设作用。汉语国际教育质量建设是个复杂的系统工程，既涉及政策规划、学术研究、标准制定、组织实施、质量保障等不同内容，也涉及政府管理部门、学术组织、学校、教师、学生等各个主体。首先，应充分发挥国家汉办的宏观规划和政策导向功能，做好汉语国际教育质量建设的顶层设计和规划工作。国家汉办可设立专门的质量管理部门，针对新时代汉语国际教育面临的质量问题，统筹规划，推动理论、方法、标准和保障等方面的创新，为各地汉语教学和孔子学院的质量建设提供综合指导服务。其次，要充分发挥世界汉语教学学会和各国、各地区中文教师学会等学术团体，以及全国汉语国际教育硕士专业学位教育指导委员会等质量保障机构的组织作用，构建汉语国际教育质量建设学术共同体，委托学术团体制定质量标准、进行质量评估监督。例如，可在世界汉语教学学会下面设立国际汉语教学质量保障与质量认证委员会，专门组织质量标准和质量保障建设研究，开展质量评估和认证等质量保障活动。同时，要发挥各教学单位作为教学质量保障建设的主体作用，采取切实措施执行质量标准，强化质量管理，保障教学质量。同时鼓励教师和学生树立质量意识，关注教学质量，主动参与到质量建设中。

（二）完善汉语国际教育质量标准体系

1. 国际语言能力标准

《汉语水平等级标准和等级大纲（试行）》（1988）、《国际汉语能力标准》（2007）、《汉语国际教育用音节汉字词汇等级划分》（2010）在国际汉语教学中发挥了汉语能力等级量表的重

要作用。今后应注意从内容标准、能力标准、水平标准等不同层面对汉语国际教育的语言标准进行科学区分、合理设计（王建勤，2010）。作为推向国际的标准，应继续做好与国际上已有的成熟的外语学习标准的比较研究，特别是做好《国际汉语能力标准》（2007）与《欧洲语言共同参考框架：学习、教学、评估》《美国外语教学委员会语言能力标准》等国外外语能力标准的对接和兼容研究，重新修订和完善《国际汉语能力标准》（2007），进一步增强标准的科学性、实用性、可操作性和国际通用性，夯实新时代国际汉语能力标准体系。

2. 汉语水平考试质量标准

在已有《新汉语水平考试大纲》和《汉语水平考试管理手册》的基础上，制定更加全面的《汉语水平考试质量标准》。"外语考试质量标准包含两方面主要内容：外语考试自身的质量标准和外语考试管理与服务的标准。"（刘建达，2015）自20世纪80年代，我们就开始了汉语水平考试的研制和研究，这些工作对于保证考试的质量起到了重要的作用。就新汉语水平考试来说，目前已制定的《新汉语水平考试大纲》《汉语水平考试管理手册》，对考试的基本内容、考试实施阶段各环节的管理及考生服务等方面进行了具体规定，不过尚缺乏关于考试自身质量等方面的规范，例如，考试设计的质量标准、考试大纲的科学性论述、命题阶段应遵循的准则、质量控制的信度和效度检验等仍有待廓清。今后可借鉴国际上具有影响力的考试质量标准的做法，如美国教育考试服务中心（ETS）制定的《ETS质量与公平标准》，欧洲语言测试者协会（ALTE）制定的《实践准则》《ALTE考试良好实践准则》等，制定《汉语水平考试质量标准》，为汉语水平考试提供考试质量和管理服务规范，以提高考试的科学性，规范考试行为，保障考试的公信力。

3. 国际汉语教师标准

为了满足国际汉语教师终身发展需求，满足职前培养、入职培训和在职进修的联动教育在质量一体化方面的要求，可以考虑建立职前、入职和在职的一体化分层国际汉语教师质量标准体系，以适应不同阶段的质量要求。一体化的质量标准体系可以入职标准为基准，分别向两头延伸。入职标准与现有《国际汉语教师证书考试大纲》（2015/2017）的程度相当，可作为国际汉语教师外派上岗要求；职前标准作为国际汉语教师培养的质量管理基准，相当于汉语国际教育硕士培养方案所定水平；在职标准为优秀国际汉语教师标准，可以借鉴美国NBPTS制定的《优秀外语教师标准》的相关规定。通过建立职前、入职和在职一体化的国际汉语教师质量标准体系，为国际汉语教师的学习和终身职业发展提供有力的保证。

4. 其他质量标准

汉语国际教育质量标准体系建设工作包括两个方面：一是完善，一是补白。除了对已有标准的修订完善以外，还要针对目前的空白领域做好补白工作。与孔子学院的快速发展相比，孔子学院教学质量标准的研究和研制工作严重滞后。应针对孔子学院教学质量建设的需要，尽快开展补白工作，加快对孔子学院教学质量标准、孔子学院汉语教学课程大纲、孔子学院文化教学课程大纲等标准的研制工作。其他方面的补白工作，如目前国际汉语课堂教学缺乏规范，随意性大，直接影响到课堂教学的质量，今后需开展国际汉语课堂教学规范的研制工作，以规范课堂教学过程和行为，保证教学质量。

总之，汉语国际教育质量标准体系建设需要解决现实关切，根据国际汉语教学的实际需要做好全盘规划，以科学严谨的学术态度，努力服务教学、服务社会。同时，要充分借鉴国际上的成功经验，研制的起点要高，标准制定以后应争取纳入国家标准，并逐步推向世界。

（三）构建汉语国际教育质量保障机制

目前汉语国际教育事业在质量保障的理论研究和实践探索方面严重滞后，既缺少相关理论的指导，也缺乏质量保障方面的系统架构，缺乏清晰的外部评估与内部评估措施，没有从评估、审核、认证等方面形成自己的质量保障模式。当前急需借鉴国内外教育质量保障的通行做法，重点做好质量保障制度建设，开展相关质量评估和质量保障活动。

1. 国际汉语教学机构的质量评估和质量认证

目前，对于国际汉语教学机构的教学质量保障和认证研究极少。关于外语教学机构的质量评估和认证，国外同类语言文化教学组织的一些做法值得借鉴。例如，欧洲语言服务质量评估和认证协会（Eaquals）制定了一套语言教学机构（或项目）的评估和认证标准，并在世界上 30 多个国家教授 25 种语言的众多教学机构进行了评估认证实践（Eaquals 官网数据）。英国文化协会、法语联盟也都分别针对英语和法语教学开展了评估和认证服务工作。我们可以参考国际上比较成熟的关于外语教学机构评估和认证的做法，制定国际汉语教学机构质量评估和质量认证方案，并采用第三方评估认证的方式，推动国际汉语教学机构的质量评估和质量认证，增强国际汉语教学机构的能力建设，保障国际汉语教学质量。

2. 国际汉语课堂教学评估

课堂教学是国际汉语教学的主要形式，课堂教学是否规范、科学，是否有效，需要有一套客观可行的评估标准。这方面我们做过一些探讨，积累了一些实践经验，不过比较零散。为了全面衡量国际汉语课堂教学的规范化、科学化和有效性程度，需要研制一套权威的国际汉语课堂教学评估标准。国际汉语课堂教学评估标准应当以课堂活动的有效性评价为中心，可以考虑从课堂教学目标的设定、教学内容符合学生需求的程度、知识讲解与操练运用的比例、互动教学行为和策略、对目的语的使用、教学步骤和课堂管理、教师的课堂角色与课堂气氛、教师的语言运用和一般素质、对学生多元差异的敏感性、教室环境和教具使用、测试与评估、课堂教学与课外学习的衔接等方面提出有效可行的国际汉语课堂教学质量评估规范。

3. 孔子学院教学质量评估

孔子学院的质量评估可分为两个部分：孔子学院教学质量评估和孔子学院整体办学质量评估。开展教学质量评估是保障孔子学院教学质量的重要方式。首先需要制定一套有效的孔子学院教学质量评估方案，确定评估的原则，选择评估的方法，设计评估指标和实施方案。例如，就孔子学院的教学质量评估指标设计来说，可以从项目定位、教学过程、项目管理、项目保障、项目环境、教育效果等方面建构基本框架，把这些大的方面确定为一级指标，然后逐级展开，下设二级指标，再设三级指标作为主要观测点，同时每项三级指标采用五级量分制，采用权重赋值的方法，以利于量化统计和比较。然后按照“管办评分离”的要求，坚持多元主体原则，以院校项目自我评估为基础，结合审核评估、合格评估、优秀评估等评估类型，通过理论建模、参数赋值、试点评估、模型修正、参数调整等方式构建起一套“孔子学院教学质量评估系统”，充分利用现代信息技术，科学、高效地开展孔子学院教学质量评估工作。

4. 孔子学院整体办学质量和绩效评估

孔子学院整体办学质量评估是指对包括教学质量在内的综合质量评估，包括办学指导思想、办学条件、组织管理、师资队伍、教学建设、教学效果、社会影响、办学特色、办学效益等方面的质量和质量保障要求。孔子学院质量评估包括两个层面：对各地孔子学院的质量评估与对全球孔子学院整体运行状况进行评估。对各地孔子学院的质量进行评估，即通过对各孔子学院的教学质量和办学状况进行监测和评估，为各孔子学院的质量改善提供咨询建议，也可以为孔子学院总部评选示范孔子学院、健全中外合作机制、审批各孔子学院的年度项目实施方案和预决算等提供基本数据，从而加强总部对各地孔子学院的"问责"指导和质量管理。对全球孔子学院整体运行状况进行质量评估，主要是评估总部领导下的整个孔子学院系统，包括总部实施的各专门项目的执行情况与绩效，并以此作为推进孔子学院改革发展，以及国家拨款与孔子学院总部理事会审议孔子学院发展规划和孔子学院总部工作计划的依据。

孔子学院总部除了负责管理和指导各地孔子学院以外，也实施了许多专门的项目：其中与师资有关的项目，如公派汉语教师项目、汉语教师志愿者项目、本土汉语教师培训项目、汉语国际教育硕士和博士项目、国际汉语教师证书考试项目、汉教英雄会等；教学资源建设项目，如汉语和中国文化教材、孔子学院数字图书馆、国际汉语教材编写指南平台、国际汉语教学案例库、中外文化差异案例库、网络孔子学院等；其他项目，如孔子学院奖学金、孔子新汉学计划、汉语水平考试、"汉语桥"系列比赛、"汉语桥"访华团、"汉语桥"基金、精品学术项目、精品文化项目等。这些专门项目的实施情况如何，怎样进一步提升其质量和效益，所有的项目都要建立规范的管理程序，加强定期评估，以推动提质增效和改革发展。

总之，评估的目的是为了改进，为了维护和提升教育的质量与效益，为了促进汉语国际教育事业的可持续发展。通过研制评估标准，建立自我质量保障机制，并适时开展评估，将可以发现存在的问题，规范教学管理，促进资源的科学整合，引导国际汉语教学健康发展。

改革开放 40 年，汉语国际教育事业取得了巨大成就，不过离理想的状态还相差甚远。总体上来说，我国汉语国际教育质量标准体系还不健全，质量保障体系构建还处于起步阶段，发挥的作用有限。由于未能形成权威完善的汉语国际教育质量标准体系，缺乏系统规范的汉语国际教育质量保障机制，所以汉语国际教育事业的高质量发展受到制约。"汉语教学与评估标准体系的研究和建设严重滞后，使汉语国际推广处于非常被动的局面。"（王建勤，2008）我国正处于从世界高等教育大国迈向高等教育强国的历史进程中，质量问题是当前我国高等教育内涵式发展的重中之重。我们应该主动适应新时代事业发展的要求，做好前瞻规划，建设一套完备权威的汉语国际教育质量标准体系，构建由国家汉办引领规约、第三方机构评估认证、院校项目自我监控、社会组织广泛参与的汉语国际教育质量保障体系，推动和支撑新时代的汉语国际教育事业向更高质量、更加规范的方向发展。

参考文献

[1] 陈田顺主编. 对外汉语教学中高级阶段课程规范. 北京：北京语言文化大学出版社，1999.

[2] 陈玉琨，代蕊华，杨晓江，田圣炳. 高等教育质量保障体系概论. 北京：北京师范大学出版社，2004.

[3] 崔希亮．汉语国际教育的若干问题．语言教学与研究，2018（1）．
[4] 国家对外汉语教学领导小组办公室编．高等学校外国留学生汉语教学大纲（短期强化）．北京：北京语言大学出版社，2002a.
[5] 国家对外汉语教学领导小组办公室编．高等学校外国留学生汉语教学大纲（长期进修）．北京：北京语言大学出版社，2002b.
[6] 国家对外汉语教学领导小组办公室编．高等学校外国留学生汉语言专业教学大纲．北京：北京语言大学出版社，2002c.
[7] 国家对外汉语教学领导小组办公室汉语水平考试部编．汉语水平词汇与汉字等级大纲．北京：北京语言学院出版社，1992.
[8] 国家对外汉语教学领导小组办公室汉语水平考试部编．汉语水平等级标准与语法等级大纲．北京：高等教育出版社，1996.
[9] 国家汉办，教育部社科司，《汉语国际教育用音节汉字词汇等级划分》课题组．汉语国际教育用音节汉字词汇等级划分（国家标准·应用解读本）．北京：北京语言大学出版社，2010.
[10] 国家汉办 / 孔子学院总部编制．新汉语水平考试大纲．北京：商务印书馆，2009a.
[11] 国家汉办 / 孔子学院总部编制．新中小学生汉语考试大纲．北京：商务印书馆，2009b.
[12] 国家汉语国际推广领导小组办公室编．国际汉语教师标准．北京：外语教学与研究出版社，2007/2012.
[13] 国家汉语国际推广领导小组办公室编．国际汉语教学通用课程大纲．北京：外语教学与研究出版社，2008.
[14] 国家汉语国际推广领导小组办公室编．国际汉语能力标准．北京：外语教学与研究出版社，2007.
[15] 国家汉语水平考试委员会办公室编制．HSK 中国汉语水平考试大纲（高等）．北京：北京语言学院出版社，1996.
[16] 国家汉语水平考试委员会办公室考试中心编制．中国汉语水平考试大纲（初、中等）．北京：现代出版社，1989/1995.
[17] 国家汉语水平考试委员会办公室考试中心制定．汉语水平词汇与汉字等级大纲（修订本）．北京：经济科学出版社，2001.
[18] 国家教委对外汉语教师资格审查委员会审订．国家对外汉语教师资格考试大纲．北京：外语教学与研究出版社，1998.
[19] 教育部国际合作与交流司．2017 来华留学生简明统计．2017.
[20] 孔子学院总部 / 国家汉办编制．国际汉语教师证书考试大纲．北京：人民教育出版社，2015/2017.
[21] 孔子学院总部 / 国家汉办编制．国际汉语教学通用课程大纲（修订版）．北京：北京语言大学出版社，2014.
[22] 李杨．对外汉语教学大纲概说 // 李泉主编．对外汉语课程、大纲与教学模式研究．北京：商务印书馆，2006.
[23] 刘建达．基于标准的外语评价探索．外语教学与研究（外国语文双月刊），2015（3）．
[24] 吕必松．对外汉语教学的紧迫任务．世界汉语教学，1987（1）．
[25] 马箭飞．办好孔子学院　贡献中国智慧．中国教育报，2018 年 1 月 24 日．
[26] 施家炜．汉语国际教育专业人才培养的现状、问题和发展方向．国际汉语教育（中英文），2016（1）．
[27] 史秋衡，罗丹．从市场介入的视角辨析高等教育质量保障概念．大学·研究与评价，2007（9）．
[28] 孙瑞珍主编．中高级对外汉语教学等级大纲（词汇·语法）．北京：北京大学出版社，1995.
[29] 王还主编．对外汉语教学语法大纲．北京：北京语言学院出版社，1995.
[30] 王建勤．汉语国际推广的语言标准建设与竞争策略．语言教学与研究，2008（1）．
[31] 王建勤．汉语国际传播标准的学术竞争力与战略规划．云南师范大学学报（对外汉语教学与研究版），2010（1）．
[32] 吴应辉．汉语国际教育学科建设亟待解决的主要问题．国际汉语教学研究，2014（1）．
[33] 杨寄洲主编．对外汉语教学初级阶段教学大纲．北京：北京语言文化大学出版社，1999.
[34] 赵建华主编．对外汉语教学中高级阶段功能大纲．北京：北京语言文化大学出版社，1999.
[35] 这 5 年，我国教育事业全面发展．中国教育报，2017 年 10 月 23 日．
[36] 中国对外汉语教学学会，汉语水平等级标准研究小组．汉语水平等级标准和等级大纲（试行）．北京：北京语言学院出版社，1988.
[37] 中国国家汉语国际推广领导小组办公室，北京大学商务汉语考试研发办公室编．商务汉语考试大纲．北京：北京大学出版社，2006.

澳大利亚高校汉语实证研究本科专业标准

澳大利亚昆士兰大学　姜文英

摘　要：随着汉语作为外语学习人数的增加，海外各高校对汉语专业本科毕业生所达到的汉语水平应该有统一要求，才能确保汉语专业本科生专业技能达标。为实现这一目标，高校首先必须制定合理、可行的标准。本文以新汉语水平考试（HSK）为基准，通过对澳大利亚昆士兰大学汉语专业各年级本科生汉语水平的测试，实证研究汉语专业本科毕业生所能达到的汉语水平。根据测试结果，本文提出专业标准，呼吁本科毕业生应通过新 HSK 四级考试，同时提出将新 HSK 四级作为海外高校汉语专业本科毕业生汉语水平达标的专业标准。

关键词：汉语作为外语　汉语水平考试（HSK）　专业标准　评价指标

一、汉语作为外语呈现出日趋重要的地位

著名汉学家、法国国民教育部汉语总督学白乐桑（Joël Bellassen）有个形象的比喻，他把当代不同的语言比作运动的天体，而驱动各语言天体运动的力量则包括各国的文化、经济地位以及各国之间的交流。正如天空中的繁星，各语言天体之间的距离极不相同，有些簇拥在一起，而有些则零星地分布于太空。如此繁多的语言天体，有亮有暗，曾几何时，汉语作为外语隐隐约约不见其身，然而近年来这门母语人数最多的语言，似乎越来越亮，已然成为教育宇宙中一颗璀璨的新星，成为全世界尤其是亚洲各国继英语之后学习人数最多的外语（Bellassen，2017）。这个比喻不但形象逼真，而且体现出汉语作为外语在当今世界日趋重要的地位。随着中国经济的蓬勃发展以及中国的国际地位日益提高，中国和世界各国在经济、教育、文化等各个领域的交往越来越密切，世界各国人们对待汉语的态度也发生了转变，越来越多的海外高校开设了汉语专业，这就

要求这些高校对自己的汉语专业毕业生的专业技能制定出合理、可行的标准。用什么来衡量汉语专业毕业生的汉语水平呢？目前对汉语作为外语的掌握程度最权威的测试应该是新汉语水平考试，即新 HSK。新 HSK 是由国家汉办 / 孔子学院总部推出的一项国际汉语能力标准化考试，该考试委员会组织中外汉语教学、语言学、心理学和教育测量学等领域的专家，充分调查了解海外汉语教学实际情况，考虑了普通汉语学习者和专业汉语学习者、来华汉语学习者和非来华汉语学习者的差异，在保留原有 HSK 优点的同时，又进一步借鉴了近年来国际语言测试研究的最新成果（张晋军等，2010）。本文认为以新 HSK 来衡量海外高校汉语专业本科毕业生的汉语水平应该是最为合适的。

二、海外高校汉语本科缺乏统一的专业标准

《欧洲语言共同参考框架：学习、教学、评估》（*Common European Framework of Reference for Languages: Learning, Teaching, Assessment*，CEFR）是国际公认的描述语言能力和水平的标准。CEFR 在欧洲得到广泛采用，同时也越来越多地在欧洲以外的地区得到运用，是官方对于外语学习者不同阶段所达到的总体语言水平在听、说、读、写几方面的技能描述。因此，CEFR 对于促进欧洲外语教学和交流、提高外语教学质量无疑起到了重要作用。然而，众所周知，大多数欧洲语言都是字母字符语言，而汉语是非字母字符语言，因此汉语非母语的学习者（如以英语为母语的汉语学习者），会遇到其他语言学习者从未遇到过的特殊挑战，换句话说，会遇到 CEFR 没有涉及的挑战。同时，如果用 CEFR 各级描述语来描述汉语水平，会发现根本找不到关于汉字与词语的认读及书写的相应描述标准。大约 35 年前，DeFrancis（1984）就曾得出结论说，英语母语学习者在学习汉语时，如果要达到 CEFR 标准，则需要花相比于学习其他语言五倍的时间。这一结论被广泛引用，也说明了汉语对学习者来说有其独特的挑战性。

对于母语是字母字符语言的学习者来说，认读与书写汉字是汉语学习道路上两只极大的“拦路虎”，因为对于这些学习者，认读汉字需要至少两个认知体系的交互作用：一个是音的体系，另一个是字形的体系，两个体系之间的联系常常没有规律可循（Seymour，2006）。书写方面的研究表明，汉字书写偏误有两大类：一类是字内偏误，即某个字的字形被错误地改变了，比如笔画的减少或增加；另一类是替代偏误，即整个字被别的字或不存在的非字符号所替代（Shen，2013）。总之，英语和汉语分属于不同语系，加上汉字体系的独特性，以英语为母语的汉语学习者，其母语知识对汉语学习的帮助极为有限，因此对他们而言，汉语入门非常困难。

以英语为母语的汉语学习者入门后的学习速度与程度也千差万别。笔者所教授的本科二年级学生，在昆士兰大学汉语专业从零起点开始学习，学习一年后用同一试卷考试，满分 100 分的试卷有的取得 90 分，有的只能得到 40 分。至于三年级毕业时①应该达到什么水平，目前没有具体评价指标。不但昆士兰大学汉语专业对本科毕业生汉语水平没有是否达标的评价指标，海外其他高校汉语专业对其毕业生的汉语水平也没有是否达标的评价指标。再以澳大利亚为例，截至 2014 年，澳大利亚共有 32 所大学开设了汉语课程（王子义和牛端，2014），这些大学汉语专业都缺乏统一的评价指标，而且各大学所选教材不同，教法各异，对毕业生的汉语水平没有统一的要求，通过课程考试即可毕业，但是课程考试的难易度可因授课教师而异。换句话说，目前澳大利亚对

① 澳大利亚学士学位学制一般为三年。

各大学汉语专业无法做到质量把关，但这并不意味着汉语专业不需要质量把关，只是目前还没有令人信服的评价指标，无法统一要求。本文旨在探索可否使用新 HSK 作为高校汉语专业本科毕业生汉语水平的评价指标。

三、澳大利亚昆士兰大学汉语专业本科生新 HSK 测试情况

昆士兰大学每年上课的学期分为第一学期或上学期（2 月至 6 月）和第二学期或下学期（7 月至 11 月），有些课程增加一个集中上课的夏季学期（12 月至 1 月），但大部分课程只有 2 个学期，每学期上课 13 周，期中休息 1 周，13 周课程结束后有 1 周总复习的时间，然后是 2 周左右的考试时间。从 2016 年开始，昆士兰大学汉语专业把新 HSK 纳入各年级教学之中，每学期上课第一周除了介绍课程以外，也使用相应级别的新 HSK 试卷进行模拟测试，第 13 周使用同级别的不同新 HSK 试卷再次模拟测试，这样的测试可以达到以下多种目的：（1）让学生了解新 HSK 的考试格式及难度以便于他们需要时参加正式的新 HSK 考试。（2）让学生对自己的汉语水平有所了解并且根据新 HSK 分级记录自己的进步情况。（3）测试结果可以用来协助授课老师针对学生汉语水平对其选课进行及时的调整，以便保证学生学习最适合的课程。（4）探索汉语专业本科毕业生应该达到新 HSK 分级中哪个级别的汉语水平。

按照昆士兰大学汉语专业目前的专业课教学时数，经过几年的摸索发现，三个年级分别能达到的新 HSK 水平如表 1：

表 1　昆士兰大学汉语专业各年级学生汉语水平测试情况

年级／学期	教学时数	大约涵盖词汇量	所达新 HSK 级别
一年级上学期	6 小时 ×13 周	150	一级
一年级下学期	6 小时 × 13 周	300	二级
二年级上学期	6 小时 × 13 周	450	介于二级与三级之间
二年级下学期	6 小时 × 13 周	600	三级
三年级上学期	6 小时 × 13 周	1000	介于三级与四级之间
三年级下学期	6 小时 × 13 周	1500	四级

注：6 小时授课时数包括两门课：一门听说课（Spoken Course），一门读写课（Written Course）。2 小时的讲解课两门课一起上即 Combined Lecture，2 小时听说练习课即 Spoken Tutorial，2 小时读写练习课即 Written Tutorial。

下面以 2018 年二年级下学期第 13 周的新 HSK 三级模拟测试情况为例，展示各项的得分情况。测试日期是 2018 年 10 月 23 日，参加人数为 50 人，使用的试卷号码为 H31110。三级试卷共有 80 题，其中听力 40 题，阅读 30 题，书写 10 题。听力、阅读、书写分别以总分 100 分计算，50 人平均得分如图 1 所示：

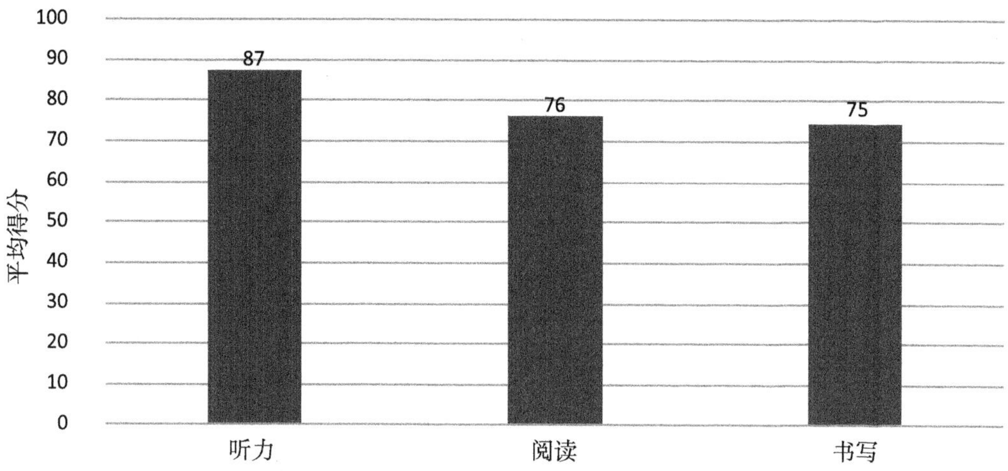

图 1　二年级下学期新 HSK 三级模拟测试各项平均得分情况

图 1 显示，三项平均得分都远远高于及格线 60 分，其中得分最高的是听力（87 分），其次是阅读（76 分），最低的是书写（75 分），其中，阅读与书写的平均得分非常接近。虽然授课老师们普遍认为新 HSK 三级考试书写部分题量偏少，难度偏易，但是考试结果显示，三项得分最低的仍然是书写，说明书写对于以英语为母语的汉语学习者来说挑战性最大。

新 HSK 三级考试书写部分包括两类题型：（1）用所给出的词语排序造句，共 5 题。（2）在给出的句子里挑出个别单字，用拼音标出，让考生填写汉字，共 5 题。两类题型加起来只有 10 题，跟听力 40 题、阅读 30 题相比，题量很小，无法测试出考生的写作能力。但是测试结果似乎说明，书写部分对学习者来说难度非常大，目前的题型难度似乎比较适中，也许适当增加题量与考题类型值得考虑。

本文把听力、阅读、书写三类题型中答对率较低的题目分别做了统计，因为分析这些题目的内容可以鉴别学习者的难点。表 2、表 3 和表 4 分别展现三类题型中答对率最低的题目。

表 2　听力 40 题（1—40）中答对率最低的 8 题

题号	19	4	15	25	26	30	32	36
答对数 / 人	26	32	35	37	38	38	38	38
答对率 /%	52	64	70	74	76	76	76	76

表 3　阅读 30 题（41—70）中答对率最低的 9 题

题号	49	50	47	45	48	59	42	46	68
答对数 / 人	23	26	27	29	29	29	31	31	31
答对率 /%	46	52	54	58	58	58	62	62	62

表4　书写10题（71—80）中答对率最低的3题

题号	74	75	72
答对数 / 人	11	18	35
答对率 /%	22	36	70

由表2、表3和表4可见，答对率最低的题是书写题74号题，50人中只有11人答对，39人答错；75号题答对率也很低，只有36%；而72号题答对率直接上升到了70%。不难看出，书写题平均得分比较低主要因为74、75两题答对率低，3道题平均答对率约为43%。阅读30题中，答对率最低的题是49号题，答对率低于50%，为46%，50人中23人答对；9道题平均答对率约为57%。听力40题中，答对率最低的题是19号题，50人中26人答对，刚刚超过半数；8道题平均答对率约为71%。由于篇幅所限，本文以各题型中答对率最低的一题为例分析考生答错的原因。

表2显示听力部分第19题答对率为52%，接近一半的考生答错。这一题是判断题，语音信息为："经过几年的努力，他终于有了自己的房子，虽然不大，但是他很满意。"给出的判断陈述是："他把房子卖了。"语音信息里所含词汇比较难，如"努力""终于"和"满意"，而且没有包含"买"或"卖"之类的词语，以至于考生判断起来难度比较大，因此大约一半的考生做出了错误判断，认为"他把房子卖了"的陈述与语音信息相一致。换句话说，答错的考生很可能由于词汇偏难而没能听懂语音信息，即便是答对的考生，也未必是因为听懂了语音信息而答对的，很可能只是因为运气好碰对的。判断题只有两个选择，要么选"对"要么选"错"，任何选择都有50%的概率答对或答错，从答对率为52%这个结果来看，猜的可能性是很大的。

阅读30题共分三种亚题型。第一部分10题，题号为41到50，试卷中提供20个句子，考生要找出对应关系，即将句子配对。多数需要配对的句子是一问一答的对话，比如第41题，给出的句子是："别客气，还要米饭吗？厨房里还有。"需要搭配的句子里，A句说："谢谢你为我做这么好吃的鱼。"显然，这两句搭配很自然，一个人对另一个人做的饭表示感谢（即A句），做饭的人回答说不用客气，厨房里还有米饭，衔接自然通顺，因此第41题选A是正确的。第二部分也是10题，题号为51到60，每题提供一到两个句子，句子中有一个括号，考生要从提供的选项中选词填空。第三部分仍然共10题，题号为61到70。提供10小段文字，每段文字带一个问题，考生要从三个选项中选出答案。表3显示，答对率最低的9题中，7题属于句子配对的第一部分亚题型，第二部分和第三部分各1题，这个结果表明三部分中句子配对难度最大。

表3显示阅读部分第49题答对率为46%，超过一半的考生答错。这是阅读题第一部分的题型，即句子配对。第49题的难度在于需要配对的句子似乎不是一问一答的对话，而是一个人在说话，而且这两句话是有关联的。B句说："打扫完了？饿坏了吧？"然后同一个人接下去继续说："我现在去给你做点儿面条儿。"我们可以想象夫妻两人一起过周末的情形，吃过早饭，丈夫在家打扫房间，妻子出去买东西、会朋友。中午妻子回来看到丈夫把家里打扫得干干净净，心里高兴，就关心地对丈夫说："打扫完了？饿坏了吧？我现在去给你做点儿面条儿。"一副其乐融融的场面跃然纸上。出错的原因一方面在于多数需要配对的句子为一问一答的对话，而第49题是个例外；另一方面学生可能没有理解"做点儿面条儿"是去给对方做饭的意思。

表4显示书写部分第74题答对率仅有22%，即接近80%的考生答错。该题要求用所给出的词语排序造句，给出的词语为："名字，黑板上，写着，她的。"大部分学生给出的排序是："她

的名字写着黑板上。”以英语为母语的汉语学习者习惯于把人或跟人相关的词语放在首位，因此先说“她的名字”，按英语习惯很自然地后面要跟动词，所以选择“写着”放在中间，最后是地点“黑板上”，这样很符合英语的逻辑。然而，汉语中很多句子常常把地点放在首位，尤其是存在句，即用来表述某处有某物的句子。英语中的 there be 句型，用汉语表述应该先说地点。例如，There are many books in the library，最自然最顺畅的翻译应该是“图书馆里有很多书”。因此，第 74 题正确的排序应该是：“黑板上写着她的名字。”这样典型的汉语表达方式，对以英语为母语的汉语学习者来说难度很大，如果没有讲解、没有很多练习，学生是很容易犯错的。因此也不难理解为什么大多数学生都将此题答错了。

2018 年三年级下学期第 13 周的新 HSK 四级模拟测试，有 27 人参加，测试日期为 2018 年 10 月 22 日，使用的试卷号码为 H41001。试卷共有 100 题，其中听力 45 题，阅读 40 题，书写 15 题。听力、阅读、书写分别以总分 100 分计算，参加测试的 27 人中，24 人总分高于 180 分，即成功通过考试，有 3 人总分分别为 116 分、142 分和 151 分，低于 180 分，即没有通过考试，通过率为 89%。听力、阅读、书写平均得分见图 2：

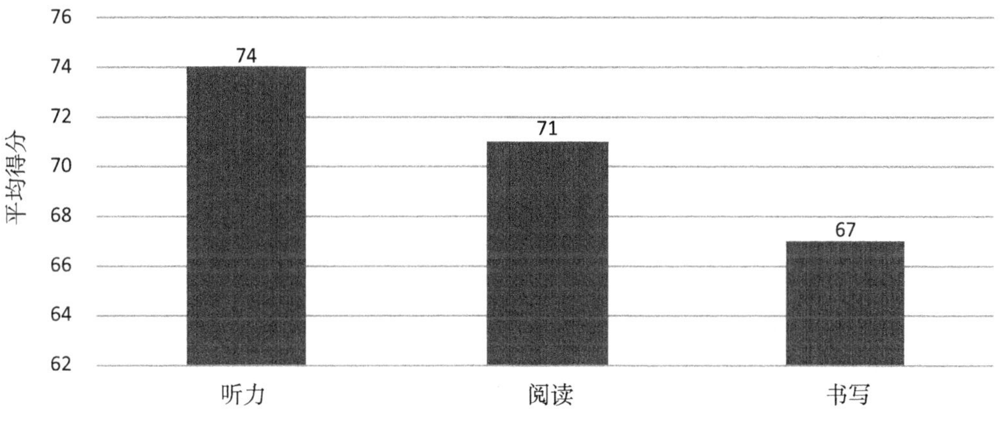

图 2　三年级下学期新 HSK 四级模拟测试各项平均得分情况

图 2 显示，三项平均得分都高于及格线 60 分，其中得分最高的是听力（74 分），其次是阅读（71 分），最低的是书写（67 分），再一次证明，对以英语为母语的汉语学习者来说，汉语书写是最难的。汉语专业本科生三年级下学期结束时，本科课程应该全部学习完毕，新 HSK 成绩可以代表本科生毕业时的汉语成绩。既然 89% 的学生可以通过新 HSK 四级，本文认为新 HSK 四级可以作为海外高校汉语专业的本科毕业生汉语水平专业标准。

四、海外高校汉语本科专业标准

任何一个行业都应该有专业标准，也都应该有评价是否达标的评价指标。笔者通过几年的摸索得出如下结论：海外高校汉语专业本科毕业生汉语水平应该达到新 HSK 四级水平，昆士兰大学 89% 的汉语专业本科毕业生都能达到这个专业标准。同时，新 HSK 四级水平也是中国国内各高校招收留学生的入学要求。根据新 HSK 四级考试大纲的描述，“通过 HSK 四级的考生能用汉语就比较复杂的话题进行交流，表达较为规范、得体”（孔子学院总部 / 国家汉办编制，2015），相当于 CEFR 的 B2 水平，即目标语达到中高级水平。

有了专业评价指标，才能检验海外高校汉语专业毕业生是否达标。因此，汉语水平专业标准是引领汉语专业教育发展的风向标，也是本科毕业生在业务领域应该达到的最低标准。假如汉语专业本科毕业生未来的职业选择是到中小学教书，教授的科目之一是汉语的话，那么该毕业生需要再获得教师资格证书。澳大利亚教育部于 2003 年 11 月颁布了针对各学科教师的《全国教师专业标准》（*National Teaching Professional Standards*）。该标准阐述了教师的职业发展和专业素养两大要素，其中，专业素养又包括四个方面：专业知识、专业实践能力、行业品质和专业关系协调能力。大学汉语专业应该对未来中小学汉语教师的“专业知识”把关，毕业生的汉语水平应该至少达到新 HSK 四级水平。本文旨在提出这一专业标准，希望海外各高校汉语专业能够验证这个专业标准的合理性与可行性。

参考文献

[1] 孔子学院总部 / 国家汉办编制 . HSK 考试大纲（四级）. 北京：人民教育出版社，2015.

[2] 王子义，牛端 . 澳大利亚大学汉语教学的现状及思考 . 海外华文教育，2014（2）.

[3] 张晋军，解妮妮，王世华，李亚男，张铁英 . 新汉语水平考试（HSK）研制报告 . 中国考试，2010（9）.

[4] Bellassen, J. Preface // Y. Lu (Ed.). *Teaching and Learning Chinese in Higher Education: Theoretical and Practical Issues*. Routledge, 2017.

[5] DeFrancis, J. *The Chinese Language: Fact and Fantasy*. University of Hawai‘i Press, 1984.

[6] Everson, M. E. Best practices in teaching logographic and non-Roman writing systems to L2 Learners. *Annual Review of Applied Linguistics*, 2011, 31(1).

[7] Lu, Y. & Song, L. European benchmarking Chinese language: Defining the competences in written language // Y. Lu (Ed.). *Teaching and Learning Chinese in Higher Education: Theoretical and Practical Issues*. Routledge, 2017.

[8] Lu, Y. Exploring the criterion-validity of HSK Levels 3 and 4: Are assessments and CEFR standards related? // Y. Lu (Ed.). *Teaching and Learning Chinese in Higher Education: Theoretical and Practical Issues*. Routledge, 2017.

[9] Seymour, P. H. K. Theoretical framework for beginning reading in different orthographies // R. Malatesha Joshi & P. G. Aaron (Eds.). *Handbook of Orthography and Literacy*. Lawrence Erlbaum Associates, 2006.

[10] Shen, H. H. & Ke, C.-R. Radical awareness and word acquisition among nonnative learners of Chinese. *The Modern Language Journal*, 2007, 91(1).

[11] Shen, H. H. The interconnections of reading text based writing and reading comprehension among college intermediate learners of Chinese as a foreign language. *Journal of the Chinese Language Teaching Association*, 2000, 35(3).

[12] Shen, H. H. Chinese L2 literacy development: Cognitive characteristics, learning strategies, and pedagogical interventions. *Language and Linguistics Compass*, 2013, 7(7).

[13] Shen, H. H. Chinese L2 literacy debates and beginner reading in the United States // M. Bigelow & J. Ennser-Kananen (Eds.). *The Routledge Handbooks of Educational Linguistics*. Routledge, 2015.

评价视角下的国际汉语教材研发路径初探

人民教育出版社　李　津

摘　要：汉语学习从最初的交际需求逐渐成为各国的学业需求，海外很多国家都将汉语纳入了中小学课程体系，相应的评价标准也各具特色。与此同时，我国的汉语国际教育课程评价体系逐渐显示出独特的引领力，成为汉语学习能力和教学水平的有力评估手段。当前“以考促教”“以考促学”背景下的汉语教学，需要与汉语考试高度相关的教材予以支撑，而对比国内那些与各类英语考试紧密相关的教材，在汉语评价标准指导下开发的国际汉语教材屈指可数。本文首先对不同的评价标准，特别是全球影响力较强的 HSK 大纲进行了初步分析；随后，在“考教结合”的原则下，考察了我国研发的部分国际汉语教材在话题大纲、词汇大纲、语言点大纲、任务大纲等方面与这些评价标准的相关度；最后从评价视角出发，提出应在与我国的汉语评价标准保持基本一致的前提下，综合其他国家的评价标准，从语音、汉字、词语、话题、语言点、任务等角度进行分析，构建教材框架，遵循增强教材可扩展性的研发路径，从而促进不拘泥于考试的“考教结合”的汉语教学。

关键词：评价标准　国际汉语教材　相关性研究　考教结合

一、汉语评价标准日臻完善引发教材编写革新

国际汉语教材的研发是国际汉语教学的基本需求，可以追溯到唐宋时期来华商人、僧人使用中国儒学课本和佛经学习汉语（李泉主编，2006），到民国时期老舍、赵元任等前辈远赴欧美自编汉语教材教授汉语，再到今天遍及全球的汉语学习热潮中争奇斗艳的各类教材，无一不是从学习和教授汉语的基本需求出发，或就地取材，用我国已有的课本；或应邀而编，融个人风格于其中；或话题迥异，以期满足学习者的多种要求……纵观从古至今的汉语学习与教学，一直是以语言交流、

意识沟通和思想/文化传播为主要目的，即便在对外汉语兴盛的唐代，也只见外国人参加科举考试，却未见专门针对外国人的汉语水平或者能力的评测与评价标准。真正出现这样的考试设计、实施与研究不过近30年以来的事情，上升到国家层面的测试/考试却是在近二三十年日益风生水起。

伴随着“汉语热”席卷全球，特别是我国“一带一路”倡议的提出，外国人学汉语已经不再是为了简单地交流和沟通，更不是为了通过汉语这种“媒介”来传播国外的思想理念，而是为了寻求更多的走近中国、了解中国的机会，寻求被这个国家所认可。韩国受汉字文化的影响，自1954年就将汉语列入高中外语教育体系，并随着汉语教学的目标而不断调整其汉语教学大纲（林晓凤，2011）；1996年，美国教育部门及多个外语教学协会共同研制并颁布了国家外语课程标准《21世纪外语学习标准》（罗青松，2006）；2001年，欧洲理事会组织应用语言学和语言教学方面的专家制定了《欧洲语言共同参考框架：学习、教学、评估》，这成为一部在欧洲范围内推行语言政策和语言教育所遵循的纲领性文件（王添淼，2012）；2008年，泰国基础教育委员会颁布了《高中汉语教学大纲》（华赖生，2013）；2009年，英国的普通中等教育证书（GCSE）考试中的中文教学大纲正式颁布，其中规定了汉语学科的学习目标和听、说、读、写这四个方面的考查内容与评价方法（罗青松，2009）……而我国的汉语水平考试从最初的面向留学生的HSK考试，逐渐涵盖了少儿汉语水平测试的YCT，为大学本科生和研究生录取提供依据的HSK，适合商务人士的BCT，以及专门针对汉语教师资格认证的汉语教师证书考试，形成了针对不同需求的汉语评价体系（孔子学院总部/国家汉办，2017）。

伴随着各类汉语考试，考试用书也应运而生，模拟题、考试大纲解析等“快餐式”图书有利于应对考试，在国际汉语图书市场风起云涌。而这种纯“应试”的国际汉语图书只能在短时间内提高学生的考试成绩，却无法实现真正意义上的汉语水平和能力的提高。曾经困扰中国学生的“考”与“学”的关系问题，也因这多样的汉语评价标准而成为外国学习者的难题。“以考促教”“以考促学”的理念应运而生，孔子学院总部/国家汉办一方面开始有针对性地研发了一系列针对汉语考试的“考教结合”类教材，如《HSK标准教程》（北京语言大学出版社，2013）、《YCT标准教程》（高等教育出版社，2015）、《BCT标准教程》（人民教育出版社，2015）等；另一方面大力支持已有的优秀教材进行修订，分析教材与不同评价标准的适切性，根据评价标准调整教材框架与内容，使之适应HSK大纲的要求，提高相关性，如《当代中文》（华语教学出版社，2003）、《跟我学汉语》（人民教育出版社，2003）、《快乐汉语》（人民教育出版社，2003）、《轻松学中文》（北京语言大学出版社，2006）等系列教材。正是这些以“考试”，即评价体系为依据的教材编写、修订的活动引发了汉语教材的革新，特别对那些未曾将评价标准作为中心词的教材改编提出了新的挑战。

二、汉语评价标准多样性下的统一原则

评价视角下的教材编写，特别是教材改编中的革新，首先面临的就是要与哪个评价标准相关的问题。

（一）韩国高中汉语教育作为其国民教育体系的一部分，经过多次修订，在注重知识传授的同时，强调文化因素的导入和文化知识的传授，在加强交际技能的培养的同时，更关注跨文化内容的传播。这一大纲（指韩国高中汉语教学大纲，笔者注）直接关系到韩国高中汉语教材的编写与使用，本土教材与大纲的贴合度更高（林晓凤，2011）。而我国的各类汉语教材则对此大纲关

注度并不高，针对性也较弱，以韩国的汉语评价标准编写的教材为数不多。

（二）北美地区汉语学习者和潜在学习者比较多，加之《21世纪外语学习标准》包含了从幼儿园到高中阶段外语学习的总体目标和基本内容及等级标准（罗青松，2006），《跟我学汉语》等教材在编写过程中都或多或少地参考了这一评价标准，特别是在“交际（Communication）”“文化（Cultures）”和“社区（Communities）”这三个方面尤为突出。

（三）泰国的《高中汉语教学大纲》分别在语言交流与沟通、语言与文化、汉语与其他学科的沟通和汉语与社会、世界的联系交流这四个方面设置了总体目标，又从语音、词汇、语法、文字四个方面阐述了具体的语言要素目标（华赖生，2013）。《体验汉语》（高等教育出版社，2006）与泰国政府合作，与泰国的汉语教学大纲的相关度较高，在泰国适用性较强。

（四）《欧洲语言共同参考框架：学习、教学、评估》和GCSE中文教学大纲是欧洲大陆的普适标准，无论基于怎样的媒介语，这两个标准都影响了国内外很多汉语教材的编写。《欧洲语言共同参考框架：学习、教学、评估》提出的“多元语言能力的培养”“注重跨文化意识、知识和技能的培养”以及“强调交际能力的培养”（王添淼，2012）促进了我国各类汉语教材的架构设计和篇章重构。早期的GCSE汉语大纲从听、说、读、写、译五个方面对学习者在理解和掌握规定的语言知识和言语技能方面提出了非常具体的要求，规定了这个学科的学习目标是培养学生的汉语理解水平、掌握一定的汉语词汇和语法、提高语言迁移学习能力、促进使用汉语进行有效交流的能力以及认识和了解那些使用汉语的国家和地区，大纲在2017年进行了修订后，其学生和教师使用指南又进一步细化了听、说、读、写这四个方面的考查内容与评价方法（李晓琪，2016）。《快乐汉语》系列教材就密切结合GCSE的要求进行开发与设计，具有很强的相关性，主要表现在话题、词汇、语法点和文化点设计方面。

1．话题的相关性设计

GCSE大纲从学习者使用的角度规定了出行、服务与交易、个人信息以及未来计划、教育和工作这四个话题，据此，《快乐汉语》将其细化为介绍与询问、家庭与环境、饮食与健康、校园生活、爱好与活动、外出与交通、媒体与娱乐、理想与未来八个话题，用以统御全套教材的话题设置，每册的单元题目见表1：

表1　与GCSE评价标准相关的单元设计

第一册	我和你	我的家	饮食	学校生活	时间和天气	工作	爱好	交通和旅游
第二册	我和朋友	我的家	购物	学校生活	环境与健康	时尚与娱乐	媒体	旅游与风俗
第三册	介绍和推荐	城市与环境	家居与购物	学校生活	健康	娱乐与休闲	新闻与传媒	旅游与风俗

由此可以看出，虽然每册中的单元标题不尽相同，但都是归属于这八个话题的，全面覆盖了GCSE的话题规定，并以其为纲在内容和语言点的设计方面采取了螺旋上升的编排方式。

2．词汇和语法点的相关性设计

GCSE 大纲作为评价英国学生汉语水平的评价型标准，是严格而严谨的。大纲研发者并不局限于提出一个监测标准，更为教师和学生提供了达到这一标准的教学和学习规划，甚至精细到每一周的话题、词汇和语法点的要求。由《快乐汉语》每课的构架可以看出，从词汇和语法点出发，进行话题归属，然后生成句型和基本句，再勾画出每一课的学习和练习内容，提升了教材与大纲词汇和语法点的相关性。

3．文化点的相关性设计

GCSE 大纲将学生认识和了解使用汉语的国家和地区作为考查目标之一，也就促使教材必须将中国文化作为重要内容，帮助学生学习、认识和了解中国。教材将文化教学的内容融于语言要素练习之中，既不牵强，又有很高的文化相关性。

不同的教材在编写之初，都借鉴了不同的评价标准，但我们该以什么原则来编写 / 修订能够“考教结合”的我国自主研发的汉语教材呢？

（五）HSK 考试研发从最初遵循“考教分离”的原则，到 2009 年开始奉行“考教结合”原则，逐渐呈现出考试人数迅猛增长、考试形式多样化、考试需求多元化等特点。孔子学院总部 / 国家汉办从 2013 年开始研究更加贴近“考教结合”的新的考试大纲。新大纲的研制除了参考、借鉴国外的一些语言学习标准和《国际汉语教学通用课程大纲》（北京语言大学出版社，2014）外，更是以实行“考教结合”原则以来 HSK 考试中的 33 套真题、198 份试卷、120 多万字语料为对象，将话题、提问方式、难度、区分度等作为参数对它们进行了标注，从中提炼出与一至六级大纲对应的话题、任务、语言点和词汇（姜丽萍，2015）。

对比 1990 年的 HSK 考试仅有 391 名学生参加；2010 年有 11.7 万人参加了新 HSK 考试；2017 年各类汉语考试考生人数达 650 万人，其中，HSK/HSKK/YCT/BCT 收费考试考生总计 77 万人，网考考生共计 11.72 万人，“国际汉语教师证书”考试报名人数达 2.2 万人（孔子学院总部 / 国家汉办，2017）。

由此，HSK 大纲必然成为我国汉语教材编写的主要基准，成为汉语教材编写 / 修订的出发点。

三、评价视角下的汉语教材研发路径

大纲的修订促进了汉语教学理念的改变，引导了汉语课堂教学的实践，影响了汉语教学评价的方式，而汉语教材则是集中体现这些教学理念、课堂实践和学习评价的重要载体。这主要体现在教材与大纲的高度相关性设计。

（一）话题大纲的相关性设计

就话题大纲中的一级话题来看，可以如《快乐汉语》教材中的话题设计，见表 2：

表 2　一级话题相关性设计

一级话题	HSK 一级	HSK 二级	HSK 三级	第一册	第二册	第三册
日常生活	√	√	√	√	√	√
各类信息						
教育	√	√	√	√	√	√
职业工作		√	√	√	√	√
社会文化		√	√		√	√
文学艺术			√			√
科技			√		√	√
体验感悟		√	√	√	√	√
经济						√
自然			√	√	√	√

（二）词汇大纲的相关性设计

从《快乐汉语》教材的词汇选择来看，由于该教材研发之初以 GCSE 为最基本的词语选定标准，通过研究其与 HSK 大纲的匹配度后发现，该教材从词汇数量和覆盖度上已经完全满足了 HSK 大纲的要求，那些无法匹配的词汇大多是以“重组”或“减字”的方式体现出来的，根据 HSK 大纲中“重组默认词”和 “减字默认词”的规则，两个标准才实现了高度相关。我们也看到，由于 GCSE 编写者所处的地域和教学实践的差异，有些词存在与标准的汉语用法［以《现代汉语词典》（第 7 版）为依据］有出入的情况，教材则遵循我国的规范，对其进行调整、删除、补充和更换。比如，GCSE 中的“飞机场”一词在 HSK 大纲和《现代汉语词典》（第 7 版）中均为“机场”，教材就统一使用了“机场”。

（三）语言点大纲的相关性设计

HSK 大纲中语言点是在分析以往真题的基础上，结合国内外多个汉语教学大纲和标准归纳整理而成的，条理清楚、层次明晰，在一级至三级主要是由词法衍生的语法项目。对于修订《快乐汉语》这样的教材来说，很难打破原有语言点的框架，重新提取语言点。因此，可以考虑从教材反向提取语言点，再与 HSK 考试大纲一一对应，经过研究后，对原有语言点 / 句型适度调整。

（四）任务大纲的相关性设计

教材与任务大纲的相关主要通过练习实现，在一定的话题中，大纲以语言理解、语言表达和交际互动为任务目标。《快乐汉语》从第一册到第三册逐级提高学生的语言综合应用能力：第一册语言理解性的任务所占比重较大，第二册增加语言表达和交际互动的练习比例，第三册则侧重语言表达和交际互动的任务练习。

“考教结合”理念下的教材编写，教材既要与评价体系保持高度黏合，从根本上与我国的国际汉语教学和评价的走向一致，又不能忽视汉语传授语言知识、培养交际能力、提高语言素养的基本功能。当我们对这一研发路径进行摸索时，看到在时代的发展与变迁中，语言是先锋，是构架新知识的基础。语言教材一方面要从语音、汉字、词语、话题、语言点、任务的设计等方面依从于各类标准、大纲的研究结果；另一方面，也应当具有一定的扩展性，引导学生进行一种不拘泥于考试的“考学结合”的学习方式。

参考文献

[1] 华赖生．泰国高中汉语教学大纲(2008)研究——语言要素的分析和探讨．现代语文(语言研究版)，2013(1下).

[2] 姜丽萍．《HSK标准教程》系列教材的编写理念与实践．国际汉语教学研究，2015(2).

[3] 孔子学院总部/国家汉办．孔子学院年度发展报告(2017).2017.

[4] 李泉主编．对外汉语教材研究．北京：商务印书馆，2006.

[5] 李晓琪．汉语教材编写的两个问题．华文教学与研究，2016(3).

[6] 林晓凤．韩国高中汉语教学大纲及现行汉语教材分析．山东大学硕士学位论文，2011.

[7] 罗青松．美国《21世纪外语学习标准》评析——兼谈《全美中小学中文学习目标》的作用与影响．世界汉语教学，2006(1).

[8] 罗青松．英国新版GESE中文考试大纲透视．世界汉语教学学会通讯，2009(3).

[9] 王添淼．《欧洲语言共同参考框架：学习、教学、评估》评析．海外华文教育，2012(2).

[10] 中国社会科学院语言研究所词典编辑室编．现代汉语词典(第7版)．北京：商务印书馆，2016.

论 HSK 三级与《欧框》B1 中级语言能力的对应问题*

西南交通大学　史　迹

摘　要：　中级汉语水平是衡量中级汉语能力的基础等级。《HSK 考试大纲（三级）》（2015）与《欧洲语言共同参考框架：学习、教学、评估》（2001/2008）B1 中级对应，被视为中级汉语能力的等级。本文参照《欧框》B1 等级的语言能力标准，通过与 *Threshold 1990*（1998）功能意念的语言形式与交际主题对应，探讨中级汉语能力与汉语表达形式、语法项、词汇量的关系。本文认为，HSK 三级的话题任务没有具体的语言形式与之对应，尚未形成一个较为完整的中级语言框架。此外，HSK 三级的 600 词汇量很难完成日常生活中基本的交际任务，明显达不到《欧框》B1 中级语言能力标准，实际上比较接近 A2 初级水平。由此推断，中级汉语水平的词汇量至少应该在 HSK 四级 1200 词以上。如果按此降序，HSK 五级、HSK 六级也达不到《欧框》C1、C2 的高级汉语水平，也面临着降低级别的问题。

关键词：　《欧框》B1 中级　HSK 三级　功能意念　词汇量　中级汉语能力

一、引言

自 1990 开始实施汉语水平考试至今已有 30 余年。旧 HSK 解决了考试大纲从无到有的问题。但由于等级难度大，很多考生很难达到初中等、高等汉语水平。2001 年问世的《欧洲语言共同参

* 本研究为国家社科基金项目“国际汉语汉字等级、词汇等级划分及汉语阅读能力调查研究”（项目批准号：13XYY009）的阶段性成果。

考框架：学习、教学、评估》（以下简称《欧框》）为汉语教学和评估提供了可借鉴标准。为适应国际汉语教学的需要，国家汉办 / 孔子学院总部在 2009 年发布了新 HSK，并与《欧框》等级进行了对应，降低了语言难度，促进了汉语教学的发展。2015 年修订的 HSK 考试大纲增补了话题大纲、任务大纲等内容，进一步完善了 HSK 考试大纲的框架。在 HSK 的六个等级中，HSK 三级与《欧框》B1 中级对应。但由于 HSK 三级话题任务没有与之对应的语言表达形式，实际上很难估算出 HSK 三级话题所需要的语法项和词汇量。因此，HSK 三级与《欧框》B1 等级的对应还缺乏具体的语言数据加以支撑。

二、《欧框》B1 与 HSK 三级的语言能力标准比较

《欧框》以语言交际功能为目的，强调用语言做事的能力。《欧框》B1 等级是区分初级和高级的中级语言能力标准。新 HSK 和《HSK 考试大纲（三级）》（2015）与 B1 对应，同时与《国际汉语能力标准》（2007，以下简称《能力标准》）和《国际汉语教学通用课程大纲》（2014，以下简称《课程大纲》）的三级相对应，见表 1：

表 1　HSK 水平等级与《欧框》等级对应关系

《HSK 考试大纲》	词汇量	《能力标准》	《课程大纲》	《欧框》
HSK 六级	5000 及以上	五级	六级	C2
HSK 五级	2500		五级	C1
HSK 四级	1200	四级	四级	B2
HSK 三级	600	三级	三级	B1
HSK 二级	300	二级	二级	A2
KSK 一级	150	一级	一级	A1

《欧框》B1 的语言能力主要体现在能够满足日常生活的基本需求。HSK 三级的语言能力标准基本上借鉴了 B1 的标准。两者语言能力标准的具体描述见表 2：

表 2　《欧框》B1 与 HSK 三级的语言能力标准比较

《欧框》测评总表 B1 能力描述	《HSK 考试大纲（三级）》语言能力描述
对工作中、学校里和休闲时遇到的熟悉事务，能理解别人用清楚和标准的语言讲话的要点。在目的语国家和地区旅游时，能用所学语言应对遇到的大部分情况。能就一些熟悉的主题和自己感兴趣的领域发表简单而有逻辑的看法。能叙述一起事件，一次经历或者一个梦。能介绍自己的期待和目的，并能对计划和想法做简单的解释和说明。	HSK 三级考查考生的汉语应用能力，涉及文学艺术、科技和自然等 9 大话题，涵盖描写外貌特征、表达兴趣爱好、选送礼物等 10 个语言任务。它对应于《能力标准》三级、《欧框》B1 级。通过 HSK 三级的考生能用汉语完成生活、学习、工作等方面的基本交际任务。
《欧框》口语能力量表 B1 能力描述	**《能力标准》三级语言能力描述**
B1 等级能掌握足够的语言手段和词汇量（广度），在预知的场景中能比较准确地运用句型和日常的“套路”进行交流（准确度），较长时间发言停顿非常明显（自如度），能主动进行面对面的交谈（互动性），能将一系列简单和独立的词语串联成线性要点（连贯性）。	能理解日常生活和学习相关，并在一般交际场合中遇到的基本语言材料。能就熟悉的话题与他人进行沟通和交流，能对与这些话题相关的基本情况做简单描述。

续表

《欧框》B1 听说读写技能的总体描述	《课程大纲》三级语言能力描述
B1 总体口头表达能力：能比较自如地对自己专业领域的各种主题进行直接、简单扼要和线性描述。 B1 总体笔头表达能力：能就自己领域的主题写作，上下文连贯，能用一系列平淡的语句构成段落。 B1 总体听力理解能力：能听懂关于日常生活和工作的简单事实性信息，听出基本信息和主要信息，但讲话人要口齿清楚、口音正常。能听懂讲话的要点（小故事、主题熟悉的，在工作中、学习和娱乐中经常碰见的人和事）。 B1 总体阅读理解能力：能读懂自己领域和兴趣内一些平铺直叙的相关文章，理解程度令人满意。	目标：学习者能理解并学习与生活相关的语言材料，可以运用较为复杂的句型，就熟悉的话题进行沟通、交流、描述，可以组织简单的语段。具有学习汉语的兴趣和信心。掌握简单学习策略、资源策略和跨学科策略。了解简单的中国文化知识，具有一般跨文化能力和国际视野。 综合技能：能理解日常生活和学习相关，并在一般交际场合中遇到的基本语言材料。能就熟悉的话题与他人进行沟通和交流，并就这些话题组织简单的语段。初步具备借助重音、停顿、语调或肢体语言等手段来提高交际效果的基本能力。

从表 2 看出，B1 的交际领域主要限定在日常生活、自己专业、熟悉话题的范围，并能进行简单、直接的交流。B1 口语能力量表提到了要掌握足够的语言手段和词汇量。B1 对技能的总体能力大致限定在简单、直接交流基本信息的基础上。总体上，B1 能力要求主要体现在对熟悉的主题能进行简单的表述、解释和说明，强调理解标准语，在写的方面要求用简单的句子写出段落。

《HSK 考试大纲（三级）》提供了 9 个话题、10 项任务，限定了交际内容，要求完成日常生活、学习、工作的基本交际任务。《能力标准》强调能够对日常生活中遇到的基本、简单、熟悉的语言材料进行简单描述与沟通。《课程大纲》要求能理解生活中基本语言材料，强调能应用较为复杂的句型和组织简单的语段，并提出了掌握学习策略和了解文化的要求。总体看，汉语三级的能力标准基本上与《欧框》B1 等级相对应，但《课程大纲》的三级语言能力标准高于 B1、HSK 三级、《能力标准》三级。

在语言依据方面，《欧框》B1 根据 *Threshold 1990*（1998）的语言参考框架限定了语法项和词汇量。《HSK 考试大纲（三级）》的语言依据 HSK 三级的语言点大纲、词汇大纲。《能力标准》三级参照的是 HSK 三级的语言点大纲和词汇大纲。《课程大纲》的依据是汉语三级的语言目标描述、策略目标描述、文化能力目标描述以及汉语三级汉字表、三级词表、三级语法表等各项内容，汉语三级词汇为 600 词，与 HSK 三级词汇量相同。但 HSK 三级是否与 B1 等级对应还没有从语言表达形式方面做过具体分析。

三、T-Level 功能意念与 HSK 三级的话题比较

《欧框》B1 等级被视为语言学习的门槛级（Threshold Level，也称 T-Level），即基本语言能力的级别，其主要依据是 *Threshold 1990* 语言框架。*Threshold 1990* 根据功能意念教学理念，设计了学习目标、功能意念、14 个交际主题、学习动机、交际策略、交际能力，同时对语音、语法项、词汇等提出了要求，形成了一个比较系统的中级语言能力参考框架。

（一）功能意念大纲的教学理念

在语言教学中，语法教学和情景教学是最常用的教学方法。语法教学一般是根据语法大纲，

把语法分成若干个单元，通过一个一个单元的学习，使学习者掌握比较全面的语法体系。但语法学习时间比较长，不能满足日常中最直接的需求。情景教学是根据情景大纲将教学限定在一些特定和预设的情景中进行教学，满足学习者一些最直接的需求。但因为情景教学比较注重某些特定情景，而在日常交际中，很多情景是无法预设的。因此，情景教学往往不能满足真实情景交际的需要。为此，Wilkins（1973）指出，一个可以解决语法教学、情景教学问题的方法是创建一个意念大纲（Notional Syllabus，也称 Functional Syllabus），即根据交际内容考虑语言形式。这样学习者在任何情景中都可以根据语言功能意念进行交际。

意念大纲的语言框架主要是由意念或语义、语义类别组成（Wilkins, 1973）。意念大纲首先考虑的是话语内容，然后考虑语言功能意念、语言形式。Wilkins（1976）强调，在任何语境下，语言功能意念的表达方法都可以根据需求和情景进行交际。① 其教学的理念是，学习外语的目的是用外语做事，而不是去熟练掌握其语言体系。这就是说语言教学要突出交际功能。意念大纲虽然不像语法教学那样全面地学习语言体系，但可以根据功能意念形成一个语法体系。语法和词汇主要依据交际内容的语言形式确定，但一般情况下只对基础语言级别进行限定。由于 T-Level 属于基础级别，交际内容和语言形式都需要限定。

Wilkins（1976）将功能意念分为两种：一种是表达语气（Modality）、道德评价（Moral Evaluation and Discipline）、劝说（Suasion）、争论（Argument）、询问解释（Relational Enquire and Exposition）、个人感情（Personal Emotions）、他人情感关联（Emotional Relation）、他人关系（Interpersonal Relation）等语言功能。另一种是表达时间（Time）、数量（Quantity）、空间（Space）、物质（Matter）、格（Case）、指示（Deixis）等语法内容。功能意念教学理念首先要考虑学习者如何能够最大限度地用外语进行交流。作者在设计 T-Level 框架（*Threshold 1990*）时，首先考虑了学习者的需要和交际内容，然后将意念分为语言功能（Language Functions）、一般意念（General Notions）和具体意念（Specific Notions）三部分，主要目的是为交际任务提供语言表达形式（van Ek & Trim, 1998）。

意念大纲面临的主要问题是确定学习单元。Wilkins（1973）对成年人语言学习体系进行了调查，具体的单元根据学习者的特点和需求进行设计。学习者可以通过单元学习的学分评估其语言水平。由于 T-Level 是语言基础阶段，作者根据需求调查选定了与日常生活相关的 14 个交际主题，明确了具体语言任务的语言表达形式，并从中概括出语音要点、语法项和词汇，为 T-Level 限定了最低限度的语法项和词汇量（van Ek & Trim, 1998）。

（二）T-Level 与 HSK 三级的功能意念比较

最初的 *Threshold Level English*（1975）是根据学习者的需求确定教学目标。经过调查发现，大多数的欧洲人学习外语的目的是交流信息和观点、谈论经验等。根据功能意念教学的需要，经过反复修改和完善，J. A. van Ek 和 J. L. M. Trim 确定了 T-Level 的 6 项语言功能、8 项一般意念、14 项具体意念，形成了一个较为完整 T-Level 语言参考框架。其中 14 项具体意念是基于 14 个交际主题设立的分项语言任务。

HSK 三级话题结构与 T-Level 的功能意念结构不同。《HSK 考试大纲》一级至三级设计了日

① *Notional Syllabuses*（1976）包含意念（语义）和语言功能，也可称为“功能意念大纲（Notional-functional Syllabuses）”。

常生活、各类信息、教育、职业工作、文化、体验感悟、文学艺术、科技、自然等 9 个话题。其中日常生活的话题内容很多，包括 11 个分项内容。尽管 T-Level 与 HSK 三级话题结构不同，但两者基本上都是根据日常生活设立的交际任务。

1．T-Level 与 HSK 三级的语言功能比较

T-Level 的语言功能有 6 项，是任何交际场合中都可以应用的表达手段（van Ek & Trim，1998）。HSK 三级话题没有与 T-Level 直接对应的功能项，但在日常生活的“交往”分项话题中的 4 项内容与之有一定的对应关系，见表 3：

表 3　T-Level 与 HSK 三级的语言功能比较

T-Level 语言功能	T-Level 语言功能分项（270 项）	HSK 一级至三级话题与 T-Level 语言功能对应内容（24 项）
1. 询问	指代、描述、纠正、询问、回答等（15 项）	—
2. 态度、情感（表述、询问、征求）	（不）同意、否定、（不）知道、记住、忘记、（不）可能、（不）必要、肯定（程度）义务、（不）能做、（不）允许、坚持做、愿望、打算、喜好、不喜欢、（不）满意、有（没）兴趣、惊奇、希望、失望、保证、感谢、（接受）道歉、讲道德、（不）赞同、后悔、同情等（57 项）	情感（喜欢、高兴、讨厌、快乐）态度（同意、反对、满意）（7 项）
3. 劝说、建议	一起做、同意做、请求、建议、警告、鼓励、指导、请求帮助、提供帮助、邀请、接受邀请、拒绝邀请等（54 项）	—
4. 社交（正式、非正式表达）	吸引注意、打招呼、遇见熟人、回答问候、向朋友打招呼、对顾客等一般人打招呼、被引介、祝贺、举杯干杯、请假等（25 项）	交际（告别、见面介绍、接打电话、请客、帮助、邀请、约会、提醒）行为（道歉、感谢、拒绝、同意、反对、满意、祝贺、安慰、鼓励）（17 项）
5. 话语建构	开始话题、犹豫、自我纠正、介绍话题、表达观点、列举、举例、强调概括、改变话题、请某人改变话题、询问某人观点、表示听的状态、打断、让安静、取得发言权、请继续、鼓励某人继续、暗示结束、结束、打电话、找人、请某人等、询问是否听懂、表示听懂、重新打电话、信件抬头、信件落款等（71 项）	—
6. 交际补偿	表示没听懂、请求重复句子、请求重复短语、确认具体事情、确认是否听懂、请求明确、请拼出字母、请求写下、表达不知道、求助、请说慢点儿、解释、重复、问别人是否听懂、拼出单词、提供短语等（48 项）	—

表 3 显示，T-Level 的 6 项语言功能含有 270 个分项。每一项内容都列出了相关的语言形式。比如表示“赞同”一项就列出了 9 种表达形式：I quite agree./ That’s right./ That’s correct./ Indeed./ Exactly./ Yes, we do./ Of course./ Certainly./ Yes, I think so. 由此看出 T-Level 具有一个相对完整的功

能话题体系，语言功能在完成各种交际任务时频繁用到，具有适用性，包括了核心的语言手段和词汇。而 HSK 三级的功能话题内容为 24 项，也没有列出相应的语言形式，用哪些汉语词语完成这 24 项的语言任务不明确。

2．T-Level 与 HSK 三级的一般意念比较

一般意念是 T-Level 的基本概念。T-Level 的一般意念包括存在、空间、时间等 8 项（van Ek & Trim，1998）。HSK 三级的“各类信息”话题的处所信息、时间信息、事件信息、物品信息等分项与 T-Level 的 4 项内容有一定的对应关系。具体内容见表 4：

表 4　T-Level 与 HSK 三级的一般意念比较

T-Level 一般意念	T-Level 一般意念分项（65 项）	HSK 一级至三级“各类信息”分项（9 项）
1. 存在	存在 / 不存在、在 / 缺席、得到 / 得不到、出现在（4 项）	—
2. 空间	地点、位置、距离、到达离开、方向、出生地、安排位置、维度（尺寸、长短、重量、体积、温度）（8 项）	处所信息：地点、位置（2 项）
3. 时间	点钟、时间表达、时间段、早、晚、提前、推后、顺序、同时、将来、现在、过去等（27 项）	时间信息：时点表述、时段表述、时间参照（3 项）
4. 数量	数字、数量、程度（3 项）	事件信息：各类数字或数量、各类情况或行为表述（2 项，其中情况和行为表述在 T-Level 框架中被列为语言功能话题）
5. 质量	物体形状、评价等（13 项）	物品信息：各类物品、物品的特性或形状（2 项，部分内容参见 HSK 日常生活“购物”分项）
6. 思维	思考、表达（2 项）	—
7. 关系	空间、时间、事件关联、对比关系、所属、逻辑关系（6 项）	—
8. 指代	特指、泛指（2 项）	—

表 4 显示，T-Level 的 8 项一般意念包括了 65 个分项内容，并提供了语言形式。由于一般意念在完成各种交际任务时频繁用到，具有通用性，也是核心语言手段和词汇。HSK 三级的“各类信息”有 9 个分项内容大致与 T-Level 的空间、时间、数量、质量的部分内容对应，但内容远远少于 T-Level。这表明 HSK 三级话题只能完成 T-Level 一般意念的部分任务。

3．T-Level 与 HSK 三级的具体意念比较

T-Level 的具体意念是围绕 T-Level 的 14 个交际主题设定的语言任务，一共包括 81 个分项内容（van Ek & Trim，1998）。T-Level 的具体意念主要限定在日常生活中遇到的情景。HSK 三级的日常生活、各类信息、教育等话题内容与 T-Level 的部分内容有一定的对应。有些话题与 T-Level 没有对应关系。具体内容见表 5：

表 5　T-Level 的 14 个交际主题与 HSK 话题比较

T-Level 交际主题分项（81 项）	HSK 一级至三级话题与 T-Level 交际主题对应内容（42 项）	两者不对应内容（26 项）
1. 个人特征与信息：名字、地址、电话、出生日、年龄、性别、婚姻、国籍、出生国、职业、家庭、宗教、喜好、性格、外貌（15 项）	2.1 各类信息—个人信息：身份信息、个人简历、人际关系、工作情况（4 项）	1.2 日常生活—校园生活：课外活动、课余生活（2 项）
2. 房屋、家庭与环境：房屋类型、房间布局、家具卧具、价格、水电设施、家电设施、周边情况、动植物（8 项）	—	1.3 日常生活—职场生活：出勤、工作体会、同事交往（3 项）
3. 日常生活：日常起居、工作、收入、上学、求职（5 项）	1.1 日常生活—家庭生活：个人形象、家务、作息、家庭活动、育儿、外出办事、计划安排、婚恋（8 项）	1.9 日常生活—体育运动：参加比赛、观看比赛（2 项）
4. 假日娱乐：休闲、爱好兴趣、广播电视、电影剧场、展览博物馆、读书、体育、报刊阅读（8 项）	1.1 日常生活—家庭生活—休闲活动：看书、看电视、养宠物、看电影、跳舞、听音乐、照相、爬山（8 项）	1.11 日常生活—个人经济活动：借钱、还钱、办卡（3 项）
5. 旅行：公共交通、私人旅行、交通情况、度假、住宿、行李、出入境、文件（8 项）	1.5 日常生活—交通出行：出行方式、出行准备、出发到达、行驶过程、住宿（5 项）	4. 职业工作：就业离职、日常办公、公关活动、客户洽谈（4 项）
6. 人际关系：人际关系、邀请、通信、俱乐部、政府政治、罪恶正义、战争和平、社会事务（8 项）	—	5. 文化：风俗传统、国情民生、地理名胜、语言文字（4 项）
7. 健康与福利：身体部位、个人感觉、卫生情况、疼痛、意外事故、医疗服务、保险（7 项）	1.10 日常生活—医疗健康：治疗、健康观念、疾病（3 项）	6. 体验感悟：生活随感、人生感悟（2 项）
8. 教育：上学、科目、考试证书（3 项）	3. 教育：教学活动、学习情况、现象问题（3 项）	7. 文学艺术：各类故事（1 项）
9. 购物：购物地点、食品、衣服时尚、吸烟、餐饮用具、价格（6 项）	1.8 日常生活—购物：商品描述、挑选（2 项）	8. 科技：网络与信息技术、科学常识（2 项）
10. 饮食：食物饮料种类、外出就餐（2 项）	1.4 日常生活—饮食：各类食物、饭馆用餐、饮食习惯、菜品评价（4 项）	9. 自然：动物、植物、自然现象（3 项）
11. 服务：邮寄、电话、电报、银行、警察服务、外交使馆、汽车修理、加油站（8 项）	—	—
12. 地点：问路（参见一般意念、具体意念）（1 项）	2.5 各类信息—处所信息：地点、位置、景物或环境描述（3 项）	—
13. 外语：理解表达能力（听说读写译，语言名称：法、德、英、意、荷、俄、西、瑞典）（1 项）	—	—
14. 天气：天气气候（26 个相关词汇）（1 项）	1.7 日常生活—天气：天气情况、体感（2 项）	—

表 5 显示，T-Level 具体意念是根据 14 个交际主题确定的语言任务，并有丰富的词汇和结构

做支撑。比如，“房屋、家庭与环境”主题包括了 8 个分项。其中关于房屋的词汇包括：房子 house、公寓 flat、公寓套房 apartment、建筑 building、已装修 furnished / 未装修 unfurnished、购买 buy、租用 rent 等，并给出相关例句“I have a flat in a big building”。总体上，T-Level 的具体意念基本上能满足一般的日常生活需要。

相比之下，HSK 三级的话题内容显得比较简单，与 T-Level 交际任务的差异表现在：（1）话题结构不一样。HSK 三级的日常生活、各类信息、教育等三个话题与 T-Level 交际主题有部分的对应关系。（2）T-Level 的交际内容基本限定在日常生活范围内，而 HSK 三级的话题领域比较宽泛，包括职业工作、文化、体验感悟、文学艺术、科技、自然等内容。（3）T-Level 的交际任务都有语言形式支撑，交际任务与语言形式紧密地结合在一起。而 HSK 三级的话题只有交际任务，没有完成任务的语言表达手段。

总体上，T-Level 的语言功能、一般意念、具体意念为 B1 等级提供了具体交际任务和语言表达形式。而 HSK 三级的话题大纲涉及的话题领域比较多，具体分项的任务少，并且没有语言表达形式与之对应，用什么语言手段完成话题的交际任务不明确。

《HSK 考试大纲（三级）》还设立了任务大纲。具体任务包括：（1）描写外貌特征。（2）表达兴趣爱好。（3）选送礼物。（4）看病。（5）谈论季节和天气。（6）描述居室。（7）活动安排。（8）请假。（9）谈论学习成绩。（10）劝说安慰。这些任务都与日常生活相关。但问题是每项任务同样都没有具体的语言表达形式。此外，话题大纲与任务大纲之间没有明确的对应关系，比如“劝说安慰”应该对应什么话题。因此，HSK 任务大纲的具体作用还有待于进一步的明确。

总体上，T-Level 的交际主题和 HSK 三级话题都比较贴近日常生活。但 T-Level 的交际任务比较系统，并有语言形式支撑，操作性强。而 HSK 三级的话题相对比较宽泛，比如日常生活话题的“家务”“育儿”分项内容以及文化、文学艺术话题等。此外，HSK 的话题大纲和任务大纲没有清晰的对应关系，这是因为 HSK 三级的话题大纲和任务大纲是结合 HSK 真题的文本和 HSK 词汇所做的分类，不是根据学习者的实际需求设计的一个话题体系和与之匹配的具体交际任务。最关键的问题是话题和任务都没有语言形式的支撑。

四、T-Level 与 HSK 三级的语法项和词汇量比较

J. A. van Ek 和 J. L. M. Trim 根据语言功能、一般意念、具体意念的语言表达手段，限定了最低的语音、语法项和词汇，形成了 T-Level 的语言框架。*Threshold 1990* 的四个附录包括：A 语音、B 语法概要、C 词汇索引、D 主题索引。其中附录 B 语法概要和 C 词汇索引是 T-Level 语言水平的重要参考依据。而 HSK 三级的语言点大纲和词汇大纲虽然为话题大纲提供了语言参考依据，但与话题没有直接对应关系。

（一）T-Level 语法概要与 HSK 三级语言点大纲比较

T-Level 的“语法概要”包括 A 词汇、B 短语结构、C 从句、D 句型等四个层面（van Ek & Trim，1998）。HSK 三级的语言点大纲覆盖了 HSK 一级、HSK 二级的内容，包括词汇、句型、固定格式三个层面。具体内容见表 6：

表 6　T-Level 语法概要与 HSK 三级语言点大纲比较

T-Level 语法概要　（约 615 项）	HSK 一级至三级语言点大纲概要（167 项）
A 词汇（8 种）：A1 名词、A2 代词、A3 限定词 the 和 a 等冠词用法、A4 形容词、A5 副词、A6 介词、A7 动词、A8 连词。各类词用法都有举例。比如 A1 名词包括专有名词（缩写、地名、国名、节日、语言、国家大事、党派、宗教等）；普通和抽象名词（艺术、体育、颜色、罗盘刻度）；物质名词（饮料、食品、就餐、交通）；动名词；可数名词（家庭成员、工作人员、植物、动物、衣服、日用物品、事件）；名词单复数；不规则名词复数，规则名词加 -s 的发音；不规则名词变化形式；复数形式的 people、单数形式的 information；不可数名词；名词所有格形式；名词单复数变化的语音变化；等等。A1 名词大约 17 项。（约 350 项）	HSK 一级：时间、方位、地点、肯定、否定形式、陈述句、否定句、问句等基本意念。 其中：词汇 31 项；句型 12 项。
B 短语结构（5 种）：B1 名词短语、B2 形容词短语、B3 代词短语、B4 动词短语、B5 副词短语等结构和用法。比如 out of 条目的例句：An animal came out of the forest.（约 93 项）	HSK 二级：能愿动词、各种语法助词、强调、“比”特殊句型、从句等例句。 其中：词汇 42 项；句型 18 项；固定格式 2 项。
C 从句（2 种）：C1 从句的种类与功能，例如：My work is nearly finished and I will come home soon. C2 列出复句形式与功能，例如：I know what is meant. 比较从句：Tea is stronger than I had expected. 动名词、不定式例句，例如：I know him to be a kind man.（约 63 项）	HSK 三级：较为复杂的离合词、“把”字句等特殊句型、复句等语法内容。 其中：词汇 39 项；句型 16 项；固定格式 7 项。
D 句型（4 种）：D1 简单句、并列句、复合句结构。D2 句子的种类（陈述句、疑问句、祈使句）。D3 句子功能（肯定、强调等）。D4 介绍了对句子应用的要求。要求学习者在 Threshold 中级阶段能够掌握并会用这些句式。例如：We thought you were ill because you said you had a headache.（约 109 项）	
注：1. 语法项只是粗略统计。 2. 用法举例涵盖了功能意念所有语言形式，其中各种语言形式介绍了很多核心词汇的用法。	注：词汇 112 项、句型 46 项、固定格式 9 项。188 个例句。

表 6 显示，T-Level 语法人约有 615 项。从数量看是 HSK 三级语法 167 项的三倍多。此外，T-Level 的语法项都与功能意念的语言任务对应，并举例说明。总体看，T-Level 的语法项都是常用的语法结构，体系比较完整，条目详细，与功能意念直接对应。这一语法体系既可以满足功能意念的需要，又具有经济实用等特点。

相比之下，语言点大纲语法项目少、例句少，并且没有与话题内容直接对应。由于 HSK 三级的语言点不是从语言任务中概括出来的，因此语言点和例句的用法不明确。比如“跟……一样”的例句“我们两家以前住得很近，就跟一家人一样”这句话在什么时候说、在什么语境下说没有明示。由此看出，HSK 三级的语言点大纲还不能满足话题任务的基本需要，还未形成系统的汉语功能意念语法体系。

（二）T-Level 词汇索引与 HSK 三级词汇大纲比较

T-Level 语言交际能力的广度和深度在很大程度上取决于词汇量。*Threshold 1990* 附录 C 词汇索引有 1686 词条，不包括 45 项开放性词表（Open Lists）（van Ek & Trim，1998）。而 HSK 三级只有 600 词条。具体差距见表 7：

表 7　T-Level 与 HSK 三级词汇量比较

词汇分类	T-Level	HSK 三级	词汇量差距
总词汇量	1686	600	约 2.8 倍
语言功能	399	163	约 2.4 倍
一般意念	382	100	约 3.8 倍
具体意念	905	337	约 2.7 倍

表 7 显示 T-Level 的各项词汇量是 HSK 三级的两倍至三倍。[①] 尽管 HSK 三级有 3 个词汇附表，即重组默认 45 个词、减字默认 46 个词、特例 28 个词，共 119 词。但重组默认词和减字默认词是学习汉语组词的某些规律。而 28 个特例词的数量很少。很明显，HSK 三级 600 词汇量只能完成话题大纲、任务大纲的部分交际任务，实际上很难达到汉语中级水平。

其次，T-Level 对词汇用法有详细的说明。比如在词汇索引中，常用词 do 词条对不同语义和用法进行了标注。这些标注与语言功能、一般意念、具体意念的表达形式直接对应。具体内容见表 8：

表 8　do 在 T-Level 词汇索引中具体用法一览表（van Ek & Trim，1998）

语言功能	（1）You did go to London. 表强调。（5.1.3.5） （2）Please do. 表示同意。（5.21.3） （3）That will do. 表达高兴，同意。（5.2.35.3） （4）That will not do. 表达不高兴，不同意。（5.2.36.7）
一般意念	（5）That will do.（这些）足够了。（回答上一句：这些够不够？）（6.5.2.5） （6）He asked me to help him, and I did. 语境中的简短回答方式。（6.8.1.2） （7）What are you going to do tonight? 询问要做的事情。（6.8.2）
具体意念	（8）What do you do for a living? 询问职业。（7.1.10）

表 8 关于 do 的用法明确了具体的交际任务的语义、语言形式以及使用语境。由于语言表达形式灵活多样，在实际应用中并不排除其他表达手段。*Threshold 1990* 的词汇索引只是对基本词汇的限定，并提供具体表达形式。相比之下，HSK 三级的词汇大纲只标出了词性，没有给出与话题任务相对应的表达方法，对词汇的具体用法也不明确。

最后，HSK 三级的词汇数量极为有限，在交际的广度上很受限制。从具体意念的词汇量看，T-Level 与 HSK 三级相差 568 词。以“饮食”话题为例，两者关于“饮食”的词汇数量差异很大。具体差异见表 9：

---

① 表 7 的 T-Level 的词汇分类是根据 *Threshold 1990* 的词汇索引的标注进行统计的。HSK 三级的词汇分类是根据 T-Level 的功能意念对 600 词的词义和用法进行的大概统计。对功能复杂、用法多的词只计算一次。

表 9　T-Level 与 HSK 三级饮食词汇、短语、例句比较

T-Level 饮食话题	HSK 一级至三级饮食话题
饮食相关词汇：omelette, cheese, dessert, sweet, ice-cream, vanilla, chocolate, cake, pastry, pie, tart, fruit, snack, course, chips, salad, soup, mustard, pepper, salt, oil, vinegar, flour, bread, piece slice, (bread) roll, sandwich, toast, butter, peanut butter, jam, to eat, to drink, coffee, tea, cream, milk, drink, fresh, freshly（40 词）	饮食相关词汇：蛋糕、鸡蛋、米饭、面包、面条儿、吃、饱、菜单、尝、饿、好吃、渴、喝、饭店、服务员、甜、新鲜、蛋糕店（18 词）
Groups of names： meal, breakfast, lunch, tea, dinner, supper（6 词） vegetables, beans, cabbage, carrots, cauliflower, mushrooms, peas, potatoes, spinach（9 词） meat, beef, lamb, mutton, pork, veal（6 词） fish, cod, plaice, sole（4 词） poultry, chicken, turkey（3 词） apple, banana, grape, lemon, nut, orange, raisin, pear, strawberry（9 词） beverages, beer, (fruit) juice, mineral water, soft drinks, orange juice, water, wine（8 词） 烹饪方法：to bake, to boil, to fry, to grill, to mix, to peel, to stir（7 词）	Groups of names： 早饭、午饭、晚饭（3 词） 菜（1 词） 羊肉（1 词） 鱼（1 词） 西瓜、香蕉、苹果、水果（4 词） 茶、咖啡、牛奶、啤酒、饮料、水（6 词）
短语：to have breakfast, etc. 例句：What's main course?/ Would you like a sweet?/ Would you like a piece of chocolate?/ Chocolate, please.	HSK 一级语法例句：我会做饭。/ 我在饭店，你几点能来？ / 他去饭店了。/ 菜做好了，去叫你同学来吃饭。/ 他学会了做中国菜。/ 她做好饭了。
地点：snack bar, coffee shop, café, pub, bar, canteen（6 词） 就餐：self-service, help-yourself, to serve, service, waiter, waitress, menu, to choose, to decide, to order, bill, tip, service charge, to take away（14 词） 例句：No service in the garden./Service is included in the bill. / Have you decided yet? /Can I take this away?	HSK 二级语法例句—外出就餐：服务员，我们想再要一个菜。/ 服务员，你们这什么菜最好吃？ HSK 三级语法例句：那条街上以前有一家饭馆。/ 我去哪儿吃都可以，你决定吧。/ 他早上吃得很简单，一般只吃一个鸡蛋，两块面包，喝一杯牛奶。/ 服务员，你把菜单拿过来，我们再点两个菜。
注：1. 合计约 112 词。有部分重复，如 tea。 2. have 等功能、一般意念词不计算在内。	注：合计约 34 词。“会”等常用词不计算在内。

表 9 显示，T-Level 与“饮食”相关的词汇约为 112 个。如果学习者掌握了这些词汇和句子，可以具备饮食话题的基本交际能力。而 HSK 三级的饮食词汇只有 34 个，与 T-Level 相比，其表达内容及手段极为有限。

我们曾经尝试用汉语 500 字、500 词参照《欧框》A2 等级和 *Waystage 1990*（1991）编写了一本汉语教材《轻松学汉字》（2015）。经最后统计，《轻松学汉字》包括了 12 个话题、38 项具体内容，涉及语言点 108 个、基础汉字 498 个、课文生词 488 个、注释词汇约 200 个（其中约 170 条注释是专有名词，比如“长城”等）。在编写过程中，我们反复调整词汇与话题、语法与话题、词汇与语法、字与词，力图降低汉字量和词汇量。但最后发现，汉语 500 词只能覆盖大约 *Waystage 1990* 的 60% 左右的交际任务。这也证明 HSK 三级的 600 词实际上比较接近《欧框》A2

初级水平。由此看出，HSK 三级的词汇量与《欧框》B1 等级几乎相差一个等级。如果要与 T-Level 水平对应，汉语的词汇量至少应该在 HSK 四级的 1200 词以上。

综上所述，HSK 三级的 600 词只能完成话题大纲的部分内容。尽管语言功能的表达形式是灵活的、多样的，但是作为中级汉语水平，至少要有最低限度的语言形式完成最基本语言任务。也就是说，中级需要最直接、最简单的语言形式完成日常生活的基本语言任务，其语音、语法项、词汇应该是汉语学习的核心内容，也是进入高级阶段必须具备的语言能力。为此，HSK 三级的语言点大纲和词汇大纲作为中级汉语水平的语言依据明显不足，应该借鉴 T-Level 的语言框架，限定汉语最低限度的语法和词汇数量。

五、讨论

根据本文分析，尽管 T-Level 的话题领域与 HSK 三级话题领域有所不同，但总体上都是以日常生活内容为主。总体看，《欧框》B1 等级与 HSK 三级在语言能力描述和交际主题（话题）大体上比较接近，但语言表达形式、语法项、词汇量方面差距很大。故此，如果要将 HSK 三级设计为中级汉语水平，还需从以下几点进行考虑：

首先，如果将 HSK 三级定位中级汉语，就要根据汉语学习者的需要，调整 HSK 三级的话题任务，去掉一些不太符合实际的话题，或合并一些内容相同的话题。比如“家庭生活”中的“育儿”话题。对于中小学生和大学生而言，这一话题可能不是最需要的，可以考虑是否去掉。又比如“日常生活”中的“职场生活”与“职业工作”话题内容重复，是否可以归为一个话题。此外，有些话题很难确定具体的语言任务，比如“体验感悟” “人生感悟”等。这类话题领域是否有必要保留值得商榷。总之，HSK 三级的话题还需根据学习者的需要做调查分析，要以满足学习者的需要为前提，其目的是限定最核心的交际任务，限定最低的语法项和词汇量，减轻学习负担。

其次，HSK 三级的交际任务应该有具体的语言表达形式与之对应。在 HSK 三级现有的 600 词基础上增加词汇量、补充语法形式、例句。Wilkins（1976）指出：“尽管各种语言表达的精确性各有不同，但不同的语言都有表达相同意义的语言形式。”根据这一观点，HSK 三级的语言框架可以借鉴 T-Level 语言功能意念的理念，先将话题与汉语功能意念进行对应，然后从汉语表达形式中概括出汉语功能意念的语法体系和词汇，确保有足够的语言手段和词汇量支撑话题，解决目前只有话题没有语言形式匹配的问题。

最后，目前 HSK 三级与《欧框》B1 等级的不对应，也涉及其他等级与《欧框》等级对应的问题。在听力方面，王昕（2014）将来华留学生的 HSK 四级听力的三次考试成绩和《欧框》B2、B1 听力标准进行了比较分析，结论为 HSK 四级的听力水平与《欧框》B1 听力技能要求更吻合。这表明 HSK 四级的听力标准与 B2 有一定差距。在写作方面，刘思佳（2018）对 34 名 HSK 五级水平的留学生进行了写作测试。测试结果显示：被试使用的 HSK 三级以下的词汇占 80.1%，四级词汇占 10.0%，五级词汇占 8.5%，六级词汇仅占 1.4%，非大纲词汇占 5.1%。虽然被试已经通过了 HSK 五级考试，但写作词汇的等级主要集中在 HSK 三级的水平。《欧框》B1 等级有段落写作的要求，但 HSK 三级、四级测试都没有段落写作要求，HSK 五级才有。可见，在汉语写作方面，HSK 五级与《欧框》C1 等级的要求有很大的差距。史迹（2017）对留学生的问卷调查结果显示，通过 HSK 四级的考生在进入中国大学的专业学习后，在听课、阅读、写作等方面都难以独立学习。以上各项研究均显示，HSK 各级与《欧框》等级对应的问题还需从多方面进行研究。首先应该研究中级汉语等级，因为中级汉语是一个基础级别，是向初级和高级两个方向延伸的坐标级别。

《欧框》的主要目的是为欧洲语言教学、学习和测试服务，在研究汉语水平等级和框架对应的过程中，由于语言和文化背景等差距，我们还不能完全照搬《欧框》标准。白乐桑和张丽（2008）指出："'框架'作为欧洲语言教学的总体政策和标准，使各国及地区的语言教学体制得以综合和统一，这是'框架'的重大成果之一。然而在实际应用'框架'时我们也要注意到，不同语言之间的'距离'并不相等，不同语言之间的透明性和相关度也有所不同。"因此，《欧框》B1 和 T-Level 语言框架只是为我们衡量汉语能力标准提供的参考框架。在设计汉语各级的语言框架时，在保证交际话题与《欧框》各级大致相等的前提下，我们需要认真研究话题与汉语表达形式之间的对应关系，尽可能限定和降低汉语的语法项和词汇量。

在后续研究中，首先我们要研究汉语学习者的需求，根据需求制订教学目标，进行分级、分班教学。因为不是所有的学习者都需要达到汉语的中级水平。汉语教学要以教学目的和教学效果为前提，满足各类学习者的需要。其次，我们还要注重研究汉语学习者的潜能、学习时间和学习负担，为限定最低限度的汉语语言知识提供参考依据。最后，借鉴各种经验完善 HSK 各级的语言框架。我们除了借鉴《欧框》和 T-Level 等参考标准，还可以借鉴各种汉语教学大纲和标准。比如旧 HSK 考试规模很大。到 2005 年已有 100 万人参加了考试（孙德金，2006）。我们可以借鉴旧 HSK 近 20 年的实施经验，完善现有的 HSK 考试大纲。

六、结语

虽然目前的《HSK 考试大纲》完善了很多内容，但通过对 HSK 三级的语言能力的讨论发现，HSK 三级的语言点大纲和词汇大纲实际上不足以支撑 HSK 三级的所有话题和任务，也达不到《欧框》B1 中级的语言能力标准。这为汉语教学、学习、语言能力评估带来了很多实际问题。经研究论证，HSK 三级大致接近《欧框》A2 语言水平。本文认为，如果将 HSK 三级视为中级汉语水平，亟待解决的问题是调整 HSK 三级的话题大纲，研究话题所需要的语言表达形式，限定基础、核心的语法项目、词汇，为中级汉语能力评估提供参考依据。如果将 HSK 三级与《欧框》B1（T-Level）对应，我们应该在借鉴 T-Level 参考框架的基础上，建立一个较为完善的中级汉语语言框架，然后分别向入门级、初级和中高级、高级、熟练等级延伸，建立一个基本符合实际情况的汉语教学与评估的参考框架。因此，合理定位 HSK 三级语言标准是一个很关键的环节。

参考文献

[1] 白乐桑，张丽.《欧洲语言共同参考框架》新理念对汉语教学的启示与推动——处于抉择关头的汉语教学.世界汉语教学，2008（3）.

[2] 国家汉语国际推广领导小组办公室编.国际汉语能力标准.北京：外语教学与研究出版社，2007.

[3] 孔子学院总部/国家汉办编制.国际汉语教学通用课程大纲（修订版）.北京：北京语言大学出版社，2014.

[4] 孔子学院总部/国家汉办编制.HSK 考试大纲（一级）.北京：人民教育出版社，2015a.

[5] 孔子学院总部/国家汉办编制.HSK 考试大纲（二级）.北京：人民教育出版社，2015b.

[6] 孔子学院总部/国家汉办编制.HSK 考试大纲（三级）.北京：人民教育出版社，2015c.

[7] 刘思佳.留学生汉语词汇水平与汉语写作问题调查报告——以通过 HSK 五级考试的留学生汉语写作为例.西南交通大学硕士学位论文，2018.

[8] 欧洲理事会文化合作教育委员会编 . 欧洲语言共同参考框架：学习、教学、评估 . 刘骏，傅荣主译 . 北京：外语教学与研究出版社，2008.
[9] 史迹 . 来华留学研究生汉语语言能力调查研究 // 何文潮，刘玉屏，靳洪刚主编 . 全球化的中文教育：教学与研究——第十四届国际汉语教学学术研讨会论文集 . 北京：中央民族大学出版社，2017.
[10] 史迹主编 . 轻松学汉字 . 北京：华语教学出版社，2015.
[11] 孙德金 . 前言 // 北京语言大学汉语水平考试中心编 . 汉语水平考试初、中等真题及分析 . 北京：北京语言大学出版社，2006.
[12] 王昕 . 新 HSK 四级听力测试效果与《欧洲语言共同参考框架》匹配度研究 . 华西语文学刊，2014 年第十辑 .
[13] van Ek, J. A & Trim, J. L. M. *Waystage 1990*. Cambridge University Press, 1991a.
[14] van Ek, J. A. & Trim, J. L. M. *Threshold Level 1990*. Cambridge University Press, 1991b.
[15] van Ek, J. A. & Trim, J. L. M. *Threshold 1990*. Cambridge University Press, 1998.
[16] van Ek, J.A. *Threshold Level English*. Council of Europe, Pergamon Press, 1975.
[17] Wilkins, D. A. The Linguistic and situational content of the common core in a unit/credit system // Council of Europe (Ed.). *Systems Development in Adult Language Learning*. Council of Europe, 1973.
[18] Wilkins, D. A. *Notional Syllabuses*. Oxford University Press, 1976.

专题三

Topic 3

国际汉语教师本土化建设研究

Research on the Localization of International Chinese Language Teachers

冲突、竞争、融合：对外汉语教师实践性知识获得的一种模式

武汉大学　程乐乐

摘　要：本文以小 S 老师为观察对象，观察记录她从一位中学语文老师到国内高校留学生教学的实习教师，再到赴美汉语教师志愿者的身份转变过程，分析角色与教学情境的改变如何影响她教学信念的建立、更替与融合，并进而影响她的教师实践性知识的获得与完善。我们发现，教学信念对小 S 老师实践性知识的获得产生了重要影响。其教学信念经历了“冲突→竞争→融合”的过程，并与新的教学情境产生互动，最终促使小 S 老师获得并逐渐完善她的对外汉语教师实践性知识。

关键词：对外汉语教师　实践性知识　教学信念　教学情境　专业发展

一、引言

实践性知识（Practical Knowledge）是教师知识结构中最为重要的部分，它指教师在实现教育目的的行动中所具有的课堂情境知识以及与之相关的知识。教师的实践性知识不是凭空获得的，而是在教学实践过程中由已有的理论知识与具体的情境相结合并经过反思而获得并逐步得到发展的。如果把教师具有的理论知识称为“是什么的知识（Knowing That）”，那么实践性知识就是“怎么做的知识（Knowing How）”（Ryle, 1945）。对很多老师而言，尽管他们已经具备了学科专业知识、教育学知识、普通文化知识等理论知识，但是课堂上真正帮助他们完成教学任务、实现教学目的的主要是实践性知识。理论知识可以通过阅读、听报告等形式很快获得，但实践性知识则必须经过多年的教学实践才能获得，甚至可以说，实践性知识的获得伴随着教师的整个职业生涯。对外汉语教学界的专家结合学科的特点也对实践性知识进行了研究，如江新和郝丽霞

（2010、2011）、吴勇毅等（2014）、孙德坤（2014、2015）、李泉（2015）、徐子亮（2016）等。学者们对对外汉语教师实践性知识的构成、累积、成因以及新手教师与熟手教师在实践性知识方面的差异等进行了研究，这些研究为本文的讨论打下了基础。实践性知识是一种缄默知识（Tacit Knowledge），具有内隐的特点，不易为人所察觉。因此，探索教师实践性知识尤为重要。

教师实践性知识由多种要素构成，教学信念（Teaching Beliefs）是其中一个重要因素，它指“教师在教学情境与教学历程中，对于教师、学生、课堂、教学所持有的深信不疑、持续稳定的看法”（郑丹丹，2013）。对外汉语教师教学信念是指“对第二语言教学‘是什么’、对外汉语教学是‘咋回事’以及‘如何教’等等大小问题的理解、认识和看法，并且确信自己的这些认知和观念是恰当的、正确的，确信教学中的某些操作和教法是合理的、有效的”（李泉，2015）。实际上，教学信念不仅是教师实践性知识的重要组成部分，而且因为教师教学信念是积淀于教师个人心智中的价值与观念，正确、稳定的教学信念一旦形成，则会带来教师实践性知识的发展，并促进教师的专业成长。因此，考察教师教学信念的建立与更替能够揭示出教师实践性知识的发展历程。

本文采用听课、访谈等方式，以实习教师小 S 作为研究对象，对她在国内实习与国外实习两个阶段中的教学实践进行研究，试图呈现对外汉语教师实践性知识获得的一般模式。[①] 小 S 是一名汉语国际教育硕士专业学位研究生，已经学完了“汉语语言学导论”等专业理论课与“汉语课堂教学技能训练”等实践课，接着作为实习教师 / 汉语教师志愿者先后给国内来华留学生、美国小学生上汉语课。不管她是否意识到，对于小 S 来说，此次实习是她职业生涯的开端，对她未来的职业发展产生了重要的影响。小 S 的实习包括国内高校教学和国外（美国）教学两个阶段，跨度一年半。在这一年半的时间里，小 S 关于对外汉语教学的信念经受了多重考验，她经历了实践性知识获得的艰难过程。作为她的导师，笔者直接或间接地见证、记录了她成长的足迹。本文主要关心三个问题：（1）什么原因促使小 S 改变自己信奉的理论？（2）当两种信念竞争时，小 S 为什么做出了妥协？其意义何在？（3）作为一名对外汉语教师，其实践性知识的获得与发展呈现了什么样的特征？

二、教学信念与实践的冲突

小 S 在武汉大学国际教育学院教授初级汉语口语课程，一周 6 个学时。据访谈，小 S 大学读的是对外汉语专业（即现在的“汉语国际教育”），那时就对对外汉语教学这一职业充满憧憬。大学毕业在中学教了两年语文后坚持报考了汉语国际教育硕士。在小 S 给留学生上课的第一阶段，她每天都认真备课、上课，下班后批改作业，并整理备课本上记录得密密麻麻的各种各样的“问题”。虽然很辛苦，但是她仍然感觉很开心，也很有成就感，因为她认为学了这个专业终于派上了用场。但是这种状况被一个课堂事件打破了。

（一）教学受到学生的质疑

一天，小 S 在课堂上讲解动态助词“了”时，突然一位法国学生举手，说她讲错了。

我当时就蒙了。您想那么多人，学生突然公开说老师讲错了。在我以前的中学教学中从没遇到过。反正当时有那么一会儿大脑一片空白。

① 本文提到的对外汉语教学既包括国内的来华留学生汉语教学，也包括国外的汉语教学。

在访谈中，看得出来，该事件给小S老师留下了深刻的印象。笔者试探着问她：“你问她错在什么地方没有？你怎么做的？”她马上说：

当时教室乱哄哄的，学生公开质疑老师哎，我感觉脸上热辣辣的，当然也有点儿生气，就告诉她下课以后再谈。然后就是，反正之后就无法集中注意力了，糊里糊涂讲完了课。就这样。

作为中国人，师道尊严的观念在小S心里根深蒂固。在小S看来，在公开场合学生不能质疑教师，这是小S老师信奉的教学信念。尽管上大学时学过对外汉语教学方面的理论知识，例如“以教师为主导，以学生为中心”“课堂教学要精讲多练”“重视感情因素，发挥学生的主动性与创造性”等，但中国传统文化的背景知识作为一种信念一直在她的课堂教学中起作用，她的中学教学经历也加固了她的教学信念。但在职业变化的关键时期，在对外汉语课堂上，小S信奉的教学信念受到了挑战。因为教师的权威公开受到了挑战，小S老师对自己的教学产生了极大的挫败感。在访谈中，笔者跟她进行了深入的交流。分析上述情境问题，可以看出小S老师面对学生的质疑，她的反应是“没面子（脸上热辣辣的）”“生气”。而出现这种反应的动因源于“学生要尊敬老师”。这是小S老师的教学信念，而这种信念源于中国人尊师重教的传统文化背景。可以相信，在她之前的中学教学中发生类似的事情是不可想象的（访谈中，她自己也说过“在我以前的中学教学中从没遇到过”）。问题的关键是，她现在的教学对象是来华留学生，而不是中国学生；教学环境是对外汉语课堂，而不是中学语文课堂。小S老师对教学情境变化带来的影响没有充分的思想准备。西方社会重视平等自由，即使是在课堂上，学生有不同意见也可以向老师提出来，并不意味着学生不尊敬老师。中西文化差异导致小S感觉自己的权威受到了挑战。实际上，小S老师在课堂上遇到的情境问题本质上是一个关键教学事件（Critical Teaching Incident），而对外汉语课堂关键教学事件具有跨文化性（黄均凤和程乐乐编著，2017）。小S老师遇到的问题，根本原因是中国传统的“师道尊严”与西方“自由平等”的对抗，是一种跨文化冲突。①此外，小S老师是对外汉语本科专业毕业，又是在读的汉语国际教育硕士专业学位研究生，相关专业课程，如“汉语课堂教学技能训练”“跨文化交际”都学过，为什么还会出现上述的问题呢？

专业课上我都学过，但是真正站到讲台上遇到这种情况，我忍不住了。他们，特别是那几个法国学生，我觉得他们特别喜欢挑我的错。

可以看出，小S虽然学过相关理论，但从未参加过对外汉语教学实践，也从未有过跨文化环境的交际经历，她的“理论”仍然处于理论知识阶段，尚未发展出实践性知识，而“实践性知识既不是凭空生成，也不是一旦行动就直接从大脑中出现，而是理论经由经验与实践情境的互动形成的”（江淑玲和李梦瑶，2013）。小S老师虽然在中学从事过两年语文教学，但从未从事过对外汉语教学，因此，她把在中学教学阶段信奉的初始信念（或者说理论知识）——“师道尊严”带到了对外汉语教学课堂中，因此产生了上述情境问题。

（二）听课情境诱发了理论知识的复活

听了笔者的分析，小S老师的心情平复了一些，说：

老师，听您分析，我觉得好像以前学的专业知识都白学了。我该怎么做呢？

笔者鼓励了她，然后建议她去听一听国际教育学院一位优秀教师L老师的课，听后再跟笔者

① 据访谈得知，学生质疑小S老师是因为她将动态助词“了”类比成英语中动词的过去式，因此专业知识不牢固也是导致该教学冲突的原因。

讨论。

一个星期后，小S老师来找笔者讨论了。下面的叙述摘自当天（2016年10月20日）的访谈：

今天小S来找我讨论她听课的体会。她有点儿兴奋，当然更多的是问题。她说："老师，我上个星期三听了L老师的课。她上得太好了，给我很多启发。"我让她具体谈谈。"感觉L老师上课很轻松，学生都很喜欢她，课堂发言很积极。""L老师让学生说'比'字句，一个学生说：'老师，我没有姐姐。'L老师就走下讲台来到学生旁边说：'老师就是你的姐姐，看看老师，你说个句子。'这个学生很快说出了一个'比'字句并受到了L老师的表扬。接着其他学生也纷纷说出了自己的例子。也有学生提出问题，有的L老师回答了，有的感觉没有回答，可是学生也没生气什么的。课下我问她，她说不一定所有的问题都得在课堂上回答，要看是什么问题。"我问小S："你觉得L老师什么特点最吸引你？"小S说："她上课很熟练，很轻松，像个大姐姐，不像我想象的老师。（笑）可是看得出来学生都喜欢她。"我觉得小S老师未能从学过的专业知识发展出对外汉语教学的实践性知识，或者说中学语文教学的实践性知识屏蔽了对外汉语教学的实践性知识的生成。于是我告诉她尝试着按照L老师的教学方式进行教学，同时让她把对外汉语教学相关理论知识再看看，然后再听一次L老师的课。

实践性知识的获得不是一朝一夕的事情，对于新手教师来说，抓住关键时期的关键人物（比如L老师）是一个不错的突破口。因为优秀教师，特别是"专家型教师从实践中获得的经验加以结构化、系统化总结，所形成的理论是可以为新手习得的"（衷克定等，1998）。也就是说，新手教师可以通过向有经验的教师学习而快速提高自身实践性知识水平。不过尽管专家教师的指导具有重要作用，但是实践性知识具有缄默性的特点，必须由实践主体在亲身实践的过程中获得，并在教学实践的过程中得以呈现。小S老师听了几次L老师的课，又过了一段时间，我们又进行了一次讨论。"L老师让人觉得很亲切，问题的解释精准到位。很多时候不解释，只是举几个例子学生就懂了。"小S老师对L老师称赞有加。"L老师为什么能做到这一点呢？"笔者问小S老师。她说："我也问过她了，她说她备课花的时间多。我看了她的备课本，写得密密麻麻的，准备得真的很充分。所以我也按照她的方法备课上课，课间主动跟学生聊天儿，询问他们的生活与学习情况，对课堂教学有什么建议等。现在跟学生的关系也变好了，他们学习的态度也有了改变。"小S老师兴奋地说："我发现，实际上很多做法我都学过，运用的时候突然感觉一切都是那么熟悉。"通过多次听课，小S老师对自己的教学进行反思，意识到结合教学对象的特点充分准备以及与学生建立良好关系的重要性。笔者能感觉到小S的喜悦之情，听课情境与反思诱发了理论知识的"复活"，并与新的情境产生互动，实践性知识呼之欲出。

三、信念的竞争与实践性知识的产生

实践性知识的获得过程也是一个教学反思的过程，因为情境问题逼迫自己放弃初始信念，因此这个过程有时伴随着"痛苦"。曾经是中学语文教师的小S老师也不例外。分析归纳小S老师最初的教学困惑有两个：其一是课堂上学生挑战教师的权威，其二是自己解释很多但学生还是不懂。也就是说，小S老师信奉的教学信念：一是课堂上学生不能质疑教师，二是对于语言点只要教师耐心讲解学生就能明白并掌握。但教学实践与听课观摩让她开始反思自己的教学信念。

（一）教学信念的地位

教师教学信念的研究源于教师专业发展的研究。20 世纪 80 年代以来，随着对教学工作复杂性认识的深入，人们从关注教师外显的行为表现逐渐转移到关注教师的内隐因素。教师的教学信念就是内隐因素中的一个重要的方面。[①] 教师教学信念主要来源于教师个人生活史，特别是学习经历、关键人物、关键事件和关键时期（傅道春主编，2001）。其中，学生时期对自己老师教学的观察是教师教学信念的最初来源，其后的教学实践最终帮助教师获得教学信念。Korthagen（2004）曾用洋葱圈来表示好的教师应具备的实践性知识，在六大要素中，“信念（Beliefs）”处于洋葱圈由内到外的第三轮。见图 1：

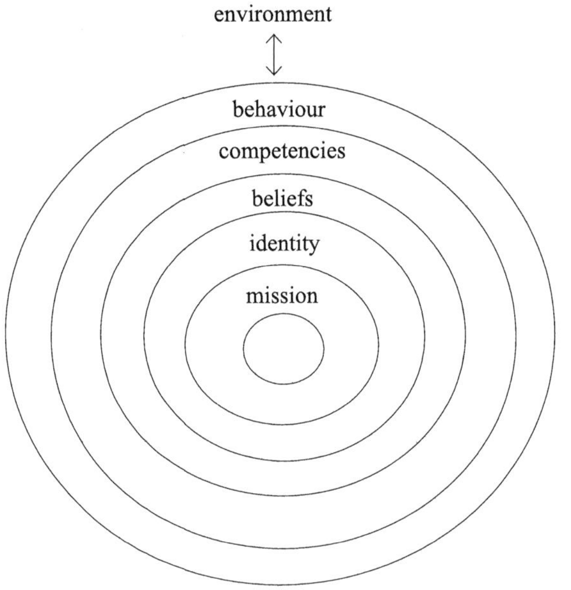

图 1　The onion: a model of levels of change.

陈向明等（2011）认为实践性知识包括四个重要构成要素：主体、问题情境、行动中的反思和信念。“信念”是四大要素之一。可见，教学信念是教师实践性知识的重要组成部分，教师践行自己的教学信念的过程也是构建自己实践性知识的过程，教学信念可以成为观察分析教师实践性知识获得过程的一个窗口。

（二）教学信念的竞争

小 S 老师最初的教学信念来源于自己学生时代的学习生活，并在中学的教学实践中逐步建立了自己的教学信念。相对于观察教师的教学，教学实践才是建立教学信念并获得实践性知识的最终动力。小 S 老师经历过两次教学阶段：第一阶段是在中学从事语文教学工作，第二阶段是在高校作为实习教师从事对外汉语教学。不同情境的教学实践对小 S 老师具有不同的意义。身份的变化（由教师到学生，又由学生到实习教师）对小 S 老师来说是一个关键事件，小 S 老师在新的教

① 国内外相关研究中不但使用“教学信念”，还使用“教师信念”和“教育信念”，三者略有不同，但“教学”是三者的核心，因此本文选择“教学信念”这个术语。

学情境中面临着新旧教学信念的冲突，这个冲突促使她对自己的教学做出关键性决策。

小S老师在导师的建议下去优秀教师L老师课堂听课，并反思自己的教学，然后与导师多次讨论，她的教学渐入佳境。但在访谈中，她偶尔还能流露出一丝苦恼。“老师，有时看到学生在我面前大大咧咧的，甚至随时打断我说话，我还是不舒服，尽管我面带微笑。”她不好意思地对笔者说。“你是说在中学时没有遇到过这样的事情？”导师问她。“从来没有，我是班主任，学生都怕我。就是其他课出现了问题，任课老师也要请我去他们课堂上镇一下。”小S老师有点儿得意。

小S老师的苦恼实际上是她过去信奉的教学信念与刚刚建立的教学信念之间相互冲突的外部反映。过去作为中学教师和班主任，小S老师严格要求学生尊敬师长，顺从地接受知识的传授，她自己也认为作为老师这是天经地义的（这是她的初始教学信念，记作B_1）。后来在大学里，作为实习教师面向外国学生，通过实践、听课以及与导师讨论使她逐渐认识到，留学生背景各异，他们的文化与中国的不同，作为老师应该尊重他们的文化习惯，课堂教学强调以学生为中心，精讲多练（新的教学信念，记作B_2）。在身份改变的关键阶段，小S老师的教学信念发生了更替，即$B_1 \rightarrow B_2$，但实际上二者的更替不是那么截然分开的，也就是说，小S老师在上课时，B_1与B_2之间存在互相竞争的关系，但在新的教学情境（课堂、学生等）的“提醒”下，最终B_2战胜B_1。改变教学信念对教师来说是痛苦的，即告别过去，迎来崭新的自己，教师面临抉择。小S老师感到苦恼也正反映了她面临抉择时的心理状态。但是，“只有教师信念发生变化，才能真正引起教师真正的变革，进而可能引发课堂教学的变革”（林一钢，2005），因此，引起教师教学信念的改变往往需要一个契机，比如教师遇到新的教学情境或者关键时期。此外，我们认为不同时期教学信念的更替不是简单的替换，而是在一定的教学情境中，不同的教学信念通过互相竞争而最终完成部分更替的，或者说达到一种融合。两种信念的竞争过程实际上也是教师实践性知识形成的过程。小S老师尽管有时还有苦恼，但可以认为关键时期促使她建立了新的教学信念，初步获得了对外汉语教师实践性知识。

四、信念的融合与实践性知识的建构

在教师的专业发展中，“关键时期”和“关键事件”发挥着举足轻重的作用，促使处于相互竞争状态的教学信念渐趋融合，并最终促使教师建构实践性知识。2017年暑假，小S作为汉语教师志愿者被孔子学院总部/国家汉办派在美国从事汉语教学工作。我们一直有着教学探讨方面的密切联系，经常通过微信或邮件探讨她在新的环境中面临的教学问题。下面是她在美国工作不久时跟笔者微信谈话的内容摘要：

这边都安顿下来了，刚开始有点儿担心，以前没教过小学生，而且还是美国小学生，担心教不好。这边的教学确实跟我在国内教留学生不一样，他们不但学汉语，还有很多文化活动，叠纸什么的。因为都是小学生，他们的注意力很容易分散，如果觉得没意思，课堂就会乱哄哄的。您以前经常跟我说“精讲多练”，这边不仅要精讲多练，而且还需要做一些活动吸引他们，很多时候我甚至就不用讲什么，只是让他们按照我的要求去做，最后给我一个结果，比如折叠一个五角星，在上面写上自己的汉语名字。James DiDonna 老师对我帮助挺大。现在，学生都挺喜欢我的。①

① 为了行文简洁、连贯，在整理微信内容时，省去了一些不影响内容的词句以及笔者的提问，直接把小S的话拼接在一起，并适当增加了一些关联词。下例同此。

从上面的叙述可以知道，小 S 老师适应新的环境较快，并且能够结合新的教学情境完善自己的教学信念。在这个阶段中，新的教学情境与她的同事（也是领导）起到了关键性作用。新的教学信念的建立，必然带来教师实践性知识的拓展，但教学信念也得到了发展。下面的案例发生在小 S 老师工作的第二个学期刚开始的时候：

（课堂上，小 S 老师跟学生模拟打电话）我就用手模仿打电话，学生模仿接电话，我就说“喂喂！”，学生说“你是谁？”，我脱口而出“我是你的妈妈”。霎时，全班同学都安静下来了。一位小女孩咕哝道：“你不是我的妈妈。”当时，我愣了一下，马上接着说：“我是你同学，我是你女儿……”有几个孩子笑了。老师，你知道吗？课后我反思的时候，我觉得很佩服自己的，真的！

在这个案例中，小 S 跟孩子们是“老师—学生”的关系，可是老师突然将这种关系变成了“妈妈—孩子”的关系。因为孩子小，很容易将教学模拟情景与真实生活情景混淆，以为老师是认真的，所以大家都呆了（“安静下来”），甚至有学生“抗议”（“你不是我的妈妈”）。学生的反应让小 S 老师意识到自己的话可能对孩子们造成了伤害。她需要做的就是马上纠正学生的这种误解，于是她就给了自己很多角色，甚至说了“女儿”。小 S 老师的做法是一种补救措施，她将自己与学生之间的关系变成多种选择，并借此让学生知道这只是一个 role play。从效果来看，小 S 的补救措施是成功的，体现了她的教学机智。为了看清楚小 S 老师的补救行为，我们把上述教学事件的发展及内在的逻辑关系整理如下：

错误：

（a）小 S 老师说：“我是你的妈妈。”

（b）小 S 老师的回答被误解为把“老师—学生”关系变成了“妈妈—孩子”关系。

（c）学生很吃惊、抗议。

补救：

（d）小 S 老师随即赋予自己更多的角色，甚至包括“女儿”。

（e）学生意识到这只是一种“表演”，所以他们笑了。

因为小学生心智还不成熟，由（a）导致（b），再由（b）导致（c）是可以理解的。关键问题是，这个关键教学事件对小 S 老师提出了两条要求：一是小 S 老师能否理解发生的一切？另一个是小 S 老师能够快速解决这个教学疑难。很显然，小 S 老师在第一时间就明白了事件的原委，而且也能够机智地采取补救措施，即（d），从（e）也能看出这种补救的效果是明显的。表面上看，小 S 老师只是在跟学生模拟一个打电话的交际行为，但实际上在师生的内心里却都掀起了很多波澜。在后续的交流中，笔者问她为什么会想到这么一个“妙招”，小 S 老师说：“老师，来美国教汉语，我已经养成了一种习惯，经常会把自己想象成一个美国孩子，我需要什么？我不喜欢什么？所以遇到什么问题，我能够很快知道发生了什么。”从小 S 老师的叙述中可以了解到，她能够很好地识别并体验学生的情绪和情感，能够快速转换角色产生移情的心理，在这种心理基础上反思自己，发现问题与原因，并迅速采取得体的措施。实际上，这种移情心理体现的是更高一个层次的“以学生为中心”。虽然小 S 老师从事对外汉语教学的时间不长，但是她却在不长的关键时期遇到了很多关键事件与关键人物，加之她勤于反思，因此能够很好地完成教学信念的更替，并逐渐获得对外汉语教师实践性知识。

五、总结与讨论

（一）总结

本文以小 S 老师为观察对象，观察记录她从一位中学语文老师到汉语国际教育硕士专业学位研究生，到国内高校留学生实习教师，再到赴美汉语教师志愿者的身份转变过程，分析角色与教学情境的改变如何影响她教学信念的建立、更替与融合，并进而影响她的教师实践性知识的获得与完善。主要结论如下：

1. 通过访谈、案例分析，我们认为，对外汉语教学实践性知识是对外汉语教师知识结构中的非常重要的部分，实践性知识的获得与发展是对外汉语教师专业发展的标志。而教学信念则是教师实践性知识的重要组成部分。在教师的职业生涯中，教师角色、教学情境的变化会带来教学信念的变化。

2. 教学信念与实践性知识互为表里，教师实践性知识完善的过程，即从 PK_n 发展出 PK_{n+1}，本质上反映的是教学信念更替的过程，即“教学信念的冲突→教学信念的竞争→教学信念的融合”的过程。这一过程也是对外汉语教师专业成长的过程。

3. 关键时期与新的教学情境促使教师改变自己原有的教学信念，并对教学信念的融合与实践性知识的获得产生重要的作用。经历过国内的对外汉语教学经验的积累与美国汉语教学的锻炼，小 S 老师新旧教学信念完成了融合，并因此获得了自己较为稳固的实践性知识。可以说，美国的小学汉语教学经历对小 S 老师获得较为稳固的实践性知识起到了“酵母”的作用，并将在她的职业生涯中留下深刻印记，直到下次新的教学情境、关键时期的出现。

小 S 老师的实践性知识的获得过程如图 2：

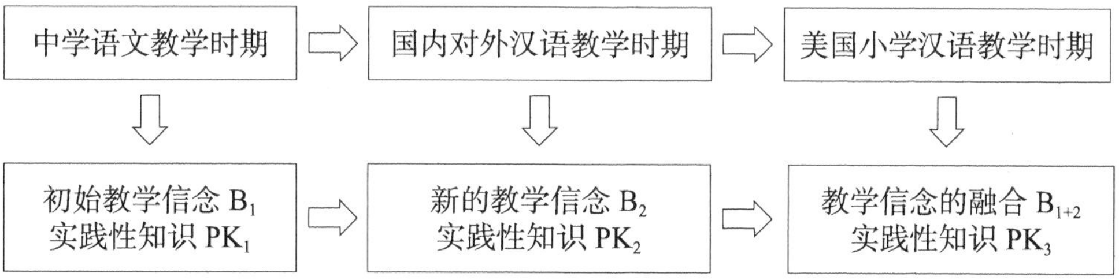

图 2　实践性知识获得过程

4. 从小 S 老师获得实践性知识的过程，我们可以看到，教学信念是实践性知识的重要部分，教学信念的变化能够促成教学行为的改变、教学内容的重新框定以及教学方法的革新等系列变化，并最终促使她获得实践性知识。根据笔者反思自己职业发展的过程与对同行的课堂教学观察、访谈，我们认为这一过程具有一定的普遍性。

（二）讨论

在教师获得实践性知识的过程中，教学情境是一个非常重要的因素。比如本文中的小 S 老师最初是在中学的教学中获得实践性知识。读研究生期间在大学给外国留学生上课，新的教学情境促使她思考自己的“教学经验”，在多次向导师请教，并向 L 老师学习后慢慢建立了新的教学信念，但新的实践性知识并不稳固。去美国小学教汉语对小 S 来说是一个挑战，但新的教学情境对她也是一个机会，事实也是如此，美国的汉语教学使她最终获得了较为稳固的对外汉语教学实践性知识。由此可见，教学情境对小 S 老师的实践性知识的获得起到了至关重要的作用。不过，仍有两个问题需要进一步探讨：

1. 作为影响教师工作的一个重要的因素（见图 1），教学情境是如何影响教学信念与实践性知识的呢？是新的教学情境激发了教师已有的理论知识，并与教学情境产生互动促使教师获得实践性知识？还是新的情境中既定的教育教学规定指导教师怎么做，从而获得实践性知识的？如果是前者，教学情境与实践性知识之间又是如何互动的？如果是后者，尽管有教育教学规定，但获得实践性知识仍然需要教学实践活动，不可能了解了相关的规定就自动获得实践性知识。

2. 教师的专业发展本质上就是新旧教学信念的更替与教学实践性知识的不断完善。在这个过程中，每个阶段并不是截然分开的。小 S 老师的教学信念经过“新旧教学信念竞争”的阶段，信念竞争是建立新教学信念的标志，反映出教学信念具有动态性，也间接反映出教师实践性知识的动态性，体现了理论与实践之间的张力。这个阶段是一个知识整合的阶段，也是知识与情境互动的阶段，对于小 S 老师获得新的教学实践性知识具有重要意义。但新旧教学信念之间是如何竞争并最终完成融合的呢？这也是一个有待研究的问题。

参考文献

[1] ［美］唐纳德·A·舍恩．反映的实践者：专业工作者如何在行动中思考．夏林清译．北京：教育科学出版社，2007.

[2] 陈向明等．搭建实践与理论之桥：教师实践性知识研究．北京：教育科学出版社，2011.

[3] 傅道春主编．教师的成长与发展．北京：教育科学出版社，2001.

[4] 黄均凤，程乐乐编著．汉语作为第二语言教学法——理论、方法与案例．武汉：武汉大学出版社，2017.

[5] 江淑玲，李梦瑶．从实习到入职：新手教师班级管理的实践性知识建构及启示．教师教育研究，2013（1）.

[6] 江新，郝丽霞．对外汉语教师实践性知识的个案研究．世界汉语教学，2010（3）.

[7] 江新，郝丽霞．新手和熟手对外汉语教师实践性知识的研究．语言教学与研究，2011（2）.

[8] 李泉．汉语国际教育硕士的教学信念和专业发展信念．云南师范大学学报（对外汉语教学与研究版），2015（3）.

[9] 林一钢．西方教师信念研究述评．中国教育改革高层论坛——多元视角中的教育质量问题研讨会论文，长春：东北师范大学，2005.

[10] 全国十二所重点师范大学联合编写．教育学基础（第三版）．北京：教育科学出版社，2014.

[11] 孙德坤．国际汉语教师个人实践性知识个案研究．世界汉语教学，2014（1）.

[12] 孙德坤．教师知识、叙事探究与教师发展．国际汉语教学研究，2015（3）.

[13] 吴勇毅，华霄颖，储文怡．叙事探究下的CSL教师成长史研究——实践性知识的积累．国际汉语教学研究，2014(1).

[14] 徐子亮．汉语国际教育本科核心课程的实践性知识学习探究——以对外汉语教学法课程为例．云南师范大学学报（对外汉语教学与研究版），2016（3）.

[15] 章兼中主编．国外外语教学法主要流派．上海：华东师范大学出版社，1983.

[16] 郑丹丹．关注教师教学信念发展．教学与管理，2013 年 5 月 1 日．

[17] 衷克定，申继亮，辛涛．论教师知识结构及其对教师培养的意义．中国教育学刊，1998（3）.

[18] Elbaz, F. The teacher's "practical knowledge": Report of a case study. *Curriculum Inquiry*, 1981, 11(1).

[19] Korthagen, F. A. J. In search of the essence of a good teacher: Towards a more holistic approach in teacher education. *Teaching and Teacher Education*, 2004, 20(1).

[20] Ryle, G. Knowing how and knowing that: The presidential address. *Proceedings of the Aristotelian Society*. Oxford University Press, 1945.

[21] Schön, D. A. *The Reflective Practitioners: How Professionals Think in Action*. Basic Books, 1983.

汉语国际教育的IB师资培养：以香港教育大学为例

香港教育大学　施仲谋　王婵娟

摘　要：香港兼具东西方文化的多种特点，在语言使用和语言教学上呈多元化的发展模式。作为香港唯一以师范教育为本的大学，香港教育大学的国际汉语教学文学硕士和本科课程，既重视语言、文学知识，又重视多元文化，并兼顾理论探究和教学实践能力。在汉语国际教育研究基础上，推动国际文凭课程（IB）师资的培养，成为香港教育大学中国语言学系的重要发展方向。IB课程是一个提供从小学、中学到大学预科的连贯的国际教育体系，IB的核心理念与香港教育大学要求的教学成果一致。我们根据IB培养目标和实施方案设置教学内容，所有主要科目中均融入IB元素，课程特色包括跨地区的学校体验、业内专家的工作坊培训以及各种学术活动配合等。国际汉语教学文学硕士课程（MATCIL）于2016年被确认为IB教学证书认可课程，使得香港教育大学成为亚洲第二所具有IB教学证书认可课程的大学，毕业生资历更具国际认受性。香港教育大学重视国际汉语教学师资的培养，多年来在国际汉语教学和研究等领域辛勤耕耘，取得了令人瞩目的成绩。展望未来，我们将借着IB师资培养的良机，提升汉语教学成效，扩展汉语在国际社会的影响力，并在全球范围内，为中华文化的传承做出积极的贡献。

关键词：国际汉语教学　国际文凭课程（IB）　师资培养

一、背景

语言是交流思想的主要工具，也是文化输入和输出的重要媒介。随着中国经济的急速发展和庞大消费市场的带动，全世界学习汉语的热潮方兴未艾。随着“汉语热”的不断升温，申请到香港各大专院校学习汉语的外籍人士也日益增多。香港作为东西文化交汇的国际都会，语言使用和语言教学呈多元化的发展模式：对本地学生提倡“两文三语”，以应付生活和工作上的需要。在国际汉语教学方面，主流学校的对东南亚及南亚少数族裔的中文教学，国际学校的汉语作为第二语言教学，大专院校的外国学生汉语课程，以及一般语言学校的外国人中文班，可谓百花齐放，精彩纷呈。

汉语学习热潮高涨，却面临缺乏高素质汉语教师的问题。相关数据显示，国际市场对这类专才的需求甚为殷切，院校和相关机构的师资培训，远远不能满足需求（许琳，2007）。此外，随着学习者汉语水平的不断提高，对教师亦有更多要求。面对新环境，国际汉语教师除了必须从事全方位的汉语国际教育，还要了解中华文化，理解中西文化异同，欣赏世界多元文化，这就对培养高水平的国际汉语教师提出了更高的要求。2008 年，由香港教育大学等几所院校开设的国际汉语教学文学硕士课程（Master of Arts in Teaching Chinese as International Language, MATCIL），填补了香港的国际汉语师资培训的空白。2016 年，香港教育大学更推出全港首个汉语作为第二语言教学荣誉文学士课程 [Bachelor of Arts（Honours）in Teaching Chinese as a Second Language, BATCSL]。

世界各地的汉语国际教育随“汉语热”呈现出不同面貌，近年来国际文凭课程（International Baccalaureate，IB）发展迅猛，尤其是大学预科课程（Diploma Programme，DP）。它面向 16—19 岁的学生，提供中学之后两年的学习，考核成绩可用于申请世界各地的大学名校。IB 课程逐渐被全球教育界认可，成为众多学生和家长的最优选择，也成为众多汉语教师的择业方向。IB 中文师资的培养目标，与一般的中国语文教师及国际汉语教师的培养目标，有一定的重叠，又自有其特性。香港教育大学中国语言学系拥有阵容强大、经验丰富的中国语文教育（Chinese Language Education）和汉语语言学（Chinese Linguistics）领域的专业教学及研究队伍，又主力承担 MATCIL 的教学任务，在汉语国际教育研究基础上推动 IB 师资的培养，成为香港教育大学中国语言学系的重要发展目标和方向。

二、IB 课程理念及特色

IB 课程创始于 1968 年，迄今遍布 157 个国家和地区，有超过 4000 所学校开设 IB 课程，教师人数超过 7 万人，学生人数多达 100 万人。创设 IB 的初衷是为了让学生理解复杂社会现实，培养他们承担责任的态度和必需的技能。创始理念认为只有教育才能化解不同族群之间的矛盾和利益冲突，加强彼此了解和跨文化交际才能使得人类和平共处。IB 培养目标包括十项内容：（1）积极探究。（2）知识渊博。（3）勤于思考。（4）善于交流。（5）坚持原则。（6）胸襟开阔。（7）懂得关爱。（8）勇于尝试。（9）全面发展。（10）及时反思。IB 培养目标为学生提供了一个较为长远的教育愿景，在教师的教学和学生的学习中，关注的焦点是学生，倡导学生拥有各种健康的关系、道德责任和个人挑战；而教师则帮助学生发展各种有效的学习方法，在全球背景中探索不同学科的知识。IB 培养目标同时能够激发 IB 学校和教师的教育热忱，其对应的特质已超越单纯的智力发展和学业成就，它们代表着普遍的人类能力和责任。达成 IB 培养目标，意味着致力于帮助学校中的所有成员学会尊重自己、尊重他人和尊重周围的世界（IBO，2013）。国际文凭组织（International Baccalaureate Organization，IBO）相信这些特质能够帮助人们对所在地区、所在国家乃至全世界都担负起责任，共建更为美好、和平的世界。

三、IB 理念再探讨

香港教育大学一直提倡将批判思考能力、创意思维能力、解决问题能力、沟通能力、社交能力、伦理决策和全球视野等作为各个专业的共同学习成果。IB 的十大培养目标，正与此不谋而合。其中“积极探究”和“胸襟开阔”这两个培养目标，更在香港教育大学开办的汉语国际教育课程中得到具体体现。

在当前日趋国际化的汉语教学中，教师除了自身要对汉语知识进行“积极探究”，教学方法亦亟须改进。传统着重背诵与灌输的教学法已不合时宜，在教学设计中如何引导学生自主探究，如何养成探究习惯、提升探究能力，为日后的持久学习、终身学习奠定基础，这一系列对教学方法的探究，同样是国际汉语教师面对的挑战。IB 课程中不论是汉语一语或是二语的学生，都将通过掌握探究式学习成为终身学习者，而作为他们的引导者，IB 汉语教师则必须自己既能做到积极探究教学内容和方法，又能引导学生积极探究。培养这种既能“渔”，又能授学生以“渔”的汉语教师，无疑是香港教育大学汉语国际教育课程努力的主要方向。

“胸襟开阔”的培养目标反映了 IB 对“国际情怀”和“多元化”的高度重视，这一全球视角下多元文化共存互动的发展理念，对汉语国际教育深具启发意义。语文是文化的主要载体，语文教学离不开文化教学。教学不是单向地由教师向学生输送信息，而是双向的、动态的互动交流。众多二语习得的研究成果表明，仅凭自修二语并不能使学习者与该语言的使用者做有效沟通；有效沟通依靠的不仅是语文能力，还需具备文化上的相互了解和理解。因此，汉语国际教育课程十分重视培养学生的跨文化交际能力。我们认为，国际汉语教师除了须具备深厚的中华文化底蕴，也必须对学生的背景文化有深入认识，参照两者的文化异同调整教学内容，才能使学生在增进对中华文化的了解之余，也能反思自身的文化，学会尊重和包容多元文化，从而开阔视野，建立更开放的世界观。

四、香港教育大学国际汉语教学师资培训概况

MATCIL 课程和 BATCSL 课程的教学，主要由香港教育大学中国语言学系负责，学系致力于促进、推动汉语教学及研究的现代化和国际化，目标是发展成为大中华区具有重要影响力的汉语教学与研究中心。

MATCIL 课程供有志从事国际汉语教学和研究的人士报读，课程提供汉语本体知识的研习与汉语教学专业的培训，目的在于拓展和深化学生对汉语的认识，加深学生对汉语教学理论与实践的探讨，使之掌握学科建构方法及有效的课堂教学策略。课程创办于 2008 年，为全港同类型课程的先行者。目前开办同类型课程的院校，或偏重课程理论和教学方法，或偏向现代汉语语言学研究，基本上仅视汉语为实用层次的交流工具，大多未能针对国际汉语教学课程、教材、教法、二语习得等专业范畴和特定内容施教。因此，所设置的课程往往忽略对于中华文化、中英语言对比、跨文化交际、多元文化等方面的探究，且大多未能提供汉语作为第二语言教学的实习机会。而 MATCIL 课程既重视中国文化知识，又重视多元文化，兼顾理论探究能力和教学实践能力，注重培养国际汉语教师的社会文化意识，并运用有效的沟通策略优化教学。课程紧随汉语国际教育

发展趋势，于 2016 年 12 月完成向 IBO 申请认证手续，已获 IBO 发出正式文件确认成为 IB 教学证书认可课程。这使得香港教育大学成为亚洲第二所具有 IB 教学证书认可课程的大学，也使得毕业生资历更具国际认受性。

BATCSL 课程于 2016—2017 学年成立，是香港首个汉语作为第二语言教学学士课程。借鉴 MATCIL 课程的成功经验，BATCSL 课程注重跨学科知识，科目内容包括语言学、语文教学法、儿童语言发展理论、教育心理学及社会学等，教学目的如下：（1）深化并巩固学生的汉语基础知识。（2）强化学生的外语技能，尤其加强教学英语的培养。（3）培养学生理解并掌握汉语教学的一般概念、原则、方法和技巧。（4）引导学生了解第二语言习得理论，并通过案例教学、教学实践深入了解汉语学习者的学习偏误。（5）加深学生对中华文化的认识，并能将相关知识应用于教学实践。（6）帮助学生了解中外文化的主要异同，理解跨文化交流的主要概念，接触并欣赏多元文化，以及掌握文化差异对语言学与教的影响等。

BATCSL 专业的教学内容，分为五个范畴：（1）语言学及其相关课程（含古代汉语、现代汉语、汉字学、汉语语音学、汉语修辞学、广州话普通话语音对比、话语分析、社会语言学与汉语教学、语言学习偏误分析、Introduction to Linguistics、Child Language Development、Language and Literacy in Early Childhood、Chinese-English Contrastive Grammar 等）。（2）文学及文化课程（含中国古代文学、中国现代文学、戏剧与语言艺术、文学与电影、经典作品与文化专题研究、广州话与本土文化、网络文学与流行文化、中国传统人生哲学、西方宗教与中国文化等）。（3）国际汉语教学课程（含国际汉语课程与教材设计、汉语二语教学法、第二语言习得理论与汉语学习、第二语言教学测试与评估、“非华语学生”[①] 单元教学设计、语言教学理论与外语教学法、汉语二语教学与信息科技等）。（4）跨文化课程（含 Bilingualism and Bilingual Education、Intercultural Communication 等）。（5）专题研习及论文写作。

修读期间，学生除了探访观摩本地国际学校的教学，还须去北京语言大学或台湾师范大学进行为期四周的教学实习。

五、汉语国际教育的 IB 师资培训课程介绍

MATCIL 课程为申请获得 IBO 认证，根据 IB 培养目标、实施方案、学科指南等指导性文件调整了教学内容，主要科目中均融入 IB 元素。而修读 IB 组别的学生除修读指定的 IB 科目外，还须在 IB 学校完成教学实习，方可申请 IB 教师资格证书。

（一）IB 元素融入课程内容

MATCIL 课程为一年全日制硕士课程，学生须修毕 30 个学分。课程类型方面，设有四门核心科目和五门必选科目，用以专门探讨汉语国际教育的理论和方法；此外还有一系列文学、文化主题的选修科目，供学生修读，以增进中文基础知识和中华文化修养。所有科目在两个学期内修读完成。四门核心科目包括：（1）汉语课程、教材和教学设计。（2）国际汉语教学法：语音教学、

① 非华语（Non-Chinese Speaking, NCS）学生主要指就读于政府公立学校的东南亚裔、南亚裔学生。他们或其父母辈多来自印度尼西亚、菲律宾、印度、巴基斯坦、尼泊尔等国家，母语均不是中文。公立学校的中国语文科老师为帮助他们适应本地教育体系、学好中文，需另外修读相关课程。

听说教学。（3）国际汉语教学法：识字教学、读写教学。（4）第二语言习得与汉语学习。五门必选科目包括：（1）语文教学与资讯科技素养。（2）第二语言教学研究方法。（3）跨文化交际。（4）学校体验。（5）国际文凭预科课程（IBDP）和汉语二语教学（TCSL）。所有核心科目和必选科目，都基于汉语二语教学研究的成果，兼及世界各地的汉语教学，又融入了 IB 理念和元素。

以下以国际汉语教学法中的听说教学为例，详细探讨 IB 理念在课程中的融合：

首先，听说教学目标和 IB“善于交流”的培养目标一致。听说技能的提升，必须通过不断的聆听和说话练习。只有听、说俱佳，才能在各种交流模式中流畅自信地表达观点；传达信心，才能有效而愉快地与他人合作，做到“善于交流”。误会常常来自彼此的不了解，这里的不了解有些是因为文化差异，有些则是基本的语言理解问题。听说教学的最终目的是有助达成 IB“善于交流”的培养目标，仅仅会听不会说、或者说时词不达意，都不属于有效交流。这对 IB 汉语教师的教学成果提出两方面的具体要求：一是语言上正确理解、准确表达，二是语用上能结合文化和其他背景知识，在正确的基础上做出得体、适当的表达。

其次，听说教学中的差异化教学，体现 IB 包容、关爱的精神。语言学习效果因人而异，学习能力、学习习惯甚至性格特点，都会影响听说技能的发展进度。有效实施差异化教学正是 IB 理念的体现（Tomlinson, 2001）：例如当发现学生只是因为害羞而不敢表达时，要鼓励学生“勇于尝试”，表达尝试可以先从最好的朋友开始，再慢慢扩展谈话对象至同桌、教师直至全班同学。而对于学习能力不同的学生，除了教导他们彼此之间要 “胸襟开阔”“懂得关爱”，学会尊重他人的感受，包容能力较弱的同学，教师也要懂得因材施教，将关爱落实于教学，适时分组安排教学，设计适合不同能力学生的教学活动和教学内容，灵活使用混合式学习（Blended Learning）、自主学习（Self-directed Learning）、同侪合作（Peer Learning）等多种学习方式，确保每一位学生都能学有所得，从而获得学习成就感和持久学习的动力。具备个人奉献精神的优秀 IB 教师，能够通过行动来改善学生的学习环境和学习效果。

最后，听说教学的评估方法和评核标准，也全面体现了 IB 理念。听说教学法的教学，旨在让学生全面了解二语教学法，其中既有不同教学流派的理念介绍，也有实际教学的展示和分析。通过学习，学生可获得日后从教所需的教学知识、技能、理念和态度。这些多元化的学习成果不适合以一份总结式评估（Summative Assessment）来量度学生的学习水平，而适合以进展性评估（Formative Assessment）经常进行，在不同方式的持续评估中，不断提供学与教的回馈，及时改善教学。听说教学法的评核功课包括：（1）设计一份教案。（2）选取其中一部分教学活动进行课堂试教。（3）在同侪互评和教师点评之后，再结合自己的反思，撰写反思报告。每一份具体的功课，都是对学习效果的快速反馈，有助教师及时调整改进教学，为之后的进一步教学打好基础。进展性评估促进学生探究、思考、尝试、反思，逐渐形成教育理念，进展性评估在语言教学上理应备受重视，是促进学习的评估（Assessment for Learning）。

（二）特色课程内容：IB 系列工作坊

IB 发展日新月异，相关信息的更新迭代也在加快。为帮助学生了解 IB 最新发展，MATCIL 课程特开设“国际文凭预科课程和汉语二语教学”科目，举办 IB 系列工作坊，邀请活跃于教研前线的众多 IB 专家、IB 总考官、国际学校校长、IB 工作坊培训教师等担任讲者。讲授的主题包括：

概论：IB 理念与汉语作为二语教学

汉语作为二语教学中的 IB 学习者培养目标

国际学校中的 PYP 汉语教学
MYP 课程框架下的汉语教学
差异化教学
国际文凭预科课程（IBDP）：从理论到实践
IB 课程中知识论（TOK）的教学与应用
反思中国文学教学中的 IB 学习者培养目标
IB 中文课程的评估方法与评价标准
……

IB 系列工作坊除了向学生介绍了 IB 的理念及不同教学技巧、教学要求，更为学生提供了一个和 IB 专家、资深教师交流的平台，为学生踏入业界提供了切实的帮助。

（三）多样化的学校体验机会

MATCIL 课程提供本地及海外的多样化学校体验机会，学生在第一个学期学习各门科目的同时，随即开展学校探访活动，以便将理论学习融入对教学实践的观察。学生分组探访位于香港的本地学校、国际学校，参观教学环境和观摩教学，与前线教师、中文科主任及校长座谈交流。探访活动结束后，所有学生将按照组别汇报探访情况，交流探访内容和学校特色，分享探访心得。学校探访帮助学生快速了解香港教育的不同方面，逐渐培养形成持续探究的专业态度。

在第二个学期之初，学生将根据选择派位，去位于不同地区、不同性质的学校进行为期六周的实习体验。课程开办以来，已与多个学校建立了长期稳定的实习合作关系，学生可根据地区、学校性质选择不同类型的学校，例如想留在香港实习，可选择面向成人留学生的香港大学中文学院等高校，也可选择面向小学生的多间国际学校；如想去海外大学实习，则有美国、英国、德国、荷兰、捷克等国的大学可供选择；而 IB 组别的学生，根据 IB 官方要求必须在 IB 学校取得实习经验，课程也提供了不同国家和地区的多间 IB 学校作为选择。

（四）其他实习活动

1. 华东师范大学对外汉语教学实习沉浸

香港教育大学与上海华东师范大学合作，每年 6 月选派学生去华东师范大学国际汉语文化学院进行为期四周的实习沉浸。华东师范大学安排多位富有经验的教师，一对一指导学生的对外汉语教学实习，学生全程可观摩指导教师授课、讨论备课、试教并交流观课意见、参与华东师范大学的相关活动及文化考察等。学生表示在为期一年的课程学习的尾声，在学习了多科理论知识，又经历了多地区的不同性质的汉语教学之后，华东师范大学的实习沉浸进一步加深了对汉语国际教育理论的理解，更丰富了教学经验和见闻。

2. 香港教育大学留学生中文班实习

近年来，外国大学生及高中生利用暑期，到香港学习汉语的趋势渐成为风气。香港大专院校非本地本科生的比例已升至全部学生的 20%，预计来港半年或一年学习的国际交换生也将越来越多。香港教育大学开设有暑期留学生中文班，帮助留学生利用暑期进修汉语普通话。MATCIL 课程安排学生参加实习生项目，担任留学生的汉语导师，面对面进行汉语教学，策划组织文化体验活动，带领留学生进行文化考察，丰富教学经验。BATCSL 课程的学生也积极向海外拓展，仅 2018 年就有多位学生去西班牙参加汉语培训实习生项目。

六、课程审核和质量保证

（一）香港教育大学要求的质量保证机制

香港教育大学非常重视对开办课程的质量评核，从学校、学院、学系到课程、学科等不同层级均设有严格、完善的课程审核和质量保证机制（Quality Assurance, QA）。在学院层面，设有学院课程评核委员会，定期召开会议检视课程质量，修订保障教学及评估质量的政策指引，定期提交《教与学审核报告》。而在课程层面，课程事务须由多位同事组成的课程委员会商讨决定，课程委员会还须收集年度课程评估、年度课程报告，听取考试委员会、校外评审等校内外不同持份者的意见，并给予及时反馈。所有课程每五年会进行一次大型检讨，基于教学成果检验教学质量，进一步完善课程架构的设计。在学科层面，每位任课教师和科目统筹保持密切合作，确保完成指定课程大纲的内容教学，督促学生遵守学术诚信，每学期定期举行教学会议，通报教学进度及遇到的问题，共同商定清晰、适用的评核标准、等级描述及考核方式，确保功课及考试的标准化和公平性。

（二）IBO 的认证审批

MATCIL 课程申请 IBO 认证，经过以下四个步骤：

1. 向 IBO 提交正式的书面申请。申请书须列明课程架构及其中每个科目的详细情况，提交申请书后会收到 IBO 寄来的认证指引、申请表、IB 认证框架协议和相关日程安排等。

2. 正式申请阶段。在获得校方批准及合作机构的认同后，MATCIL 课程作为申请方向 IBO 提出正式申请，必须提交的申请文件包括：课程介绍、填写完毕的申请表。此外，课程还提交了一系列补充资料，包括：课程内部报告、课程定期检讨报告、课程质量保证手册、课程手册等。

3. 接受并通过 IBO 的来访考察。由 IBO 委派三人组成的认证团队，对申请方进行为期两天的认证考察。包括考察团介绍、申请方汇报、考察团与任课教师面谈、考察团参观学校设施、审议文件、问答、考察团内部讨论、考察团反馈和总结八个阶段。

4. 正式通过认证。完成认证考察后的一个月内，申请方将收到考察报告草案，内容包括赞赏和建议。根据 IBO 提供的数据，完成整个申请认证的过程，一般需时 12 个月至 18 个月。

MATCIL 课程已于 2016 年 12 月完成向 IBO 申请认证的手续，正式成为 IB 教学证书认可课程。2017 年及之后入学的学生，如通过筛选就读 IB 组别，须修读“国际文凭预科课程和汉语二语教学”一科取得合格成绩，并在 IB 学校取得为期六周的实习经历，最后经香港教育大学审批合乎资格者，便可申请 IB 教师资格。

七、相关学术活动、刊物

香港教育大学中国语言学系于 2016 年和 2017 年分别举办了第二届、第三届汉语国际教学研讨会，研讨围绕“IB 理念与汉语作为二语教学”等主题。应邀出席研讨会的嘉宾来自全球各地，其中有汉语国际教育研究领域的著名学者，也有多年一直从事 IB 教研的业内专家，众多国际学校的教师也报名参与。香港教育大学修读相关课程的学生可投稿发表论文，也可列席旁听、参与讨论。

2018 年 7 月，香港教育大学中国语言学系举办了主题为“IB 理念与汉语作为二语教学”的高级研讨坊，以讲授、研讨、文化考察等形式，与有志从事 IB 汉语教学的教师探讨相关理论和教法。高级研讨坊的讲者包括 IB 专家、IB 总考官、国际学校校长及资深教师，研讨主题涵盖 IB 培养目标，PYP、MYP、DP 的教学理念、教学技巧和评估方法。全面丰富的研讨内容吸引了不同背景的教师报名参加，他们分别来自中国香港的本地学校和国际学校、中国内地（大陆）的国际学校、中国台湾的学校以及西班牙华文学校，其中有刚取得教职的新教师，也有任教 10 余年的资深教师。此外，香港教育大学也有五位来自不同学系的同事报名参与研讨坊。

作为高等学府，教学与学术研究必须相辅相成，汉语国际教育这一门专业也不例外。香港教育大学中国语言学系在 2017 年与美国哥伦比亚大学及中华书局（香港）有限公司联合创办《国际中文教育学报》，邀得亚洲、北美、欧洲等地的专家学者加入学术顾问委员会和地区编辑委员会，以构建跨国家、跨地域的多元文化平台，凝聚全球专家学者的知识和力量，推动汉语国际教育的研究，并探讨中华文化与当今世界多元文化的关系。我们期望中英双语的《国际中文教育学报》能抛砖引玉，鼓励汉语国际教育的同道建立更多教学与学术的交流渠道，同心协力，在全球范围内推动汉语国际教育与国际多元文化的发展和互动。

八、未来展望

语言是文化的基础、民族的象征，是人类最重要的交际工具。与世界上的其他语言相比，汉语教学的优势显著体现于人口数量和经济价值上，而汉语教学的不利因素也显而易见：语言研究层面，汉语缺少形态变化，以虚词和语序作为主要的语法手段导致难以总结规律并广泛传播；汉字的表意文字特质带来书写困难；对同音字难以区分理解；不同声调的发音难以掌握；等等。在语言使用层面，汉语在国际语言中还属于弱势语言，IB 官方的三种教学语言仅包括英语、法语和西班牙语，在国际上修读 IB 汉语科目的学生仍属少数。这其中部分原因是“汉语难学”，更多原因还在于汉语在全世界范围内的地位和使用频率。

汉语教学的优势掀起汉语学习的热潮，促使大量师资及相关培训的投入；而汉语教学的不利因素也为我们提出了严峻的挑战。我们必须重视面向教学的汉语研究，总结归纳出最易于传播的汉语语言规律，减轻学习者负担，提升学习效率。与此同时，我们还必须顺应现代教育趋势，借助汉语国际教育的研究成果发展汉语教学。

香港教育大学重视汉语国际教育师资的培养，中国语言学系多年来在汉语语言学、语文教育以及汉语国际教育和研究等领域辛勤耕耘，取得了令人瞩目的成绩。展望未来，汉语国际教育仍将是中国语言学系的重要发展方向，中国语言学系将借着 IB 师资培养的良机，提升汉语教学成效，扩展中文教育在国际社会的影响力，并在亚洲以至全球范围内，为中华文化的传承，担当重要角色并做出积极贡献。这是时代留给我们的机遇和挑战，我们将本着香港作为中西文化交汇点的优势，推动国际背景下的 IB 汉语教学的研究与发展。

参考文献

[1] 国际汉语教学文学硕士（MATCIL）课程手册．香港：香港教育大学．https://www.eduhk.hk/matcil/.

[2] 国家汉语国际推广领导小组办公室编．国际汉语教学通用课程大纲．北京：外语教学与研究出版社，2008.

[3] 汉语作为第二语言教学荣誉文学士（BATCSL）课程手册．香港：香港教育大学．https://www.eduhk.hk/degree/batcsl_dse.htm.

[4] 李泉主编．对外汉语教学理论研究．北京：商务印书馆，2006a.

[5] 李泉主编．对外汉语教学学科理论研究．北京：商务印书馆，2006b.

[6] 李泉主编．对外汉语课程、大纲与教学模式研究．北京：商务印书馆，2006c.

[7] 刘珣．对外汉语教育学科初探．北京：外语教学与研究出版社，2005.

[8] 陆俭明．作为第二语言的汉语本体研究．北京：外语教学与研究出版社，2005.

[9] 欧洲理事会文化合作教育委员会编．欧洲语言共同参考框架：学习、教学、评估．刘骏，傅荣主译．北京：外语教学与研究出版社，2008.

[10] 施仲谋．语言教学与研究．北京：北京大学出版社，2005.

[11] 施仲谋．语言与文化．北京：中华书局，2013.

[12] 王齐乐．香港中文教育发展史．香港：波文书局，1983.

[13] 吴英成．汉语国际传播：新加坡视角．北京：商务印书馆，2010.

[14] 许琳．汉语国际推广的形势和任务．世界汉语教学，2007（2）.

[15] 赵金铭．汉语与对外汉语研究文录．北京：外语教学与研究出版社，2005.

[16] Hutchings, W. *Enquiry-based Learning: Definitions and Rationale*. Centre for Excellence in Enquiry-based Learning, University of Manchester, 2007.

[17] International Baccalaureate Organization. *What Is an IB Education?* 2013.

[18] International Baccalaureate Organization. *Learning Diversity and Inclusion in IB Programmes*. 2016.

[19] Tomlinson, C. A. *How to Differentiate Instruction in Mixed-Ability Classrooms* (2nd edition). Association for Supervision and Curriculum Development Alexandria (ASCD), 2001.

柬埔寨汉语教师志愿者的跨文化适应研究

中国传媒大学　张　旋　肖　莉

摘　要：　本文通过问卷调查，全面分析了柬埔寨汉语教师志愿者的跨文化适应情况。问卷主体为跨文化适应难度量表，分为工作、交际、生活和社会环境四个方面，每个方面七个项目，采用五度计量。问卷还包括社会支持、自我心理感受、减压方式等问题。有效问卷共回收了72份。统计分析发现：（1）柬埔寨的志愿者总体跨文化适应情况很好。（2）在人际交往方面适应难度略大，在工作上适应难度最小，最困难的是看病以及语言不通带来的交流障碍。（3）在工作和生活中，志愿者们遇到困难最常找其他中国教师帮忙，生活上有麻烦很多志愿者会找他们的当地学生帮忙。（4）志愿者的减压方式比较多，最常用的是看影视剧和跟家人、朋友聊天儿，还有就是看书、出去玩、运动和吃东西。（5）大多数志愿者在工作和生活上都觉得很好或还可以，少数表达了“无聊”“孤独”“想家”等负面情绪。

关键词：　跨文化适应　柬埔寨　国际汉语教师志愿者　问卷调查

一、引言

为了满足日益增长的汉语学习需求，孔子学院总部/国家汉办自2004年起开始实施汉语教师志愿者项目。截至2018年12月31日，我国已在全世界建立孔子学院548所，孔子课堂1193个；截至2017年年底，累计派出志愿者4.7万余人次。柬埔寨是汉语教师志愿者项目的重要派出地之一。柬埔寨有着东南亚最大的华校，在东南亚华文教学中的地位举足轻重。近几年派往柬埔寨的汉语教师志愿者越来越多。2017—2018年度派往柬埔寨的志愿者有238人，分别任教于孔子学院、华校和DHY汉语中心。这些志愿者大多是在读的研究生和刚毕业的年轻人。他们的教学经验较少，很多是第一次到海外工作，跨文化的经历较少，因此在海外任教时，不管是工作上还是生活上都可能会出现各种各样的跨文化问题。

海外汉语教师志愿者除了要具备较强的专业素质外，还要具备较强的独立能力和适应能力。汉语教师志愿者最重要的任务就是传播中国的语言文化。他们是教授汉语和传播中国文化的使者。如果汉语教师未能适应国外的文化，出现了严重的不适，很有可能会影响他们的汉语教学和文化传播工作。因此我们有必要对志愿者们的工作状态、生活状态以及心理状态进行研究，期望能够了解他们在各方面的适应情况，找到解决问题的办法，为志愿者更快更好地适应国外生活和工作提供一些建议。

二、理论基础与已有研究

跨文化适应研究是20世纪随着经济、政治的国际化发展而产生的，是跨文化交际领域一个很重要的研究方向。Lysgaand（1955）最早提出了跨文化适应的U形曲线模式，把跨文化适应分为三个阶段，即从开始的新鲜感到情绪的低落，再到情绪的回升。Oberg（1960）提出了“文化休克”的概念，把跨文化适应分为四个时期，即蜜月期、危机期、恢复期和适应期。

按照研究对象在新文化中停留时间的长短，跨文化适应研究可以分为有关长期移民的研究和有关短期旅居者的研究。有关旅居者研究中很多是针对留学生的，比如杨军红（2005）、李萍（2009）、朱国辉（2011）对来华留学生的研究。关于汉语教师志愿者跨文化适应的研究不多，包括几篇硕士学位论文，主要集中在泰、韩两国。有关韩国的研究主要集中在CPIK项目上；有关泰国的研究数量最多、内容最广，学者们从不同角度展开了研究。林德成（2010）运用问卷调查和访谈法从社会文化适应和心理适应两个维度考察了泰国志愿者的跨文化适应情况，发现志愿者的社会文化适应符合Lysgaand（1955）的U形曲线模式，但是心理适应的分数一年比一年低。李晓雯（2017）从物态文化、行为文化、制度文化和心态文化四个方面分析了泰国东北部志愿者的跨文化交际适应问题产生的原因，通过案例分析和访谈，李晓雯发现这四个方面或多或少都对志愿者的跨文化适应问题产生了影响。黄石秀（2017）发现在生活中赴泰志愿者与当地人的交往程度较低，在工作中，与学生相比志愿者与领导、同事保持良好关系更为困难。安然和魏先鹏（2012）和郑云丹（2016）探讨了志愿者的跨文化心理适应情况，前者考察了赴泰志愿者的心理濡化过程和结果，认为这一过程体现出集体主义、孝道观念和人际关系和谐理念的中国文化价值观；后者认为人口统计学因素，如性别、年龄、出国经验等，会影响跨文化心理适应，社会文化因素和跨文化心理适应呈显著正相关。除此以外，对于影响志愿者跨文化适应的因素，陈为春（2009）认为有社会支持和文化参与；祝婕（2014）提出了六个：文化距离、出国前的预期、时间、社会支持、语言能力及采取的适应策略；张茜雯（2018）认为主要有期望值、应对策略、个人知识、汉办培训、地域背景、歧视与偏见、生活适应及社会支持等。还有学者专门探讨了志愿者对海外教学的适应情况。江傲霜和吴应辉（2012）对203位泰国志愿者和202位泰国中学生进行了调查，认为志愿者教学适应能力不足的原因有如下几点：一是志愿者对泰国教育制度、教育理念不了解；二是对泰国汉语教学情况不了解；三是对海外汉语教学与国内汉语教学的差别不了解；四是国内培训内容有效性和针对性不足。李琳等（2013）对志愿者们的教学适应性进行了分析，认为虽然泰国汉语教师志愿者教学适应总体较好，但是教学效率低，教师教学能力有待提高。柬埔寨与泰国同属东南亚国家，社会文化相近，派出的志愿者构成类似，上述研究为我们提供了理论和方法上的支持。

三、研究设计

（一）研究内容

本文将全面分析赴柬埔寨汉语教师志愿者的跨文化适应情况，包括工作、交际、生活、社会环境等方面，考察在柬志愿者的心理状况，发现他们在跨文化适应方面的困难及应对方法。

（二）问卷设计

本研究采用问卷调查的方法。问卷设计参考了 Ward & Kennedy（1999）的社会文化适应量表（SCAS），以及前人关于海外汉语教师志愿者跨文化适应研究中所用的问卷（林德成，2010；郑云丹，2016）。考虑到汉语教师志愿者中很多也是在校学生，本文也参考了一些针对留学生的跨文化适应的问卷（杨军红，2005；李萍，2009；朱国辉，2011）。

本文问卷主体为跨文化适应难度量表，采用五度计量：1 为“不难”，2 为“还可以”，3 为“有点儿难”，4 为“很难”，5 为“非常难”。内容分为工作、交际、生活、社会环境四个方面，每个方面设七个项目，共 28 项。还有 15 个对于柬埔寨各方面的看法，如“我觉得当地人民对我很友好”，由被调查者选择“同意”“不同意”“很难说”和“无所谓”。问卷中还设有多项选择题，了解被调查者在工作、生活方面得到的社会支持的情况。

在个人基本信息方面，问卷收集了被调查者的性别、年龄、专业、学历、经验、任教机构类型、任教时间、来任教国家的原因等基本情况。

（三）调查实施过程

问卷于 2018 年春季使用问卷星通过微信向当时正在柬埔寨工作的汉语教师志愿者们发放。共收回问卷 77 份，有效问卷 72 份，约占 2017—2018 年度派遣赴柬全部志愿者的 30%。

四、被调查者的基本情况

从性别分布来看，72 名被调查者中，女性占大多数。从专业背景来看，汉语国际教育专业的最多，占一半以上。33% 的其他专业包括英语及相关专业、广告学、哲学等。孔子学院总部 / 国家汉办在选拔志愿者的时候对于专业基本没有特殊要求，所以非汉语类专业背景的志愿者比例还是很高的（见表 1）。

表 1　志愿者性别、年龄和专业的分布情况

基本情况	性别		年龄			专业		
	男	女	18—22	23—26	27—30	汉语国际教育	汉语言文学	其他
人数 / 人	16	56	5	62	5	41	7	24
百分比 /%	22	78	7	86	7	57	10	33

表 2　志愿者学历、海外经验和课堂教学经验的分布情况

基本情况	学历			海外经验		课堂教学经验	
	本科毕业	硕士在读	硕士毕业	有	没有	有	没有
人数 / 人	50	13	9	12	60	34	38
百分比 /%	69	18	13	17	83	47	53

综合志愿者的年龄（见表 1）和学历情况（见表 2）来看，志愿者都很年轻，30 岁以上的几乎没有。大多是在读硕士研究生和刚毕业的本科生，他们是海外汉语教师志愿者的主力军。以前曾在海外任教的志愿者仅占 17%，可见大多数人没有在海外工作的跨文化经历。来柬埔寨以前，有近一半的志愿者有正式的课堂教学经验，对于在读或刚毕业的学生来说，这还是不错的。不过鉴于志愿者们的年龄，他们的教学经验也不会很丰富（见表 3）。

表 3　志愿者任教机构类型和任教时间的分布情况

基本情况	任教机构类型		任教时间				
	华校	非华校	6 个月	7—8 个月	9—10 个月	1—2 年	2 年以上
人数 / 人	44	28	2	44	4	18	4
百分比 /%	61	39	2	61	6	25	6

在柬埔寨，志愿者任教的机构大部分是华校。柬埔寨志愿者的赴任时间通常是在八九月，因此我们春季做调查的时候，任教 7—8 个月的志愿者最多，他们也即将回国。另外 1—2 年的是第二任期的志愿者，也是留任的。这两类占大多数。

志愿者来柬埔寨任教的动机主要有三个：有 69% 的志愿者选择了“可以增加教学经验”；分别有 67% 的志愿者选择了“想到国外体验一年”以及“海外的教学经验对以后的工作有很大帮助”这两项（该问题为多选）。另外，认为可以得到工资的有 35%，选择“我喜欢这个国家”的有 15%。选择“实习需要”的仅占 7%，实习需求不强，因为很多志愿者是已经毕业的本科生，不存在实习需求，而在读硕士研究生的实习基本可以在国内实现。还有 10% 的志愿者选择了其他，比如“喜欢这个专业，想一直发展下去”“喜欢对外汉语的工作”“考研”及把出国一年当作是自己的“过渡期”等。

五、跨文化适应调查的结果分析

（一）跨文化适应难度的总体分析

我们首先算出 72 名被调查者在每一个项目上的难度平均值，然后又分成工作、交际、生活和社会环境四个方面分别计算了所属项目的平均值，见表 4：

表 4 志愿者跨文化适应难度的总体分析

四个方面	工作	交际	生活	社会环境	总体
跨文化适应难度平均值	1.35	1.89	1.70	1.50	1.61

数据显示，志愿者在交际方面难度最大，工作方面难度最小。但是总体来看，这四个方面的难度都不大，都没有到 2.00。柬埔寨华人较多，中国店铺随处可见，志愿者们会有一种熟悉感与亲切感，因此总体适应难度较小。柬埔寨的教育形式在一定程度上和中国的教育形式相似，所以在工作上的适应难度也会比较小。有难度的是语言与交流，志愿者们的柬埔寨语水平有限，在跟当地人及外方领导、同事沟通时，难免会出现一些困难。

（二）四个方面的适应难度分析

我们分别从工作、交际、生活和社会环境四个方面分析志愿者的跨文化适应情况。

在工作方面，志愿者们的跨文化适应良好，难度最大的是“花较少时间备课”这一选项，但平均值也只有 1.65。可见，志愿者们在工作上的适应难度较小。我们对比了来柬埔寨前有过教学经验和没有教学经验的志愿者在工作上的七项难度平均值，前者的 1.32 略低于后者的 1.36，但在备课方面，之前没有教学经验的志愿者的难度平均值反而比有经验的略低，说明之前的教学经验对志愿者在工作方面的适应难度影响不大。柬埔寨学校的教学工作量比较大，科目较多，志愿者不光教授汉语课，有的还要教类似地理、科学这样的科目，这和国内的对外汉语教学有很大差别，因此国内的经验对此影响不大。

在交际方面，志愿者在“会使用当地语言和当地人交流”一项上难度最大，平均值为 3.20，远高于其他项目。而“和学生沟通”“跟当地学校领导沟通”等的难度都比较小。在需要表态的问题中，我们同样发现，对于“如果我的本地语言说得更好，我在当地的生活会更好”这一项目，表示同意的志愿者高达 79%。此外，问卷中还设置了“与本地同事交流所用的语言”这一开放性问题，结果 47% 的志愿者写了两种或两种以上的语言，53% 的志愿者只使用一种语言，汉语或者英语。具体来看有 53% 的志愿者使用汉语，32% 使用英语，13% 能用柬埔寨语，还有 2% 的志愿者使用肢体语言。只使用柬埔寨语交流的几乎没有。可见，志愿者们的柬埔寨语水平非常有限，语言障碍是赴柬埔寨志愿者们跨文化适应的主要障碍之一。

在生活方面，志愿者们感到难度最大的是“看病”，平均值为 2.20。柬埔寨的医疗水平有限，而且志愿者由于语言不通，也无法和医生沟通，种种因素使志愿者觉得在柬埔寨就医是一件非常困难的事情。这与前人很多研究一致，医疗问题几乎是所有海外旅居者都面临的难题之一。其他项目如适应气候、乘坐交通工具等，难度都较低。柬埔寨虽然天气炎热但空气较好，中国人比较容易适应那里的气候。柬埔寨的交通比较混乱，公共交通较少，柬埔寨人出行基本靠摩托车，志愿者们出行大多乘坐一种叫“嘟嘟车”的交通工具。很多志愿者刚到时非常不适应，但由于“嘟嘟车”数量非常多而且可以网上约车，省去了和司机打交道的过程，因此在交通方面志愿者的适应情况也较好。

在社会环境方面，志愿者总体适应情况良好，在社会大环境方面的适应难度较小。七个项目中难度最大的是“适应任教国的治安”，但难度平均值也只有 1.75，没有超过 2.00。

（三）工作支持和生活支持分析

工作上获得的支持和生活中得到的帮助可以使志愿者们更好地适应任教国的工作和生活，因此本研究设计了相关的多选题。数据统计见表 5 和表 6：

表 5 工作支持多选题的选项分布

选项	没有人	其他中国教师	孔子学院总部 / 国家汉办	学校外方领导	学校中方领导	学校外方同事	国内同学、朋友	学生	其他人
人数 / 人	1	62	14	23	25	25	25	23	4
百分比 /%	1	86	19	32	35	35	35	32	6

表 6 生活支持多选题的选项分布

选项	没有人	其他中国教师	孔子学院总部 / 国家汉办	学校外方领导	学校中方领导	学校外方同事	国内同学、朋友	国内家人	学生	其他人
人数 / 人	2	59	12	20	23	20	26	27	35	4
百分比 /%	3	82	17	28	32	28	36	38	49	6

从以上数据来看，在工作和生活上遇到困难时，大多数志愿者会选择寻求其他中国教师的帮助。这是因为志愿者之间比较熟悉，所以遇到困难首先想到的人就是其他志愿者。在同一教学机构任教的志愿者也不少，在本研究的调查中，50% 的教学机构有 2—5 名志愿者，22% 的教学机构有 6—10 名志愿者，还有 28% 的教学机构有 11 名以上的志愿者。

在工作上遇到困难，志愿者们会找学校外方领导、学校中方领导、学校外方同事、国内同学和朋友及学生的帮忙的比例非常相近。而在生活上遇到困难，志愿者们除了找其他中国教师外，找学生帮忙的比例比较大，其次才是学校各方领导及家人和朋友等。这是因为在柬埔寨，老师和学生的关系非常亲近。学生们不仅把志愿者当作老师还当作自己的朋友，对志愿者教师非常友善，他们还可以充当志愿者们的小翻译。所以，在生活上遇到困难时，很多志愿者会选择找学生帮忙。

（四）志愿者的心理感受和减压方式分析

在工作上，表示不开心的只有 3 人，占总人数的 4%。在生活上，表示不开心的只有 6 人，占总人数的 8%。大多数志愿者表示在柬埔寨的工作和生活还可以。具体数据见表 7：

表 7 工作和生活方面志愿者心态选项分布统计表

选项		很不开心	不太开心	还可以	很开心	非常开心
工作	人数 / 人	0	3	33	19	17
	百分比 /%	0	4	46	26	24
生活	人数 / 人	0	6	34	17	15
	百分比 /%	0	8	47	24	21

问卷要求志愿者们用一个或几个词来形容在柬埔寨的生活，统计发现：35 位志愿者的表述为“兴奋”“充实”“自由”“感动”等正面情绪，占 49%；16 名志愿者的表述既包括正面的又含有负面的，比如“既充实又想家”，占 22%；21 名志愿者只表达了“无聊”“孤独”“想家”等负面情绪，占 29%。这个负面的比例还是比较高的，相比于表 7 的数据，即只有不到 10% 的人认为在工作或生活上不太开心，这个 29% 的比例应该更加真实，说明一些志愿者觉得这里的工作、生活“还可以”，但是他们很想家。我们调查的志愿者在柬埔寨基本上已经生活了 7 个月以上，即将回国，这种思乡情绪是可以理解的。问卷中另设有一个关于是否期待回国的问题，56% 的志愿者表示非常期待，26% 的表示有点儿期待，18% 的表示还行，表示不想回国的志愿者一个都没有。这也和以上心理感受的分析结果吻合。

娱乐和放松方式可以帮助志愿者更好地适应在柬埔寨的生活。本文设计了志愿者平时在娱乐和放松方式上的多项选择题，结果见表 8、表 9。统计发现，看影视剧、跟家人和朋友聊天儿、看书、出去玩、运动、吃东西等娱乐和放松方式所占的比例都比较大。

表 8　多选题“你平时的娱乐方式有哪些？”选项分布

方式	看影视剧	跟家人、朋友聊天儿	看书	出去玩	其他
人数 / 人	67	56	53	58	9
百分比 /%	93	78	74	81	13

注：“其他”包括逛超市、逛菜市场、画画儿、打游戏等。

表 9　多选题“你平时用什么方式缓解压力？”选项分布

方式	看影视剧	跟家人、朋友聊天儿	看书	运动	吃东西	其他
人数 / 人	58	58	47	46	43	9
百分比 /%	81	81	65	64	60	13

注：“其他”包括睡觉、打游戏、逛街等。

（五）志愿者对文化适应情况的态度

问卷最后有 15 条对柬埔寨工作、生活的看法，请志愿者选择“同意”“不同意”“很难说”和“无所谓”。从统计结果来看，大部分志愿者认为柬埔寨人民很友好，对于“如果有麻烦很容易找到人帮忙”的赞同比例达到 88%，觉得“当地人在生活上给予了很大帮助”的有 76%。67% 的志愿者不同意“我感觉这里汉语教师不受重视”的说法，22% 认为很难说，只有 11% 表示同意。至于“在任教国感到歧视和偏见”，79% 的志愿者不同意，10% 认为很难说，7% 认为无所谓，只有 4% 表示同意。不过，对于“我对一些不好的行为感到不舒服，例如：随地扔垃圾、不守时等”，77% 的志愿者表示同意，10% 认为很难说，7% 不同意，6% 认为无所谓。

在交往方面，51% 的志愿者不认为认识本地人的机会少，25% 的人选择很难说，3% 的人觉得无所谓，只有 21% 的人同意这种说法。75% 的志愿者不同意“很难和本地教师交流”，15% 认为很难说，7% 无所谓，只有 3% 同意。不过有 79% 的志愿者同意“如果我的本地语言说得更好，我在当地的生活会更好”这一说法，7% 不同意，6% 很难说，8% 无所谓。

在工作上，77% 的志愿者不认为“很难适应当地的教学模式”，13% 觉得很难说，只有 10% 表示同意。认为学生喜欢自己的志愿者高达 92%。85% 的志愿者认为上课很有成就感。71% 的志愿者觉得“学生们对中国很感兴趣”。

关于孔子学院总部 / 国家汉办在出国前提供的培训，68% 的志愿者认为有很大帮助，19% 表示很难说，10% 认为没有帮助，3% 表示无所谓。

从以上数据可知，柬埔寨汉语教师志愿者虽然遇到一些语言障碍，也感到当地社会状况与中国的不同，但总体适应较好。

六、结论

通过问卷调查我们发现，赴柬埔寨汉语教师志愿者在跨文化适应方面总体情况良好，当地人对中国人比较友好。在人际交往方面适应难度最大，在工作上适应难度最小。志愿者认为最难适应的是“会使用当地语言和当地人交流”和“看病”。在工作和生活中，志愿者们遇到困难大多会找其他中国教师帮忙，在工作上遇到困难，志愿者们还会找各方领导及外方同事帮忙，而在生活上遇到困难时，很多志愿者会找他们的当地学生帮忙。志愿者的减压方式比较多，最常用的是看影视剧和跟家人、朋友聊天儿，还有就是看书、出去玩、运动和吃东西。在心理感受上，绝大多数的志愿者在工作和生活上都觉得很好或还可以，有 29% 的志愿者表达了“无聊”“孤独”“想家”等负面情绪。

结合问卷调查所发现的问题，我们对赴柬埔寨汉语教师志愿者有如下建议：（1）要意识到跨文化问题的存在，有充分的心理准备。（2）赴任前应尽可能多地了解柬埔寨的风土人情。（3）赴任后，要有开放包容的积极态度，乐于学习当地的语言文化，努力调整自己的心态，尽快适应任教国的生活和工作。

我们对孔子学院总部 / 国家汉办有如下建议：（1）志愿者选拔要特别注重心理素质，志愿者应有良好的抗压能力和自我调节能力。（2）培训可以多涉及柬埔寨的风土人情和生活、工作模式。（3）提供一定的语言培训，帮助志愿者掌握柬埔寨的一些日常生活用语和简单的工作语言。

参考文献

[1] 安然，魏先鹏 . 赴泰汉语教师志愿者心理濡化研究 . 云南师范大学学报（对外汉语教学与研究版），2012（6）.
[2] 陈为春 . 论跨文化适应的主要影响因素——以近年赴泰教师的文化适应为例 . 科教文汇，2009（10 下）.
[3] 黄石秀 . 赴泰汉语教师志愿者跨文化人际交往个案研究 . 云南师范大学硕士学位论文，2017.
[4] 江傲霜，吴应辉 . 泰国汉语教师志愿者教学适应能力探析 . 华文教学与研究，2012（1）.
[5] 李琳，凌亚，龚铁铝 . 赴泰汉语志愿者教学适应性调查研究 . 当代教育理论与实践，2013（7）.
[6] 李萍 . 留学生跨文化适应现状与管理对策研究 . 浙江社会科学，2009（5）.
[7] 李晓雯 . 赴泰汉语教师志愿者跨文化交际案例分析 . 郑州大学硕士学位论文，2017.
[8] 林德成 . 赴泰汉语志愿者跨文化适应研究 . 华南理工大学硕士学位论文，2010.
[9] 刘欢 . 吉尔吉斯斯坦汉语教师志愿者跨文化适应研究 . 新疆师范大学硕士学位论文，2013.
[10] 史腾云 . 2013 年赴韩 CPIK 志愿者心理调查分析 . 北京语言大学硕士学位论文，2015.
[11] 杨军红 . 来华留学生跨文化适应问题研究 . 华东师范大学博士学位论文，2005.
[12] 张茜雯 .“文化适应”对汉语教师志愿者教学活动的影响——以赴泰国汉语教师志愿者的文化适应情况为例 . 大学教育，2018（1）.

[13] 郑云丹 . 海外汉语教师志愿者跨文化心理适应调查报告 . 重庆师范大学硕士学位论文，2016.
[14] 朱国辉 . 高校来华留学生跨文化适应问题研究 . 华东师范大学博士学位论文，2011.
[15] 祝婕 . 论影响汉语教师志愿者跨文化适应的因素 . 时代教育，2014（7 下）.
[16] Lysgaand, S. Adjustment in a foreign society: Norwegian Fulbright grantees visiting the United States. *International Social Science Bulletin*, 1955, 7.
[17] Oberg, K. Cultural shock: Adjustment to new cultural environments. *Practical Anthropology*, 1960, 7.
[18] Ward, C. & Kennedy, A. The measurement of sociocultural adaptation. *International Journal of Intercultural Relations*, 1999, 23(4).

国际汉语教师信念维度研究

山东大学　赵秀菊

摘　要：　随着国际上对汉语学习需求的持续增长，国际汉语教师队伍不断壮大，学界对国际汉语教师的研究更加深入。研究发现，教师的课堂教学行为并非随机和无意识的，而是受到隐形的教师认知的影响，特别是居于教师认知核心地位的教师信念的影响。教师信念是指教师持有的关于教学的信念，是教师在学习和教学中形成的主体性认知，影响着教师的知觉、判断，从而影响教师的课堂决策和教学效果。目前学界对国际汉语教师信念研究处于起步阶段，研究成果不多。教师信念贯穿教学活动的始终，对国际汉语教师信念的研究首先要区分教师核心信念，厘清信念的维度。本文从课堂教学实践出发，结合国际汉语教学的特点，分析得出国际汉语教师信念的五个维度，即汉语语言观、汉语教学观、汉语学习观、中华文化传播观及师生角色观。对国际汉语教师信念维度的研究为下一步开展国际汉语教师信念的深入研究打下基础，也为提高国际汉语课堂教学质量、优化师资培训提供理据。

关键词：　国际汉语教师　教师信念　教师信念维度

一、引言

近年来随着世界各国对汉语学习需求的持续增长，国际汉语教师队伍不断壮大。针对国际汉语教师的研究始于20世纪80年代，随着中国经济发展、国际地位的提升，尤其是孔子学院的设立，国际汉语教师的研究自21世纪以来呈逐年增长趋势，特别是2010年以后迅速增长。从内容来看，国际汉语教师研究涵盖如下方面：第一，国际汉语教师的素质、修养和能力，早期的研究大多关注教师所需具备的各方面的综合素质和修养，后来逐渐发展到专注研究教师所需的具体某一方面的素质和能力；第二，国际汉语教师培养和队伍建设，包括教师培训的规格和方式、培养模式以及队伍建设等；第三，国际汉语教师的作用和角色；第四，国际汉语教师的语言及形象等研究；

第五，国际汉语教师认知和教师专业发展研究。

教师认知研究起源于 20 世纪 70 年代，课堂不再仅仅被看作传授知识的场所，教学活动被认为是一个复杂的过程，有效的教学模式不能只是简单地模仿和复制某些教学行为，这一阶段教师研究开始关注教师的思维过程。90 年代心理学的生态学取向对教师认知研究影响较大，这一取向认为个体的生活经验和经历对其心理和行为产生重要影响，强调人与环境的交互作用。21 世纪以来，社会文化理论的发展极大地影响了教师认知研究，该理论强调社会环境对人的心理发展所起的重要作用，教师被看作“有信念、有情感、有思想的社会人”（文秋芳和任庆梅，2010）。学者也认识到教师认知对教学改革的重要性，教学改革如果不考虑教师认知（包括教师信念、意向和态度），只把关注点放在培养具体的教学技能上，这种改革注定要失败（Verloop *et al.*, 2001）。孙德坤（2008）认为教师认知研究提高教师的自觉性，突出教师的主体地位，不仅是教师发展的有机组成部分，而且也是打破汉语教学师资瓶颈的重要方法。

二、从信念到教师信念

信念源于个体的经验，是个体所持有的、并且信以为真的关于事物的认识，具有主观性，能够指导个体的行为。信念相对稳定和持久，但在具体的环境中，信念也会随着环境的变化、个体的实践而发生改变。信念不同于知识，Pajares（1992）认为信念是建立在评价和判断的基础上，而知识的基础是客观事实。

教师信念是指教师作为认知主体所持有的信念，教师作为认知主体，对各种事物和社会现象都持有自己的信念，本文中的教师信念仅限于教师持有的关于教学的信念，是指教师在学习和教学实践中形成的关于教学活动的主体性认知。

教师信念是教师认知的核心部分，影响着教师的知觉、判断，从而影响教师的课堂决策以及教学效果。教师作为课堂教学的决策者，在制订教学计划（教什么）、组织课堂活动（怎么教）、反思教学效果（教得如何）时，都受到教师信念的影响。在教学实践中，教师信念像一个过滤器，滤掉与自己信念不符的部分，对剩下的部分赋予意义，与教师知识相比，教师信念对教学影响更大。因此，对教师信念的研究有助于解释教师的课堂教学行为，提高教学质量，教学改革的实施也必须考虑到现有的教师信念。

教师信念不是一成不变的先验体系，它形成于教师的生活、学习和教学过程中，受到教师成长经历、学习经历、教学经历以及教育培训的影响，基于对周围环境（课堂环境、学校环境、社会环境）的认知而进行的教学反思改变着教师的信念，教师信念具有内隐性、个体性、稳定性和系统性。

三、国际汉语教师信念维度

教师信念融入教学活动的各个环节，从课前准备到课堂教学再到课后反思，涉及各项内容，从宏观的教学目标的制订到微观的特定知识点的讲解。教师信念虽然贯穿始终，但并不是杂乱无章的，信念内部具有层级性，处于不同层级的信念其稳定性和影响力各异。处于核心的信念影响面更广，稳定性更强，不易改变；处于外围浅表层的信念则影响小，容易改变。李泉（2015）把核心教学信念界定为“影响教学全局的、管辖范围大的重要教学信念”，非核心信念则对教学的影响没有那么大，相对次要。他同时指出这种划分标准比较模糊，在具体操作中难度很大。

国外针对外语教师信念的研究起步较早，已有较多的成果，研究内容主要包括：界定教师信念和划分维度、分析教师信念的影响因素、考察教师信念与教学实践的关系、探究教师信念的发展。国外对外语教师信念维度的划分，得到普遍认可的主要包括 Richards & Lockhart（1994）的教师信念五维度（关于英语的信念、关于学习的信念、关于教学的信念、关于课程的信念、关于语言教学职业的信念），Williams & Burden（2000）的教师信念四维度（关于学习者的信念、关于学习的信念、关于教师自身的信念、关于教学的信念），以及 Borg（2001）划分的五维度（教学观、学习观、学生观、课程观和教师观）。

国内的教师信念研究集中在英语教学领域，研究内容与国外大体一致，对教师信念的维度划分差别较大。刘桦（2004）认为英语教师信念体系应该包括：教师专业化信念、教师信念、教学信念、课堂信念、语言信念、教学计划和课程信念、学习者信念、学习信念八个方面。郑新民和蒋群英（2005）的研究涵盖了语言、学习者与学习、教学、课程、教师专业发展五个维度。徐泉（2014）认为英语教师信念应该包括以下六个维度：英语语言观、英语教学观、英语学习观、师生角色观、环境观、英语教学专业观。通过文献梳理发现，不同的研究者对外语教师信念的维度划分各不相同，这些差异部分是由于对教师信念定义的不同理解（如狭义和广义的区分），部分是由于概念表述不同，还有些是因为概念层级不同。

汉语作为外语教学遵循外语教学的一般规律，比如学生需要良好的、自然的语言环境，母语对目的语学习存在正迁移和负迁移，课堂教学不是单纯的语言技能的训练而要融入文化元素的教学等。国外对外语教师信念的研究和国内英语教学领域对教师信念的研究有很多借鉴意义，但又有很大的区别。从目的语的特点来看，这些研究成果是基于西方语言特别是英语语言的特点，与英文相比，汉语有其独特之处，比如语音教学中的声调教学，汉字的方块形体布局与英文的线条结构的差异，汉字有比英文更丰富的理据，构件功能多样，功用上比英文更复杂等（李运富，2014），汉语的这些特点决定了教学内容的差异。

从语言所承载的文化来看，世界上有多个国家以英语为母语或官方语言，这些国家之间异质化程度较高，加上英语作为国际语言的高使用度和普及度，英语因此承载着以英美文化为主的多元文化。相比较而言，汉语背后承载的文化有更加明确的指向性。

从教师与学生的关系来看，国内英语教学领域的教师信念研究中，教师的母语非目的语，但教师与学生共享母语和背景文化，因此教师自己的学习经历会投射到教学中，对学生的母语迁移能感同身受。国际汉语教学课堂上，教师的母语是目的语，但师生不共享母语或背景文化，课堂教学是典型的跨文化交流。

汉语的特点和国际汉语教学的独特性体现在教学理论和实践中，也会影响教师信念。针对汉语教师信念的研究成果不多，其中李泉（2018）在谈到基于信念的汉语教学法时从宏观、中观、微观三个层次列举了对外汉语教师信念，其中宏观层面的教师信念包括目标观、语言观、学生观、教师观、方法观、汉语观六个维度，中观层面的教师信念包括教材观、语法观、语音观、偏误观、备课观、词汇观、汉字观、讲练观等，微观层面的教师信念涵盖课型观、写字观、背诵观、课件观、管理观以及对语言点展示、小组活动等的看法。这一划分涵盖了汉语教学的方方面面，再辅之以生动的教学实例，详细而具体。与对外汉语教师相比，国际汉语教师所处的教学环境更加复杂，学生的语言和认知水平个体差异更大，文化背景更多元，学习动机更多样，教师信念维度也会不同。

本文从教学实践出发，分析课堂教学的核心要素，结合国际汉语教学的特点，推演出国际汉语教师的核心信念。课堂教学作为一项社会活动，是指在特定的社会文化情境中通过教师的教和学生的学共同促进学生获取知识和技能、提高个体认知能力的过程。课堂教学活动的参与者主要是教师和学生，活动的对象是特定科目的内容，方式是教师的教和学生的学。具体到国际汉语教学，活动的参与者是教师和母语为非汉语的学生，活动的对象是汉语教学和中华文化传授，获取内容的方式是教师的教和学生的学二者结合。教师信念是教师对教学活动的主体性认识，其核心信念应该包括教学活动的核心要素，教师对汉语语言的认知是教学的前提，对汉语教学和汉语学习的认知、对中华文化传播的认知是教学的核心。教学是在特定的社会文化情境中展开的，因此必然受到社会文化的影响，社会文化的影响遍布教学活动的方方面面，集中体现在师生角色上。因此，从国际汉语教学实践出发，国际汉语教师信念应该包含以下五个维度：汉语语言观、汉语教学观、汉语学习观、中华文化传播观、师生角色观。

1. 汉语语言观。语言的本质属性是什么？语言是外语教师课堂教学活动的对象，对语言本质的认知影响着教师教学内容的选择、教学目标的制订和教学方法的使用。从功能上来说，语言是人类重要的交流工具，用以表达思想情感，人类习得语言，使用语言自由地交流思想，不受时空的限制。从结构上来说，语言是一种符号系统，由形式和意义两部分组成，形式是外壳，意义是形式所代表的内容，两者之间的关系是约定俗成的，并无必然的本质的联系。从存在形式上来说，语言是社会的产物，与社会相互依存，随着社会的发展和变迁而不断变化。从意识形式上来说，语言是人类思维的工具和载体，语言与思维相互影响，但各自有不同的发展规律。从产生机制上来说，语言被认为是人脑特有的机制，为人类所独有。汉语语言观这一维度关注的问题是：国际汉语教师应该持有怎样的汉语语言观？是把汉语作为一种符号系统来讲授，还是把汉语作为一种国际语言来推广？教师的语言观居于教师信念的核心，它决定了教师在教学过程中对学生汉语输出的包容性和汉语标准的尺度，决定了教学内容在多大程度上实现本土化。

2. 汉语教学观。教学观是指教师对所教具体科目的认识或主张，即教师对所教科目的教学目标、教学内容、教学方法等的认识，即关于“教什么”和“怎么教”的认识。其中教学目标是关键。国际汉语教学的目标是语言技能的训练、语言知识的积累还是语言交际能力的培养，抑或是推广汉语，使之成为一种国际语言？有效的汉语课堂教学应该采取何种教学方法，如何与学生的日常生活发生关系？课堂教学是以教师为中心还是以学生为中心？除了传统意义上的教学资源（教材、教具、教学大纲、工具书等），哪些资源还可以纳入课堂教学？涉及具体语言要素的教学，如何以多元的标准来解析“汉语是否难学”的问题，而不仅仅以西方拼音文字为标准，或仅以汉字为例？对学生语音语调的具体要求如何？

外语教学不是单纯的语言技能的操练，还必须学习相关的文化知识，如语言系统本身所蕴含的文化知识、基本文化背景知识和交际/语用文化知识。正如吕必松（2005）所说：“人们学习语言，必须同时学习关于这种语言中所包含的民族文化印记的知识，否则就不能正确理解和正确使用这种语言。”文化教学与语言教学的关系如何？文化教学融入语言教学还是分开单独进行？

3. 汉语学习观。这一维度要回答国际汉语课堂中“学什么”和“怎么学”的问题。语言学习的本质是什么？是知识的增加还是意义的建构？语言学习天赋是否存在个体差异？行为主义的学习观认为人对外界刺激产生反应，语言的习得也是通过外界强化而产生的。认知主义的学习观认为人生来具有语言习得机制，外部的环境和语言的输入激活大脑中的语言习得机制，从而习得语言。建构主义的学习观认为学习不是知识的简单传递，而是学习者主动建构意义的过程。国际汉语教师对学习持有怎样的信念？学习过程可以是快乐的还是必须要吃苦？针对学生学习动机和学习风格的个体差异如何调整教学策略？学生的母语和本国文化对汉语学习有哪些正迁移和负迁移？

4. 中华文化传播观。教授汉语和传播中华文化是国际汉语教师的重要职责，文化的传播要遵循一般的传播规律，讲求策略和技巧。中华文化传播不应只是某些文化表象的呈现，文化的传播如何配合国家的对外宣传和国家形象的塑造？从传播内容上来说，中华文化源远流长，博大精深，国际汉语教师在文化选择上应该秉承怎样的信念？更多地选取传统文化还是现当代文化？内容的选择是遵循文化普遍性原则还是满足学生的猎奇心理？从传播策略上来说，国际汉语教师与学生之间是一种近距离或零距离的传播，能够更直接、更直观地呈现中华文化，如何了解对方的接受心理和需求，以便有针对性地传播？从传播态度上来看，如何保持传播通道的畅通，如何避免生硬的说教，以润物细无声的方式进行更有效的传播？

5. 师生角色观。教学活动的参与者主要是教师和学生，教学是在特定的社会环境中开展的活动，特定的社会文化必然投射到教学活动中，集中体现在师生角色上。不同的文化对教师和学生有不同的角色期待，有的文化更注重师生关系的平等，有的文化赋予教师更高的权力。教师如何根据文化差异调整与学生之间的权力距离？师生角色还取决于教学方法，如行为主义的教学观认为教学活动就是教师向学生传授知识的过程，教师被看作是知识的传授者，是知识源，学生则是知识的容器。建构主义的教学观认为学习是学生基于自己原有的知识经验，在一定的情景中，在教师或同伴的帮助下主动建构知识的过程，因此学生是知识的建构者，教师是学生知识建构过程中的组织者、帮助者和指导者。教学活动中教师和学生拥有不同的权利，承担不同的义务，国际汉语教师如何在学习和生活上设定自己的边界，尽到自己的责任而不越界？了解学生母语文化对教师的角色期待，课堂上与学生在交流中互相适应，达到平衡点，而不是被动地解决课堂跨文化冲突。

四、总结

随着对国际汉语教学研究的深入，不仅教师的课堂教学行为值得研究，影响课堂教学行为的背后的教师信念同等重要。本文从课堂教学实践出发，分析课堂教学活动中的重要因素，并结合国际汉语教学的特点，分析出国际汉语教师信念的五个维度。对国际汉语教师信念这一领域还有很多值得研究的课题，如汉语教师信念的来源及其影响因素、汉语教师信念与教学行为的关系、汉语教师信念的生成机制等，对国际汉语教师信念的进一步研究能够帮助理解教师的思维过程，揭示教师信念和课堂教学行为的关系，提高课堂教学质量，促进教师发展。

参考文献

[1] 李泉．汉语国际教育硕士的教学信念和专业发展信念．云南师范大学学报（对外汉语教学与研究版），2015（3）．

[2] 李泉．基于信念的汉语教学法概说．国际汉语教学研究，2018（2）．

[3] 李运富．汉字的特点与对外汉字教学．世界汉语教学，2014（3）．

[4] 刘桦．论英语教师信念体系．西南交通大学学报（社会科学版），2004（3）．

[5] 吕必松．语言教育与对外汉语教学．北京：外语教学与研究出版社，2005.

[6] 孙德坤．教师认知研究与教师发展．世界汉语教学，2008（3）．

[7] 文秋芳，任庆梅．大学英语教师专业发展研究的趋势、特点、问题与对策——对我国1999—2009期刊文献的分析．中国外语，2010（4）．

[8] 徐泉．英语教师群体教学信念构成研究．中国外语，2014（2）．

[9] 郑新民，蒋群英．大学英语教学改革中“教师信念”问题的研究．外语界，2005（6）．

[10] Borg, M. Key Concepts in ELT teachers' beliefs. *ELT Journal*, 2001, 55(2).

[11] Pajares, M. F. Teachers' beliefs and educational research: Cleaning up a messy construct. *Review of Educational Research*, 1992, 62(3).

[12] Richards, J. C. & Lockhart, C. *Reflective Teaching in Second Language Classrooms*. Cambridge University Press, 1994.

[13] Verloop, N., Driel, J. V. & Meijer, P. Teacher knowledge and the knowledge base of teaching. *International Journal of Educational Research*, 2001, 35(5).

[14] Williams, M. & Burden, R. L. 语言教师心理学初探．刘学惠导读．北京：外语教学与研究出版社，2000.

国际汉语教师跨文化能力的内涵和标准*

南开大学　祖晓梅

摘　要：在全球化时代和“汉语热”不断升温的背景下，跨文化能力成为国际汉语教师必备的素质和能力。研究国际汉语教师跨文化能力的内涵和标准将为国际汉语教师跨文化能力的教学、培训和测评提供理论依据和参考。目前汉语国际教育领域对汉语教师跨文化能力的内涵和特点的认识仍然模糊，而现有的《国际汉语教师标准》（2015）中的跨文化能力标准也不够严谨和具体。本文将评述最新的跨文化能力理论和中外教育领域的跨文化能力标准，根据国际汉语教师的特点和需求，阐述国际汉语教师跨文化能力的内涵和标准。

关键词：国际汉语教师　跨文化能力　教师标准

一、引言

跨文化能力是国际汉语教师的基本素质之一，特别是在全球化时代和汉语走向世界的背景下，培养国际汉语教师跨文化能力显得尤为重要和迫切。2016年有44万外国人来华留学（刘欧，2018），每年有几千名汉语教师和志愿者赴海外任教。国际汉语教师能否与不同文化背景的人进行有效而得体的交流？能否在不同的文化环境中顺利完成汉语推广和中华文化传播的任务？能否有效地培养汉语学习者的跨文化交际能力？这些问题既是汉语国际教育领域亟须研究的理论课题，也是国际汉语教师面临的现实挑战。

* 本研究是“国际汉语教师跨文化能力标准和测评模式研究”的阶段性成果，得到汉考国际（项目编号：CTI2017B07）和南开大学院级项目（中央高校基本科研业务费，项目编号：63182026）的资助。

目前中国300多所大学的汉语国际教育专业把“跨文化交际”设定为核心课程，出国汉语教师和志愿者的岗前培训把跨文化能力列为重点培训内容之一，国际汉语教师证书考试中的跨文化能力测评占了相当大的比重。虽然汉语国际教育领域强调汉语教师应具备跨文化交际能力，《国际汉语教师标准》（2015）也包括了跨文化交际能力的标准，但是许多汉语教师和学者对国际汉语教师跨文化能力的内涵和特点的认识仍然模糊，《国际汉语教师标准》（2015）包含的跨文化交际能力标准也并不十分严谨和具体。本文将针对国际汉语教师的特点和需求并依据最新的跨文化能力理论来探讨国际汉语教师跨文化能力的内涵和特点，补充和完善现有的国际汉语教师跨文化能力的标准。希望这种理论的探讨为今后国际汉语教师跨文化能力的教学、培训和测评的实践提供一些启发。

二、跨文化能力理论

（一）跨文化能力的概念

首先要澄清的是跨文化能力的概念。名称是采用跨文化交际能力还是跨文化能力？这两者之间有什么联系和区别？对这个问题学界的意见有分歧。目前西方跨文化交际研究的文献大多使用“跨文化能力”这一名称（Deardorff，2006；Fantini & Tirmizi，2006；Spitzberg & Changnon，2009），在很多文献中，跨文化能力与跨文化交际能力是经常互换使用的词语，跨文化能力是跨文化交际能力的简称（Byram，2012）。杨盈和庄恩平（2007）认为跨文化能力等同于跨文化交际能力，胡文仲（2013）不主张对这两个术语做区分。Byram（1997）、Sercu（2005）和Wen（2005）等学者认为，跨文化交际能力包括了语言交际能力和跨文化能力，而蒋瑾（2013）和杨蓉蓉（2014）等却认为，跨文化能力是一种比跨文化交际能力内涵更丰富、包容性更广的综合能力。

我们倾向于把跨文化能力和跨文化交际能力看作是同一概念，但是采用跨文化能力的说法。Byram（1997）和Wen（2005）等使用“跨文化交际能力”这一名称，主要针对的是外语学习者，强调跨文化交际能力是外语交际能力和跨文化能力的结合。虽然国际汉语教师从事的是外语教育，但是他们的主要任务不是培养自身的外语交际能力，而是如何与不同文化背景的学习者进行有效而得体的跨文化交流并在不同的文化环境中完成汉语教学的任务。使用跨文化能力的名称旨在强调这种能力的综合性，因为跨文化能力是跨文化知识、技能和态度的综合能力，而不仅仅局限于跨文化交际的技能或行为。另外，国际汉语教师不仅自身需要具备跨文化能力，而且还需要具备培养汉语学习者跨文化交际能力的教学能力。因此根据国际汉语教师的特点，我们建议使用包容性更强且内涵更丰富的“跨文化能力”这一名称。

迄今为止，跨文化能力的定义多达几十条（Spitzberg & Changnon，2009）。由于跨文化能力本身非常综合和复杂，而且不同学科是从不同的角度来界定的，因此跨文化能力迄今尚未形成统一而明确的定义。Deardorff（2006）基于对跨文化交际研究领域23位知名学者的调查而形成的跨文化能力定义是：“依据自己跨文化的知识、技能和态度在跨文化环境中有效而得体交际的能力。”Bennett（2009）认为跨文化能力是：“用来帮助在多种文化语境中有效而得体的交际的一套认知、情感和行为技能。”以上两个著名的定义都突出了跨文化能力的基本特征：（1）跨文化能力是一种综合能力，包含了知识、技能和态度的维度。不过Deardorff（2006）和高一虹（2002）都曾指出，跨文化交际能力的名称或定义容易让人产生误解，而更多强调显性的跨文化交际的行为和技能。（2）跨文化能力最主要的特征是跨文化交际的有效性和得体性。Spitzberg（1989）和Fantini & Tirmizi

（2006）指出，有效性是指达到自己设定的理想交际目标，得体性是指避免违背对方重视的交际规则。有效性是从自己的角度来衡量的，而得体性则是从交际对方的角度来评价的。

虽然跨文化交际研究领域的学者都认为跨文化能力包含了知识、技能和态度三个层面，但是在三个层面里究竟包括了哪些具体要素的问题上并没有达成共识。Lambert（1994）认为跨文化能力包括世界的知识、外语能力、文化的移情、欣赏其他文化、在跨文化环境中完成自己的工作等。Fantini & Tirmizi（2006）认为跨文化能力包括灵活性、幽默感、开放、好奇、耐心、兴趣、移情、忍受模糊性、搁置判断等素质。毕继万（2009）认为，跨文化交际能力包括语言交际能力、非语言交际能力、语言规则和交际规则以及文化适应能力。

（二）跨文化能力的模式

Spitzberg & Changnon（2009）归纳总结了30多种跨文化能力的模式，其中影响较大并与国际汉语教师更相关的跨文化能力模式是Byram（1997）、Bennett（1993）和Deardorff（2006）的模式。

Byram（1997）的跨文化能力模式是跨文化交际领域影响最大、被引用最多的一个模式，也是外语教育领域跨文化能力教学和评估的主要理论依据之一。Byram的跨文化能力包括了五种要素：关于自己文化和其他文化的知识、关联和解释的技能、发现和交往的技能、欣赏其他文化的态度、批判性的文化意识。这个模式特别强调了跨文化能力与语言交际能力之间的密切关系，不过Byram的跨文化能力模式只列举了跨文化能力的要素，并没有指出跨文化能力要素之间的内在关系。

Bennett（1993）的跨文化敏感性发展模式（DMIS）也是影响广泛的跨文化能力模式。知名的跨文化能力的测评工具IDI（Intercultural Development Inventory）就是以Bennett模式为理论基础而设计的。Bennett认为，个体对跨文化差异的体验是从种族中心主义角度到文化相对主义视角的转变过程。这个过程经历了否认、辩护、最小化、接受、适应、整合六个阶段。Bennett的跨文化能力模式表明，跨文化能力并不是一次形成的，而是一个发展的过程。但是Bennett的模式没有指出跨文化能力包含的要素是什么，也没有提及跨文化能力与语言能力的关系。

Deardorff（2006）的跨文化能力模式是近年来被广泛引用的跨文化能力模式，也是唯一基于调查研究而建立起来的跨文化能力模式，在一定程度上体现了跨文化交际研究领域的学者对跨文化能力概念的共识。Deardorff的模式不仅包括了跨文化知识、技能和态度三种要素的具体内容，而且勾勒了跨文化能力发展的过程，并列出了跨文化能力发展的内在结果和外在结果。比较而言，Deardorff的跨文化能力模式更加具体和全面，但是这个模式没有提及跨文化能力与语言能力之间的关系。

以上有关跨文化能力的理论框架和研究成果是我们理解国际汉语教师跨文化能力的内涵的理论基础，也是制定国际汉语教师跨文化能力标准的重要参考。不过以上跨文化能力的定义和模式具有一定的概括性和通用性，并没有涉及具体的语境和特定的对象。我们在吸收这些跨文化能力的理论和模式时，应该充分考虑国际汉语教师的特点和需求，只有这样才能准确定位国际汉语教师跨文化能力的独特内涵，并制定相应的跨文化能力标准。

三、跨文化能力标准

（一）外语教育领域中的跨文化能力标准

由于培养跨文化交际能力是外语教育的主要目标之一，中外的外语学习标准大都包含了文化和跨文化交际能力的因素。美国《21世纪外语学习标准》（2006）规定理解目的语文化的产品、习俗、观念之间的联系和比较目的语文化与本国文化是外语学习的文化目标。2001年制定的《欧洲语言共同参考框架：学习、教学、评估》把培养外语学习者跨文化意识和跨文化交际能力列为教学的标准和内容。《国际汉语教学通用课程大纲》（2014）指出了汉语教学的文化标准包括文化知识、文化理解、跨文化能力和国际视野。

相比外语学习的标准，外语教师的标准却很少涉及跨文化能力的因素。全美教师教育认证委员会（NCATE）、美国外语教学委员会（ACTFL）和美国教育者培养认证委员会（CAEP）以及全美专业教学标准委员会（NBPTS）所制定的外语教师标准中都包含了文化的标准，却没有包括跨文化能力的标准，甚至没有出现跨文化能力的名称。而这三个外语教师标准中的文化标准也主要是依据美国《21世纪外语学习标准》（2006）中的文化标准制定的。NCATE（2008）和ACTFL & CAEP（2013）要求“外语教师要理解文化的观念与产品和习俗之间的联系，并能够把外语学习标准的文化框架应用到教学的实践中”。NBPTS（2010）指出：“文化是世界语言有效教学的一部分，优秀教师应该了解和理解目的语文化的产品、习俗和观念，理解语言和文化是如何紧密结合的。”虽然美国三个外语教师标准没有明确提出外语教师应该具备跨文化能力，但是这些文化标准却涉及了一些跨文化能力的要素，例如理解语言与文化的关系、理解目的语文化的产品和习俗和观念之间的关系、比较文化的差异等都是教师跨文化能力所应该包含的要素。

（二）《国际汉语教师标准》（2015）

《国际汉语教师标准》（2015）明确列出了跨文化交际能力的标准，这个标准成为目前国际汉语教师跨文化能力的教学、培训和测评的重要依据和参考。以下是这个标准的细则：

跨文化交际意识

了解世界主要文化的特点。

尊重不同文化，具有多元文化意识。

能自觉比较中外文化的主要异同，并应用于教学实践。

跨文化交际能力

了解跨文化交际的基本原则和策略。

掌握跨文化交际技巧，能有效解决跨文化交际中遇到的问题。

能使用任教国语言或英语进行交际和教学。

然而《国际汉语教师标准》（2015）的跨文化交际能力的标准并不十分完善，主要表现为跨文化能力的分类不够严谨和内容不够具体。跨文化能力包括知识、技能和态度三个层面，可是这个标准只包括了跨文化交际意识和跨文化交际能力两个部分，没有单独列出跨文化态度的部分。而跨文化交际意识和跨文化交际能力的细则也比较混乱。例如，“跨文化交际意识”包括的“了解世界主要文化”属于跨文化知识，“尊重不同文化”属于跨文化态度，“能自觉比较中外文化的主要异同，并应用于教学实践”则是跨文化技能。“跨文化交际能力”包括的“了解跨文化交际的基本原则和策略”属于跨文化知识。由于《国际汉语教师标准》（2015）的跨文化交际能力的标准不够准确和完整，因此汉语国际教育领域对汉语教师跨文化能力的内涵和特点的认识一直模糊，而且这个标准也无法对跨文化能力的教学、培训和测评的实践起到有效的指导作用。

四、国际汉语教师的跨文化能力标准

鉴于中外外语教育领域缺少可供借鉴的成熟的教师跨文化能力标准，而现有的《国际汉语教师标准》（2015）中的跨文化交际能力标准存在着不完善之处，我们有必要在吸收最新的跨文化能力的理论和研究的基础上，根据国际汉语教师的特点和需要，研究国际汉语教师的跨文化能力的内涵，并对现有的跨文化能力标准进行补充和完善。

国际汉语教师的独特性体现于“国际”“汉语”和“教师”这三个属性上。首先，汉语教师的“国际性”在于他们不仅要在中国进行“对外汉语教学”，而且还要到世界各地推广汉语和传播中国文化，因此适应新的文化环境并在不同文化背景中完成汉语教学任务是国际汉语教师面临的一种挑战。其次，汉语教师从事的是汉语作为第二语言 / 外语的教学，因此理解语言与文化的关系并具备外语交际能力是国际汉语教师专业素质的重要内容。最后，教师的身份要求国际汉语教师不仅自身具备跨文化交际的能力，而且还应具备培养学生的跨文化交际能力的教学能力。以上三个特点决定了国际汉语教师跨文化能力的独特内涵。

我们认为，国际汉语教师的跨文化能力应该包括跨文化意识、跨文化技能、跨文化态度三个方面。

（一）跨文化意识

跨文化意识是国际汉语教师跨文化能力的认知层面。国际汉语教师首先要理解中国文化，具有文化的自我意识。Paige & Goode（2009）、Pusch（2009）等学者都强调文化自我意识的重要性，认为文化自我意识是理解其他文化并与不同文化背景的人们进行有效交往的基础。国际汉语教师的文化自我意识不仅包括理解中国文化的产品、习俗和观念以及它们之间的关系，还要意识到自己的文化身份、行为模式、价值观念等都是受到中国文化影响的。其次，国际汉语教师要理解所教的学生或所任教的国家在文化产品、习俗和观念方面的主要特征以及这些特征与中国文化的主要差异。“理解并尊重其他文化的规则”是 Deardorff（2006）所调查的 23 位跨文化交际研究领域知名学者唯一达成 100% 共识的跨文化能力要素。另外，跨文化意识要素还包括理解世界主要文化的特征。Byram（1997）、Paige *et al.*（2003）、Sercu（2005）都强调，跨文化知识不仅包括特定的文化知识，还应该包括一般性文化知识，如文化的概念和特征、文化适应的过程与策略、世界主要文化模式的特点及分布等。这些一般性文化知识是汉语教师与各种文化背景的学生进行交流和在多种文化环境中完成教学任务所必需的基础知识。最后，国际汉语教师应该理解语言与文化的关系，这是汉语教师的专业素质之一。汉语教师需要理解语言内涵、语用规则、影响语言交际的社会因素等方面的跨文化的差异。语言与文化关系的知识不仅有助于汉语教师在跨文化环境中进行有效而得体的交际，也是培养汉语学习者跨文化交际能力的必备专业知识。

（二）跨文化技能

国际汉语教师跨文化技能首先体现为文化适应的技能。Kim（2012）把文化适应能力视为跨文化能力的核心要素，Gudykunst（1991）和 Pusch（2009）则认为跨文化交际的有效性取决于对文化适应过程中出现的心理焦虑的有效管理。对出国任教的国际汉语教师来说，在新的文化环境中应对“文化冲击”的影响和管理自身的心理压力显得尤为重要。国际汉语教师的第二种跨文化技能是人际交往的技能。Byram（1997）、毕继万（2009）、陈国明（2009）等都认为跨文化交际能力包括语言交际和非语言交际的技能，国际汉语教师应该在跨文化交往中体现出有效性和得体性。国际汉语教师的第三种跨文化技能是发现、分析、比较和反思文化和跨文化因素的能力，并应用于语言和文化的教学中。杨蓉蓉（2014）、祖晓梅（2016）都指出，国际汉语教师不仅需要自身具备跨文化能力，而且需要具备跨文化能力的教学能力。NBPTS（2010）把分析、比较和反思文化产品、习俗和观念的关系并融入语言教学看作是优秀外语教师的重要标志之一。最后，国际汉语教师需要具有使用任教国的目的语或通用语（如英语）进行教学和交际的能力。虽然跨文化交际研究领域的学者并没有在外语能力与跨文化能力关系的问题上达成共识，但是外语教育领域的学者如 Byram（1997）和 Fantini & Tirmizi（2006）等都强调跨文化能力与语言交际能力的密切关系。Fantini & Tirmizi（2006）指出，“外语能力会在数量和质量两个方面大大提高跨文化交际的能力”。由于国际汉语教师从事的是外语教学，而且往往是到国外任教，因此具备外语交际能力是国际汉语教师跨文化技能的一部分。

（三）跨文化态度

态度是跨文化能力的重要维度，Byram（1997）和 Deardorff（2006）的跨文化能力模式都把跨文化态度作为跨文化能力的出发点和核心要素。Deardorff（2006）指出，没有开放、好奇、尊重的态度，很难进一步去掌握跨文化交际所必需的知识和技能。因此我们有必要单独列出并细化国际汉语教师的跨文化态度。首先，国际汉语教师应具有开放和好奇的态度。Byram（1997）和 Deardorff（2006）的跨文化能力模式中都包括了开放和好奇的态度。开放和好奇的态度表现为愿意学习不同的文化、愿意与不同文化的人交往、愿意走出自己的文化框架、愿意改变自己的文化定势。其次，国际汉语教师要对其他文化具有尊重的态度。尊重其他文化是跨文化交际学者提及次数最多的跨文化态度，也是《国际汉语教师标准》（2015）的跨文化交际能力包括的唯一的态度因素。尊重的态度意味着对文化差异和文化多元性表现出尊重，克服对其他文化的刻板印象和偏见，不以自己的文化标准判断和衡量其他文化的行为和观念。再次，国际汉语教师应对自己的文化采取客观和反思的态度。Kramsch（1993）提出的“第三个位置”概念就是提倡从第三者的角度客观审视自己的文化，Byram（1997）跨文化能力模式中“批判性的文化意识”的含义就包含着一个人不应该想当然地认为自己的文化是最自然和最正确的含义。最后，国际汉语教师要具有移情的态度。移情被许多学者视为跨文化能力的核心要素之一。按照 Bennett（1993）和 Calloway-Thomas *et al.*（2017）等的定义，移情是不从自己的文化视角来体验文化因素的能力，是想象自己进入或参与到他人文化中的能力。国际汉语教师要在与具有不同文化行为和观念的人们交往过程中，学会换位思考，从对方的角度设身处地产生共情。只有这样才会减少对跨文化交际误解或冲突的错误归因，并与其他文化的人们建立理解与和谐的关系。

跨文化意识

理解中国文化的特点，理解中国文化对人们行为和观念的影响。

理解所任教国家或所教学生的文化特点以及与中国文化的主要异同。

理解世界上主要文化模式的特点和分布情况。
理解文化与语言的关系，理解语言的文化内涵和语言使用的语境和规则。

跨文化技能

适应新文化的技能，应对“文化冲击”和管理心理的焦虑的技能。
与不同文化背景的人们有效而得体的交往技能，建立和谐的人际关系。
发现、分析、比较和反思文化和跨文化因素的技能，并运用到语言和文化的教学中。
使用任教国的语言或媒介语进行教学和交际的技能。

跨文化态度

对学习其他文化和跨文化交往怀有开放和好奇的态度。
尊重文化的差异性和文化的多元性，避免刻板印象和偏见。
对自己的文化具有客观和反思态度。
建立文化相对主义的态度，对其他文化产生移情。

五、结语

研究国际汉语教师跨文化能力的特点和制定国际汉语教师的跨文化能力标准不仅具有重要的理论意义，而且具有迫切的现实意义，这是实施国际汉语教师跨文化能力的教学、培训和测评的前提和基础。当我们对国际汉语教师的跨文化能力内涵和标准达成共识以后，更重要的工作是如何根据新的跨文化能力定义和标准展开对国际汉语教师的跨文化能力教学、培训和测评。希望这种理论的探讨为汉语国际教育领域的跨文化能力教学、培训和测评的实践提供启发，并引发进一步的研究和探讨。

参考文献

[1] 毕继万．跨文化交际与第二语言教学．北京：北京语言大学出版社，2009.
[2] 陈国明．跨文化交际学（第二版）．上海：华东师范大学出版社，2009.
[3] 高一虹．跨文化交际能力的培养：“跨越”与“超越”．外语与外语教学，2002（10）.
[4] 胡文仲．跨文化交际能力在外语教学中如何定位．外语界，2013（6）.
[5] 蒋瑾．跨文化能力分类及培养的思考．比较教育研究，2013（9）.
[6] 孔子学院总部 / 国家汉办编制．国际汉语教学通用课程大纲（修订版）．北京：北京语言大学出版社，2014.
[7] 孔子学院总部 / 国家汉办编制．国际汉语教师标准．北京：外语教学与研究出版社，2015.
[8] 刘欧．多元文化素养的测量与评价——基于美国 HElghten 模型的启示．中国考试，2018（4）.
[9] 欧洲理事会文化合作教育委员会编．欧洲语言共同参考框架：学习、教学、评估．刘骏，傅荣主译．北京：外语教学与研究出版社，2008.
[10] 杨蓉蓉．国际汉语教师跨文化能力的内涵与培养：定性与实证相结合的研究 // 北京汉语国际推广中心，北京师范大学汉语文化学院编．国际汉语教育人才培养论丛（第四辑）．北京：北京大学出版社，2014.
[11] 杨盈，庄恩平．构建外语教学跨文化交际能力框架．外语界，2007（4）.
[12] 祖晓梅．国际汉语教师在跨文化交际能力教学中的角色和作用．国际汉语教育（中英文），2016（1）.
[13] American Council on the Teaching of Foreign Languages, Council for the Accreditation of Educator Preparation. *ACTFL/CAEP Program Standards for the Preparation of Foreign Language Teachers*. 2013. https://www.actfl.org/sites/default/files/CAEP/ACTFLCAEPStandards2013_v2015.pdf.

[14] Bennett, M. J. Towards ethnorelativism: A developmental model of intercultural sensitivity // R. M. Paige (Ed.). *Education for the Intercultural Experience*. Intercultural Press, 1993.

[15] Bennett, J. M. Transformative training: Designing programs for culture learning // M. A. Moodian (Ed.). *Contemporary Leadership and Intercultural Competence: Exploring the Cross-Cultural Dynamics within Organizations*. Sage, 2009.

[16] Byram, M. *Teaching and Assessing Intercultural Communicative Competence*. Multilingual Matters, 1997.

[17] Byram, M. Conceptualizing intercultural (communicative) competence and intercultural citizenship // J. Jackson (Ed.). *The Routledge Handbook of Language and Intercultural Communication*. Routledge, 2012.

[18] Calloway-Thomas, C., Arasaratnam-Smith, L. A. & Deardorff, D. K. The role of empathy in fostering intercultural competence // D. K. Deardorff & L. A. Arasaratnam-Smith (Eds.). *Intercultural Competence in Higher Education: International Approaches, Assessment and Application*. Routledge, 2017.

[19] Deardorff, D. K. Identification and assessment of intercultural competence as a student outcome of internationalization. *Journal of Studies in International Education*, 2006, 10(3).

[20] Fantini, A. & Tirmizi, A. *Exploring and Assessing Intercultural Competence. Paper 1*. World Learning Publications, 2006. http://digitalcollections.sit.edu/worldlearning_publications/1.

[21] Gudykunst, W. B. *Bridging Differences: Effective Intergroup Communication*. Sage, 1991.

[22] Kim,Y.-Y. Beyond cultural categories: Communication, adaptation and transformation // J. Jackson (Ed.). *The Routledge Handbook of Language and Intercultural Communication*. Routledge, 2012.

[23] Kramsch, C. *Context and Culture in Language Teaching*. Oxford University Press, 1993.

[24] Lambert, R. D. *Educational Exchange and Global Competence*. Council on International Educational Exchange, 1994.

[25] National Board for Professional Teaching Standards. *World Languages Standards*. 2010. http://www.nbpts.org/wp-content/uploads/ECYA-WL.pdf.

[26] National Council for Accreditation of Teacher Education. *Professional Standards for the Accreditation of Teacher Preparation Institutions*. 2008. http://www.ncate.org/~/media/Files/caep/accreditation-resources/ncate-standards-2008.pdf?la=en.

[27] National Standards in Foreign Language Education Project. *Standards for Foreign Language Learning in the 21st Century* (3rd edition). Allen Press, 2006.

[28] Paige, R. M. & Goode, M. L. Cultural mentoring: International education professionals and the development of intercultural competence // D. K. Deardorff (Ed.). *The Sage Handbook of Intercultural Competence*. Sage, 2009.

[29] Paige, R. M., Jorstad, H., Siaya, L., Klein, F. & Colby, J. Cultural learning in language education: A review of the literature // D. L. Lange & R. M. Paige (Eds.). *Culture as the Core*. Information Age Publishing, 2003.

[30] Pusch, M. D. The interculturally competent global leader // D. K. Deardorff (Ed.). *The Sage Handbook of Intercultural Competence*. Sage, 2009.

[31] Sercu, L. *Foreign Language Teachers and Intercultural Competence: An International Investigation*. Multilingual Matters, 2005.

[32] Spitzberg, B. H. & Changnon, G. Conceptualizing intercultural competence // D. K. Deardorff (Ed.). *The Sage Handbook of Intercultural Competence*. Sage, 2009.

[33] Spitzberg, B. H. Issues in the development of a theory of interpersonal competence in the intercultural context. *International Journal of Intercultural Relations*, 1989, 13(3).

[34] Wen, Q. Globalization and intercultural competence // K.-K. Tam & T. Weiss (Eds.). *English and Globalization: Perspectives from Hong Kong and Mainland China*. The Chinese University Press, 2005.

专题四

Topic 4

国际汉语教学课程设计和教学模式研究

Research on the Curriculum Design and Teaching Mode of International Chinese Language Teaching

基于话语分析、任务法和多媒体网络技术的研究型国际汉语高级口语教学模式建构

中国人民大学　陈　晨

摘　要：本文针对当前高级汉语口语教学亟待改进的问题，以多元理论为指导，通过教学实践探索和教改实验，从教学目标、操作程序、实现条件、评估方法等多角度对“基于话语分析、任务法和多媒体网络技术的研究型国际汉语高级口语教学模式”的建构进行了实证研究，寻求最优化教学方案。实证研究表明，该模式有较显著的教学效果以及较好的针对性、可操作性和可借鉴性，值得在汉语国际教育一线教学中推广和应用。该模式是汉语国际教育界基于实证研究建构的第一个针对高级汉语水平外国学生的研究型教学模式，研究成果在这一领域具有开创性。

关键词：国际汉语教学模式建构　高级汉语口语　研究型教学　基于教改实验的实证研究

一、引言

20 世纪 90 年代中期后，汉语国际教育进入新的发展期，进入高级汉语水平阶段学习的外国学生数量激增，培养高层次汉语人才已成为国际汉语教学界肩负的重要任务之一，构建高效的培养高层次汉语人才的教学模式已成为业内亟待加强的重要研究课题，这也是汉语国际教育学科建设和事业发展的大势所趋。本研究针对当前高级汉语口语教学亟待改进的问题，以语言教学和习得、语言学、教育学、心理学、语言测试、跨文化交际和信息化技术等多元理论为指导，通过三年多的教学实践探索和为期 18 周的教改实验，从教学目标、操作程序、实现条件、评估方法等多角度

对“基于话语分析、任务法和多媒体网络技术的研究型国际汉语高级口语教学模式”的建构进行了实证研究，寻求最优化教学方案。

二、新型教学模式建构的背景

（一）国际汉语高级口语教学存在的主要问题

近几十年来，国际汉语教学蓬勃发展，在国内对外汉语分技能设课的教学模式中，汉语口语课承担着留学生汉语口语交际能力培养的重任，在教学中占据着重要的地位。就汉语言本科留学生而言，《高等学校外国留学生汉语言专业教学大纲》（2002）对他们的“说”有明确要求：四年级为“具有按汉语思维习惯快速组织语言材料、流利自如地表达思想的能力；在讨论、洽谈、驳辩过程中，能够随机应变，完整而有条理地陈述自己的观点与人进行切磋；能够流利而富有感情地朗读文章；经过准备，能够比较流利地进行毕业论文答辩”。这一标准不容易达到，但更凸显出高级汉语口语教学的重要性。虽然高级汉语口语教学十分重要，但教学实践和研究文献却表明，这一阶段的教学还存在不少问题，教学效果不佳。比较突出问题是：初级阶段以后，口语教学的重点逐渐从简单句子会话过渡到成段表达，到了中高级阶段，学生汉语口语表达能力常出现一个相对停滞的阶段，成段表达能力没有得到迅速发展，与其整体的能力水平不相称。此外，当前的高级汉语口语教学模式还显陈旧，不少教师的教学方法没有突出口语课的课型特点，依然采用的是与传统的精读课教学模式雷同的方法。

（二）相关研究现状

国内对外汉语教学界对这一领域的研究是从 20 世纪 80 年代后期发展起来的，成果可以分为以下几方面：（1）对高级汉语口语教学目标和原则进行探讨（赵雷，2008）。（2）对改进高级汉语口语教学内容进行探讨：强调口语教学要重视口语语法（郭颖雯，2003）；探究如何进行培养学习者口语对话能力的话轮训练（李继先，2008）；研究如何进行语段、语篇表达训练（陈晨，2010）；探索以语块为核心的教学内容（孔令跃，2013）。（3）高级汉语口语教学法研究：探讨多媒体技术在教学中的运用（陈作宏，2006）、探讨教师如何以“主持人”角色引导教学（陈侃等，2010）等，大多是对某一教学法的理论探讨，缺少实证研究。（4）高级汉语口语教学模式研究：基于教学实验的研究仅有“基于任务型教学和合作学习理论的辩论教学模式”（刘荣和刘娅莉，2009）和“表达驱动的体验型高级汉语口语教学模式”（陈晨，2012）以及基于话语分析、任务法和多媒体网络技术的研究型汉语言本科留学生高级口语教学模式探索研究报告（陈晨，2016）。（5）高级汉语口语教学资源研究：仅限于对教材编写中如何解决话题和语料选择、练习设置、话轮训练等问题的探讨（刘元满，2008）。可以看出，这一领域的研究成果非常有限，滞后于教学一线需求，亟待加强。

国外汉语作为外语教学情况和国内有所不同。由于课时有限，国外的汉语课一般不是分技能教学，而是听、说、读、写、译合一的综合课。因为课型设置的差异，国外汉语教学界专门关注高级阶段口语教学的研究还非常有限，但是对如何培养学习者的口语能力予以高度重视，欧美汉语教学界的一些相关研究，如测试对于口语教学的反拨作用（Ke & Reed, 1995）、利用语言定式培养学习者口语语段和语篇的表达能力（Jin, 2004）等，在学界具有领先的地位。美国官方研制的口语能力测试（OPI）也推动了汉语作为外语课堂教学中的口语交际能力训练。欧洲理事会制定的外语教学指导性文件《欧洲语言共同参考框架：学习、教学、评估》（CEFR）和美国外语教学委员会（ACTFL）制定的语言水平纲领和《21 世纪外语学习标准》对于我们探讨如何改进课程目标的设计、教学和评估都有重要参考价值。

关于研究型教学，国外高等教育界相关研究起步较早，国外二语 / 外语教学界自 20 世纪 80 年代以来所倡导的基于项目的语言教学方法（Project-based Language Learning）等体现出了研究型教学的理念。我国高等教育界近年来也对此关注，教育部《关于进一步加强高等学校本科教学工作的若干意见》中特别强调要积极推动研究型教学。国内外语教学界近年来开展了研究型教学的探讨和实验研究（张文忠，2007；丰玉芳和蔡玲，2009）。对外汉语教学界相关的研究虽然还未展开，但业内人士已对此关注。中国人民大学近年来已把“具备一定的研究能力”作为培养目标列入了汉语言专业本科留学生培养方案。

纵观前人的研究，我们认为这一领域的已有成果还较有限，有不少问题亟待深入探讨：（1）如何在教学内容和教学手段上对学习者的口语语段、语篇（话语）表达能力进行科学的训练，以实现教学大纲的要求？（2）如何建构有效的教学模式以提升高级汉语口语教学的质量和效果？（3）如何建构研究型高级口语教学模式以提高汉语言专业本科留学生的培养质量，实现专业培养目标？本文试图在以上方面有所突破，建构一个高效的研究型汉语二语高级口语教学新模式。

三、新型教学模式建构的研究内容、研究思路和研究方法

（一）研究内容

本文以多元化理论为基础，结合汉语言专业本科留学生高级口语教学大纲和培养方案要求，通过教学实验，构建“基于话语分析、任务法和多媒体网络技术的研究型国际汉语高级口语教学模式”，以期通过该教学模式的实施和推广，提升学生汉语高级口语交际能力和自主学习能力，为其今后的就业、学习和从事国际交流打下坚实的基础。本文主要从建构该教学模式的五个基本要素（理论基础、教学目标、操作程序、实现条件和评估方法）入手，通过教学实验，解决上文提出的问题，寻求最优化教学方案。

（二）研究思路和研究方法

本文通过对中国人民大学 2012 级汉语言专业本科留学生四年级两个班级的高级口语课进行的为期一学期、18 周的研究型教学模式的实验，探求其中关键要素（话语分析的内容和方法、交际任务的设计和实施、多媒体网络技术的合理使用、学生研究课题的选择和开展）的最佳配置，最终提出建构教学模式的最优化方案，并加以推广、运用。

本文研究方法结合演绎法和归纳法，综合运用行动研究、问卷调查、访谈以及课堂观察、教学反思、语言测试和评价等多种方法进行实证研究。

四、新型教学模式建构的五个基本要素

（一）理论基础

本研究以建构主义教学理念、研究型教学理念、人本主义学习理论、交际能力理论和跨文化交际能力理论、语篇语言观和话语分析理论、学术汉语教学理念、第二语言习得理论中“语言输

入”“语言输出”和“互动”假说、交互式语言教学与任务型语言教学、形成性评估和终结性评估等现代教育评估理论、信息化教学理论等多元化理论为基础，结合汉语言本科留学生高级口语教学大纲和培养方案要求，通过教学实验，构建“基于话语分析、任务法和多媒体网络技术的研究型国际汉语高级口语教学模式”。

（二）教学目标

“当代中国话题研讨”是中国人民大学为汉语言专业本科四年级留学生开设的高级汉语口语专业课。参考《高等学校外国留学生汉语言专业教学大纲》（2002）的培养目标和对“说”的明确、具体的要求，结合研究型教学实际，这一课程的教学目标为：通过此阶段的学习，学生能够较熟练地运用语言知识、文化知识进行口头的成段表达。在阅读专业性较强的有关社会问题的文章（包括新闻、专题、政论等）的基础上和课下调研的研究型学习的基础上，对社会热点问题能有一定的了解，并能结合相关的资料和调研成果来论证自己的观点，做到表述准确、层次分明，其后能在口语报告的基础上整理出调研报告。

（三）操作程序

操作程序是指教学活动在时间上展开的逻辑步骤以及每个步骤的具体操作方法等。该教学模式的主要环节设计如下：

1. 专题材料阅读理解。此部分教学内容包括文化背景知识、常用词语、议论文常见句式、文体特点、语篇分析、阅读技能训练。

2. 研究题目选择、调研、准备口语报告。学生在教师引导下，结合课程教学内容，在研讨话题范围内，自主选择相关的调研课题。在口语报告课前准备 200 字左右的发言提纲，提纲要求结构完整，语义、逻辑关系线索清楚，主要观点明确，论据、重要句式、重要词语、关联词语等简略注明。

3. 通过口语报告和研讨对学生进行口语表达技能训练、评价。此部分主要指围绕特定话题，通过让学生进行脱稿口语报告来进行汉语口语表达训练。教师在学生口语报告结束后，要对其发言情况进行针对性评价。评价的内容涉及口语报告的语音、语调、词汇、句式和语法的使用、语篇的连贯性和逻辑性、内容的丰富性、表达的流利度以及选题的新颖性、口语报告表达的得体性和感染力以及 PPT 等技术的使用等各个方面。

4. 撰写调研报告。学生根据课下的调查或访谈内容以及自己的课堂口语报告内容，课后整理出一篇 500 字以上的汉语调研报告。通过调研报告，巩固口语报告的效果，进一步提高汉语语言运用的准确度，提升逻辑思维能力、语言组织概括能力，以及了解汉语口语和书面语词汇的转换等，为将来在正式的工作场合使用汉语打下较为扎实的基础。

5. 综合评价、总结。教师根据每个学生在课前预习、课堂阅读理解、课下研究课题的开展、课堂口语报告和课后调研报告撰写等各个环节的表现及完成任务的情况，在每个研讨话题的单元结束时给予综合性的评价和总结，并计入学生在该课程的平时成绩。

（四）实现条件

实现条件是指促使教学模式发挥效力的各种条件和策略的最优化方案，包括教学内容、教学计划、教学方法、教学资源等。

1. 教学内容。教学内容以社会热点话题为主线，选取适合学生汉语水平、容易激发学生进行口语报告、讨论等成段、成篇表达的材料。笔者在高级汉语口语的教学中，所采用的研讨话题来源于由全体学生共同选择的社会生活中的热点问题（见表1）。教学内容以教师引导下的学生研讨为主，辅以教师讲解，教师讲解内容主要如表2所述：

表1　教学研讨话题列表

第一次	城市现代化进程中如何保护具有传统特色的情调空间（通过案例研讨）
第二次	当今社会人们的财富观（新出现的关于财富的社会现象和社会观念）
第三次	现代社会人们如何处理人际关系（通过案例研讨）
第四次	东西方教育方式的优缺点（通过案例研讨）
第五次	当今社会人们如何安排闲暇时间（通过案例研讨）

表2　教师讲解内容列表

1	话题研讨课课程介绍（目标、教学方法、学习要求、评估方法等）
2	与每个单元主题相关的基本词汇、句式和表达方法（分单元讲解）
3	每个单元和主题相关的主课文分析讲解以及课下补充阅读材料的学生自主学习的要求
4	和主题相关的重要语言点的讲解、学习和练习
5	研究型学习的设计、研究方法（阅读、问卷、访谈、观察等）、资料检索、查找、数据收集和分析方法（定量分析、定性分析以及综合分析等）
6	口语报告要求以及口语报告辅助展示手段的制作原则、技巧和要求、口语报告评估标准
7	由口语报告整理而成的调研报告的写作方法和要求

2. 教学计划。课程共36课时，每个主题单元学习6课时，5个单元，共30课时，期中考试2课时，期末考试（口试和笔试）4课时。具体安排如表3所示：

表3　每个主题单元课时分配表

序号	内容	课时
1	专题材料阅读理解和练习、研究型学习任务布置	2
2	口语表达练习和评估、布置课下写作调研报告	2
3	综合评价学生学习成果、总结本单元重点和要点、布置下一单元预习任务	2

3. 教学方法。我们以任务为语言教学的基本单位，设计任务型活动进行教学。在基础汉语教学阶段，注重引导学生从前期的理解逐步转入吸收，转入对内容与形式互动的融会贯通。注重学习规律，循序渐进，引导学生从单句开始到成段、成篇表达，并能用比较复杂的结构表达。教师在课堂上除了为学生提供语言输入、语言理解的活动外，还应为学生提供大量的语言使用及表达机会，从而为之后的研究型教学打下相应的语言知识和技能基础。在研究型学习阶段，学生在教师引导下，结合课堂教学内容，自主选择研究课题，确定交际任务，利用互联网或实地调研、查阅文献、收集资料，分析研究，口语报告、撰写调研报告，完成以任务型活动为单位的研究型学习。

4. 教学资源。教学资源可以从纸质材料，如课本、报刊、海报等中选取；也可以从多媒体音像材料，如电视、电影、录音、录像或互联网等中选取。教学资源选取时，应注重真实性、丰富性和共享性。教学资源的丰富性主要表现在语言输入采用多种媒体呈现，而不只局限于书本课文这一种形式。教学资源的信息呈现尽量做到多样化，图文声像并茂，采用多媒体教学以创造逼真的情境，促进语言知识的获得和记忆，激发学生的学习兴趣，引导进行协商学习和会话。

（五）评估方法

评估采取形成性评估和终结性评估相结合的方法，针对学生的学习成果以及学习过程中表现出来的学习态度、学习能力、取得的进步等各个方面进行全过程、多角度的综合评估，其中基础汉语教学部分和研究型教学部分各占总成绩的 50%，具体评估方案如表 4 所示：

表 4　教学评估方案表

<table>
<tr><th>评估方法</th><th colspan="2">评估内容</th><th>成绩来源</th><th>分值百分比 /%</th></tr>
<tr><td rowspan="4">形成性评估</td><td rowspan="2">基础汉语教学</td><td>平时成绩</td><td>出勤、课堂参与、作业和学习态度</td><td>10</td></tr>
<tr><td>期中考试</td><td>笔试</td><td>10</td></tr>
<tr><td rowspan="2">研究型教学</td><td>平时成绩</td><td>研究过程的参与和表现
（包括对小组研究成果的贡献）</td><td>10</td></tr>
<tr><td>每单元研究型学习成果</td><td>每单元口语报告及课件、
由口语报告整理成的调研报告</td><td>30</td></tr>
<tr><td rowspan="2">终结性评估</td><td>基础汉语教学</td><td>期末考试</td><td>口试和笔试</td><td>30</td></tr>
<tr><td>研究型教学</td><td>研究型学习总结和心得</td><td>研究型学习调查问卷填写、
教师对学生研究型学习的访谈</td><td>10</td></tr>
</table>

五、新型教学模式建构的实证研究

实证研究主要包括行动研究（含课堂观察、教学反思、语言测试和评价、问卷调查及访谈）、调查问卷统计分析、对学习者的访谈三部分。

（一）行动研究

1. 问题分析

笔者在课程开始的第 1—3 周的课堂观察中发现教学中存在以下问题：第一，部分学生口语报告内容的研究性、独创性和丰富性不够；第二，部分学生对口语表达准确度、流利度和连贯度问题重视不够；第三，大部分学生不习惯脱稿发言。由此，笔者的反思如下：第一，教师在教学中还需要加强对学生研究性报告内容的监控。课程开始阶段教师对学生研究性报告内容的要求还较笼统，没有对学生口语报告内容的研究性、独创性和丰富性提出针对性的要求，需要在后续的教学中进行改进。第二，教师在教学中还需要加强对学生口语表达质量的监控。课程开始阶段教师对学生口语表达质量的监控力度还不够，除了要向学生展示清晰的口语报告评价标准以外，还需通过加大此部分在学生平时成绩中的比例等手段来加强监控。第三，针对大部分学生不习惯脱稿发言的问题，应借助发言提纲、口语报告 PPT 这些辅助手段来让学生进行脱稿练习。教师还需要对学生的发言提纲、口语报告 PPT 准备的成效加大监控力度，并在口语报告评价标准中做出清晰的说明，这些都需要在后续的教学中进行改进。

2. 行动干预的第一阶段

针对课程初始阶段出现的问题，结合教学反思，笔者在第 4—9 周的课程教学中进行了第一阶段的行动干预，行动设计和实施情况如下：（1）增加师生沟通的机会，了解学生的兴趣点和困难，引导、鼓励学生积极利用互联网、微信等信息技术手段开展调研和访谈，完成口语报告前研究型调研或访谈等自主学习任务，激发学生的学习热情。（2）对学生口语报告内容的研究性、独创性和丰富性提出具体要求。笔者要求学生准备口语报告时，自己亲自做调研或访谈；明确规定口语报告的整体框架组织：口语报告内容要由“调研或访谈内容介绍→对调研或访谈内容的分析→自己对该研讨话题的看法→总结”几部分组成；要求每个学生口语报告的时间不能少于 5 分钟。（3）引导学生认真准备发言提纲、口语报告 PPT，发挥它们的“支架”作用。（4）营造轻松、愉快的课堂氛围，鼓励学生积极参与口语表达练习，减轻学生压力和紧张情绪。（5）对学生口语报告内容的研究性、原创度以及口语报告的准确度、流利度、复杂度、得体度、辅助材料和技术的运用等等情况提出评价标准，列出清晰的评价指标项并进行综合评价（见表 5），从而有效保证口语报告训练的效果。

表 5　口语报告评价标准表

评价指标项	评价内容
报告人的准备程度	是否认真、充分准备
报告的研究性和原创度	报告人是否亲自调研或访谈、准备
口语报告的准确度	语音、语调、词汇、句法、语篇连贯和逻辑性
口语报告的流利度	是否有太长的停顿、口头禅等
口语报告的复杂度	信息量是否丰富，词汇和句式、语篇连接手段的运用
口语报告的得体度	正式 / 非正式语体、褒义 / 贬义等语义的运用等
报告人的演讲技巧	是否脱稿、自然、有感染力、注意与听众的互动等
辅助材料和技术的运用	发言提纲和 PPT 的准备情况

第一阶段的行动干预后，笔者通过课堂观察发现不少学生口语报告情况有明显改善，具体情况如下：（1）大部分学生可以借助发言提纲、口语报告 PPT 脱稿发言。口语报告时表现得自信、大方、自然，有较为强烈的口语表达欲望，开始注意与听众的互动，注意表达效果的感染力，与人交流、沟通的能力增强了，心理素质有了明显的提高。（2）大部分学生能积极参与课下研究型学习，利用互联网、微信等信息技术手段开展调研和访谈，完成自主学习任务。口语报告内容的研究性、独创性和丰富性增强，口语报告的话语量增多，内容更加生动、活泼。（3）大部分学生口语报告中的语音、语调、词汇、句法和语篇连贯的运用情况有所改善，口语报告的准确度、流

利度、复杂度、得体度都有了较为明显的进步。（4）教与学出现融洽的配合。很多学生在教师的引导下，能够很好地开展课下研究型学习，利用互联网、微信等信息技术手段开展调研和访谈，完成自主学习任务。学生汉语口语表达水平明显提高了，运用汉语交际的自信心也提升了。由于切身感受到研究型教学模式给自己汉语水平的提高以及研究能力、创新能力、逻辑思维和概括归纳能力等综合素质的提升带来的益处，90% 的学生都表示很喜欢这种教学模式，很愿意跟教师分享自己在学习这门课中的收获和喜悦。

第一阶段的行动干预后，虽然成效较为显著，但课堂观察发现教学中依然存在一些问题，主要表现如下：（1）个别学生由于懒惰、自律性较差等原因，学习自主性不强，口语报告的研究性、独创性和丰富性依然不够，需要教师在下一阶段的教学中再采取更加有效的监控手段。（2）个别学生对口语报告 PPT 等辅助手段具有依赖性，展示 PPT 上文字内容较多，影响脱稿发言效果。（3）个别学生对口语报告中的词汇、句法和语篇连贯的运用监控不足，需要教师在下一阶段的教学中再采取更加有效的监控手段。

3. 行动干预的第二阶段

针对第 4—9 周的课程教学中出现的问题，结合教学反思，笔者在第 10—18 周的课程教学中进行了第二阶段的行动干预，行动设计和实施的情况如下：（1）针对个别学生学习自主性不够以及口语报告的研究性、独创性和丰富性不够等情况，对其课前的研究型自主学习提出要求，明确调研或访谈任务，力求改进。（2）针对个别学生对口语报告 PPT 具有依赖性、PPT 文字内容较多的情况进行监控，提出更高要求，明确规定“PPT 上只能有主要观点、关键词汇等简短的文字内容和主题相关的精选后的图片，不可以出现大段的文字内容”，引导学生最终丢掉“拐杖”，进行脱稿发言。（3）针对个别学生对口语报告中的词汇、句法和语篇连贯的运用监控不足的情况，在对学生口语报告的综合评价中进行“一对一”的诊断性说明，并且强调了口语报告后的调研报告撰写环节的重要性，以此巩固教学效果，从而实现教学模式的最终目标。

第二阶段的行动干预后，笔者通过课堂观察、问卷调查、访谈以及对学生口语表达情况所做的形成性和终结性评估，发现前一阶段出现的问题已有明显改善，具体情况如下：（1）全班学生口语报告的质量普遍提高，在口语报告的研究性、独创性和丰富性上都有改进。（2）全班学生基本上都能借助少量的 PPT 文字内容脱稿进行口语报告。（3）80%—90% 的学生在口语报告的语音、语调、词汇、句法和语篇连贯运用上有较显著的改善，口语报告的逻辑性、流利度、复杂度、得体度监控有所增强，口语表达能力有所提高，但提高的幅度还有差异（即自主性强的学生比自主性弱的学生进步更为显著）。

4. 对整个行动研究的反思

实证研究结果表明，课程采用“基于话语分析、任务法和多媒体网络技术的研究型国际汉语高级口语教学模式”后，80%—90% 的学生都在汉语口语语篇表达的准确度、流利度、复杂度、得体度等方面有了明显的提高。这一教学模式很好地激发了学生的学习热情和学习自主性。但是，我们也发现个别学生在口语报告等环节进步程度明显不如其他同学，这跟这些学生自主学习的积极性较弱有一定关系。此外，通过对学生进行问卷调查和访谈，我们也认识到教师在研讨话题的时事性、课堂研讨方式和教学评价的多样性以及对学习自主性较弱的学生的研究型学习监控的力度等方面还应加强。这些在今后的教学实践中还要不断改进。

（二）问卷统计分析

问卷共发放33份，回收有效问卷33份。问卷共分三个部分：第一部分调查学生的个人情况（姓名、国籍、学汉语时间、HSK成绩）；第二部分调查学生对运用研究型学习方法准备和进行口语报告的看法；第三部分调查学生对本学期进行研究型学习的看法，以及对本学期运用研究型学习方法准备和进行口语报告的自我总结与评价。第一部分为填空形式，第二部分为多项选择，第三部分为开放性问答。

1. 学生个人情况统计

问卷调查对象是中国人民大学2012级选修研究型高级汉语口语教学课程、进行为期一个学期（18周）学习的汉语言专业四年级两个班级的所有本科留学生，共33人。其中，韩国学生30人，巴西、日本和朝鲜学生各1人。学了4年汉语的学生1人，学了5年汉语的学生4人，学了6年汉语的学生9人，学了7年汉语的学生7人，学了8年汉语的学生2人，学了9年汉语的学生6人，学了10年汉语的学生3人，还有1人学了汉语12年。汉语水平已取得新HSK五级的有8人，已取得新HSK六级的有25人。

2. 学生对运用研究型学习方法准备和进行口语报告的看法

表6　问题1：你觉得课堂口语报告对提高你的汉语水平有什么帮助？

序号	选项内容	选择人次／人	占学生总人数百分比／%
1	有利于改善语音、语调	5	15
2	有利于正确、得体地使用词语、句式，纠正语法错误	18	55
3	有利于注意关联词语的使用和语句、语段的连贯	15	45
4	有利于注意表达的流利性	21	64
5	有利于注意表达内容的丰富性、生动性	20	61
6	有利于增强汉语语感，提高用汉语口语表达思想的自信心	14	42
7	有利于脱稿进行汉语口语表达	19	58

表7　问题2：你在利用调查、访谈或互联网、多媒体来准备口语报告过程中有哪些收获？

序号	选项内容	选择人次／人	占学生总人数百分比／%
1	对选择的主题有了更多了解	17	52
2	对选择的主题有了更深的思考	18	55
3	锻炼了调查、研究的能力	22	67
4	锻炼了逻辑思维能力	19	58
5	锻炼了用汉语做事的实践能力	12	36
6	提高了用汉语口语与他人交流的能力	16	48
7	锻炼了写作能力	13	39
8	没有什么收获	0	0

表 8　问题 3：老师对你的口语报告提出改进建议，对你做口语报告有什么帮助吗？

序号	选项内容	选择人次 / 人	占学生总人数百分比 /%
1	让我意识到一些以前没注意到的语音、语调问题	12	36
2	让我意识到一些以前没注意到的语言偏误	21	64
3	让我注意关联词语的使用和语句、语段的连贯	19	58
4	让我注意表达的流利性	14	42
5	让我注意表达内容的丰富性、逻辑性	11	33
6	增强了我用汉语口语表达思想的自信心	14	42
7	鼓励我尝试脱稿进行汉语口语表达	15	45
8	没有什么特别帮助	0	0

表 9　问题 4：作为一种练习形式，口语报告的以下要求中哪些对你来说有困难？

序号	选项内容	选择人次 / 人	占学生总人数百分比 /%
1	选择一个合适的话题	10	30
2	准确使用语言，包括语法、词汇	14	42
3	做到结构清楚、逻辑性强	11	33
4	清晰表达个人观点	15	45
5	语音、语调正确，现场表达流利	14	42
6	只靠发言提纲提示，进行脱稿汉语口语表达	8	24
7	有足够的时间和精力准备	3	9

表 10　问题 5：你对自己课上做的口语报告有什么评价？

序号	选项内容	选择人次 / 人	占学生总人数百分比 /%
1	基本达到预期效果	9	27
2	远没有达到预期效果	0	0
3	比预期的好	5	15
4	好不好都无所谓	1	3
5	如果有下一次，我应该会做得比这次好	22	67

表 11　问题 6：别的同学做口语报告对你有什么帮助吗？

序号	选项内容	选择人次 / 人	占学生总人数百分比 /%
1	学到了很多新知识	20	61
2	预见自己做口语报告可能存在的问题或反思自己做过的口语报告	20	61
3	语言水平高的同学做口语报告时有收获，否则没有	8	24
4	基本上没有什么帮助	0	0

3. 学生对研究型学习的看法和对做口语报告的自我总结与评价

问题 1：请对你自己这学期做口语报告的情况做个总结和评价。33 份问卷中有 32 份问卷的评价是积极的、肯定的，只有 1 份问卷给予了消极评价。后者的原因是该生在学生中属于汉语水平落后生，学习不够努力，自觉性和自主性都较弱，做口语报告不认真准备，应付了事，所以没有多少进步。

做出积极的、肯定的评价的 32 份问卷认为，研究型教学模式对提高汉语口语水平和调研能力等汉语综合应用能力有很大帮助，主要包括以下几个方面：（1）在语言运用方面，语音、语调、词汇、句法和成段表达的连贯性、逻辑性在口语报告评价阶段，通过教师给予一对一的针对性指导，都有了较为明显的进步，口语表达能力明显提高了。（2）学会了如何发表，如何调研，通过借助发言提纲逐步过渡到脱稿发言。以前不敢在公众面前发言，现在很有自信心，在公众前的口语表达能力大大提高了，心理素质大大增强了。（3）口语报告很有趣，每次题目不同，要自己去做调研、访谈，使用网络查找汉语资料的能力提高了。访谈要和被采访人用汉语沟通，锻炼了汉语口语能力和沟通能力，提高了汉语水平和跨文化交际能力。（4）准备口语报告的过程中，学习到了很多新知识，开阔了视野，动手能力提高了，现在能用汉语做内容丰富多彩的多媒体课件。（5）教师对口语报告的评价很有帮助，知道了自己的优缺点，改掉了长期存在的不少语言偏误。（6）听同学的口语报告对自己也有很多启发。（7）教师给予的鼓励和帮助非常重要，非常感谢任课教师。（8）口语表达能力提高了，因为面临毕业要找工作，所以帮助很大。

问题 2：你觉得研究型学习的方式怎么样？33 份问卷中有 31 份问卷的评价是积极的、肯定的，只有 2 份问卷给予了消极评价。后者的原因分别为：一个学生的汉语水平不高，学习不够勤奋，习惯于教师上课“满堂灌”的教学方式，学习自主性较弱，不喜欢研究型学习的方式。另一个学生则是因为已经四年级了，除了上课外，还要外出实习、找工作，感觉没有时间进行研究型学习，对这种学习方式有抵触情绪。

做出积极的、肯定的评价的 31 份问卷认为，研究型教学模式对提高汉语口语水平和调研能力等汉语综合应用能力有很大帮助，主要包括以下几个方面：（1）这种学习方式很新颖，有利于培养学生自主学习能力、逻辑思维能力、利用网络查找和检索汉语资料的动手能力、调查和访谈的研究和沟通能力、分析问题和思辨的能力，以及跨文化沟通能力。（2）这种学习方式引导学生课下自主学习，去完成对相关话题的调研，吸引学生的关注和兴趣。（3）通过调研，再做口语报告，最后整理成调研报告，这种研究型学习方式让学生在知识的学习和汉语口语、书面语交际能力的提高方面都收获很大。（4）教师对学生的鼓励、指导和恰当的评价很重要。（5）这种学习方式其他课程还没有开展，感觉新鲜且受益匪浅。

问题 3：关于口语报告，你还想说点儿什么？该问题是要了解学生更多的建议和意见反馈。这个部分的回答有 23 个学生表示已经很满意，没有提出更多的意见和建议；有 10 个学生提出了更多的建议。学生的建议主要在以下方面：（1）研究型课程探讨的话题要不断更新，最好能跟时事相结合。（2）对不努力、上课做口语报告不积极的学生应该采取强制性措施，让其改变学习态度。（3）最好增加学生间互相讨论环节，以及更多的小组报告的机会。

（三）访谈结果分析

本文主要采用半结构性访谈，以访谈提纲为指导，对学生提出一些开放性问题。访谈人数 33 人，采取一对一的方式，以下是根据访谈录音整理出来的主要内容。

问题1：你觉得本学期该课程采用研究型教学的模式怎么样？为什么？33人中有31人表示很欢迎、很喜欢研究型教学的方式，只有2人表示不喜欢研究型教学的方式。后者的原因分别为：一个学生的汉语水平不高，而且学习不够努力，不习惯课下自主学习，不习惯要自己去调研或采访来完成研究型学习任务的方式。另一个学生则是因为已经四年级了，非常忙，除了上课外，还要外出实习、找工作，感觉没有时间进行研究型学习，觉得这种学习方式太占用课外时间。

做出积极的、肯定的评价的31人认为，研究型教学模式对提高汉语口语水平和调研能力等汉语综合应用能力有很大帮助，主要包括以下几个方面：（1）教学模式流程科学，让学生在知识的学习和能力的提高方面都收获很大。（2）研究型学习方式新颖，在事先的准备中，要利用网络查找、收集资料，以加深对相关话题的了解，增长了知识，开阔了视野，拓宽了思路。通过设计调查问卷和访谈提纲，提高了独立设计研究课题解决方案的能力。通过进行实践性调查或采访，提高了利用汉语的沟通能力，比较真切地了解到当代中国人对于各种话题的看法，从而提升了看问题的深度和广度。分析调查或者访谈结果时，为了进一步了解某个现象产生的原因以及背后深刻的内涵，需要参考很多书籍和网站上的资料，从而能够更深刻地了解中国文化，提高了跨文化沟通的能力。通过制作口语报告的汉语课件，提高了提炼信息、组织语言的能力。口语报告的形式让学生告别了因为紧张而不敢在同学面前发言的昨日的自己，学生变得更有自信心，拥有更好的心理素质，可以在公众面前脱稿发言了。在教师的指导下，口语的表达能力在语音、语调、词汇、句法的运用和组织逻辑、连贯表达方面有了明显的提高。观摩其他同学的汉语课件展示和口语报告，有利于同学之间的交流和共同进步。（3）这种学习方式引导学生课下自主学习，去完成对相关话题的调研，吸引学生的关注和兴趣。（4）教师对学生的热情鼓励、指导和恰当的评价非常重要，任课教师对每一位同学都能进行针对性的指导，很热情、很细心、很辛苦，同学们非常感谢老师。（5）这种教学方式其他课程还没有开展，希望这种教学方式在留学生汉语言专业本科课程中从低年级就开展，最好能贯穿本科学习的各个阶段。（6）这种教学方式能让学生很好地学以致用。访谈中一位巴西同学表示，他课下受邀参加了中国中央人民广播电台的谈话节目，向中国人介绍自己国家的文化，用汉语表达起来很流利而且不紧张，并且具有跨文化沟通意识，这很大程度上受益于这门课的学习和教师的帮助。还有一位韩国同学课下在中国公司实习，所做的工作就是整理市场信息和资料，然后用汉语向上级口头汇报，并整理出汉语书面报告提交。这门课对他的实习工作圆满完成帮助非常大。（7）有位韩国同学甚至提出这门课的学习方式让她开始重新思考自己的学习和生活方式，觉得应该更积极、更主动地去发掘自己各方面的能力和潜力，认为在这门课的学习中收获特别大，对自己具有非凡的影响。

问题2：你对自己在研究型学习中的表现如何评价？为什么？33人中有31人表示对自己在研究型学习中的表现比较满意，只有2人表示对自己的表现不满意，原因是不喜欢研究型学习的方式，具体原因同上，此处不再赘述。

表示对自己在研究型学习中的表现比较满意的31人的回答主要包括以下几个方面：（1）学生在研究型学习过程中经历了从不适应到逐渐喜欢，最终完全接受、很喜欢这种学习方式的不同阶段，很好地完成了在汉语知识和综合素质与能力方面的自我提升。不少同学表示在研究型学习的开始阶段，由于以往课程没有采用过这种教学方式，基本都是教师讲授型教学方式，自主学习的压力加大了，在口语报告前课下要花很多时间进行资料查找、调研和访谈，准备口语报告提纲和汉语课件，一次口语报告要花将近课下一周的时间进行准备。开始的时候有抱怨、畏难的心理，但通过教师的热情鼓励、沟通和指导，较快的时间内就能够选择合适的研究型学习任务的课题，进行资料查找、调研和访谈，较好地制作汉语课件，能够借助发言提纲（最终不用）进行脱稿的汉语口语报告，并能根据口语报告整理出书面的调研报告，较好地完成研究型学习的任务。在汉语水平（特别是口语水平）、自主学习和研究能力、创新思维和逻辑思维能力、跨文化意识和跨文化交际能力都有所提高时，学生感受到了研究型学习带来的快乐和许多收获，最终深深地喜欢上了这种学习方式。（2）通过这种学习方式，学生克服了以往在汉语学习中的很多缺点，解决了不少问题。如克服了口语表达中出现的语音、语调、词汇、句法、语篇方面的汉语偏误问题；克服了以往紧张、羞于在公众前发言的心理问题，能够借助发言提纲（最终不用）进行脱稿的汉语口语报告，口语能力和心理素质得到了明显的提高，感觉收获很大。制作汉语课件、撰写书面调研报告等环节对提高提取有用信息、逻辑思维能力、语篇连贯能力和正式场合下的口语表达能力都有很好的促进作用。

问题 3：你对任课教师和该课程的教学有什么建议和意见？这个部分有 23 个学生表示已经很满意，没有提出更多的意见和建议；有 10 个学生提出了更多的建议。学生的建议主要在以下方面：（1）研究型课程探讨的话题要不断更新，可以在最后一个单元里，安排一个让学生自由选择调研课题的开放性研究型学习任务环节，从而吸引学生更多的关注和兴趣；每个单元的选题范围最好能跟时事相结合，这样具有新鲜感。（2）教师对不努力、不积极的学生应该采取更多强制性措施，让其改变学习态度。（3）如时间许可，最好增加学生间互相讨论的环节，以及更多的小组报告的机会。

六、结论、创新点和后续研究方向

（一）结论

笔者采用“基于话语分析、任务法和多媒体网络技术的研究型国际汉语高级口语教学模式”，在高级汉语口语专业课“当代中国话题研讨”上，对汉语言专业本科四年级留学生进行了为期一个学期 18 周的教学实验。研究结果表明，采用这一教学模式后，课程取得了很好的效果：80%—90% 的学生的汉语口语语篇的准确度、流利度、复杂度、得体度都有了明显的提高，学生的学习热情和学习自主性也得到激发。这一教学模式强调学生自主学习、从做中学；以话语为单位进行汉语口语训练和表达，重视对学生的大量的信息输入，采用任务型活动来促进学生的积极参与、自觉学习，大幅度地输出。这些都有利于学生汉语口语表达能力和交际能力的提高。该教学模式从话语分析的角度入手，教学内容关注汉语口语结构特征、交际特征（如话语连贯方式、信息布置等）、语境特征，有利于提高学生的成段、成篇口语交际能力。这一教学模式以社会热点话题为主线，选取适合学生汉语水平、容易激发学生进行口语报告、讨论等成段、成篇表达的材料为教学内容，设计相应的任务型活动进行教学，有利于提高学生的高级口语交际能力。多媒体网络、信息技术的运用为该教学模式提供了强有力的技术支持。采用研究型教学模式，在教师引导下，学生自主选择研究课题，调研、查阅文献、收集资料、分析研究、口语报告、撰写调研报告等，有利于培养创造性地运用目的语的能力，提高自主学习能力、一定的研究能力和跨文化交际能力，实现专业培养目标。该教学模式采用形成性和终结性评估相结合的方式对教学效果进行评估，具有科学性和合理性。

研究结果表明，对口语报告课前调研任务的安排和相关资料的阅读、课堂口语报告的话语形式和质量的监控、口语报告的评估模式以及口语报告后调研报告的撰写等重要因素的合理配置是提高学生口语报告参与度和参与质量的有效手段，也是这一教学模式在教学实践中取得成功的关键因素。

（二）创新点

国际汉语高级口语教学模式研究起步较晚，已有研究成果还非常有限，且大多是从单一角度进行研究，基于教学实验的研究很少，在研究内容和研究手段上都显得单薄。本文以多元理论为指导，通过教学实验，从教学目标、操作程序、实现条件和评估方法等多角度对这一阶段的教学模式建构进行实证研究，寻求最优化教学方案，相较以往的研究，在研究的系统性、深入性和科学性上都有突破。

该教学模式的构建是将教学理论和一线教学实践相结合的系统一体化研究，并经过了一线教学实践的检验。这一教学模式有理论的深度、显著的教学效果、前沿性、针对性、可操作性和可借鉴性，值得在国际汉语一线教学中推广和应用。目前业内针对汉语言专业本科留学生的研究型教学模式还未见到，本文构建的教学模式在这一领域具有开创性。

（三）后续研究方向

由于时间所限和自身水平所限，本文结果还有一些需要改进之处，还要开展一些后续性的研究工作。比如：如何改善研讨话题的时事性、课堂研讨方式和教学评价的多样性；如何加强对学习自主性较差的学生的研究型学习监控的力度；运用这一模式给课程中的其他因素（如课程设计和教材编写等）所带来的影响的研究等。

参考文献

[1]［美］布鲁斯·乔伊斯，玛莎·韦尔，艾米莉·卡尔霍恩．教学模式．荆建华，宋富钢，花清亮译．北京：中国轻工业出版社，2002.

[2] 陈晨．"表达驱动"的体验型高级汉语口语教学模式探索 // 加州中文教学研究中心编．*Chinese L2 Theory and Practice: Selected Papers of CLEF 2011*. CLERC Publishing, 2012.

[3] 陈晨．中国人民大学教师教学发展中心教师教学发展改革 2015 年度重点项目研究报告．2016.

[4] 陈侃，尉万传，毛良斌．中高级汉语口语教师的"主持人"意识．语言教学与研究，2010（4）.

[5] 陈田顺主编．对外汉语教学中高级阶段课程规范．北京：北京语言文化大学出版社，1999.

[6] 陈作宏．多媒体在对外汉语高级口语教学中的运用．民族教育研究，2006（1）.

[7] 崔希亮．汉语国际教育"三教"问题的核心与基础．世界汉语教学，2010（1）.

[8] 丰玉芳，蔡玲．多媒体网络环境下大学英语综合课程研究性课堂教学模式的构建．外语与外语教学，2009（11）.

[9] 郭颖雯．篇章语言学与语段、语篇口语教学．语言教学与研究，2003（5）.

[10] 国家对外汉语教学领导小组办公室编．高等学校外国留学生汉语言专业教学大纲．北京：北京语言大学出版社，2002.

[11] 韩宝成．动态评价理论、模式及其在外语教育中的应用．外语教学与研究（外国语文双月刊），2009（6）.

[12] 靳洪刚．现代语言教学的十大原则．世界汉语教学，2011（1）.

[13] 孔令跃．高级汉语口语教学：问题、研究与对策．汉语学习，2013（5）.

[14] 李继先．话语分析理论基础上的口语交际能力培养研究．郑州大学学报（哲学社会科学版），2008（5）.

[15] 李泉，段红梅．来华留学生汉语言本科专业建设问题探讨．云南师范大学学报（对外汉语教学与研究版），2010（3）.

[16] 李悦娥，范宏雅编著．话语分析．上海：上海外语教育出版社，2002.

[17] 林海，李虹，袁建美，何勇．大学研究型教学的理论与实践探索．北京科技大学学报（社会科学版），2013（1）.
[18] 刘荣，刘娅莉．辩论教学模式在中高级汉语口语课中的运用．暨南大学华文学院学报（华文教学与研究），2009（3）.
[19] 刘元满．高级口语教材的话题、情景和话轮．北京师范大学学报（社会科学版），2008（5）.
[20] 罗少茜．任务型语言教学：任务、任务研究、任务型教学与评价及教师培训．北京：高等教育出版社，2011.
[21] 马箭飞．汉语教学的模式化研究初论．语言教学与研究，2004（1）.
[22] 欧洲理事会文化合作教育委员会编．欧洲语言共同参考框架：学习、教学、评估．刘骏，傅荣主译．北京：外语教学与研究出版社，2008.
[23] 孙德金．来华留学生汉语言专业学历教育中的两个问题．国际汉语教学研究，2015（4）.
[24] 文秋芳．《英语教学中的行动研究方法》评介．中国外语教育（季刊），2011（3）.
[25] 文秋芳主编．英语口语测试与教学．上海：上海外语教育出版社，1999.
[26] 吴勇毅．关于汉语教学模式创建之管见．华文教学与研究，2014（2）.
[27] 吴中伟．汉语教学模式的集成、创新和优化．华文教学与研究，2016（1）.
[28] 杨惠中，朱正才，方绪军．中国语言能力等级共同量表研究：理论、方法与实证研究．上海：上海外语教育出版社，2012.
[29] 张嘉志编著．信息化教学方法与技术．北京：北京师范大学出版社，2012.
[30] 张文忠．英语专业研究性学习的内涵．中国大学教学，2007（10）.
[31] 赵金铭．汉语作为第二语言教学：理念与模式．世界汉语教学，2008（1）.
[32] 赵雷．建立任务型对外汉语口语教学系统的思考．语言教学与研究，2008（3）.
[33] Ellis, R. *Task-based Language Learning and Teaching*. Oxford University Press, 2003.
[34] Jin, H.-G. The role of formulaic speech in teaching and learning patterned Chinese structures. *Journal of the Chinese Language Teachers Association*, 2004, 39(1).
[35] Ke, C.-R. & Reed, D. J. An analysis of results from the ACTFL Oral Proficiency Interview and the Chinese Proficiency Test before and after intensive instruction in Chinese as a foreign language. *Foreign Language Annals*, 1995, 28(2).
[36] McCarthy, M. *Spoken Language & Applied Linguistics*. Cambridge University Press, 1998.
[37] National Standards in Foreign Language Education Project. *Standards for Foreign Language Learning in the 21st Century* (2nd edition). Allen Press, 1999.

本科留学生学术汉语写作课需求调查与课程建设

北京大学　李海燕　张文贤　辛　平

摘　要：随着留学中国的学历生数量增加，留学生用汉语撰写学术论文的需求日益增强。北京大学自2017年秋季学期起开设了全校本科留学生学术汉语写作通选课。本文基于对选课留学生学习需求的问卷调查，对学术汉语写作课的课程建设情况进行总结，探讨这门课程的教学内容、教学方法及面临的挑战。

关键词：本科留学生　学术汉语写作　学习需求　课程建设

一、引言

近年来，在来华留学生中，学历生数量大幅增加，他们的汉语水平也在不断提高，用汉语进行专业学习及学术研究的需求日益增强。学术汉语能力已经成为留学生学历教育的培养目标之一（高增霞和刘福英，2016）。来华留学生在专业学习中遇到的困难主要集中在听课难和学术论文写作这两个方面（鲁洲，2014）。

关于“学术汉语”的概念，单韵鸣（2008）、单韵鸣和安然（2009）在讨论《科技汉语》阅读教程系列教材编写和《科技汉语》课程设置时第一次提到“学术汉语”，指的是科技汉语、商务汉语等专门用途汉语，侧重培养理工科学生阅读科技文章的能力和听力理解能力，帮助学生扫清听力和阅读过程中专业词语和科技术语的障碍。高增霞和刘福英（2016）借鉴“学术英语”的内涵，进一步把“学术汉语”明确界定为训练学生运用汉语从事专业学习和学术活动的汉语教学，又分为通用学术用途汉语（各学科通用的汉语教学）和特殊学术用途汉语（专业汉语）。通用学术用途汉语培养学生在专业学习中所需要的学术汉语口语和书面交流能力，如用汉语听课、记笔记、查找文献、撰写论文、进行学术交流等，是适合所有专业的具有共性的学术能力的教学；特殊学术用途汉语则侧重特定学科如医学、法律、工程等，是适合具体专业特点的汉语及其技能的教学。该文认为必须加强留学生学术汉语教学，尤其是通用学术用途汉语教学。

当前高校留学生学术汉语写作教学以及相关研究都较薄弱。与学术英语的相关课程建设和研究相比，学术汉语方面的研究刚刚起步。相比于听课、阅读，留学生用汉语进行专业论文写作的能力尤为欠缺。一些研究也指出了留学生在学位论文写作方面存在语言障碍、不了解论文写作规范及科研能力不足等诸多问题（金兰，2002；幺书君，2005；亓华，2006；仇鑫奕，2009；谷祖莎，2014）。为此，北京大学自 2017 年秋季学期起开设了全校本科留学生学术汉语写作通选课。在开课之初，笔者作为任课教师，对于这门课的教学内容和教学方法都存在很多困惑，例如：学生的学术汉语能力怎么样？教学重点是专业词汇等语言知识还是论文写作总体思路？不同专业背景的学生在论文写作中有哪些突出的问题和需求？如何协调不同专业学生的写作需求？如何在选课学生多、课时少的情况下有效地提高学生论文写作能力？这些问题的答案在三个学期的教学实践过程中逐渐明晰，因此本文基于对选课留学生的学习需求调查，总结并探讨本科留学生学术汉语写作课的教学内容和教学方法。

二、本科留学生学术汉语写作课学习需求调查分析

北京大学本科留学生学术汉语写作通选课每学期开课，每周 2 课时，限制选课人数。课程开设三个学期以来，每学期均选满。2017 年秋季和 2018 年春季学期各开设了一个班，2018 年秋季学期开设了两个班。三个学期选课总人数达 126 人。

作为一门新开的选修课，每个学期开课时我们均对选课学生进行了问卷调查，以便更好地了解学生的学习需求，确定并调整教学内容。问卷通过问卷星放到班级微信群中由选课学生在第一次课时当堂完成（调查问卷详见附录）。问卷内容主要包括学生基本情况、用汉语进行专业论文写作的经历和难点以及对学术汉语写作课的学习需求。

（一）选课学生基本信息

126 名选课留学生来自北京大学的 20 个院系，除个别学生来自化学与分子工程学院、生命科学学院等理科院系外，绝大多数都来自文科专业院系。具体分布见图 1：

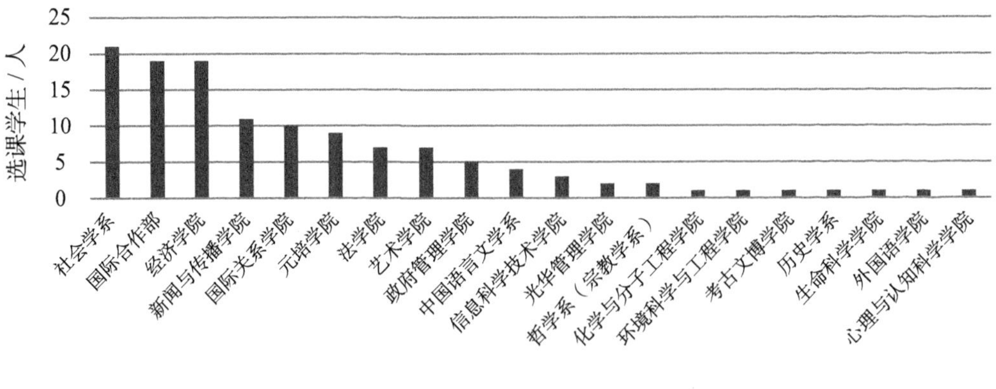

图 1　2017—2018 三个学期 126 名选课学生专业分布

选课学生中男生 63 人，女生 63 人，正好各占 50%。他们来自 21 个国家，其中韩国学生最多，有 78 人，占 62%，其次为日本学生 17 人，占 13%，其他学生来自美国、泰国、澳大利亚、土耳其、瑞典、意大利、英国、俄罗斯、法国等。126 名选课学生中一到四年级的学生都有，具体分布是一年级 44 人（占 35%）、二年级和三年级各 25 人（占 20%）、四年级 9 人（占 7%），还有 23 人（占 18%）是国际合作部的进修生。九成以上的选课学生通过了 HSK 六级考试。① 约二分之一的学生曾在中国的小学、初中或高中学习过。约三分之一的学生学习汉语的时间超过 10 年，只有五分之一的学生学汉语的时间不到 3 年。

由上述信息可知，选修学术汉语写作课的留学生汉语水平较高，国籍和专业背景多样，因此课程的定位应该是通用学术用途汉语教学，而不是针对某个专业的特殊学术用途汉语教学。

（二）选课学生学术汉语写作经历和难点

问卷主要调查选课学生以前是否有过学术汉语写作经历，在专业课学习中需要用汉语写什么样的学术论文，在学术论文写作过程中有哪些难点等。

调查结果显示，绝大多数学生在专业课学习过程中都需要用汉语撰写读书报告和课程论文等，64% 的学生需要用汉语撰写毕业论文。有学生明确表示虽然专业不要求用汉语写毕业论文，但自己仍认为学术论文写作是大学学习必须要掌握的技能。也有学生表示未来打算继续在中国读研究生，想在学术方面发展，因此希望通过这门课为以后的学习打下良好基础，提高自己阅读汉语学术文献能力及学术汉语写作能力。

虽然多数学生专业学习需要写学术论文，但经常阅读汉语学术文献和经常写论文的学生都只有 17%，多达 83% 的学生不常（36%）、很少（32%）或从未（15%）阅读过汉语学术文献，83% 的学生不常（19%）、很少（19%）或从未（45%）用汉语写过论文。写过论文的学生基本上都是高年级学生，他们反映虽然写过一些读书报告和专业课程论文，但专业课教师往往只是给一个分数，并没有就论文的优点和不足给予具体反馈和评价，因此他们并不知道自己到底存在哪些问题以及如何改进。这也是不少高年级学生选修这门课的主要原因。由此可见，留学生对学术汉语写作有很大的需求，但大多数缺乏写作经验，对学术论文写作基本不了解。

关于在专业学习的各个环节以及学术汉语写作中的难点，我们通过五度量表（1 最容易，2 很容易，3 还可以，4 很难，5 最难）进行了调查。结果显示，写论文或者报告是最难的（3.98），其次是阅读汉语论文（3.19）和学习汉语专业词汇（3.18），用汉语记笔记（2.90）和听教师用汉语讲课（2.56）比较容易。关于写论文或学术报告时的难点，学生认为论文的格式规范相对最难（3.70），其次是论文的结构要求（3.66）、符合汉语习惯的词语、句式和表达方式（3.59）、确定论文写作的思路（3.39）和选择合适的题目（3.32）。从调查结果来看，学生觉得这五个方面的难度基本相当，可以说都是难点。调查问卷也设计了开放性问题，学生可以自由说明论文写作过程中的困难之处，概括起来相对比较集中的难点除了上述的五个方面外，还有书面语表达、专业词汇和学术论文常用词汇不足、标点符号的使用、句子之间及段落之间的衔接与连贯等。有多位同学谈到自己写论文写得太慢，往往是先用母语写，然后再翻译成汉语，自己看了都觉得称不上是学术论文。还有学生反映分不清楚学术论文与记叙文、议论文的区别，也不明白读书报告和读后感的差异，结果每次都写成了“超长的高中作文”，因此希望通过这门课可以学习到论文的写

① 留学生来源不同，有部分学生没有参加过汉语水平考试，因此没有 HSK 成绩。

作方法，“学会如何写真正的学术论文”。

（三）选课学生对学术汉语写作课的学习需求

关于学术汉语写作课的学习需求，问卷通过两个问题进行了考察。一个是开放的问题“对于这门课的内容和教学方法你有什么希望和需求？”，另一个是五度量表选择题，请学生选择学术论文写作时词汇、句式、写作方法、格式规范、逻辑思维的重要程度。调查结果显示，选课学生认为这五个方面的内容都很重要，量表分均超过了 4.00，其中写作方法（4.35）相对更重要，其他重要程度依次为逻辑思维（4.25）、格式规范（4.24）、句式（4.16）和词汇（4.14）。因此这五个方面的内容都需在学术汉语写作课课程设置中重点考虑。

在对开放性问题的回答中，学生们对于学习需求也有很多表述。综合起来，主要有以下几个方面：一是希望全面系统地了解学术汉语写作的要求。很多学生很少阅读汉语学术文献，也没写过论文，可以说对学术论文写作一无所知，不知从何入手，所以希望从基础开始学习，比如什么是论文、作文和论文有什么区别等。二是希望通过课程学习可以提高学术汉语写作效率，可以用汉语直接跟着自己的思路写而不再通过翻译。这部分学生谈到写论文最大的困难是词汇量不足、缺乏写作方法和技巧，写论文需要花很多时间找资料、查词典，但仍无法顺畅地表达自己的想法，因此希望多练习论文写作。调查结果也显示，每周除了上课之外，90% 的学生都愿意花 2 个小时以上的时间练习学术汉语写作。三是希望学习整篇学术论文的构思、框架结构安排以及论文写作常用的词汇、语法句式和篇章衔接的细节。四是希望在这门课上得到教师更多的反馈，有针对性地解决自己在论文写作中的问题，包括词句、论文的逻辑性和写作规范等。

从上述调查结果可以看出，留学生对学术汉语写作这门课抱有很大的期待，虽然写作经验和基础比较欠缺，但学习的积极性比较高，他们希望通过这门课在论文写作的思路逻辑、遣词造句、写作规范、写作技巧等方面都有所改进提高。学术汉语写作课的课程设置要在教学内容和方法上充分考虑到学生的实际能力和学习需求，力争在短短的一个学期时间内切实帮助学生提高论文写作能力。

三、本科留学生学术汉语写作课课程设置

作为北京大学全校本科留学生通选课，学术汉语写作课每个学期开设，每周 2 课时，除去假期等，按照每个学期 15 周共 30 课时的教学量进行课程设置。自 2017 年秋季学期开课以来，我们在三个学期的课程建设过程中不断总结经验，调整改进。下面分别从课程定位和教学目标、课程内容框架和教学大纲设计、教学材料的选取、教学方法等方面进行说明。

（一）课程定位和教学目标

基于对选课学生的问卷调查，学术汉语写作课基本明确了课程定位和教学目标。选课学生的汉语水平较高，来自多个专业院系，听课不是问题，但对学术论文阅读和写作缺乏足够经验，查阅汉语专业文献及撰写学术论文都有很大的困难，因此课程定位应是通用学术用途汉语的阅读和写作。阅读和写作是紧密相连、互相促进的两种语言技能，课程教学目标就是要通过典型的论文阅读，让学生了解学术论文的框架结构、语言特征和写作规范，培养学术思维，通过写作训练，提高学生对学术论文的认识和写作技能，到期末可以独立撰写一篇完整的学术论文。

（二）课程内容框架和教学大纲设计

目前有关学术汉语写作方面的研究不多，也没有面向留学生的相关教材，因此课程内容框架和教学大纲的设计一直处于不断的实验和探索之中。基于问卷调查所了解到的学生学习难点和学习需求以及期末教学评估中的学生反馈，目前的课程内容主要包括三个大的方面：一是学术论文的结构和写作思路，如选题、谋篇布局、撰写提纲等。二是论文各部分的写法和规范，如章节标题、引言、文献综述、论证、结论、摘要、关键词、参考文献等。在讲练每个部分写法时重点关注逻辑论证、篇章衔接、格式规范等。三是学术汉语的语言特征，如标点符号的使用、书面语表达、常用词汇和句式等。

从问卷调查结果可知，大多数本科留学生在专业课学习过程中需要写的是读书报告和课程论文，部分学生需要用汉语撰写毕业论文。这三种论文的写作要求不尽相同，而且选课学生以低年级为主，他们首先面临的就是专业课读书报告和课程论文的写作。因此学术汉语写作课在前几讲中专门将读书报告的写法拿出来进行教学练习，然后再进入到一般课程论文的写作教学。毕业论文的规范和写作要求较课程论文更高、更严格，在讲练课程论文各部分过程中教给学生。

（三）教学材料的选取

由于多数学生很少阅读汉语学术文献，对论文的结构和表达方式都缺乏足够的认知，阅读一定数量的论文有助于学生对学术汉语写作有一个更直观感性的认识。因此教学材料主要包含两个部分：一是任课教师制作的PPT，内容主要是论文写作的思路、规范和语言特征以及学生习作讲评；二是从网上下载的学术论文范例。因为学生专业背景各不相同，在选取论文范例时尽量照顾到各专业学生都有能力了解并感兴趣的课题，如《中外网上书店比较研究——以当当网上书店与亚马逊网上书店为个案》（《情报理论与实践》2005 年第 2 期）、《当代大学生高消费行为分析与引导策略》（《法制与经济》2010 年总第 261 期）之类，要避免选择专业性过强的论文。同时选取的论文要结构典型清晰，语言表述典范，篇幅不宜过长。选取的这些论文材料有些是在课堂上作为案例进行讨论分析，有些是要求学生课下阅读体会。

（四）教学方法

写作技能必须要通过不断的写作练习、修改完善才能提高。学术汉语写作课课时有限，选课学生众多，学生专业背景和写作中的具体问题各不相同，如何在较短的时间内切实提高每个学生的写作能力是课程面临的一大挑战。因此，在课程教学理念上努力贯彻“精讲多练”及“针对性”的原则。教学方法采取讲练结合、课堂练习与课下作业相结合以及为每个学生建立学习档案等形式，尽量详细地进行作业反馈，重点就习作的逻辑性、写法和语言表述给学生提出有建设性的意见和建议，鼓励学生就写作中的问题找教师或助教研讨。教师的角色定位更多是学生的论文写作辅导。

每一次课的内容都有课堂练习和课下作业两个部分，课堂练习除了讨论分析范例论文的写法之外，也会编写一些针对性更强的练习，如给语段加标点符号、根据所给的论文摘要分组讨论拟写论文题目、根据所给的课题分组研讨写作思路和论文框架、当堂归纳综述所给文献的内容等。课堂练习不但可以活跃课堂气氛，促使学生在练习和讨论中加深对所讲内容的理解，而且可以锻炼学生的写作速度和效率。每次课都会留有课下作业，要求学生跟着课程节奏按时完成并且提交电子版，教师对每一篇作业通过批注和修订的方式进行书面反馈及课堂讲评，学生吸取教师的反馈意见再进行修改完善，并加入新课要求写作的内容再次提交。从选题、拟写提纲，到每个章节的写作，都会经过“写作—提交—修改—再提交—再修改补充”的程序，直至期末写成一篇完整的学术论文。学生在选择本学期要练习写作的论文题目时可以从教师所给的七八个选题中选取一个，也可以从自己的专业学习角度提出自己的题目。下面以学术论文写作课中的“引言”写作为例对上述的教学目标、教学内容和教学方法进行具体阐述和分析。

四、学术论文“引言”写作教学过程例示

根据课程教学大纲，第五讲是“如何提出观点及引言写作”，在这一讲之前，学生已经选择了某一个选题撰写并修改了论文提纲，基本明确了自己本学期计划撰写的论文总体思路和写作框架。这一讲的教学目标是学习论文引言部分的作用、写法、语言特点，能够基于自己的论文提纲撰写引言。

在上课之前，教师会把3—4篇从知网上下载的论文样例发在微信群中，这几篇例文涉及不同领域的课题，有的在标题中明确写有“引言/绪论”等，有的没有标题，只是一段话；有的引言部分比较简略，只写着研究背景、研究目的和意义，有的比较详细，还包括具体的研究问题、研究方法等。虽然这一讲只是引言部分写作教学，但如果学生不了解整篇论文的内容，就不容易理解引言的作用和写法。而学术论文一般较长，学生的阅读速度有差异，当堂阅读会占用比较多的课堂时间，因此要充分利用课外时间，课下和课堂相结合，要求学生提前浏览了解论文的框架和内容，重点阅读引言部分。

在课堂上，教师首先通过PPT介绍学术论文“引言—本论—结论”的一般结构，结合学生提前阅读过的一篇例文《中外网上书店比较研究——以当当网上书店与亚马逊网上书店为个案》，说明引言在论文中的位置、作用、内容（一般要写什么）、常见写法及写作要求。

然后进行课堂练习环节：一是学生分小组讨论。在限定时间内分析另外几篇提前阅读的例文的引言内容，讨论结束后选派一名代表报告小组讨论的结果，教师引导全班同学比较各组回答，进一步深入理解引言的作用和写法。二是课堂快速练习。例如：教师会把一篇学生没有读过的论文的引言部分打乱句群的顺序，要求学生当堂排序，训练学生的逻辑思维和句群衔接能力。在课堂上教师还会基于学生的讨论总结出引言写作常用的词汇和句式，要求学生熟读甚至背诵一些典型的语段。例如：

究竟移动互联网会对性别平等带来**何种影响**？女性**是否**有望在这个时代重新被定义？**本研究/本文拟/试图通过**问卷调查，**对**高教育程度青年群体的移动网络行为和网络政治参与方面的性别差异**及其**特征**进行分析**，**以探讨**移动互联网对于促进性别平等所带来的机遇和风险。

这一段落引自《青年群体的移动网络使用行为及其特征——基于上海F大学青年群体的实证研究》（《社会学》2015年第1期），它不仅有引言常见的内容如怎样提出研究问题、研究方法和研究目的如何表述，而且包含了最常用的学术语言特征，如加点部分词句。学生如果能够记熟这一段话，那么在自己写作时就可以直接套用。

以上课堂练习主要从正面帮助学生了解引言的一般写作方法，但仅有正面的案例往往并不足以让学生自己正确地写作，针对留学生经常会出现的一些写作问题，教师会精选一些以前的学生习作，进行课堂的第二轮小组讨论环节，要求学生找出习作中引言部分的写作问题和不足并尝试修改。如下面这段留学生引言习作，论文题目是《大学生消费水平的群体趋同现象调查分析》。

伴随着互联网的普及、电子商务的兴起和繁荣及消费主义的蔓延，大学生面对的物质选择日

益丰富。由于阅历与判断能力的不足，大学生的日常消费水平时常会受到周边同学的影响，在一定范围内容易出现群体趋同的现象。近年来学术界对于大学生的消费行为的关注度显著提升，主要研究方向为：消费观、行为特征、校园贷的风行、消费主义的影响与互联网对大学生消费的影响等等。这些正被热议的热点研究课题除了本身存在的深刻社会意义之外，**实际上也均是造成趋同现象的因素**。本文将结合大量问卷调查与过往研究分析深入**探讨该现象的形成原因**与该现象造成的社会影响。

在课堂上教师引导学生分析画线部分存在的表述逻辑问题：前面似乎已经得出结论造成趋同现象的因素就是消费观等，而后面又说要探讨该现象的形成原因。尝试修改为：

近年来学界对于大学生消费行为的关注度显著提升，主要关注的问题有大学生的消费观和行为特征，校园贷、消费主义、互联网对大学生消费的影响等。这些因素是否会导致消费水平的群体趋同现象还有待进一步研究。因此本研究拟通过问卷调查，考察分析大学生消费水平群体趋同现象的成因，并探讨该现象的社会影响。

通过这些课堂上正面和反面案例的讨论练习，学生基本可以掌握论文引言的写法。教学就从课堂转入课下的实践环节，要求学生课下撰写提交引言，教师和助教会以修订或批注的方式一一修改作业中出现的内容、逻辑、表述方面的错误，提出促进学生进一步思考的问题，如“你为什么要探讨这个问题？”“‘前人的研究数据’具体是什么样的数据？”等。教师汇总作业中比较典型的问题在下一讲进行作业讲评，要求学生根据批改意见进一步修改完善引言的写作，并与下一讲的作业一起再次提交。

每一讲的内容基本上都是按照上述引言的教学过程，精讲多练，课堂练习与课下作业相结合，通过反复的实践—修改—再实践，帮助学生提高对学术汉语的认识和论文写作能力。

五、教学效果及反思

经过三个学期的教学实践，从期末学校的本科生教学评估结果来看，学生对于课程的满意度较高，评估的所有指标包括对于学生知识体系的构建和能力提升、系统性和逻辑性、能否激发学生的学习兴趣和热情、是否注重培养学生创新精神、是否能针对学生的问题给予及时有效的反馈等都得到了选课学生的好评。

尽管教学效果得到了学生的肯定，但在教学过程中也有一些问题值得进一步反思和总结。

首先是学术思维与语言表达在课程中的侧重问题。第一个学期出于对留学生笔头表达能力的担心，教学内容更多侧重于训练学生如何叙述、描述、说明、论述，但在教学过程中发现多数学生固然有遣词造句方面的不足，但更大的问题在于缺乏学术思维，他们大多没有接受过学术训练，对学术论文的性质、写作思路和规范没有清晰的概念，写作时不知从何入手。因此在后面两个学期的教学中教学内容适当调整，增加了如何从论文的整体结构上谋篇布局等内容，更注重从学术论文的性质角度帮助学生把握学术汉语写作的总体特征，这是可以在短时间内让留学生走进学术汉语写作殿堂的一扇门，打开了这扇门，学生便会有豁然开朗之感。至于遣词造句方面的问题，则从属于学术思维的训练，主要是在教学中重点给出一些学术论文常用表达方式以及通过习作批改和讲评来帮助学生提高学术汉语表达的准确性和得体性。选课留学生基本上具备了在教师反馈及广泛阅读的基础上自学的能力，可以在今后长时间的专业课学习过程中逐渐增加专业汉语词汇量、提高学术汉语表达能力。

其次是如何解决选课学生的个性与共性的问题。尽管缺乏学术思维是学生共性的问题，但具体到每个学生，从作业中反映出来的问题各不相同。同时各个专业的论文写作要求和格式也各有特点，比如社会学专业的调查报告、法学专业的案例分析、艺术学专业的作品评述等的写法都有很大的不同。学生选择自己专业方向的内容进行写作练习，对于从事通用学术用途汉语教学的任课教师来说限于对其他专业知识的不了解，在如何修改并提出改进建议方面就会面临一些困惑，如何个性、共性兼顾还需要进一步探讨。

六、结语

本文基于对学生情况和学习需求的问卷调查以及三个学期的教学实践，对本科留学生学术汉语写作课的课程建设方面的情况进行了介绍和总结。

本科留学生学术汉语写作课的教学目标就是培养学生学术思维和写作能力。课程设置要特别注重写作实践。课程从初期就要求每个学生选择一个论文课题，从论文题目和论文提纲的拟定到各章节内容的写作乃至论文摘要的撰写，几乎每周学生都会提交习作，教师和助教逐一批阅后提出修改建议，课堂讲评，学生再修改完善，再提交，再修改，直至期末可以独立完成一篇比较符合汉语写作规范的学术论文。虽然在此过程中教师工作量很大，但学生通过实践在逻辑思维和语言表达两方面都提高了学术汉语写作能力。

对外汉语教学界以往关注较多的是留学生普通汉语写作，缺乏对学术汉语写作的相关研究成果。本科留学生在学术论文写作中存在的问题与普通汉语学习阶段的写作问题有很大的不同，情况也比较复杂，其学术汉语表达特征和习得过程还有待更具体深入的探讨分析，在此基础上编写相应的学术汉语写作教材对提高教学质量来说也是亟待完成的工作。

参考文献

[1] 高增霞，刘福英．论学术汉语在对外汉语教学中的重要性．云南师范大学学报（对外汉语教学与研究版），2016（2）．
[2] 谷祖莎．留学生本科毕业论文存在的问题及对策．教育教学论坛，2014（2）．
[3] 金兰．北大汉语中心韩国硕士生论文述评．汉语学习，2002（1）．
[4] 鲁洲．来华留学生专业学习的现状与问题．外国留学生工作研究，2014（3）．
[5] 亓华．留学生毕业论文的写作特点与规范化指导．云南师范大学学报（对外汉语教学与研究版），2006（1）．
[6] 仇鑫奕．汉语言专业留学生学士学位论文分析 // 蔡昌卓主编．多维视野下的对外汉语教学研究：第七届国际汉语教学学术研讨会论文集．桂林：广西师范大学出版社，2009.
[7] 单韵鸣，安然．专门用途汉语课程设置探析——以《科技汉语》课程为例．西南民族大学学报（人文社科版），2009（8）．
[8] 单韵鸣．专门用途汉语教材的编写问题——以《科技汉语阅读教程》系列教材为例．暨南大学华文学院学报，2008（2）．
[9] 幺书君．韩国留学生汉语学历教育高年级写作课教学探索．海外华文教育，2005（3）．

附录："本科留学生学术汉语写作通选课"调查问卷

姓名： 国籍： 性别：

1. 进入北大本科学习的时间是201__年，现在是____年级的学生。
2. 现在在______系（学院）______专业学习。
3. 上本科之前学习汉语的时间为_____年，在________学校学习的汉语。

   你是否参加过汉语水平考试（如HSK、BHK）？

   □否：_____□是：_______，考试结果：________
4. 在专业课学习中，你需要用汉语写的是：________。

   A. 读书报告 B. 课程论文 C. 课堂口头报告的草稿 D. 毕业论文 E. 其他：________
5. 你经常查找阅读汉语学术文献吗？

   A. 经常阅读 B. 不常阅读 C. 很少阅读 D. 从未阅读
6. 你用汉语写过学术论文吗？

   A. 经常写 B. 不常写 C. 很少写 D. 从未写过
7. 专业课学习中下列环节的难度怎么样？请标上难度数字。（1最容易，5最难。）

   A. 听教师用汉语讲课 1——2——3——4——5

   B. 用汉语记笔记 1——2——3——4——5

   C. 阅读汉语论文 1——2——3——4——5

   D. 学习汉语专业词汇 1——2——3——4——5

   E. 写论文或者报告 1——2——3——4——5
8. 在写论文或学术报告时，下列各项的难度怎么样？（1最容易，5最难。）

   A. 选择合适的题目 1——2——3——4——5

   B. 确定论文写作的思路 1——2——3——4——5

   C. 符合汉语学术论文的结构要求 1——2——3——4——5

   D. 选择合适的汉语学术论文的格式 1——2——3——4——5

   E. 符合汉语习惯的词语、句式和表达方式 1——2——3——4——5
9. 在这门课上，你认为下列各项的重要程度如何？（1最不重要，5最重要。）

   A. 学术写作常用的词汇 1——2——3——4——5

   B. 学术写作常用的句式 1——2——3——4——5

   C. 学术论文的写作方法 1——2——3——4——5

   D. 学术论文的格式规范 1——2——3——4——5

   E. 学术论文的逻辑思维 1——2——3——4——5
10. 除了上课时间外，你愿意每周花多长时间练习学术汉语写作？

    A. 4个小时以上 B. 3—4个小时 C. 2个小时 D. 1个小时
11. 在写论文或者学术报告时，还有什么困难之处？
12. 对于这门课的内容和教学方法你有什么希望和需求？

中外合作汉语课堂中教师话语对比分析

北京外国语大学　刘露翌

摘　要：中外合作教学模式是海外小学汉语课堂经常使用的教学模式，无论是对学生、教师还是教学活动，合作模式都有明显的优势。优势互补的中外合作教学模式不仅解决了师生双方语言互通问题，而且能加快学生对汉语知识的理解，降低情感焦虑。中外教师话语是教学活动的重要组成部分，中方教师话语是学生目的语输入的主要途径，外方教师话语则有助于学生理解目的语。中外合作教学中两位教师的教师话语是否有效配合影响着学生习得效果和课堂互动效率。因此，本文以中波（波兰）合作汉语课堂双方教师为研究对象，结合语料文本和课堂观察量表，从教师话语量、话语选择和话语控制三方面细致描写中波双方教师话语表现，并就如何提高合作课堂的话语质量提供可行性建议。

关键词：中外合作教学　教师话语　对比分析

一、引言

近年来，海外汉语学习者逐渐呈“低龄化”趋势，低龄汉语学习者的语言能力还未健全，而中国派出的汉语教师并不一定掌握其赴任国家的语言，这对汉语教师能力提出了更高的要求。如何与学生沟通成为汉语教师单独授课的一大问题。为了解决这一问题，汉语教师本土化逐渐推行，中外合作教学模式提供了极大的便利。但由于教学水平和教学信念等因素的差异，双方教师的话语对学生汉语习得存在不同的影响。

二、中外合作汉语课堂研究对象

本文有三组观察对象，选取同一位中方教师与三位波兰助教的合作课堂。第一组学生平均年龄 7 岁，先前完全没有汉语基础及英语基础。该组波兰助教汉语水平为 HSK 三级，缺乏汉语教学经验。第二组学生平均年龄 9 岁，已学过一年汉语，助教也具备丰富的汉语教学经验。第三组学生平均年龄 12 岁，具备两年汉语学习经历，助教与第一组助教基本信息类似。参与研究的中方教师为国内高校汉语国际教育硕士，此前有四年对外汉语学习经历，一年对外汉语教学经历。本文研究借助课堂交际倾向量表 COLT（Communicative Orientation of Language Teaching）对课堂上教师和学生的活动进行客观的描写和编码，形成量化的数据，以此判断合作课堂的互动情况和分析中波教师的具体话语。

三、中波教师话语量对比

中方教师和波兰助教均为课堂教学的主体，二者都是教学活动的参与者和引导者。在对外汉语教学课堂中，教师话语是课堂话语重要组成部分，占据相当大的比重。教师话语既是引导学生学习的主要方式，也是学生输入汉语的有效途径之一。

本文将研究对象按国别归类，一名中方教师为 T，三名波方助教为 A，三组课堂统计如表 1：

表 1　中波教师话语量统计

教师	汉语话语量／分	平均比重／%	波兰语话语量／分	平均比重／%
T	56	41	6	4
A	29	21	60	44

比较发现，波兰教师的波兰语话语量与中方教师的汉语话语量比重相当。其中主要原因有：第一，低年级学生汉语水平十分有限，必要的波兰语辅助能够提高课堂效率。第二，学生面对大量的汉语输入会出现情感焦虑。助教的波兰语释义能够降低学生焦虑情绪。同时，我们观察到，中方教师能够使用简单的波兰语辅助教学，这一方面能增强学生学习积极性，另一方面能减少与助教课堂上的管理语言的沟通，提高课堂效率。

四、中波教师话语选择对比

（一）汉语使用情况

在课堂教学中，考虑到学生水平，中方教师在复习阶段、带领朗读和引入新知识时使用汉语，如会利用先前知识来引导学生说出新课相关的词汇。波方助教使用汉语时主要以重复的方式与前一中方教师话语进行合并，或在学生回答后确定答案。具体情况如下：

1. 复习阶段

师：大家看，这是什么？（指着手里的小熊猫）

助：这是什么？ A co to jest?【这是什么？】

生：这是熊猫。

师：嗯！很好！这是熊猫。

助：Super.【很好。】

教师带领学生复习“这是 × ×”句型时，直接使用汉语来进行提问和反馈。助教会根据教师的提问内容重复一遍，希望吸引所有学生注意力。

2. 带领朗读

教师用汉语示范所学生词、句子的发音，带领学生一起大声朗读，主要是为了帮助学生加深对教学内容的记忆。

3. 引入新知识

师：大家看黑板，这是什么？（指着黑板上的水果图）

助：这是什么？ A co to jest?【这是什么？】

生：这是 owoce。【这是水果。】

师：嗯！这是水果。

生：水果。

助：水果 to ?【水果是？】

生：Owoce!

新课的内容是学习水果类词汇，教师利用先前学过的“这是 × ×”引导学生说出本课话题，尽管学生此前没学过“水果”的汉语表达，但教师利用澄清意义的方式说出水果一词，学生再一次重复教师的发音。助教在学生第一次掌握“水果”后，追加了一个提问，采取汉语和波兰语结合的方式，确保学生掌握生词意义。因此，问题主要由中方教师用汉语引发，波兰助教倾向于以重复问题的方式使用汉语。

（二）波兰语使用情况

波兰语在课堂上使用频率较高，主要是解决中方教师和波兰学生的语言障碍问题，使用情境主要是在中方教师发问后，如果学生选择沉默，波方助教会使用波兰语直译该问题，或者用波兰语引导学生理解教师提出的问题。其次是管理课堂，小学课堂不可预测的事件较多，助教需要及时把控课堂秩序。波兰助教大量使用波兰语还体现在为语言结构和课堂任务做解释时。中方教师在每次解释课堂任务时,尽可能地用最简单的汉语配合肢体语言,助教通常会再用波兰语解释一遍。

1. 学生沉默后

师：对，真棒！下午四点。那这是几点呢？（指着 20：00）

生：下午……八点。（小部分学生说）

师：嗯？下午八点？

生：Nie 下午，嗯……【“下午”不对，嗯……】

助：Jak powiedzieć noc?【noc 用汉语怎么说？】

生：晚上？（一个同学查了之前的讲义）

师：对！晚上。

助：Super!【很好！】

师：第二个，跟我读，去学校。

生：去学校。

师：什么意思？

生：Obiad?【午饭？】

师：（摇头）我们在学校。（指指自己，再指指周围的环境）

生：Klasa?【教室？】

助：Jest blisko! Gdzie jest klasa?【很接近了！教室在哪里？】

生：Aha, “在学校” w szkole.

师：很棒！（给予肯定的眼神）那去学校？

助：Co to znaczy 去学校？【“去学校”是什么意思？】

生：Iść do szkoły.【去学校。】

第一个情境中学生把“晚上八点”说成“下午八点”，中方教师给予学生及时纠错的机会，这时波方助教使用波兰语提示后，学生立马做出了回应。第二个情境中，中方教师提问后，当波方助教发现学生出现沉默的情况，往往等待时间会变短，波方助教便会及时介入释义。

2. 语言点解释

助：你几点吃早饭？

生（Alicja）：额……我是……

助：Nie, 我是 to jestem. Tutaj 我 a potem godzina i działanie. Na przykład, 我八点吃早饭，Ja o ósmej jem śniadanie. Ja-Godzina-działanie.（指着黑板）Rozumiecie?【不，“我是”的波兰语是 jestem。这里的“我”后面先跟“时间”然后是“动作”。比如，我八点吃早饭。我—时间—动作。明白了吗？】

生：Tak.【明白了。】

这一类情境中当教师发现学生语法方面的错误时，便会使用波兰语解释。

3. 重复中方教师陈述

师：你真棒！（拿出自制小围裙，并将四种水果词卡摆在桌子前，并叫一个同学）
你吃什么？（指向水果词卡）

生：我吃葡萄。（拿起葡萄词卡）

师：太棒了！

助：Super. Czy wiesz jak to zrobić? Jest osoba, która jest szefem i pyta “Co jesz?”. Inna osoba kupuje i odpowiada “Jem jablka”.【很好！你们知道怎么玩了吗？一个人当老板，问“你吃什么？”另一个人回答，比如“我吃苹果”。】

生：Tak!【明白了！】（学生已经懂了并且踊跃地举手）

4. 管理课堂

管理课堂环节一般只由波方助教负责，学生年龄小，课堂上突发状况较频繁，如学生个人问题、学生关系问题、学生对课堂话题的疑问、课堂整体秩序等都会成为引发课堂秩序混乱的因素，波方助教通常会耐心回答每一位学生提出的问题或者亲自处理。该环节使用的波兰语占整体话语量很大一部分。

五、中波教师话语控制对比

中波合作汉语课堂不同于教师独立授课的课堂，课堂主体有教师（T）、助教（A）和学生（S），因此话语控制就分为中方教师控制、波方助教控制、学生控制、教师和学生控制以及助教和学生控制。表2为各方控制时间：

表2　中波合作汉语课堂教师、助教和学生话语控制时间统计（单位：分）

主体	T控制	A控制	S控制	T与S控制	A与S控制
时间	59	68	12	39	34

结果显示，整个课堂主要还是由教师控制课堂，学生的话语控制时间偏少。观察的三组课堂，随着学生水平的提高，学生话语控制时间变长。中方教师独自控制课堂的情况主要有课堂提问、讲解、领读；波方助教控制课堂主要体现在课堂管理、解释和总结性话语方面。下面我们主要探讨中方教师和学生控制、波方助教和学生控制的情况。

（一）中方教师和学生控制

师：你几点上课？　　［教师引发］
生：我十四点上课。　　［学生应答］
师：十四点是下午……？（指着钟表）　　［教师引发］
生：下午二点。　　［学生应答］
师：二？　　［教师引发］
生：啊，两点。　　［学生应答］
师：对！你几点上课？　　［教师引发］
生：我下午两点上课。　　［学生应答］
师：很好！　　［教师反馈］

中方教师引发一个问题，学生回应后，教师不急于直接给出反馈，而是根据学生的回答再次提问，学生再次回答，反复三次后，最后做出反馈。期间，中方教师启动了追问和澄清请求策略，从而增加了回合。这种方式既能避免教师使用学生母语，又能增加学生参与互动的机会。因此，当中方教师和学生控制话语时，内容多为交际性练习，使用话语策略多，话轮次数和互动效果比较好。

（二）波方助教和学生控制

助：你几点吃晚饭？　　［助教引发］
生：我吃晚饭七点。　　［学生应答］
助：Nie. 我 to Ja, a potem godzina, i 吃晚饭 .　　［助教反馈］
生：我七点吃晚饭。　　［学生应答］
助：Tak.【明白了。】　　［助教反馈］

波方助教通过重述正确答案，使学生模仿并自行纠错，涉及话轮次数不多。因此，中方教师在中波合作汉语课堂中比波方助教更注重师生言语互动的重要性，善于使用话语策略来避免使用波兰语，让学生更多地参与到课堂中来。波方助教利用母语能帮助学生理解母语和目的语之间的差异，帮助学生快速进行语言输出，但这也削弱了学生的中心地位，不利于师生间的话语互动。

六、中波合作汉语课堂的优化性建议

（一）中波合作教学中教师话语的优势

中波合作汉语课堂里中方教师和波方助教各自具有不同的优势，中方教师能为学生提供正确标准的语音示范，激发学生对中国文化的兴趣。波方助教能帮助中方教师管理课堂、讲解知识点，使学生快速理解，减少学生焦虑感。

中方教师能在合作课堂中保持较多的汉语输入量，能有意识地调整教师话语，提供可理解语言输入，有效促进课堂交互活动的展开。在复习和导入环节，中方教师提问展示性问题来检验学生掌握情况，通过复习旧知识建立与新知识的联系。在最近发展区内提问不同难易程度的参考性问题。当师生交际出现中断或阻碍时，中方教师会采用一些交互调整手段介入协商，引发学生回答来维持交际。

波方助教提问展示性问题可以快速了解学生的掌握情况。在学生回答错误时，采用直接纠错可以节省时间，保持流畅的沟通，使教学更紧凑。波方助教在提问等待时间上用时较长，目的是给学生更多思考的空间，充分尊重学生的话语权。在反馈方面，波方助教针对教学相关的内容反馈比较及时，通常采用重复中方教师前一话轮的方式强化输入。

（二）中波合作教学中教师话语的局限性

1. 话语量分配不合理

合作课堂主要问题就是课堂使用目的语的时间变少，母语话语量占比太大。许多中方教师因为无法加入课堂进程中，与学生使用目的语互动的次数非常少，这使教师对自己的身份缺乏认同感。还有的教师认为课堂上助教应当控制使用波兰语解释的时间，在不同的教学环节有所侧重。

2. 话语重合冗余

课堂上教师的话语量包含了相互重复对方话语的时间。重复性话语冗余会占用课堂时间，导致资源浪费。比如，波方助教使用汉语时倾向于重复中方教师的问题，而中方教师在提问遭遇沉默后，倾向于继续使用原语言重复提问。学生总会提出各种各样的问题，有时候中波两位教师同时反馈，这种情况下学生不知道该听哪位教师的，造成各种无效话语的产生。

3. 策略使用不恰当

教师在使用策略方面一定要注重有效性。比如提问策略上，当学生表现出无法作答时，波方助教如果不能正确掌握提问等待时间，而过度延长等待时间或缩短等待时间、直接使用波兰语介入解释，则会降低输入的有效性。而中方教师提问等待时间短，也影响了学生回答的积极性。

（三）优化中波合作教学的建议

1. 提高教师话语互动意识

对职前汉语教师开展话语互动课程，培养课堂有效互动的概念和意识。开展观摩和模拟课堂，提高话语监控意识，控制母语的话语量，减少无效话语；有效使用提问策略，增加互动频率；把握恰当的反馈时机，注意打断技巧和纠错方式。

2. 合理分配教学任务

复习和导入阶段，中方教师可以利用先前知识和多媒体手段，使用目的语授课；讲解和操练阶段，波方助教要引入适当的讲解，降低学生焦虑情绪，调动学生参与互动的积极性；交际性和游戏性练习方面，教师要适当放松对话语权的控制，使学生减少对母语的依赖。

3. 利用课堂观察量表和课堂实录

激励中波双方教师自我监督和互相评估，利用观察量表能有意识地了解合作课堂中双方表现对教学效果的影响，改进教学。同时及时沟通，针对各自出现的问题，交流教学经验，消除教学摩擦。

参考文献

[1] 董慧媛．法国汉语教学中国助教与法方主讲的合作教学．北京外国语大学硕士学位论文，2017.

[2] 李云霞．对外汉语口语课堂话语互动研究．东北师范大学博士学位论文，2017.

[3] 马青．意大利汉语课堂师生互动研究．华东师范大学硕士学位论文，2012.

[4] 沙茜．对外汉语课堂观察表的设计与实证研究．北京语言大学硕士学位论文，2009.

[5] 王招玲．初级对外汉语口语课交互活动中的教师话语调查与分析．厦门大学硕士学位论文，2009.

[6] 于国栋编著．会话分析．上海：上海外语教育出版社，2008.

[7] 张竞文．韩国中小学汉语合作教学调查及案例分析．哈尔滨师范大学硕士学位论文，2013.

[8] Brown, H. D. *Teaching by Principles: An Interactive Approach to Language Pedagogy.* Prentice Hall Regents, 1994.

[9] Long, M. H. & Sato, C. J. Classroom foreigner talk discourse: Forms and functions teachers' questions // H. W. Selinger & M. H. Long (Eds.). *Classroom-Oriented Research in Second Language Acquisition*. Newbury House, 1983.

多模态理论视野下的国际汉语视听说教学研究

北京第二外国语学院　潘先军

摘　要：　传统上一般认为视听说教学是口语课，通过视听训练口语表达，将视听和说的关系理解为“输入—输出”。把视听说课程定位为辅助综合课或基础课教学，是听力课和口语课的补充，这与语言教学课程体系有关，尤其是国内，一般都采取了分技能设课的模式。这虽然具有积极意义，但消极作用也不容忽视。视听说课程在这样的课程体系中往往得不到重视，教学效果也欠佳，成为“鸡肋”和变动调整的对象。我们认为需要对视听说课程本质进行再认识，从学理上予以澄清，因为视听说课程对于教学、教材编写等具有重要意义，尤其是对国际汉语教学如何适应新的形势与信息技术进步、怎样进行创新发展具有积极意义。视听说教学切合多模态学习理论与多元智能理论，视听说课程是语言综合技能培养与训练课程，是现代教育技术、信息技术发展与运用的结果，代表了智慧教学、自主学习的发展方向，教材编写设计应该体现这一方向。

关键词：　视听说　多模态　多元智能　综合技能

一、视听说课程设置与研究

视听说课程在外语或第二语言教学中非常普遍，尤其是国内高校，以英语教学为主体的各语种教学一般都开设了视听说课程，汉语教学也不例外，但汉语视听说课程无论从课程体系、教材编写，还是教学研究等诸多方面都不及外语视听说课程。

视听说课程是何时开设的？刘珣（2000）在总结听说法的主要特点时说：“（听说法）利用现代化的教学技术手段如幻灯、录音、电影、电视，从多种途径强化刺激。”从这里较为容易推导出听说法教学实践中包含了视听说的因素和课程雏形，而之前的各教学法流派并没有这一特点，后来从听说法直接衍生出了视听法。当然，在听说法指导下的教学实践是否明确开设“视听说课程”则还有待进一步考证了。据王飙（2009），中国境内（不含香港、澳门、台湾地区）第一部视听教材《你好，北京》中国广播电视出版社于1990年正式出版，之后陆续出版了《汉语情景会话》（北京大学出版社，1991）等几套教材，另从冯惟钢（1995）对当时北京语言学院编写的视听说教材《对外汉语视听说课本》的相关情况说明，我们可以推测，国内对外汉语教学明确开设视听说课程的时间应该是在20世纪80年代中后期，而之前在听力、口语或其他分技能教学中会含有视听说的因素或形式。

就国际汉语教学的实践来看，视听说课程是分技能教学的结果。吕必松（2007）在讲到听力训练的途径和方法时，将听力分为“聆听”和“视听”，并界定“视听”，“包括看电影、看电视、看录像等”。所以“视听说”是在“视听”的基础上再加上“说”，“视”是“听”的辅助与补充，“说”是“视听”后进行口语表达，“视听说”是“听”“说”复合技能训练课程。

国家对外汉语教学领导小组办公室2002年颁布了《高等学校外国留学生汉语教学大纲（短期强化）》《高等学校外国留学生汉语教学大纲（长期进修）》《高等学校外国留学生汉语言专业教学大纲》，在建议课程设置中，“短期强化”在高级阶段有每周6课时的视听课程，“长期进修”部分没有视听说课程，“汉语言专业”在第一学年下学期开设每周4学时的视听说课程。可在实际操作中，囿于硬件、教材、教师等因素，视听说课程在各教学单位语言技能课程体系中都处在可有可无、若隐若现的状态。

视听说教材编写相对汉语教学琳琅满目的各类教材，就显得很可怜，王飙（2009）统计到2008年只有21种，张璐和槐珊（2017）统计截至2014年也只是29种，这种状况王飙（2009）概括为“同教材出版的繁荣局面很不相称”，这也折射出视听说教学的状况。

二、视听说课程性质与再认识

诚如上述，国内关于视听说课程的研究非常少，不多的文献研究的内容主要是针对具体操作层面，有冯惟钢（1995）、王飙（2009）、张璐（2015）、张璐和槐珊（2017）、刘立新和邓方（2017）等，研究都主要是围绕教材编写展开，多是作为背景涉及对课程的认识或教学方法。所以我们有必要对视听说课程进行审视，尤其是从学理上再认识。

首先，应该厘清视听说课程与视听法的关系。视听法是一种第二语言教学法，直接来源于听说法，20世纪50年代产生于法国，它强调在一定情境中听觉（录音）感知与视觉（图片、影视）感知相结合。它克服了听说法脱离上下文和一定的语境孤立进行枯燥乏味的机械句型操练的缺点，把情景视觉与听觉相结合，重视整体感知。今天的视听说课程，其形式与视听法的教学主张应该说有很大相似性，就是采用视听材料开展教学。但今天的教育技术手段已经与当年不可同日而语了，更重要的是，今天的视听说课程的“视听”并不仅仅是视听法所说的有意义的刺激，也不简单是硬件条件的升级，它是多模态学习理论结合多元智能理论下一门语言综合技能训练课，后面将进行详细论述，在此不赘。

其次，对视听说课程的作用与地位应该进行再认识。传统上，我们都认为视听说课程是一门复合语言技能课程，“视听”是输入，“说”是输出，其中“视”为“听”提供辅助信息，使“听”更容易，这样理解不能说完全不对，但多少有些望文生义的因素。也因为如此，我们习惯把视听说课程作为听力或口语课程的补充或附庸。实际上，早期对视听说课程的性质学者有着清楚的认识，指出视听说课程“把视觉能力、听觉能力和说话能力有机地结合在一起……将图像信息和声音信息作用于感官，使各感官获得的信息在大脑中综合融汇，进而产生飞跃，使外语水平得到提高”（冯惟钢，1995）。这种认识可以说是跳出了视听法的窠臼，非常具有眼光与前瞻性。基于上述认识，视听说课是“将情景视觉、录音听觉和语言表达有机地结合在一起，进行综合的技能训练”（冯惟钢，1995）。所以视听说课程不是听力或口语课程的衍生品与补充，而是较之听力、口语课程单一技能训练更为综合、科学的综合技能训练课程，且更符合人类认知与语言学习规律。

最后，对视听说课程的性质要有清醒的定位。视听法的产生依赖于视听工具的出现与革新，视听法推动了语言教学的进步，工具在其中的作用是显而易见的。今天的教学信息技术与硬件环境相较当初的视听法所有的条件已发生了翻天覆地的变化，而且还在以超出我们预计的速度飞速进步，视听说课程处在这样的大背景下，其发展前景是非常让人期待的。实际上，语言教学已经面临教育技术的很大挑战，传统的课堂教学方式、分技能教学模式等诸多方面已经出现了“生死存亡”的征兆了，如何适应新的形势进行语言教学是一个很切实的课题摆在了我们面前。视听说教学与现代教育技术的密切相关性在提醒我们或许它就是一条出路或突破口。视听说教学既符合人类认知与语言学习规律，又必须依托现代教育技术手段，所以它代表了未来语言教学的方向，需要我们去努力开创和探索。

三、视听说课程与多模态学习理论及多元智能理论

通过对视听说课程的诸方面的再认识，我们可以得出结论：视听说课程是一门在多模态学习理论指导下运用现代教育技术手段开展语言综合技能训练的课程，它是在现代教学手段日益发展与成熟的条件下，充分挖掘人的认知潜力与学习能力的语言教学新的途径与方式。

从信息论角度看，语言只是信息传递的媒介和途径之一，交际时还可以通过其他非语言手段完成交际，所有的交际渠道与媒介就是不同的模态。人对世界的感知通过听觉、视觉、味觉、嗅觉、触觉五种感觉来实现，对应也产生了五种交际模态，即听觉模态、视觉模态、味觉模态、嗅觉模态、触觉模态（朱永生，2007）。交际时，可能只运用其中的单一模态，但更可能要运用两种或两种以上的多个模态，这就是多模态话语（Multimodal Discourse）。

在分技能教学模式下，往往采用的是单一模态的话语方式，基本上是“教材 + 黑板 + 讲练”形式，随着现代教育技术的普及，教师也会使用PPT或利用网络资源等辅助手段，但多是点缀式的，PPT 主要功效是取代了教师板书，采用单一模态话语开展教学的基本状况并没有改变。在实际交往中，采用单一模态话语的情形实际上并不多见，往往是多模态的，而我们教学的单一模态方式显然与交际实际脱节，对培养与训练学习者的语言技能也是不利的。

视听法的初衷是克服听说法的单调乏味，但由此衍生出视听教学方式和视听说课程则与多模态话语理论相吻合。多模态话语理论 20 世纪 90 年代在西方兴起以来，在很多领域产生了影响，第二语言教学便是其中之一，而现代信息技术的飞速发展则为多模态话语理论在第二语言教学中的应用提供了技术可能。在汉语教学中，视听说课程要顺应多模态话语理论，自觉以多模态话语理论为指导开展教学。基于这样的认识，我们就应该超越视听说课程是“输入—输出”关系、视听说课程是听力和口语课程的补充或附庸等简单认识。

视听说课程借助现代多媒体技术运用多模态话语理论开展教学，与传统分技能教学采用单一

模态教学相比，它的特点或优势是：第一，符合人的学习本质。前文已阐述，交际不会是单一模态的，人与外部世界的互动不会是单一模态的，是多器官多模态互动的，人的记忆也是多模态的，所以视听说教学有利于将通过多模态互动获取的知识与已有的知识进行联系，借助多媒体实现多模态信息处理与解码，能做到学中用、用中学。第二，多模态学习符合人的认知规律，提高学习效率。从认知心理学角度看，同样的信息量同模态的输入比异模态输入认知负荷要大，记忆持续时间也短，所以多模态学习能减轻负荷，强化记忆，学习效果自然也比单模态好（张舍茹和闫朝，2014）。第三，多模态能使学习变得生动活泼。这点无须多言，前面阐述视听法产生背景时已经提到。第四，也是很重要的一点，视听说课程多模态教学切合自主学习、智慧教学的发展方向。当今时代，互联网与信息技术的发展已经为未来学习，特别是语言学习昭示了方向——借助现代技术，开展自主、自助学习。视听说课程的多模态话语与之非常匹配，随着信息技术的发展，尤其是虚拟技术的进步，话语模态会更全，视听说课程可使用的模态话语也会更多，其前景非常让人期待。

还需要指出，视听说课程的多模态形式与多元智能理论也有关联。我们反复强调，视听说课程并非简单的先输入后输出，也不是听力课、口语课的补充，意思都是视听说课程是综合训练课，视听说课程是一个整体，不能分割，而且多模态话语教学也调动了学习者的多种智能。霍华德·加德纳（Gardner，1983）提出人的智能可大致分成七大类，分别是：言语—语言智能、逻辑—数理智能、音乐—节奏智能、视觉—空间智能、身体—运动智能、人际关系智能、自我认知智能。关于多元智能在此我们做进一步展开，多模态就是交际性产品或事件中不同符号形式的结合——如语言和音乐的结合，所以视听说课程采用多模态话语开展教学，可以充分调动学习者的多元智能进行语言学习，在日益成熟的多媒体技术支持下，学习者能尽力发挥自身智能长处，多种感觉器官并用，达到语言学习的最佳效果。而且随着信息技术的发展，借助先进的技术手段，视听说课程在发挥学习者多元智能中会更有效。

四、视听说教材编写的再设计

上文我们提到，以往不多的成果研究的核心或焦点是视听说教材的编写，在对视听说课程性质等问题进行再认识、再思考之后，还是要谈谈教材编写问题，因为教材是教学的物质依据，是将学理认识落实到教学的最有效途径。

以往对视听说教材编写中的选材、话题选取、练习编排等方面的研究，都具有合理性，也切合教学实际，为今后视听说教材编写提供了可资借鉴的依据。但基于上述对视听说课程的重新认识，我们认为在吸取以往研究和已有教材的经验与长处的基础上，在编写新的视听说教材时要遵循以下几条原则：

第一，视听说教材要对学习者进行语言综合技能训练。上文对视听说课程的性质进行了重新定位，所以在教材编写时要突破以往对视听说课程认识的窠臼，它不是听力课或口语课的补充或附庸，而是一门语言综合技能训练课程，所以教材体例、选材、练习方式等各方面都要体现出语言综合技能训练的特点。

第二，视听说教材采用的话语模态要尽可能多。前文已经详细阐述了视听说课程本质是多模态教学，且与学习者多元智能密切关联，所以教材一定要落实这一点。实际上，多模态对应的是人的五种感官，在现有条件下，不可能用全五种模态的话语材料，味觉模态、嗅觉模态，包括触觉模态都很受限制，但应该在可能的前提下，每种模态的表现方式尽量多姿多彩。《中国微镜头》

（北京语言大学出版社，2016）的材料形式包含了专题片、新闻、生活情景剧、纪录片、脱口秀、访谈、娱乐节目、影视剧、微电影、广告、歌曲等内容，大大超过了王飙（2009）所归纳的2008年之前视听说教材所采用的视听形式，之前有影响的视听说教材《秦淮人家——中高级汉语视听说教程》（北京语言大学出版社，2003）、《家有儿女——汉语视听说教程》（世界图书出版公司，2009）主要是影视剧。如《中国微镜头·校园篇》，“精视精听”“扩展视听”选用了纪录片、专题片，还有中国人耳熟能详的歌曲《同桌的你》，这样的编排尽量选用各种形式材料，加入歌曲，既能调动学习者的音乐智能，也能调节课堂节奏与气氛，使学习者语言综合技能得到全面与有效提升。

第三，视听说教材要适应智慧教学与自主学习的趋势。视听说教学必须依托现代教育技术，也同样要体现出现代技术的特点。如今教育技术飞速发展，对语言教学的影响与冲击非常大，教学智慧化、学习自主化的趋势非常明显，视听说课程相对其他课程是最容易也最适合这种趋势的课程，所以教材编写也要紧跟这一趋势。《中国微镜头》在编排上，一课一个主题、一课一册，每册教材封底印有二维码，学习者只要扫码进入教材专用的微信公众号就可以看到视听材料进行学习，所以教材完全是立体化的，突破了课上课下的时空界限，有利于学习者自主学习，也适应了当今碎片化学习的态势。今后随着信息技术的进一步发展，教材无论是话语模态还是学习方式等都还会不断变化，视听说课程完全可能独领风骚。

参考文献

[1] 冯惟钢．视听说教学及其教材的编写．世界汉语教学，1995（4）．

[2] 国家对外汉语教学领导小组办公室编．高等学校外国留学生汉语教学大纲（短期强化）．北京：北京语言大学出版社，2002a.

[3] 国家对外汉语教学领导小组办公室编．高等学校外国留学生汉语教学大纲（长期进修）．北京：北京语言大学出版社，2002b.

[4] 国家对外汉语教学领导小组办公室编．高等学校外国留学生汉语言专业教学大纲．北京：北京语言大学出版社，2002c.

[5] 刘立新，邓方．读图时代的视听说教学——以《汉语视听说教程——家有儿女》的教学实践为例．国际汉语教学研究，2017（2）．

[6] 刘珣．对外汉语教育学引论．北京：北京语言文化大学出版社，2000.

[7] 吕必松．汉语和汉语作为第二语言教学．北京：北京大学出版社，2007.

[8] 王飙．中国大陆对外汉语视听教材评述与展望．世界汉语教学，2009（2）．

[9] 张璐，槐珊．汉语视听说教材教学话题与话题兴趣的调查分析．语言教学与研究，2017（2）．

[10] 张璐．汉语视听说教材练习编写考察及练习设计改进研究．云南师范大学学报（对外汉语教学与研究版），2015（4）．

[11] 张舍茹，闫朝．多模态教学与学习内化律相关性实证研究．中国外语，2014（2）．

[12] 朱永生．多模态话语分析的理论基础与研究方法．外语学刊，2007（5）．

[13] Gardner, H. *Frames of Mind: The Theory of Multiple Intelligences*. Basic Books, 1983.

MTCSOL“同伴辅导”中的实践性知识个案研究

北京外国语大学　孙　琳

摘　要：“同伴辅导”是汉语国际教育硕士（MTCSOL）教育实践的重要组成部分，指MTCSOL在专业课程学习过程中，以辅导的方式帮助汉语作为第二语言学习者在关注课程内容并强调明晰的互动过程的基础上学习汉语，以实现帮助他人学习和自我学习双重目的的实践形式。笔者深入到“同伴辅导”个案中，使用质性研究方法揭示MTCSOL实践性知识的动态变化，并讨论其影响因素。研究发现，MTCSOL在辅导初期存在实践性知识生成的心理“安全区”；走出“安全区”的过程也是MTCSOL辅导者建构实践性知识的过程，其中“人际知识”和“自我知识”起到十分关键的中介作用；“策略性知识”对于走出“安全区”存在促进和抑制的双重作用。

关键词：汉语国际教育硕士　同伴辅导　实践性知识

一、引言

实践性课程建设薄弱已经成为汉语国际教育硕士（MTCSOL）培养的短板（吕雯华，2012；张珑舰，2013）。培养院校利用留学生资源，安排MTCSOL与留学生结成课后辅导对子以增加实践机会的做法被普遍采用，[①]但尚缺少相关的实证研究和理论构建，留下了很大的思考空间。例如，

① 如上海外国语大学国际文化交流学院“安排研究生为留学生进行课后个别辅导”（杨金华，2012）、苏州大学文学院的“互助组”（郭小瑜，2014）、安徽大学国际教育学院的“个别教学”（周曼，2014）、四川师范大学国际教育学院的“一对一教学”（孙媛媛，2015）等等。

这种实践形式究竟该如何命名？国内外已有哪些研究成果可供借鉴？MTCSOL 的实践性知识在这一过程中是如何生成和发展的？影响因素有哪些？等等。

二、同伴辅导

在汉语国际教育领域，“个别教学”“个别化教学”“个别（教学）实习”“个别（式）辅导”“一对一个别教授”“一对一教学”“一对一课堂教学”“一对一分散式见习”等等都被用来指称“同伴辅导”这种实践形式，但存在一些问题。首先，从性质来看，是“辅导”，而不是“教学”或“实习”。“教学”要求有很强的目的性和计划性，一般由熟手教师在课堂完成。“实习”则与 MTCSOL 培养方案中规定的“教学实习”（6 学分）相混淆。其次，从形式来看，“一对一”虽然最常见，但也存在以其他人数配比结对的情况，所以用“一对一”概括不准确。此外，无论“一对一”还是“个别”都突出了个体性，容易掩盖 MTCSOL 作为学习群体的特征。

高芬（2011）首次把“同伴辅导”的概念引入汉语国际教育研究，采用定量方法验证了基于同伴关系的“一对一”辅导模式能够显著提高学习者口语交际能力。“同伴（Peer）”通常指年龄、社会地位和教育水平等状态相当或相匹配的伙伴。他们并不是专业教师，在帮助彼此学习的同时，自己也更好地掌握了知识和技能（Topping，1996、2005；Colvin, 2007）。20 世纪 70 年代“同伴辅导”已被应用于阅读、写作以及外语学习中（Sharpley & Sharpley，1981）。外语学习中的“同伴辅导”主要有两种形式：由共同学习一种目标语言的学习者结成的“互助辅导”，由母语者和学习者结成的“同伴辅导”。研究表明，无论哪种辅导形式都对参与的双方有益（Swain & Lapkin，2002；Gisbert & Font，2008；Back，2016）。结合 Topping（2005）对“同伴辅导”特点的概括，我们将 MTCSOL 培养中的“同伴辅导”界定为：MTCSOL 在专业课程学习过程中，以辅导的方式帮助汉语作为第二语言学习者在关注课程内容并强调明晰的互动过程的基础上学习汉语，以实现帮助他人学习和自我学习双重目的的实践形式。

三、国际汉语教师实践性知识研究

教师实践性知识是教师在工作中信奉（Hold）和使用（Use）的知识（Elbaz，1981），是教师“对外在事物正确把握后形成的”，“必须通过行动做出来的信念”（陈向明，2009）。陈向明（2003）将教师实践性知识分为六类：教师的教育信念、自我知识、人际知识、情境知识、策略性知识和批判反思知识。最早对国际汉语教师实践性知识开展实证研究的是江新和郝丽霞（2010、2011）。研究发现，有七类教学思想占主导地位；与熟手教师相比，新手教师报告的跨文化交际知识、关于学生的知识和语言教学知识的频率较低。吴勇毅等（2014）从教师成长史的视角呈现了三位国际汉语教师的叙事片段，来讨论他们实践性知识的形成过程。孙德坤（2014）使用 D. Jean Clandinin 和 F. Michael Connelly 的教师个人实践性知识理论框架研究了两位新西兰本土汉语教师的个人实践性知识。

与职前国际汉语教师实践性知识相关的实证研究还很少。贡珂（2012）通过叙事研究了自己作为实习教师关于教师权威和课堂管理的实践性知识构建过程。刘伟（2016）以 MTCSOL 实习后撰写的 265 份教学个案作为语料，研究 MTCSOL 实践性知识的内容和来源，不过从研究方法和数据来源来看立论的依据还不够充分。实践性知识具有很强的默会性，MTCSOL 记述下来的未必是他们实践性知识的全貌，还需要研究者通过观察、访谈以及搜集其他数据来支撑结论。目前还没有关于 MTCSOL 在“同伴辅导”中的实践性知识发展情况的实证研究。

MTCSOL 可以划归为职前教师范畴，沿用陈向明（2003、2009）关于“教师实践性知识”的定义，我们将 MTCSOL 在“同伴辅导”中的“实践性知识”定义为：汉语国际教育硕士通过对自己辅导经验的反思和提炼形成的、通过实际行动表现出来的对汉语作为第二语言教学的认识。

四、MTCSOL“同伴辅导”中的实践性知识研究

（一）研究步骤

1. 研究方法与对象选取

本文使用质性研究方法来回答研究问题，通过深入到“同伴辅导”个案中“与研究对象互动对其行为和意义建构获得解释性理解”（陈向明，2000）。MTCSOL 是十分庞大的群体，我们遵循“目的性抽样”原则（陈向明，2000），首先选取北京某高校（下称“X 大学”[①]）参加辅导项目[②]的 2016 级 MTCSOL（51 人）做了预研究，根据反馈对“辅导记录表”的内容进行了调整，同时对访谈方法和问题列表都做了完善。正式研究选取 X 大学 2017 级参加辅导项目的两名 MTCSOL 小薇和小妍作为研究参与者。有研究表明，“张力（Tension）”是职前和新手教师实践性知识成长的契机（Clandinin, 1989；Golombek, 1998）。小薇和小妍走入笔者的研究视野是因为她们在辅导伊始就遇到了“张力”。她们的本科专业都是汉语国际教育，但没有汉语教学经历，阿富汗学员 T（男，32 岁）是她们辅导的第一个留学生。辅导开始不久，T 便找到项目主任表示希望换“英语好一点儿”的辅导老师。在与小薇、小妍沟通时，她们告诉笔者“前期沟通不太顺利”，还表达了担心：“很担心会因为自己能力不够，耽误了他学习。”当笔者提出希望进入辅导现场进行观察时，她们很痛快地答应了。

2. 资料收集与分析

辅导每周两次，每次 1.5 小时，共 8 周。小薇和小妍轮流辅导和观察。每次辅导完分别填写“辅导记录表”和“观察记录表”。笔者作为局外人进入现场观察，每次辅导结束后对小薇和小妍进行访谈，随即整理出现场观察笔记和访谈文本，写下备忘录。资料分析是同步进行的。为了“从资料中获取和发展概念”（科宾和施特劳斯，2015），笔者在反复阅读资料的基础上，使用质性数据分析软件 MAXQDA 12[③] 对资料进行了整理、编码与分析。囿于篇幅限制，研究发现主要使用本土概念（Native Concept）来呈现，省略了大量资料文本和码号。

---

① 为尊重研究对象隐私，文中涉及的大学以及参加“同伴辅导”的 MTCSOL 和留学生姓名均使用字母代码和化名。

② 笔者是辅导项目的协调人，在项目启动会上由项目主任介绍给参加辅导的 MTCSOL，并说明笔者的研究意向。

③ MAXQDA 是与 NVivo 和 ATLAS.ti 齐名的一款主流质性及混合方法研究数据分析软件，由德国 Udo Kuckartz 博士于 20 世纪 80 年代研发创建，QDA 即质性数据分析（Qualitative Data Analysis）的缩写 。这款研究软件不仅功能强大，而且界面简洁、操作简便。MAXQDA 12 是其较新版本。

（二）研究发现与讨论

1. 安全区：MTCSOL 生成实践性知识的缓冲地带

小薇和小妍在辅导之初不约而同选择留在了一个“安全区”里。小薇受上学时英语老师“盖房子”信念的影响，认为“地基一定要打牢”，坚持不懈地为 T 纠音，忽略了 T 正在学习的内容和他的实际需求。而且她希望能让 T“一口吃成个大胖子”，每次辅导都讲完尽可能多的内容。小妍则是陷入了语言迷信，从开始的一句英语也不肯用（“很怕说英语”“张口不行”），很快转变为全部使用英语来辅导，成了“自动翻译机”。和小薇不同的是，小妍教过小孩子，遇到课文中出现北京奥运吉祥物，小妍格外感兴趣，特意提前准备了很多可爱的图片和资料，“他（T）要是小孩儿就好了”。结果 T 却理解不了，反应很平淡。和小薇相同的是，小妍也十分认同“盖房子”的理念，而且总是嫌自己一次辅导的内容不够多，“讲得太慢”。

在这个“安全区”里，已有的实践性知识（PK）为小薇和小妍提供了抓手，例如之前的经历带来的教学信念（“盖房子”）和策略性知识（纠音、翻译、使用图片）。对辅导内容和量的掌控感也能为她们提供抓手。这一阶段，她们遇到了“问题情境”，在试着用 PK 解决问题，还没有生成新的实践性知识（PK’）。

2. 走出“安全区”：MTCSOL 实践性知识的生成

陈向明（2009）的教师实践性知识（PK）生成图（见图 1）中，“问题情境”和“行动中反思”是不可或缺的两个环节。与情境的反思性对话被视为实践性知识最重要的特点和动态灵魂（陈静静，2009；陈静静和姜美玲，2014）。小薇和小妍是如何与情境进行反思性对话的呢？

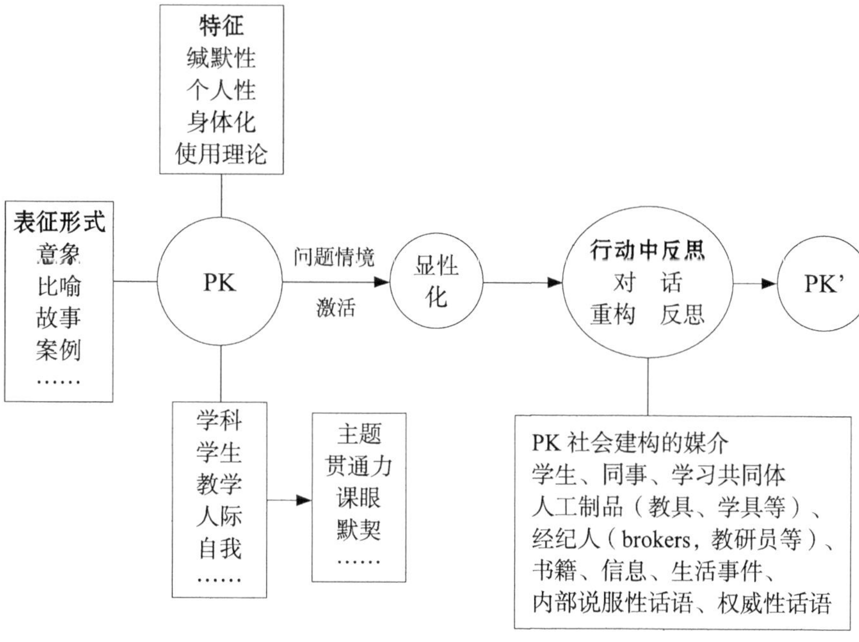

图 1 教师实践性知识（PK）生成图

小薇的辅导从第二周起发生了变化。因为 T 面临期中考试，动机突然增强了。在第二周的辅导中 T 主动向小薇提问并且很积极地反馈，让小薇觉得“太震惊了”“简直喜出望外”。继而引起了一种反馈的“良性循环”。小薇从“盖房子”的理念里抬起头来看到了 T 的需求，人际知识和情境知识都跟着生成并凸显出来，小薇甚至邀请笔者加入到他们的口语练习中扮演“路人甲”。小薇对自己的评价是没有那么“尬”了，“以前就是尬讲”，而且第一次有了“成就感”和新的辅导节奏——“得讲到他慢慢会用了再往下进行比较好”。这之后的几周，小薇每次辅导都有新的变化：从帮助 T“搭梯子”逐级达成学习目标，到把老师课上刚讲的方法用到辅导中来，“现学现卖”地使用卡片和 PPT，再到选用合适的照片作为例句配图。小薇在最后一次访谈里反思说，以前自己的教学理念“好高大上啊，跟实际的很不一样”“第一天总是想一口吃成个大胖子，对学生的期待特别高”“用自己学英语的方法发现吃不开”“任务型教学法呀，以学生为中心呀，到辅导的时候就忘了”；现在可以“现学现卖”，根据 T 的反馈来调整教学方法，而且“通过 T 对阿富汗也了解得多了”。

小薇从“安全区”里走出来的契机是被辅导者 T 突如其来的动机和反馈，这种反馈给了小薇新的抓手。从图 1“PK 社会建构的媒介”来看，T 扮演了“学生”这一媒介。小薇关于 T 的人际知识凸显出来，率先提供了新的抓手，让小薇可以放开原有 PK（特别是策略性知识）的抓手，走出“安全区”，关注到情境（笔者和小妍以及周遭环境）并获得反馈。人际知识和情境知识的抓手给小薇带来更多确定感，使她能够进一步尝试教学方法，生成新的策略性知识（“搭梯子”“现学现卖”），并带来跨文化交际方面的提升。PK → PK’的过程如图 2 所示：

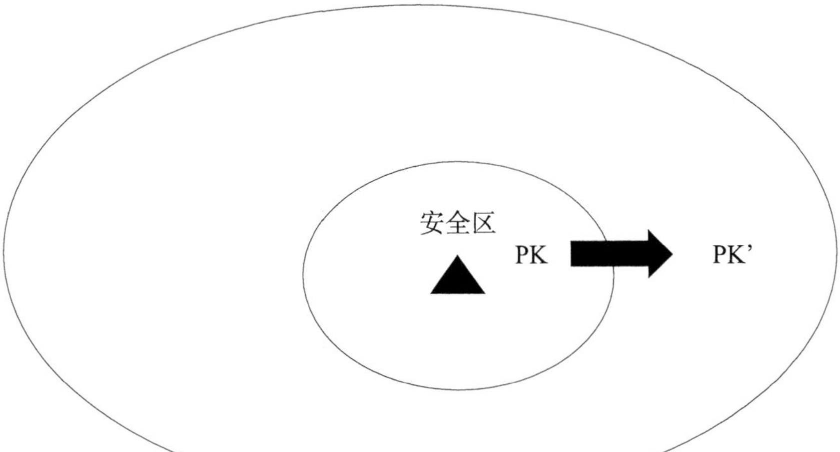

图 2　走出“安全区”：MTCSOL 实践性知识的生成过程

3．留在“安全区”：MTCSOL 实践性知识生成的抑制

小妍对 T 的辅导和小薇渐渐分道扬镳。除了“翻译”以外小妍还尝试为自己找来各种能够留在“安全区”的抓手，比如辅导内容，尽量跳过虚词，“还是多教些名词吧”；课本上的课后练习，“这部分练习还挺多的，觉得就够我讲一壶了”；还有小薇加工过的“成熟的个例”，“我的感觉是，小薇把老师讲的变成实践，然后每次我都跟她学，她怎么讲我就怎么讲”。但这些 PK 和来自小薇的 PK’并没能帮小妍解决问题情境。T 在辅导时反馈平平，有一次借故提前离开了。

小妍在访谈中开始提到“失败”的字眼。辅导进程过半，小妍仍感觉T的反馈“不受控制”：“他（T）完美地避开了我所有的准备，他问的我都不知道怎么回答……”这严重降低了小妍的自我效能感。到第七周时，笔者发现小妍开始回避和T用汉语进行真实的交际，因为担心T问出自己没有准备的问题，这让笔者非常惊讶。在这次访谈中，小妍提到的常是“没注意”“不知道”“没意识到”，她觉得“哪种方法都不好，因为我都教不好”。访谈结束时小妍小声说道：“我觉得自己不太适合当汉语老师……”辅导接近尾声，小妍真诚地告诉笔者：“其实挺害怕讲课的。”“感觉还是很懵。”“就怕自己教出问题。”这让我想起最初她在短信里写的话：“很担心会因为自己能力不够，耽误了他学习。”

小妍没能走出“安全区”，没能生成可供自己信奉和使用的新的实践性知识。T在第二周的积极反馈小薇和小妍是共同经历的，小妍也曾为T表现出的学习动机感到“震惊”，赞叹T“越学越有代入感”。也就是说，在小妍的“安全区”之外，也存在人际知识的抓手。但PK以及小薇的PK’（“成熟的个例”，特别是有关汉语教学的策略性知识）为小妍留在“安全区”提供了更多的抓手，小妍害怕面对不确定性的特点（自我知识）让她不断借助这些抓手来完成辅导。由于回避与问题情境的反思性对话，小妍失去了在“安全区”以外获得抓手的机会，无法解决问题情境，最后导致自我效能感的降低。

五、结论与启示

本文通过研究发现，“同伴辅导”中MTCSOL辅导者有一个心理上的“安全区”。MTCSOL走出“安全区”的过程是他们放开原有实践性知识抓手、与问题情境进行反思性对话并生成新的实践性知识的过程。与“同伴”互动带来的人际知识在这一过程中起到十分重要的作用。“同伴”的积极反馈能够带来“反馈的良性循环”。MTCSOL原有的实践性知识（特别是策略性知识）在辅导初期能够提供抓手，供MTCSOL使用和检验有效性，从而帮助他们走出“安全区”。但这种正向作用需要以人际知识和自我知识作为中介，否则通过学习获得的策略性知识反倒因为能够提供抓手而阻碍MTCSOL走出“安全区”，抑制实践性知识的生成。

小妍曾希望“有一本教学指南”就好了，里面列出汉语教学中可能遇到的所有问题和解决方案，“这样就不担心了”。这让笔者反思。在以实践能力为导向的MTCSOL培养过程中，提供策略性知识（汉语本体知识、汉语作为第二语言教学知识、跨文化交际知识等）的课程占据十分重要的地位。但研究表明，经学习获得的策略性知识需要在实践中通过中介调节才能真正变为MTCSOL自己的实践性知识。“同伴辅导”提供了让MTCSOL在顶岗实习前直面问题情境并与之进行反思性对话的条件。接下来的研究应着眼于如何在MTCSOL辅导者走出“安全区”的过程中提供支持，如何有效组织和管理“同伴辅导”，建构起服务于汉语国际教育师资培养的“同伴辅导”模式。

参考文献

[1]［美］朱丽叶·M. 科宾，安塞尔姆·L. 施特劳斯．质性研究的基础：形成扎根理论的程序与方法（第三版）．朱光明译．重庆：重庆大学出版社，2015.

[2] 陈静静，姜美玲．论教师实践性知识形成与发展的内在机制．全球教育展望，2014（5）.

[3] 陈静静．教师实践性知识及其生成机制研究——中日比较的视角．华东师范大学博士学位论文，2009.

[4] 陈向明．质的研究方法与社会科学研究．北京：教育科学出版社，2000.
[5] 陈向明．实践性知识：教师专业发展的知识基础．北京大学教育评论，2003（1）.
[6] 陈向明．对教师实践性知识构成要素的探讨．教育研究，2009（10）.
[7] 高芬．依托于同伴关系的“一对一”辅导模式探析——以美国马萨诸塞大学阿默斯特分校汉语教学为例．华文教学与研究，2011（3）.
[8] 贡珂．国际汉语教师实践性知识的构建和发展．浙江大学硕士学位论文，2012.
[9] 郭小瑜．汉语国际教育专业硕士培养的研究与实践——以苏州大学汉语国际教育专业硕士培养实践为案例．苏州大学硕士学位论文，2014.
[10] 江新，郝丽霞．对外汉语教师实践性知识的个案研究．世界汉语教学，2010（3）.
[11] 江新，郝丽霞．新手和熟手对外汉语教师实践性知识的研究．语言教学与研究，2011（2）.
[12] 刘伟．汉语国际教育硕士实践性知识的构建——基于教学案例的研究．中央民族大学硕士学位论文，2016.
[13] 吕雯华．汉语国际教育硕士实践课程建设的思考．文学教育，2012（10 中）.
[14] 孙德坤．国际汉语教师个人实践性知识个案研究．世界汉语教学，2014（1）.
[15] 孙媛媛．汉语国际教育硕士实践能力培养研究——以四川师范大学为例．四川师范大学硕士学位论文，2015.
[16] 吴勇毅，华霄颖，储文怡．叙事探究下的 CSL 教师成长史研究——实践性知识的积累．国际汉语教学研究，2014（1）.
[17] 杨金华．汉语国际教育硕士专业学位研究生教学实践探索．学位与研究生教育，2012（2）.
[18] 张珑舰．从调查看汉语国际教育硕士课程设置之不足．语文学刊（教育版），2013（3 上）.
[19] 周曼．汉语国际教育硕士教学实习调查研究——以安徽大学为例．安徽大学硕士学位论文，2014.
[20] Back, M. Epistemics and expertise in peer tutoring interactions: Co-constructing knowledge of Spanish. *The Modern Language Journal*, 2016, 100(2).
[21] Clandinin, D. J. Developing rhythm in teaching: The narrative study of a beginning teacher's personal practical knowledge of classrooms. *Curriculum Inquiry*, 1989, 19(2).
[22] Colvin, J. W. Peer tutoring and social dynamics in higher education. *Mentoring and Tutoring*, 2007, 15(2).
[23] Elbaz, F. The teacher's “practical knowledge”: Report of a case study. *Curriculum Inquiry*, 1981, 11(1).
[24] Gisbert, D. D. & Font, C. M. The impact of peer tutoring on the improvement of linguistic competence, self-concept as a writer and pedagogical satisfaction. *School Psychology International*, 2008, 29(4).
[25] Golombek, P. R. A study of language teachers' personal practical knowledge. *TESOL Quarterly, Research and Practice in English Language Teacher Education*, 1998, 32(3).
[26] Sharpley, A. M. & Sharpley, C. F. Peer tutoring: A review of the literature. *Collected Original Resources in Education*, 1981, 5.
[27] Swain, M. & Lapkin, S. Talking it through: Two French immersion learners' response to reformulation. *International Journal of Educational Research*, 2002, 37(3-4).
[28] Topping, K. J. The effectiveness of peer tutoring in further and higher education: A typology and review of the literature. *Higher Education*, 1996, 32.
[29] Topping, K. J. Trends in peer learning. *Educational Psychology*, 2005, 25(6).

翻转课堂理念下的口语课堂活动设计研究*

北京语言大学　王治敏　王小梦

摘　要：“翻转课堂”作为教育教学改革的思路，被越来越多的学校所接受并推崇。“翻转课堂”改变了学生仅仅作为知识接收者的身份，让学生走上讲台，成为知识的讲授者，这种改变大大促进了学生的主动思考与创造。在汉语课堂中哪些环节可以实现翻转、角色翻转过程中学生口语将会出现何种变化、如何充分发挥学生的主动性是值得研究的问题。本文基于翻转理念，在初级汉语口语教学的自由演讲环节设计了角色翻转任务，通过让学生翻转成主讲专家、答疑者、听众、提问者、纠错专家等多种身份，使他们参与真实体验，并通过调查了解学生的需求，以便更好地提高课堂活动效果和学生的口语输出水平。

关键词：翻转课堂　自主学习　课内翻转

一、引言

近年来国内对翻转课堂的关注迅速升温，桑新民等（2012）、张金磊等（2012）以及张跃国和张渝江（2012）对翻转课堂做了较为系统的引介或述评。翻转课堂在语言教学方面也有了新的尝试。例如：孙瑞等（2015）针对对外汉语课堂教学中普遍存在教师话语量比例过大、学生开口机会不足的问题，通过对比实验证明，发现“翻转课堂”教学模式适用于对外汉语教学实践。胡珍莹和张瀛（2017）将翻转课堂与3P教学模式以及任务型语言教学进行一定程度的融合，以中级

* 本研究得到国家社科基金重大项目（项目批准号：18ZDA295）、教育部人文社科基金（项目编号：16YJA740036）、中央高校基本科研业务费（项目编号：18YBT03）资助。

综合课程为例给出了一个可供参考的教学设计。龙藜（2015）提出了“翻转课堂”在对外汉语口语教学中的基本教学模式、实施步骤和实施建议，以期提高教师课堂教学的效率。专家们对教学资源方面也有了新的思考。例如：叶华利（2014）指出翻转课堂的运用有两个环节非常重要——创建教学视频和组织课堂活动，一个专门的对外汉语教学视频网站非常必要。文章建议将网络上的相关视频整理成套，放在网站上，这样既利于教师的教，也利于学生的学。王成杰（2016）将翻转课堂运用到对外汉语教学中，着眼于对外汉语教学中的资源设计和实际应用。

上述专家所述，我们可以看出现有的翻转课堂只是课上课下翻转，对于语言教学的口语课程来说，翻转课堂也体现在课内教师与学生互动时角色的翻转。如何继承翻转课堂的合理因素、创新口语课堂实践、充分发挥学生的主动性是值得研究的问题。因此，本文通过初级汉语口语课程的实验，研究课内角色翻转的策略和方法，挖掘内在角色之间的关系，让学生亲身体验，实现提升口语表达的最终目标。

二、翻转课堂在语言教学中的适用性分析

所谓翻转课堂，就是在信息化环境中，课程教师提供以教学视频为主要形式的学习资源，学生在上课前完成对教学视频等学习资源的观看和学习，师生在课堂上一起完成作业答疑、协作探究和互动交流等活动的一种新型的教学模式（钟晓流等，2013）。

目前翻转课堂的本质是学生在课下提前预习教师的教授内容，课上由学生主讲，实现课上课下教师与学生角色的翻转。翻转课堂是否可用于汉语课堂教学，需要分层考察。

语言教学一般分为两类课程：一类是知识课，一类是技能课。对于知识课而言，翻转课堂可以让学生充分了解教师所授的内容，课下提前学习，课上答疑解惑。这可在一定程度上提升学生自主学习的兴趣，所以语言类知识课可以完全借鉴翻转课堂的教学思路进行实践。而对于技能课而言，第二语言技能教学是以实践为基础的学科，课堂教学并不是传统的知识课堂，而是体现师生实时互动的课堂，教师在课上环环相扣，实施的互动训练是非常有必要的。翻转课堂课上翻转，要根据学生的汉语水平，低年级学生虽然课下预先学习了老师的视频，在一定程度上能够内化成自己的知识，但是达到课上主讲恐怕还有困难，很难在课上实现翻转，所以师生翻转还有待于探索。因此，笔者认为，翻转课堂在汉语教学中无法完全照搬，我们借鉴的应该是其理念，用于优化自己的教学。

另外，翻转课堂对于教师、学生现代信息技术的掌握也提出了新的要求，教师需要提前录制课程，熟悉微课程的方法与技术，教师和学生还需掌握专门的在线课程软件，进行实时在线的信息化教学。这种与信息技术相结合的翻转理念虽然好，但是课堂实践有技术门槛，年龄稍大的教师可能无法适应先进的录播技术及操作。因此，翻转课堂在一定程度上是年轻教师利用信息技术创新教学模式与方法的好思路。

翻转课堂的最大亮点在于翻转，翻转有很多可挖掘的空间。本文所做的翻转并非完全照搬翻转课堂的思路，而是借鉴角色翻转的理念，将之融入口语教学各环节中。根据笔者的实践，角色翻转可有效融入自由演讲、课文教学、语法教学、真实交际活动等。

角色翻转的好处在于，并不是要教师学习多少信息技术，而是通过任务的方式给学生提前布置，让学生到课堂上来展示，充分发挥学生的创新和表达能力，同时，在各环节角色翻转的设计完全不同，这需要调动教师的智慧。

三、“训练＋体验”的教学原则与翻转课堂的融合研究

第二语言教学的最终目标是如何让学生在最短的时间内提升自己的汉语口语表达能力。学界长期遵循以下教学原则：

精讲多练原则

讲练结合原则

突出语言教学特点的原则

以学习者为中心的原则

其中，精讲多练、讲练结合堪称语言教学各类课程的普遍原则。学者们也给出了量化标准。例如：王钟华主编（1999）提出精讲多练比例为 3 ∶ 7。张亚军（1990）认为讲和练的时间分配比是 1 ∶ 4 。

口语教学相对于其他课型，有着自己鲜明的特色，口语课堂教学的主要目标在于提升学生口语的表达能力，要完成这样一个教学目标，教师应该明确以下几点认识：

学生的口语不是看出来的。

学生的口语是练出来的。

学生的口语是通过不停地重复练出来的。

学生的口语是通过不停地开口练出来的。

教师应该给学生更多的训练和开口的机会。

上述认识对于凸显口语教学特点至关重要，教师心中有了这样一个认识，就可以在有限的课堂教学中提供学生开口训练的机会。精讲多练原则是针对所有课程的大原则，在这一原则基础上，我们还有必要提出口语课的原则与方法。笔者在长期的口语教学中，发现有强度的训练，不仅可以提高课堂效率，也是提升学生口语表达的有效途径。因此我们在精讲多练的原则基础上提出口语课堂教学“训练＋体验”的原则与方法。这里的训练，不是缓慢的训练，而是有强度的训练，脱口而出，快速反复，快慢结合。这里的体验，不是课下体验，而是在有强度的训练之后，让学生在真实交际环境中进行有效体验。

孙瑞等（2015）指出，翻转课堂教学模式下的学生课堂话语量占总话语量的比例远远高于传统课堂。也就是说，学生在翻转课堂上所获得的说话机会远远多于传统课堂。由于学生在课前已经观看了教学视频，对教学内容有了一定了解。在此基础上开展教学会让课程更轻松。但是任何一种教学模式引进来，并非完全照搬，而是找到该种模式与课程实际的融合方法。

翻转课堂让学生有了一定程度的输入，可以让课堂更加有效率，训练会更加快速，体验可能会更加充分。口语课堂教学可在“训练＋体验”的原则指导下，将角色翻转有效融入课堂的各个教学环节中。

四、自由演讲角色翻转的设计方法

口语课教学为 100 分钟，口语课教师设计教学内容时，往往会在讲授新课之前让学生有演讲的机会。但是由于课堂实践的限制，教师很少给学生大量时间输出他们想说的内容，一般每个学生设计演讲 3—5 分钟。3—5 分钟的演讲对于学生来说很容易准备，没有太大难度。虽然在一定程度上这会提升学生口语表达的信心和胆量以及能力，但是时间太少，效果不一定好。

留学生的口语表达能力在外界的刺激下会有明显的进步，这个外界刺激通常在课外，口语好的留学生一般都会有中国朋友，或者有很广泛的交际，喜欢出去跟人交流，在交流的过程中听到别人说的汉语，会慢慢开口，有勇气与别人交流。这种交流的好处在于留学生口语表达能力有明显提升，但弊端是无论中国朋友也好，还是偶遇的中国人也好，都会说他们的汉语不错，很少指出他们的问题，即使他们有语音或者语法的错误，也不会有人指出。第二语言学习者在学习的过程中最想知道自己的语音和语法哪些方面还有问题、哪些方面还需提高。如果认可了上面的说法，我们至少可以明确两点：（1）留学生的口语表达首先需要激发，一旦激发就可以建立他们的勇气和信心，可以令他们在今后的各种场合都敢表达自己的观点。（2）这种激发的环境最好有教师指导和点评，可以让学生清晰自己的学习问题，为以后的语音、语法的提升提供思路。

笔者多年不断实验，摸索在课堂教学环境中激发学生的口语表达欲望、提升他们的口语表达水平的方法，本文尝试用角色翻转的思路设计自由演讲环节，具体如下：

学生在一个学期时间内自己准备一段演讲，演讲时间为10—15分钟。内容不限，可以介绍自己的国家，可以介绍好玩的地方、好吃的东西，也可以介绍不同文化的差异。学生需要自己写出演讲稿，自己制作PPT，上台演讲，并回答班级其他学生和教师的全部问题。班级其他学生需要认真听取演讲者的报告，并提出问题。演讲结束后，教师和班级其他学生一起发现演讲者的问题，教师最后会对演讲者做出评价。

这个过程实施就是角色的翻转，如图1：

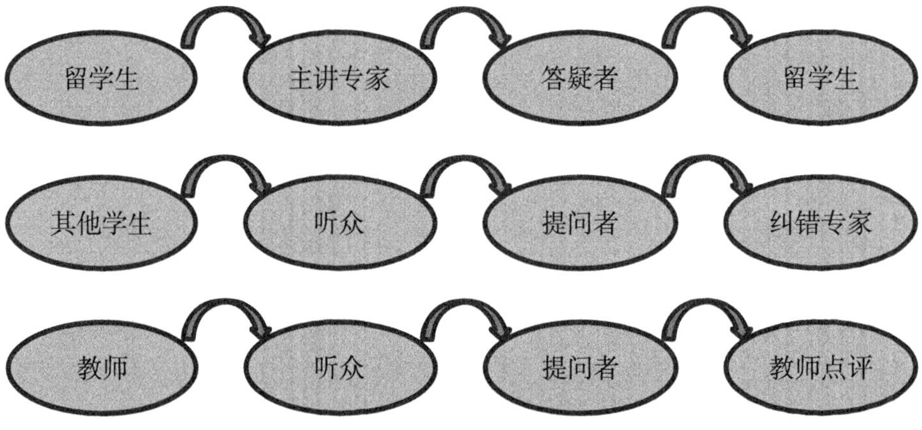

图1　角色翻转图示

在自由演讲过程中，留学生会经历不同角色。首先是自由演讲的留学生将翻转成主讲专家，用PPT进行介绍，输出口语表达内容，这时主要训练的是演讲学生的说的能力。班级其他学生将翻转成听众，通过听和看，了解演讲学生介绍的内容，这时训练的是其他学生的听的能力。教师也翻转成听众，主要起监督和指导作用。在演讲过程中，台下的听众会随时发问，这时角色进行二次翻转，听众变成了提问者，由“听演讲—提问”完成了说的训练。演讲学生由主讲专家变成了答疑者，通过“演讲—听问题—解答问题”等系列活动完成第二次翻转。教师也会根据需要对学生提出难度较高的问题，其目的是检查学生是否能表达难度更高的内容，答疑者的表达需要增加难度。演讲结束后，教师从听众和提问者的角色翻转回教师的角色，对演讲学生进行全方位的评价，同时提出演讲学生在语音和语法等方面的问题。这时其他学生也由提问者变成了纠错专家，和教师一起改错。对于语音的问题，教师也会写到黑板上，目的是让全体学生齐读，纠正全体学生的发音。

整个演讲过程贯穿了学生、主讲专家、答疑者、听众、提问者、纠错专家等多次角色转换，在演讲之前学生需要对演讲进行充分准备，查找资料、撰写讲稿、制作 PPT 等。这个准备的过程就是自主学习的过程，而上课演讲就是翻转的过程。

五、自由演讲角色翻转的设计理念与调查

翻转课堂模型中，信息技术和活动学习是两个关键的组成部分，它们共同影响着学生的个别化学习环境，使学生在课堂之外能够自主学习，在课堂内能够协作学习。学生的自由演讲必须利用现代教育手段，把声音、图像等信息集成在 PPT 中，在课堂中用汉语表达出来，课堂活动以信息技术为支撑，效果提升明显。因为学生在介绍自己的国家或者一个旅游景点时，往往需要用图片来展示。有的学生为了能够更好地让同学们了解自己的国家，会播放 2 分钟左右的宣传片。因此，教学设备是实现翻转的先决条件。

自由演讲过程虽然看似时间很长，但是在课堂环境下，可以最大限度让学生输出汉语，写的训练、说的训练、听的训练融入其中，通过这种大剂量的训练之后，学生说汉语的胆量和勇气迅速提升。

在汉语课堂教学中，专家们往往特别注重实践的分配，在均等原则下，教师要关照每一个学生的成长，所以一般情况下每个学生都会被提问，因为这样课堂的开口率会很高。当然这个过程的前提条件是每个同学只能点到为止、蜻蜓点水，训练的时间极为有限。另外出于课堂内容的考虑，教师也没有那么多时间留给一个学生主讲，这样可能会让新授内容的时间压缩，不利于教学。

学生是学习的主体，他们的学习效果往往与训练时间呈正比，一个班级有 20 个学生，如果每个学生都被提问 2—3 次，那么每个学生的话语输出时间为 2—3 分钟，而 2—3 分钟的训练效果与 15 分钟的训练效果孰强孰弱，我们不得而知。但我们之所以设计这么长的时间，考虑的并不仅是一次课的时长，而是一个学期的课程。我们的学生在一个学期话语输出的时间一定有 15 分钟，那我们就优先让一个学生把他的 15 分钟用好，充分展示自己的口语，而且这一过程完全在教师的监护之下。15 分钟的演讲完全可以看出学生的语音、语调、词汇、语法、表达等方方面面的问题，教师会一一记录，而且还要在演讲之后进行点评，及时反馈给学生。遇到集中的问题，让班级其他学生给演讲学生纠正，教师对于有问题的发音会记录在黑板上，让所有学生大声朗读，进一步强化正确读音。

为了验证自由演讲的可行性，笔者对北京语言大学两个班一年级下学期的学生做了调查。收集上来的试卷共计 31 份，全部为有效试卷。四个调查问题和调查结果如图 2：

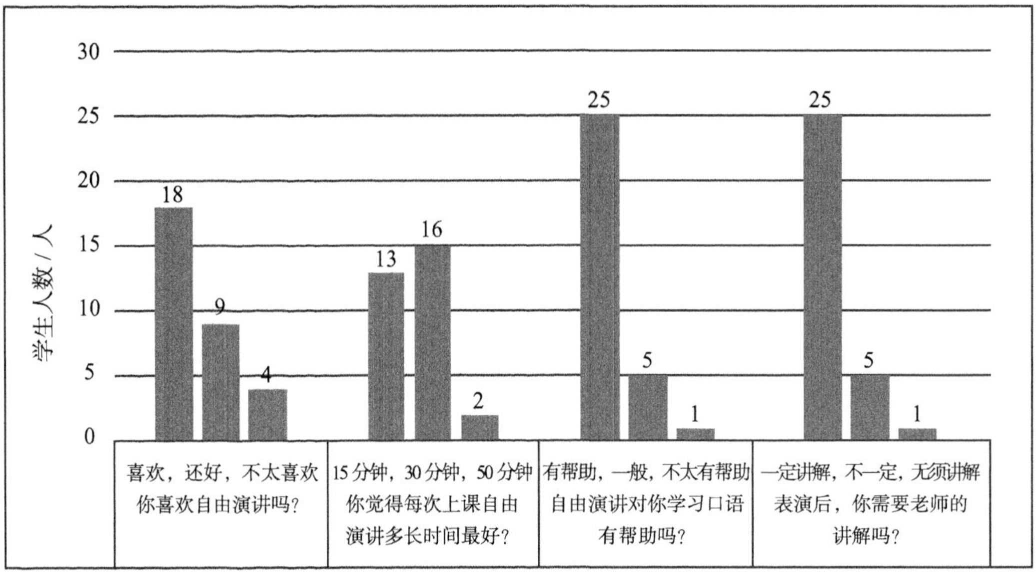

图 2　学生反馈信息表

从上面的调查我们可以看出，第一个问题主要考查学生对演讲的总体印象，在 31 人中，18 人喜欢演讲，占全部人数的 58.1%，选择“还好”的学生有 9 人，占全部人数的 29.0%，选择“不太喜欢”的学生有 4 人，占全部人数的 12.9%。这说明学生普遍接受自由演讲。第二个问题是个细节题，我们发现有 13 个学生选择“15 分钟”，占全部人数的 41.9%，16 个学生选择“30 分钟”，占全部人数的 51.6%，有 2 个学生喜欢“50 分钟”，占全部人数的 6.5%。从学生的反馈，我们看到学生表达自己汉语水平的愿望很强烈，有 58.1% 的学生选择了 30 分钟或者更多的时间，这远远超出教师原来的预期。当问到自由演讲对你学习口语的帮助时，有 25 人选择“有帮助”，占全部人数的 80.6%，选择“不太有帮助”的只有 1 人。对于自由演讲最后的讲解，有 25 人选择“一定讲解”，占全部人数的 80.6%，选择“无须讲解”的只有 1 人。

任何一个班级，学生的层次不同，对演讲的需求也不同。总体来看，被调查学生对于自由演讲持正向评价，而且对自己的主讲时间和被评价方面有更高的需求。这为发挥课堂教学中自由演讲角色翻转的功能、激发学生的自主表达欲望，提供了很好的思路。

六、结语

本文基于翻转理念，在初级汉语口语教学的自由演讲环节设计了角色翻转任务，通过学生翻转成主讲专家、答疑者、听众、提问者、纠错专家等多种身份，使他们参与真实体验，并通过调查了解学生的需求，更好地提高课堂活动效果和学生的口语输出水平。本文的调查表明，绝大多数学生喜欢演讲，认为自由演讲对学习有帮助，而且认为自由演讲的时间应为 15—30 分钟。除了自由演讲，角色翻转可以用于课文教学、语法教学、真实交际活动中，限于篇幅，将另文论述。

参考文献

[1] 白迪迪．“翻转课堂”教学模式在对外汉语教学中的应用研究．现代语文（语言研究版），2014（3下）．

[2] 崔永华．教师行动研究和对外汉语教学．世界汉语教学，2004（3）．

[3] 胡珍莹，张瀛．翻转课堂教学模式与对外汉语教学的适应性研究．海外华文教育，2017（10）．

[4] 龙藜．“翻转课堂”教学模式与对外汉语口语教学．海外华文教育，2015（4）．

[5] 桑新民，李曙华，谢阳斌．21世纪：大学课堂向何处去？——“太极学堂”的理念与实践探索．开放教育研究，2012(2)．

[6] 孙瑞，孟瑞森，文萱．“翻转课堂”教学模式在对外汉语教学中的应用．语言教学与研究，2015（3）．

[7] 王成杰．翻转课堂在对外汉语教学中的设计与应用研究——以《汉语综合》为例．杭州师范大学硕士学位论文，2016.

[8] 王钟华主编．对外汉语教学初级阶段课程规范．北京：北京语言文化大学出版社，1999.

[9] 叶华利．翻转课堂在对外汉语教学中的运用．湖北经济学院学报（人文社会科学版），2014（11）．

[10] 张金磊，王颖，张宝辉．翻转课堂教学模式研究．远程教育杂志，2012（4）．

[11] 张亚军．对外汉语教学法．北京：现代出版社，1990.

[12] 张跃国，张渝江．透视“翻转课堂”．中小学信息技术教育，2012（3）．

[13] 赵金铭主编．对外汉语教学概论．北京：商务印书馆，2004.

[14] 钟晓流，宋述强，焦丽珍．信息化环境中基于翻转课堂理念的教学设计研究．开放教育研究，2013（1）．

[15] 周冬梅．翻转课堂特点及其在对外汉语教学中的运用．现代语文（语言研究版），2016（9下）．

[16] 周晓楠．“翻转课堂”教学模式在对外汉语教学中的应用．科教导刊，2018（8中）．

关于国际汉语词典编写的几点思考与尝试

济南市历城第二中学　邢俊国

摘　要：本文通过对象形文字与拼音文字各自特点及不同文字对人思维习惯影响的分析，发现汉字这种象形文字具有见形会意、形义突出，但字义灵活、字性不定的特点，同时也发现，拼音文字使用者具有局部、逻辑、线性、直显的思维习惯。本文对汉字字形、字源、字间关系进行了独具的探索，创立了一套“爹型、家族式”汉字结构体系，并对声旁的表意性及简化字的形义性进行了深入的探索与挖掘。从而提出国际汉语词典编写中有关字词关系与编写顺序、字词义理与文化渊源、字词属性与厘清标注、字词释义与表述方式、字词理解与意义识记五个应注意的方面。经过26年的努力，创编了一部700余万字的《国际汉语词汇学习词典》，作为以上思考的具体尝试。

关键词：国际汉语　词典编写　拼音文字　象形文字　思维习惯

一、国际汉语词典编写的几点思考

汉字是一种象形文字，而国际汉语学习者的母语多为拼音文字，因此，国际汉语词典是一种母语多为拼音文字者学习象形文字而使用的词典，国际汉语词典的编写必然有其独具的特点。

（一）象形文字与拼音文字的区别

国际汉语词典编写应注意的两个关键性问题：一是汉字的突出特点是什么；二是词典使用人是谁，其思维习惯如何。

从某种角度看，世界上众多的文字可大致分为象形文字与拼音文字。汉字是一种象形文字，因其信息主要是通过眼睛获得的，且见形生义，所以称其为视觉文字或形义[①]文字，又因此文之形作用于右脑、其声刺激左脑，还为双脑或复脑文字。而拼音文字的信息则主要通过耳朵获取，且见形能声、听声知形，故称其为听觉文字或形声[②]文字，又因此种文字只作用于左脑，故也为左脑或单脑文字（七田真，2004）。

从文字各自的特点来看：汉字这一象形文字具有见形会意、形义突出，但字义灵活、字性不定的特点。而拼音文字具有见形能声、听声知形，但词义具体、词量庞大的特性。

（二）象形文字与拼音文字的功能

美国科学家史培利（Roger Sperry）、波根（Joseph Bogen）和葛萨纳嘉（Michael Gazzaniga）等人提出了左右双脑的理论，即大脑“二分模型”说（赫曼，1998）。从而证明，人脑可分为左右两大半球区，并各有专司的功能：左半脑主要负责逻辑、语言、数学、文字、推理、分析等；右半脑主要负责图画、音乐、韵律、情感、想象、创造等。

美国科学家奈德·赫曼（Ned Hermann）在他著的《全脑革命》（1998）一书中又提出了四大象限全脑模型学说，即大脑“四分模型”说：

左上脑皮层（理智体）：具有逻辑、分析、重事实、强调量化等思维习惯；

左下脑边缘系统（组织本体）：具有条理、循序渐进、重规划、重细节等思维习惯；

右下脑边缘系统（感觉本体）：具有善交际、重感觉、重运动、情绪主导等思维习惯；

右上脑皮层（实验本体）：具有直觉、整体、融会贯通、演绎推理等思维习惯。

文字是思维的产物，同时人的思维也受文字的反作用。象形文字作为一种图形，刺激的是人的右脑，其声作用的是人的左脑，故在数千年的使用与遗传过程中，使用这种文字者形成了具有整体、思辨、多维、重情的右脑思维倾向或左右双脑平衡思维习惯。而拼音文字是一种听觉文字，其声音只作用于人的左脑，故其使用者左脑思维倾向较为突出，具有局部、逻辑、线性、直显的思维习惯（韩宏宇主编，2006）。

（三）国际汉语词典编写应注重的问题

汉字这一象形文字有别于拼音文字之会意性是其独具的特性，而使用国际汉语词典的人多是母语为拼音文字的使用者，其思维习惯具有直接、显性的特点，国际汉语词典的编写要突出汉字的特点并适应拼音文字使用者的思维习惯。显然，现行通用的字（词）典编序不当、字性不清、字义无序、显义无释的国际汉语词典编写方式，很难适应非母语的拼音文字使用者。

可见，国际汉语词典的编写应注重以下几点：

字词关系与编写顺序

字词义理与文化渊源

字词属性与厘清标注

字词释义与表述方式

字词理解与意义识记

……

---

① “形”指字形，“义”表示含义，故“形义”是指见形生义的意思。

② “形”指词形，“声”表示发声，故“形声”是指见形发声的意思。

二、国际汉语词典编写的有益探索

据以上分析，我们在国际汉语词典编写方面进行了以下几个方面的初步探索。

（一）从汉语文字的会意特点出发

1. 探究汉字现形的义理凭据，挖掘字词本义的文化渊源

几千年来，人们一直对汉字形义性进行着不懈的努力，认为字形从形会意、声旁表声表义（许嘉璐，2002a）、字词源史缘事。

（1）形义相融，见形知义。在汉字形成的四种方式中，象形字、指事字、会意字及形声字的形旁都具有见形知义的特点，只有形声字声旁因其表声作用而其含义隐匿于浩繁芜杂的历史陈迹之中。为此，通过字性移转、意义延伸、点义拓展、含义反衬、对比凸显等形式，使声旁显义。同时，还对简化字的形义性据其繁体与现形进行了有益的探索。

（2）字词相通，说字解词。汉字具有强大的组词能力，以字解词是理解汉语词语基本含义的重要方式，只有厘清字情方能理透词义，再在词语本义的基础上贯通更多的现义。

（3）知源探本，文化寻渊。仅弄清字词基本含义还是不够的，汉语中的字词是文化历史的产物，在字词渊源探究的过程中，方能完整地理解字词的本源，同时，也增强了对中华民族文化的深入理解及对该字词的深刻记忆。

2. 建立汉字特点的结构体系，形成词典编写的义序排式

汉字间看似无关，实则具有一定的“血缘”关系，依据汉字的相关性，选择凸显汉字结构特点的相应词典编写排序是十分必要的。

（1）“爹型、家族式”汉字结构体系。东汉许慎在《说文解字》的序文中指出：“仓颉之初作书，盖依类象形，故谓之文，其后形声相益，即谓之字。文者物象之本，字者言孳乳而浸多也。”三国张揖在《广雅》一书中则更加形象、生动地概括出了形声字的特点，“字，生也”。在汉字王国中，将占字总量 80%—90% 形声字的形旁不妨假设为“父亲”，声旁想象成“母亲”，在“母系氏族社会”，以“母亲”为主体的走婚方式而孕育出的“多父（爹）”子女，组成了众多的字家庭、字氏族、字部落。而象形字、指事字作为字部、字族、字家之主的“母亲”融入这一体系，并将会意字作为形声字的特例，从而这一结构体系囊括了全部的汉字。

（2）义序编写方式。字形显义，字源固义，“爹型、家族式”汉字结构体系融义，是汉语字词认知与理解的关键，因此，词典正文宜采用字部落为单位的义序编排方式。编写顺序具体为，先整体展示以显义声旁为“母亲”的“字部落”和“字家族”，然后逐一讲解每一“字家”中的“成员（汉字）”，这种按字义的义序群落编写方式会将某一具体汉字置身于一定的相关语义环境之中，有利于对字词含义的理解与识记。为了便于非母语的拼音文字使用者检字方便，词典采用了音序、形序、义序等多种检字方式。另外，对变调词语、分类词语及儿化词语也进行了义序的编排。

3. 寻求字族展现的布局方式，尝试字词释义的有效方法

由于词典采用的是以字部落为单位的义序编排方式，并突出家族内相关字词的理解性及记忆时效性，故采用以下两种表述方式：

（1）字部落展示的“总—分—总”式。每一字部落先整体展示出这一“部落”的“家谱”或一个“字家”的大体结构体系，形成一个总体的认知。在整体理解的前提下，再就每一字家中的每一个成员（汉字）进行分述，最后还要把全家成员（汉字）进行一个小结。此种方式有利于使用者或学习者在整体印象下进行逐字具体含义的准确判断与理解。

（2）字词展示的“聚—散”式。对每一字含义的释述，先根据其部首、部件或笔画的基本含义聚合成一个本义，然后梳理出众多的现义，即先“聚”后“散”，从而使汉字依据而理，有利于对词典中字义的理解。对词的理解，则先展示该词所含诸字的基本意思，然后会集出该词的本义，最后理出不同的现义。

（二）从非母语的拼音文字使用者直显思维习惯出发

根据非母语的拼音文字使用者思维认知习惯，固化、理性、直显等是十分必要的。

1. 笔顺逐显。一般汉字的笔顺常用一些抽象的数字或文字表述，不能直显，为此，可采用一笔一画地逐笔展示的方式，使人一目了然，形象易记。

2. 标记直示。（1）变调拼音。在汉语词语拼音中有变调现象，如“一、不”两字所组成的词语中，前字“一、不”的音调会因其后不同的声调而发生变化。词典中直接标示出变调后的拼音。（2）专有名词。文中所现人名、地名、译名都用画线的形式一一标示，以防产生词义误解。（3）儿化音。将儿化词语后的“儿”用比正常字号小一号的样子呈现出来，以免与“儿”所组成词语产生词义误解。

3. 本义图解。每字通过“聚”的方式找出该字的唯一本义，再通过本义“散”射出众多的字义，因此对本义的理解是至关重要的。为了形象地展现本义的含义，每字配有一幅有关本义的图画，便于形象理解与记忆。

4. 属性固化。汉语字词的属性变化性强，为了适应非母语的拼音文字使用者直显的认知思维习惯，对汉语字词属性全部加以标注，还对动词进行诸如及物、不及物、主动、被动、倒装等属性的固化详注。

5. 随文插释。在字义解释中对字部件、偏旁采用的是随文即插的释义方式，而且这种插释具有重复性。这种插释看似啰唆，其实便利词典的学习者或使用者在不间断思绪的情况下及时、快速地理解字词的全部真实含义。

三、国际汉语词典编写的尝试性成果

经过 26 年的努力，根据以上对国际汉语词典编写的思考与理解，为突出所编词典的特点，我们尝试性地编写了一部《国际汉语词汇学习词典》，它是一种介于只有含义、没有释义一般字（词）典与训诂探源、深挖细究源流字（词）典之间的实用型工具书。

词典共收字 3843 个、词语 14 978 个，共计 18 821 个字词。字词源自《现代汉语常用字表》（国家语言文字工作委员会汉字处 1988 年 1 月制订，CYZ）、《汉语国际教育用音节汉字词汇等级划分（GF 0015-2010）》（GC）、《国际汉语教学通用课程大纲》（孔子学院总部 / 国家汉办 2014 年编制，IC）、《YCT 考试大纲与应考指南》（孔子学院总部 / 国家汉办 2016 年编制，YCT）、《HSK 考试大纲》（孔子学院总部 / 国家汉办 2015 年编制，HSK）、《商务汉语考试 BCT 大纲》（孔子学院总部 / 国家汉办 2014 年编制，BCT）、《实用医学汉语》教材（外语教学与研究出版社 2008—2010 年出版，PMC）。

词典除“字头”“插图”外设有以下项目：

【类别】标出该字所属出处范围，包括 CYZ、GC、IC、YCT、HSK、BCT、PMC 七种标注。

【字源】先将组成汉字的部件或偏旁的原始含义进行逐一详解，再聚显出该字的唯一本义。

【助记】先说出该字的本义，然后说明其多个引申含义，并将众多引申含义进行归类、举例、说明，是唯一【字源】与众多【字义】之间的一座理解桥梁。

【字义】包括拼音、属性、具体含义，其含义顺序是按与“本义”的“血源”亲疏关系排列的。

【词语】先列出词语中各字的具体含义，再总结出该词语的本义，最后列出（多项）具体含义，其含义顺序是按与“本义”的“血源”亲疏关系排列的。

【参见】为帮助使用者更多了解汉字在其非词首词语中的意义表达而提供含该字的备查词语。

【小结】每个字家全部讲解完后，对所涉及汉字进行简要的回顾与总结，以备整体理解和阶段巩固。

【附录】附有“偏旁部首训诂”“传统节日来历”“字迹含义猜测”“汉字趣味问答”等具有辅助作用的相关内容。

《国际汉语词汇学习词典》的编写，是基于突出汉字特色及适应使用者思维习惯的一种首尝蟹鳌之举，也是非母语者打开理解汉语字词之门的轻轻叩击。

参考文献

[1]［荷］艾布拉姆·德·斯旺．世界上的语言——全球语言系统．乔修峰译．广州：花城出版社，2008.

[2]［美］奈德·赫曼．全脑革命．宋伟航译．北京：经济管理出版社，1998.

[3]［日］七田真．超右脑照相记忆法．李菁菁译．海口：南海出版公司，2004.

[4]［英］尼古拉斯·奥斯特勒．语言帝国：世界语言史（第二版）．章璐，梵非，蒋哲杰，王草倩译．上海：上海人民出版社，2011.

[5] 曹先擢，苏培成主编．汉字形义分析字典．北京：北京大学出版社，1999.

[6] 程裕祯．中国文化要略．北京：外语教学与研究出版社，1998.

[7] 谷衍奎编．汉字源流字典．北京：语文出版社，2008.

[8] 韩宏宇主编．全脑教育理论与实践．呼和浩特：远方出版社，2006.

[9] 刘臻，梅德明．中西医语言认知差异及其战争隐喻分析．外语电化教学，2015（4）.

[10] 许嘉璐．未安集——许嘉璐说教育．北京：教育科学出版社，2002a.

[11] 许嘉璐．未了集——许嘉璐讲演录．贵阳：贵州人民出版社，2002b.

[12] 周有光．世界字母简史．上海：上海教育出版社，1990.

[13] 周有光．世界文字发展史．上海：上海教育出版社，1997.

海外儿童 AR 语言文化课程设计模式

山东财经大学 张梅一

摘 要：新形势下，利用新媒体和数字技术将作为中华优秀传统文化和人类文明重要成果的文化典籍融入海外儿童汉语教学与文化传播中是汉语国际教育事业的题中之意。本文首先分析非目的语环境中儿童汉语学习的特点及课程设计的若干原则，进而探讨 AR 儿童汉语课程设计的包括课程架构、目标、大纲、内容、智能化传播与评价模式等在内的各个环节，最后阐述 AR 教学资源包的设计思路，希望对今后海外儿童汉语教学的开展提供参考。

关键词：儿童 文化典籍 AR 课程设计

一、引言

近年来，随着世界范围内“汉语热”的兴起，海外汉语教学的对象有向低龄儿童发展的趋势。儿童汉语学习的特点与成年人差异巨大，因此在课程设计上需要提高针对性、科学性和趣味性。我们考察了《快乐汉语》（人民教育出版社，2003）、《轻松学中文》（北京语言大学出版社，2006）、《新启蒙汉语》（外语教学与研究出版社，2009）、《汉语乐园（第二版）》（北京语言大学出版社，2014）、《小学华文》（人民教育出版社，2016）、《七色龙汉语分级阅读》（外语教学与研究出版社，2018）等后发现，这些读本大多是功能、结构相结合的类型，对中华文化关注比较少。目前，孔子课堂中小学的文化教学基本停留在诸如中国结、剪纸、京剧、太极拳等文化产品和艺术形式的浅层介绍或体验层面，对深层中华文化缺乏必要的介绍和传播。而中华文化的真谛和价值在于蕴含在文化典籍中的行为、制度、观念等深层文化，加大对深层文化的介绍有利于学习者更好地进行语言习得，达到语言能力、语言交际能力和文化涵养的相得益彰。据刘建炜（2017）研究发现，贯穿儿童教育的整个过程，需要大量的符合 AR / VR 教学法的、优质的、有意义的 AR / VR 资源以支持儿童教育。而当前这类资源不能共享，重复加工利用困难，推广应用受阻。因此，将作为中华优秀传统文化和人类文明重要成果的文化典籍融入海外儿童文化传播教学中，在确定恰当课程设计原则的基础上，研发具有较高可操作性的课程设计模式对海外儿童语言文化教学意义重大。

二、非目的语环境中儿童汉语学习特点及课程设计原则

赵延风（2012）提出在非目的语环境中儿童学习汉语四个方面的特点及相应的汉语教学应该秉持的理念：（1）内在动机不足与课程的趣味性至上理念。（2）认知能力处于成长阶段与课程的认知发展理念。（3）极强的猜测语义、提取规则、记忆语音能力与课程的词汇宽松、语法隐性理念。（4）不同年龄段认知水平差异较大与课程设计的高效可调试理念。

以这四方面的理念为基础，我们认为海外儿童语言文化课程设计应把握以下几项原则：（1）趣味性原则：趣味性带动注意力保持和激发学习动机原则。（2）认知发展原则：语言水平与认知能力协同发展原则。（3）语言要素区别侧重原则：强化语音、词汇教学与隐含语法规则原则。（4）可调试原则：课程设计可根据学习者认知水平进行调试原则。

尤为重要的是，为适应数字时代国际汉语教学的发展，充分利用新媒体和数字技术辅助教学，加大对优秀中华文化典籍的介绍和教学力度，我们需要考虑非目的语环境中儿童汉语习得的另一个重要特点，即生活方式、思维方式、审美情趣、为人处世等深层文化内容如何在非目的语环境生动地呈现出来，增强学习者身临其境、感同身受的体验感。因此在新时期，我们应该注重第五个儿童汉语文化课程的设计原则：数字化原则——利用数字技术生动呈现中华文化内涵与增强体验性互动原则。

三、儿童 AR 语言文化课程设计实施方案

AR（Augmented Reality，增强现实）课程，就是将 AR 技术应用于教学中所产生的新型教育形式和内容。我们拟定海外儿童 AR 语言文化课程的教学设计，基于 AR 技术的远程教育平台，实现远程互动体验教学。

（一）课程架构

根据儿童认知发展规律，汉语教学和文化体验需要分阶段进行。围绕中华传统文化的主轴，针对 3—14 岁儿童分阶设计 AR 语言文化课程。一阶针对 3—5 岁儿童；二阶针对 6—8 岁儿童；三阶针对 9—11 岁儿童；四阶针对 12—14 岁儿童。一阶设置零起点课程，二阶循环一阶主要教学要素。一阶、二阶主要侧重语言要素的输入，三阶开始强调输出。一阶、二阶对应 YCT 1—2 级水平，三阶、四阶对应 YCT 3—4 级水平。

（二）课程目标

借助古文故事改编的教材学习汉语的同时，增加学习者对行为、制度、观念等深层中华文化的了解。在《论语微言》（2017）案例成功的基础上，制定 AR 语言文化课程大纲并编订基础语言文化教材。首先，以文化故事为课文的话题，将古文中的语言要素转换为现代汉语，让学习者

理解、记忆、运用现代汉语的生词和句型，达到提高听、说、读、写技能的目标。其次，学习者适量学习、背诵名句名篇，模仿为主，利用 AR 技术三维直观体验教学内容，提高互动性和参与性，AR 游戏寓教于乐，潜移默化地增进学习者对中华文化的认知。

（三）课程大纲

每个阶段的课程均为 192 课时，供三年教学使用，每周安排 2 课时，上完一阶升入二阶，以此类推。课程大纲以一阶为例，资源库主要包括以《三字经》《弟子规》中的故事为蓝本编制的教材《熊猫文化汉语》，配套点读笔、AR 技术，通过游戏实现语音识别、语言互动。

（四）课程内容

课程内容设置实行"话题—结构—文化"相结合的原则并以此为主线编排课文。每四课一个单元，每课设计 3—5 个生词、1 个句型。每三课后编排一次复习课，复习课上配合体验五类不同中华文化元素：音乐类、美术手工类、体育类、节日风俗类、故事会和儿童剧类。在具体课程内容的编排上，根据我们儿童第二语言教学的相关经验，包括以下六个方面的教学内容：话题、基本语言文化要点、对应词汇、目标句式、语音与汉字和中华文化知识。

1. 话题

话题与学习者的年龄、认知水平及相关课程有密切关系，这是串联整个课程的主要轴线。表 1 是 AR 语言文化课程针对不同年龄段学习者所开设中文课的话题项目表，话题项目和不同年龄段认知水平之间相互对应。

表 1　不同年龄段话题项目举例

阶段	话题项目
一阶	问候、家庭成员、我的身体、食物、数字、衣服、学习用品、地方、春节
二阶	介绍问候、家庭成员、五种感觉、一日三餐、时间日期、一年四季、衣服鞋帽、周围的地方、春节、中秋节
三阶	姓名国籍、家庭成员职业、学校作息、菜单、我的爱好宠物秀、购物、天气、交通工具、问路、中国的节日三个
四阶	介绍问候、致谢、告辞、家庭成员属相、请求、邀请、饮食文化、点餐、汉字文化基础、姓氏文化基础、中国的节日五个

2. 基本语言文化要点

基本语言文化要点是课程的核心内容之一，是与儿童认知水平直接相关的基本语言表达，需要融入每一话题当中，不断循环再现，贯穿课程始终（见表 2）。

表 2　不同年龄段基本语言文化要点举例

基本要点	一阶	二阶	三阶	四阶
颜色	5 种	9 种	12 种	17 种
数字	1—10	1—20	1—100	千、万、零

续表

基本要点	一阶	二阶	三阶	四阶
形状	4 种	6 种	8 种	11 种
日期	昨天、今天、明天	星期、月	年、月、日、星期	中国农历
时间	整点	整点、半点	分、半、刻、点	24 小时、24 点

3. 对应词汇

考虑到儿童习得语言的特点，词汇的确定要以话题和基本要点为基础，根据词汇宽松理念，不应受到成年学习者词汇等级大纲的局限，有一些成年学习者大纲中很少出现的词，却应该出现在儿童汉语的教学内容中，例如“蜡烛”“大拇指”“熊猫”等大纲中的低频词语（见表 3）。

表 3　一阶不同话题与词汇对照举例

话题	词汇
打招呼	你好、早上、下午、晚上、好、谢谢、再见
介绍自己	我、叫、名字、是
我的班	这、老师、书包、蜡笔、铅笔、橡皮、书、椅子、表
数数	一、二、三、四、五、几岁、三岁、四岁、五岁
身体部位	头、眼睛、耳朵、鼻子、嘴、手、脚

4. 目标句式

根据上述话题与基本要点，制订出对应主题的目标句式，并且考虑句式循环，使目标句式串联在相关话题当中（见表 4）。

表 4　一阶不同话题与目标句式对照举例

话题	目标句式
打招呼	……好。
介绍自己	我叫……。我是……。
我的班	这是什么？这是……。
数数	你几岁？你多大？我……岁。
身体部位	这是……。那是……。

5. 语音与汉字

一阶和二阶以听说训练为主，打好语音基础，三阶开始学习认读汉字。根据中华人民共和国教育部、国家语言文字工作委员会 2010 年发布的《汉语国际教育用音节汉字词汇等级划分》中的“汉语国际教育用分级汉字表”，规定一级（初级）汉字 900 个，三阶、四阶共计六年课程主要学习认读这 900 字。

6. 中华文化知识

我们拟设计的 AR 课程中，中华文化基础知识以年龄分阶，以话题为基本线索，利用多种形式展开。

首先，按照年龄标准将文化典籍故事分类。一阶课文改编古文中 3—5 岁主人公的故事。例如：孔融四岁让梨的故事。二阶课文改编 6—8 岁主人公的故事。例如：曹冲五六岁称象的故事、骆宾王七岁作《咏鹅》的故事。三阶课文改编 9—11 岁主人公的故事。例如：黄香九岁温席的故事。四阶课文改编 12—14 岁主人公的故事，例如：少年皇帝康熙挫败权臣鳌拜的故事（主人公接近 14 岁）。课文的难度等级编排以不同句型和生词的复现和螺旋式上升为标准，不是每篇课文都以古文典籍为蓝本，而是在积累了相关句型和生词基础上，有序安排古文故事形式的课文。

其次，使用 AR 技术将课文内容实景化，提高体验式互动教学。制作视频，听看、朗读、跟读课文，帮助学习者理解课文的主旨、生词的意思。这些与话题紧密相关同时又符合儿童认知水平的中国文化故事巧妙地融入课堂，配合 AR 技术，使学习者在学习语言、了解中国文化的同时，对中文课产生更浓厚的兴趣，提高教学效果。

（五）课程、教材智能化传播与评价模式

开发交互式微课教学平台，对课程所用教材进行智能传播平台搭建。研发适用于语言文化课程智能传播的平台，完成与在线 APP 的对接，直接在 AR 模块下载书籍所对应的资源，下载成功后点击书面扫描书本即可播放相应的教学视频。

在教学反馈和教学模式调整方面，利用智能化评价平台，通过数据分析，进行课后反省；同时，通过手机 APP 平台，定期和家长保持沟通，了解孩子对于课程的评价和感受。

四、儿童 AR 语言文化课程教学资源包

根据语言习得规律，特别是对于儿童语言习得来说，注意力保持时间短，需要采用大量生动有趣的形式吸引和保持儿童有限的注意力，而且不同学龄和年龄段的学习者认知水平相差很远。AR 教学资源包针对这一问题设计了系列动画、在线游戏等，增加教学的趣味性。同时，教学资源包可以供不同阶段、不同认知水平的学习者选择和使用，有利于提高教学资源的循环利用率。教师根据不同学习者学龄、课时等差别，对这些教学资源包进行组装和调配，最后形成体现特定教学法的教学材料和教学方案。例如，我们为四个不同年龄段的汉语课程设计的“家庭成员”话题的 AR 课程教学资源包如表 5：

表 5　不同年龄段教学资源包配置表

阶段	AR 教学资源包				
	AR 闪卡	AR 情境问答	AR 韵文	AR 歌曲	AR 故事／游戏
一阶	爸爸、妈妈	指出妈妈、爸爸和我。	我有一个家，家里有爸妈。	《世上只有妈妈好》	AR 故事《小蝌蚪找妈妈》
二阶	哥哥、姐姐、弟弟、妹妹、爷爷、奶奶、姥姥（外婆）、姥爷（外公）	你爱妈妈吗？你觉得爸爸和妈妈谁更爱你？	妈妈骑马，马慢，妈妈骂马。	《大头儿子小头爸爸》	儿童剧《小蝌蚪找妈妈》
三阶	老师、医生、护士、经理、工人、警察	妈妈是老师，爸爸是经理。	我有一个家，家里有爸妈。为我遮风雨，抚养我长大。	《鲁冰花》	画家族族谱树形图

续表

阶段	AR 教学资源包				
	AR 闪卡	AR 情境问答	AR 韵文	AR 歌曲	AR 故事／游戏
四阶	十二属相	妈妈属虎，爸爸属狗。	《吉祥三宝》歌词	《听妈妈的话》	给父母的中华美食

五、结语

目前，由于面向低学龄儿童的汉语教学课程体系建设和研究尚不完善，本文初步尝试利用新媒体、新技术提高儿童汉语教学中的语言知识与深层文化相结合的教学模式，希望对今后的教学实践和科学研究提供参考和借鉴。

参考文献

[1] 安雅琪，王珊．国际学校华语文教材的文化项目设置——以《轻松学汉语》为例．世界华文教学，2017（3）．

[2] 崔希亮．汉语国际教育的若干问题．语言教学与研究，2018（1）．

[3] 黄梦喆．浅析 AR 技术在汉字学习书籍中的应用．记者摇篮，2018（10）．

[4] 李晓琪．关于华文教育现代化的思考．世界华文教学，2015（1）．

[5] 廖山漫．美国中小学汉语课程设置模式探讨．汉语国际传播研究，2011（2）．

[6] 刘建炜．基于 AR/VR 技术的儿童教育资源建设研究．陕西学前师范学院学报，2017（10）．

[7] 马箭飞．办好孔子学院　贡献中国智慧．中国教育报，2018 年 1 月 24 日．

[8] 邱凌．儒家思想在西方国家的公众认知与传播现状．对外传播，2015（6）．

[9] 施仲谋．中华文化教学大纲探究．世界汉语教学学会通讯，2014（3）．

[10] 王建华主编．论语微言（AR 智慧阅读）．北京：商务印书馆童书馆、商务印书馆国际有限公司，2017.

[11] 赵延风．儿童汉语教学的课程设计理念及操作中的模块组装模式 //《第十届国际汉语教学研讨会论文选》编辑委员会编．第十届国际汉语教学研讨会论文选．沈阳：北方联合出版传媒（集团）股份有限公司、万卷出版公司，2012.

[12] 朱瑞平，张春燕．汉语国际教育背景下文化传播内容选择的原则．云南师范大学学报（哲学社会科学版），2016（1）．

初级阶段语言文化教学模式建构

北京语言大学　张媛媛

摘　要：　语言是文化的载体，文化是语言的内涵。国际汉语教学是学习者获得语言文化知识、提高语言技能、增进跨文化交际能力的重要平台。本文以初级汉语教学为研究对象，针对文化部分提出了初级阶段跨文化交际能力架构，并尝试构建一个能够使语言教学与文化教学紧密结合，从而有条不紊地实现有系统、有目的、有效率的语言文化教学的教学模式。

关键词：　汉语教学　文化　模式

一、引言

语言是文化的重要组成部分。每种语言都带有各自文化的印记，有的隐含在语言的概念体系中（王寅，2007），有的凸显在交际互动规则中（Kecskes，2011），有的体现在组织语篇的模式上（Kameda，2014）。可以说语言与文化之间有着密切的关联。因此任何一种语言教学都不可能完全脱离文化教学，正如 Kramsch（1999）提到："如果语言被看作一种社会实践，那么文化就成为语言教学的核心，文化意识必须被视为强化语言效能的途径，同时被视为语言效能反应的结果。"

程棠（1992）指出："对外汉语教学是指对外国人和海外华人进行的系统的汉语和中国文化教学。"因此，如何在课堂上巧妙、有效地处理文化教学和语言技能训练等因素的关系，是摆在每个汉语教师面前的一个重要问题。对此，不少学者（赵贤州，1989；张占一，1991；陈光磊，1992；周思源，1992；胡明扬，1993；毕继万和张德鑫，1994）已经做了很多研究。出现过"文化导入说""文化揭示说""文化融合说"和"文化语言有机化合说"四种不同的观点（苏金智，1992）。

我们认为，上述四种观点都有各自的优点。但是，文化是包罗万象的，我们不可能用单一的一种或几种方法就能涵盖一切文化教学。正如现在语言教学已经进入后方法时代一样，文化教学的方法也应在教学框架的指导下吸收各家之长。因此，建构一种相对固定的模式，在模式的指导下博采众家之长是当务之急。本文在前人研究的基础上，以初级阶段汉语教学为研究对象，结合初级阶段学习者和教学的特点，尝试探索一种以文化为内容线索，融任务法、情景法、视听法、对比法、体验法等多种方法为一体的文化—语言技能双线教学模式（以下简称“双线教学模式”）。该模式以文化为内容线索，通过创设各种情境、活动，使学习者在真实的文化大背景下操练语法点，掌握、提升语言技能，同时达到文化熏陶的作用。

二、双线教学模式的建构

（一）教学目标及内容

《国际汉语教学通用课程大纲》（2014，以下简称《大纲》）指出：“国际汉语教学课程的总目标是，使学习者最终具备语言综合运用能力。”语言综合运用能力由语言知识、语言技能、策略、文化能力四方面组成。这四方面内容相互交叉渗透，环环相扣（见图 1）。

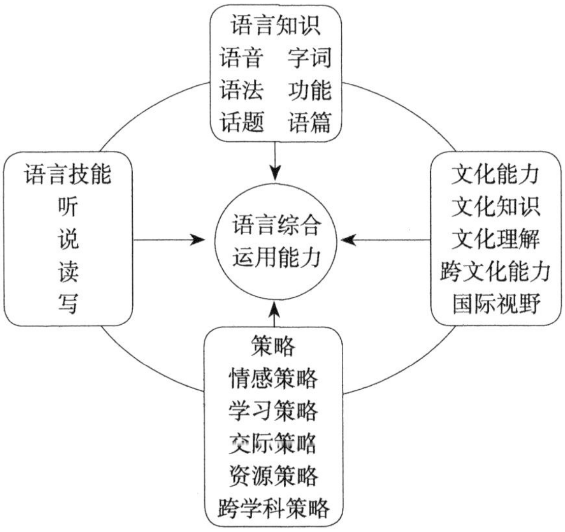

图 1 国际汉语教学课程目标结构关系图

在《大纲》总目标的指导下，结合初级阶段汉语教学的特点，双线教学模式以建立并提高学习者跨文化语言综合交际能力为教学目标。其中语言知识和技能部分，遵循前人及《大纲》的分级，本文不做赘述。策略部分另文分析。此处需要特别分析的是文化能力部分。遵循《大纲》对文化能力的阐述，结合初级阶段文化内容的特点，以及初级阶段语言教学的特点，我们认为双线教学模式中文化部分的目标，重在培养学习者的跨文化交际能力。该能力主要涵盖文化知识、文化意识、实践能力等三方面的内容（见图 2）。

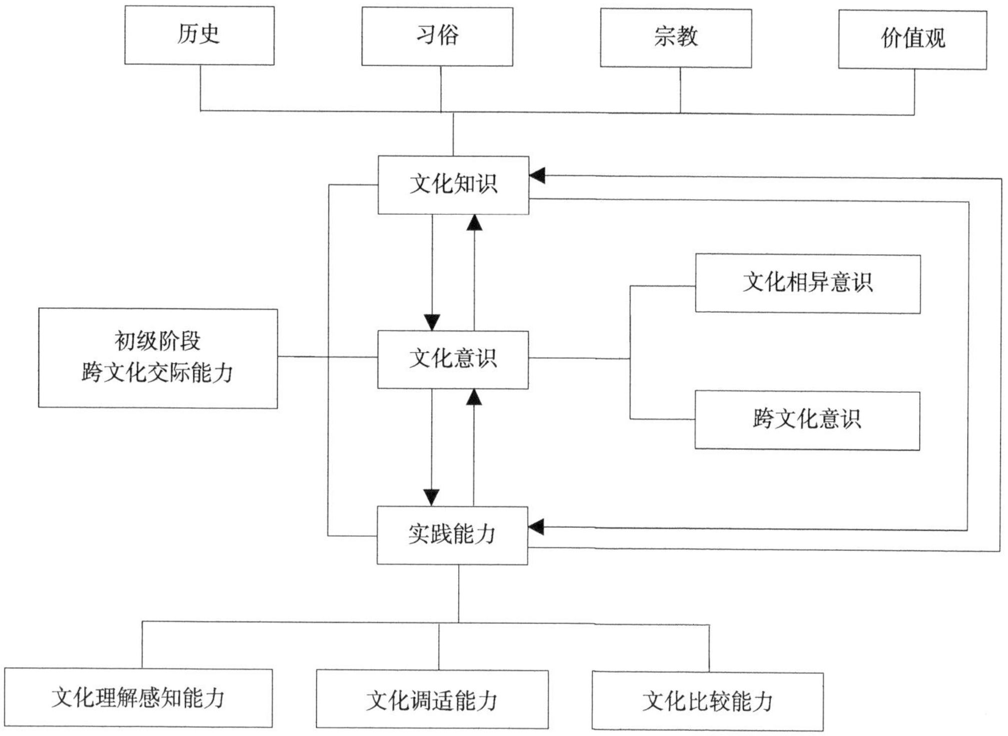

图 2　初级阶段跨文化交际能力架构图解

文化知识是静态的，初级阶段重在能够使学习者通过掌握一定的文化知识，跨越障碍，进行动态的沟通。

文化意识包含文化相异意识和跨文化意识两个方面。文化相异意识是指学习者能够意识到不同文化有各自不同的特点。不同文化之间是存在差异的，但并没有好坏和优劣之分。应该说这种意识是进行跨文化交际的基础。跨文化意识是指文化的敏感性或洞察力。人们在交际中的成功与否，除了取决于双方对中介语的应用能力外，在很大程度上还受制于对异域文化的敏感度和容忍度。Hanvey（1976）将跨文化意识分成四个层次：第一层次，通过旅游、杂志、教科书等对浅层的文化现象有直观了解，但只是停留于表面；第二层次，通过某种文化冲突了解到与自己文化明显不同的现象，但仍无法以自己文化的模式形成深入理解；第三层次，进入理性分析阶段，认识到居留国文化虽与自己的文化差别很大，却有异曲同工之处，同时还能互补；第四层次，通过对居留国文化的亲身深入体验，开始熟悉该文化，达到理解甚至认同的程度。

实践能力涵盖文化理解感知能力、文化调适能力及文化比较能力三个方面。文化理解感知能力是对文化了解的质量或状态，是另外两种能力的先决条件。文化调适能力是跨文化交际者为了适应具体的跨文化环境调节自身文化行为的能力，直接影响跨文化交际的成败。Macionis（1997）用 U 形图说明了文化调适的蜜月期、危机期、恢复期和适应期四个心理阶段。双线教学模式下我们的主要目标是要增强学习者的文化调适能力，缩短危机期，尽快进入恢复期和适应期。文化比较能力主要是对文化求同存异和求异存同的能力。提高学习者的文化比较能力，有利于学习者充分认识到截然不同的两种文化在思维方式、价值观、社会习俗等方面的差异。

（二）双线教学模式的整体架构

明确了教学目标及内容后，在此基础上，我们讨论如何实现的问题，即构建双线教学模式的整体架构（见图 3）。

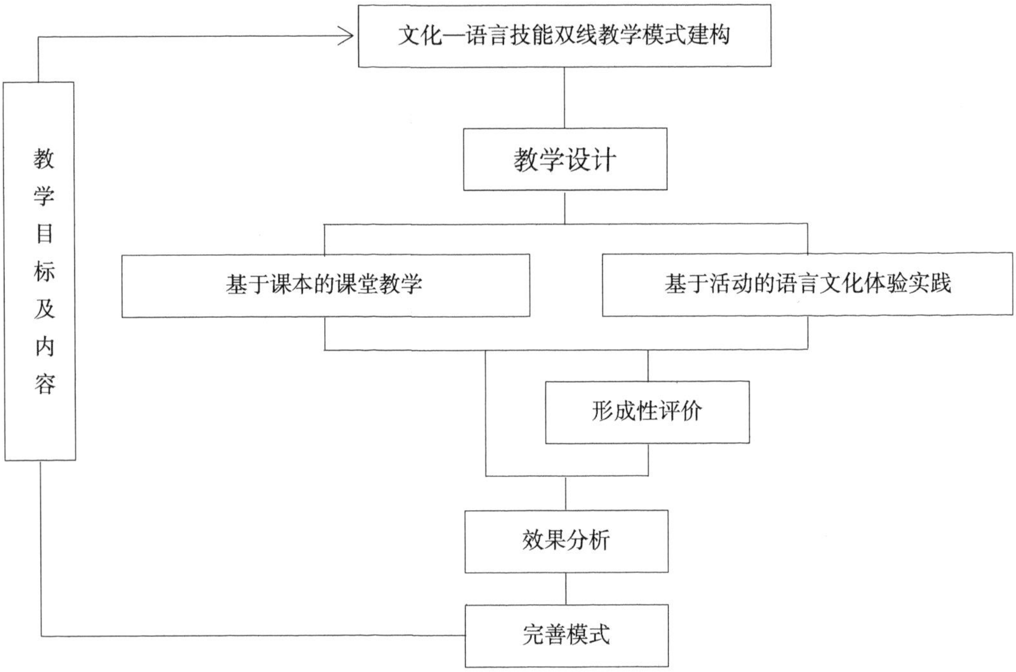

图 3　双线教学模式整体架构

区别于传统的教学模式，双线教学模式主要包括两大教学模块。一是基于课本的课堂教学，二是基于活动的语言文化体验实践。在课堂教学中，双线教学模式强调创设大的文化氛围。此处我们说的文化氛围并不单单指教室的布置，而更主要的是指通过教师的教学设计、教学活动、互动问题、课件设计等多方面为学习者营造的多维文化氛围。在此文化氛围下，教师运用任务法、情景法、视听法、对比法等多种方法使学习者获得语言知识，掌握语言技能及策略，提高跨文化语言综合交际能力。换句话说，我们在操练语法时，将依托文化，以文化点为呈现内容，让学习者在操练语法、提高语言技能的同时，了解中国文化。

在课堂教学的基础上，双线教学模式中也加入了基于活动的语言文化体验实践。应该强调的是语言文化体验实践并不是随意的安排，而是基于学习者水平，与课堂教学内容相联系的实践补充。此教学模块对于对外汉语教学来说，重在使学习者通过去中国餐馆点餐吃饭、社会调查、游览、座谈、茶道、书画体验等丰富多彩的语言文化实践，完成交际，体验中国民风，了解中国国情和传统习俗，提高汉语水平，促进跨文化语言综合交际能力的提高。

在评价方式上，本模式主要采取形成性评价（Formative Assessment），两大模块均参与考核。Cowie & Bell（1999）认为，形成性评价是在教学过程中，为了增强学习，教师和学生对于学生的学习情况进行判断、评价的过程。学生通过形成性评价不断了解自己的学习状况，教师及时向学生反馈信息，促使学生更好地学习或自我反思，促成高质量的学习。与终结性评价（Terminative

Assessment）相比，形成性评价的优势在于：（1）形成性评价能不断激励学生学习，帮助学生获得成功感，树立自信心，成为学生继续进步的动力。（2）形成性评价可帮助学生反思和调控学习过程，培养他们的自主学习精神，促进他们语言综合运用能力的全面发展。（3）形成性评价为教师提供教学反馈信息，以便于教师反思和调整教学行为，不断提高教学水平。在教学过程中，教师多层次、多维度地对学生的学习情况进行评估。通过形成性评价，教师可以反思、改进教学，完善教学模式。同时，学生对自己的学习情况也更加了解，有利于学生学习的自我监控和改进。

三、双线教学模式的实施

（一）教学原则

1. 交际性原则。双线教学模式以培养、提高学习者跨文化语言综合交际能力为核心，因此交际性原则是教学设计中必须遵循的基本原则。我们认为交际性原则主要体现在两个方面：一是教师在设计课堂活动时应围绕交际展开；二是设计的活动应该努力重现真实交际过程。一般而言，交际过程中出现的交际特性大致可以归纳为信息空白、自由选择和信息反馈三个要素（徐强，2000）。信息空白是指交际双方中一方知道一些信息，而另一方不知道。自由选择是指交际双方说什么和如何说是自己选择的结果。信息反馈是指交际双方彼此根据对方的信息做出相应的调整。

2. 真实性原则。关于真实性问题，Michael P. Breen 早在 1985 年就做过比较全面的论述。Breen（1985）认为“真实性”应涵盖以下四层意义：语言输入的真实性、学习者对语法输入的理解的真实性、对语言学习有益的练习活动的真实性、语言课堂所需再现的社会情境的真实性。在本模式中，我们坚持真实性原则，课堂教学中，我们结合文化点，通过真实的语境，找出含有目标语法点、词汇的核心句。语言文化体验实践更是让学习者在不断地真实运用中实现语言产出的自动化。总体而言，双线教学模式就是要在教学各个环节上真实，以培养学习者跨文化语言综合交际能力为总目标，运用多种有效的教学方法，在真实环境中习得真实语言能力。

3. 互动性原则。建构主义认为：知识既不是客观的东西（经验论），也不是主观的东西（活力论）。而是个体在与环境交互作用的过程中逐渐建构的结果（邓学明，2003）。依据建构主义的观点，在本模式中，我们所说的互动性不仅包括课堂中的师生互动、生生互动，同时也包括学习者的母语语言文化和汉语语言文化之间的互动。学习者学习汉语的全部过程，也是其在母语语言文化和汉语语言文化之间协商和建构意义的过程。因此，母语语言文化与汉语语言文化之间的互动性普遍存在于我们的教学之中，充分认识、重视二者的互动性能够促使教师更有效地进行汉语语言文化教学。

（二）教学实例

为了能够直观地展示双线教学模式的实施方法，我们以“把”字句的讲解为例，对双线教学模式的实际操作做简单论述。

1．课堂教学

在设计“把”字句的语法教学时，我们选择了“中国的春节”这一文化点与之相结合，让学生既操练了语法点，又得以了解中国春节的习俗。语法导入环节举例如表 1：

表 1　语法导入环节实例

教学环节	教学行为	教学说明
导入	1.PPT 逐一给出下列图片（此处仅给出最后效果）。 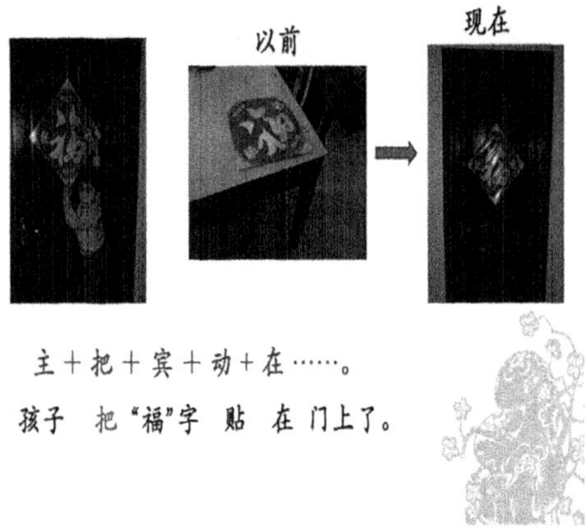 	☆利用发现法，一步步引导学生发现“把”字句的使用条件和限制。
	2. 师问：春节到了，丁兰家贴“福”字了吗？（贴了。） 3. 师问：“福”字贴在哪儿了？（“福”字贴在门上了。） 4. 师问：是谁贴的？（孩子。）	☆通过启发式的导入，自然引出将要学习的“把”字句。
	5.“福”字贴在门上了，是孩子贴的。用一个句子，我们可以说：孩子把“福”字贴在门上了。 6. 给出结构：主＋把＋宾＋动＋在……。 7. 师问：“福”字以前在哪儿？现在呢？什么变化了？当一个人通过动作让宾语发生变化，这种变化使宾语的位置发生了移动或改变，而且发生变化的宾语是说话双方都确定的，这时候我们用“把”字句。	☆引导学生发现“把”字句中被支配物品的位移变化和他动的特点。
	8. 给出典型错句：孩子把一张“福”字贴在门上了。 9. 讲解错因：“把”字句中宾语是有定的。 10. 给出典型错句：孩子把“福”字贴。 11. 讲解错因：“把”字句中要有对宾语处置的结果。	☆典型偏误举例分析。

分析上述教学实例可以看出，我们通过春节典型的活动——贴“福”字，引入了“把”字句，从真实的照片中，找出含有目标语法点的核心句，并启发学生发现“把”字句使用特点。

总而言之，我们努力将文化教学融入综合课教学中，以文化为内容线索，通过创设各种情境、活动，使学生在真实的文化大背景下操练语法点，掌握、提升语言技能，同时达到文化感受、熏陶的作用。

2. 语言文化体验实践

在双线教学模式下，语言文化体验实践是课堂活动的有益补充，同时也是课堂教学的实践检验与提升。针对“中国的春节”课堂所学内容，我们设计了剪纸、写“福”字、贴“福”字等配套实践活动。活动设计时，我们将课堂所学语法点（“把”字句）、词汇、文化等巧妙地融合在一起，使学生在真实的情景下运用所学的语言知识、技能、策略，具体感受中国文化，提高跨文化语言综合交际能力。

（三）实施成果

2013 年 2 月，我们开始试行双线教学模式。实验班一共 16 名学生。学期结束时我们对这 16 名学生进行了问卷调查（见表 2）。

表 2　关于双线教学模式的调查结果（单位：%）

调查内容	非常喜欢	喜欢	一般	不喜欢
双线教学模式	25.00	62.50	6.25	6.25
课堂教学	31.25	50.00	12.50	6.25
语言文化体验实践	31.25	43.75	25.00	0.00

从表 2 中我们可以看出大部分学生对双线教学模式是持肯定态度的。

该班学生通过一个学期的学习，学习成绩也呈上升趋势。我们把该班学生的入班测试成绩定为前测成绩，期末成绩定为后测成绩。利用 SPSS 19.0 进行统计分析（见表 3）。

表 3　前测和后测成绩比对

统计量	变量	
	前测	后测
均值	83.0625	90.5625
N	16	16
标准差	9.739 74	7.571 60

从表 3 中我们可以看出，后测均值较前测有了很大提高，说明此模式下学生的进步幅度是比较明显的。同时，后测成绩的标准差较前测也有了大幅减少，说明经过一个学期的学习，学生的成绩分布更加合理，差距变小。

我们对该班成绩进行配对样本 T 检验，见表 4：

表 4　配对样本 T 检验

<table>
<tr><th rowspan="3">指标</th><th colspan="5">成对差分</th><th rowspan="3">t</th><th rowspan="3">df</th><th rowspan="3">Sig.（双侧）</th></tr>
<tr><th rowspan="2">均值</th><th rowspan="2">标准差</th><th rowspan="2">标准误</th><th colspan="2">差分的 95% 置信区间</th></tr>
<tr><th>下限</th><th>上限</th></tr>
<tr><td>前测—后测</td><td>-7.500 00</td><td>4.163 33</td><td>1.040 83</td><td>-9.718 48</td><td>-5.281 52</td><td>-7.206</td><td>15</td><td>0.000</td></tr>
</table>

从表 4 中我们可以看到显著性概率 *Sig*.（双侧）为 0.000，小于 0.050，证明前测与后测成绩之间存在显著差异，证明双线教学模式能够促进学习者提高成绩，该教学模式是有效的。

四、结语

语言教学无法脱离文化教学，国际汉语教学更是如此。一种有效的途径与方式使二者在教学中有机地结合并促进教学是我们每一个国际汉语教师需要探寻的课题。本文仅以初级汉语教学为切入点，试构建一个适应初级汉语学习者的文化—语言技能双线教学模式。在双线教学模式下将语言教学与文化教学紧密结合，从而有条不紊地实现有系统、有目的、有效率的语言文化教学。希望本研究能够为丰富国际汉语教学体系贡献绵薄之力。

参考文献

[1] 毕继万，张德鑫．对外汉语教学中语言文化研究的问题．语言文字应用，1994（2）．
[2] 陈光磊．语言教学中的文化导入．语言教学与研究，1992（3）．
[3] 程棠．关于当前对外汉语教学中的几个问题．语言教学与研究，1992（3）．
[4] 邓学明．从前概念到建构观——浅议建构主义学习理论．广西师范大学硕士学位论文，2003.
[5] 胡明扬．对外汉语教学中的文化因素．语言教学与研究，1993（4）．
[6] 孔子学院总部 / 国家汉办编制．国际汉语教学通用课程大纲（修订版）．北京：北京语言大学出版社，2014.
[7] 苏金智．多学科合作的中国社会语言学研究——第三届社会语言学学术讨论会综述．语言文字应用，1992（3）．
[8] 王寅．认知语言学．上海：上海外语教育出版社，2007.
[9] 徐强．交际法英语教学和考试评估．上海：上海外语教育出版社，2000.
[10] 张占一，毕继万．如何理解和揭示对外汉语教学中的文化因素．语言教学与研究，1991（4）．
[11] 赵贤州．文化差异与文化导入论略．语言教学与研究，1989（1）．
[12] 周思源．“交际文化”质疑．汉语学习，1992（4）．
[13] Breen, M. P. Authenticity in the language classroom. *Applied Linguistics*, 1985, 6(1).
[14] Cowie, B. & Bell, B. A model of formative assessment in science education. *Assessment in Education: Principles, Policy & Practice*, 1999, 6(1).
[15] Hanvey, R. G. *An Attainable Global Perspective (1976)*. The American Forum for Global Education, 2004.
[16] Kameda, N. Japanese business discourse of oneness: A personal perspective. *International Journal of Business Communication*, 2014, 51(1).
[17] Kecskes, I. Intercultural pragmatics // D. Archer & P. Grundy (Eds.). *The Pragmatic Reader*. Routledge, 2011.
[18] Kramsch, C. 语言教学的环境与文化．上海：上海外语教育出版社，1999.
[19] Macionis, J. J. *Society: The Basics* (4th edition). Prentice Hall, 1997.

基于“注意假说”的汉语听力课教学设计

泰国朱拉隆功大学孔子学院　赵鹏飞

摘　要：“注意假说”由 Richard W. Schmidt 提出。Schmidt（1990）认为，“注意”在语言输入到输出过程中起着至关重要的作用，只有被注意到的部分，才能被学习者吸收消化。Schmidt（1990）分析了在语言信息加工过程中影响“注意”的六大要素，即期待或准备、教学指导、输入频率、输入感知凸显、技能水平、任务需求。本文在“注意假说”理论指导下，以泰国某大学中文系二年级的学生为研究对象，以《成功之路・提高篇・听和说》（2013）第一课“吃喝玩乐”为例，试图对听力教学进行课堂设计，将影响“注意”的六大因素与听力教学三环节（听前、听中、听后）相结合，分析影响各环节“注意”的主要因素，探讨如何在听力教学中实践该理论。

关键词：注意假说　汉语作为第二语言　听力教学　课堂设计

一、研究背景

Schmidt（1990）在实证研究的基础上提出“注意假说（Noticing Hypothesis）”，认为只有被注意到的语言输入才能被学习者吸收并处理，没有注意，就没有习得。Schmidt（1990）指出注意与输出有非常紧密的联系，能够注意到语言输入的学习者要比没有注意到的学到的东西更多、更有效。

“注意假说”在第二语言习得研究领域引起了很大的反响，很多研究者围绕此假说进行研究。Skehan（1998）强调“注意”对大脑语言输入的加工及处理以及中介语的发展起核心作用；Rosa & O’Neill（1999）对 67 名初级西班牙语的成年学习者关于条件句的习得进行研究，发现注意目标结构和有意识地理解目标结构，可以提高学习者在识别任务上的正确率；Leow（2000）通过对32名初级西班牙语的学习者使用词干变化的-ir动词的结构进行研究，使用有声思维追溯访谈的方法，得出注意到目标语结构的学习者可以在写作任务中较多地运用该结构。

国内学术界关于“注意假说”的关注点大致可分为两类：第一类主要是针对国外有关“注意假说”的理论进行分析评述。陈方（2006）对“注意假说”的研究进行评述，并探讨了“注意”在二语习得中的关键作用，指出该理论对我们的英语教学有重要的意义；叶青（2013）对国外“注意假说”的实证研究设计和结果进行分析，发现存在着意识的测量、意识层次的划分、注意内容的设定以及注意效果的检验等四个方面的不足。

第二类关注如何运用“注意假说”指导国内的英语教学，主要是针对英语教学中语素教学和英语课堂教学开展实证研究。穆思融（2008）在“注意假说”理论框架下，设计了“觉察”“注意”和“理解”三个层面实验，针对英语中动结构的理解开展研究；杨楠（2010）则是基于“注意假说”理论研究教师和学生在课堂教学过程中的语言博弈；王婷（2014）将“互动假说”与“注意假说”相结合，用以指导外语课堂的教学；喻红（2014）主要在“注意假说”指导下对英语语法的讲授进行教学设计；李媛媛（2017）研究“注意假说”视角下词的形态理据对英语词汇习得的影响。

从这些研究来看，国内目前对“注意假说”的研究主要侧重于“注意假说”指导下的英语教学。而如何运用“注意假说”指导汉语作为第二语言的教学，正是笔者所要探讨研究的。汉语作为第二语言教学的研究，主要包括研究汉语的特点和规律以及汉语教学法两个大的方面。笔者结合自己在国外的教学实践，以“注意假说”为理论基础，试图对汉语作为第二语言的听力教学进行课堂设计，探讨如何有效地进行听力教学。

二、“注意假说”理论

Schmidt（1990）提出“注意是一个将输入转化为输出的必要且充分的条件”，从输入与输出双重角度肯定了“注意”的重要性。在语言输入阶段，学习者在“注意假说”的指导下，会关注到语言的意义及形式；在进行语言输出时，学习者对自己的语言输出进行监控，并对比目标语，进而发现现有的中介语与目标语之间的差别，进而改善和提高第二语言水平。Schmidt（1990）同时分析出影响学习者“注意”的六大要素：

1. 期待或准备（Expectation or Readiness）。学习者在注意之前，应该有一个准备，这样会使注意的对象更加明确，并将注意到的对象融入中介语中。学习者建立在母语和目标语基础上的内在期望对所注意的内容有下意识的语境指导作用。

2. 教学指导（Instruction）。有效的教学指导，有利于激发学习者的内在期望，一旦学习者有期望，就会增加输入过程中注意的可能性。

3. 输入频率（Input Frequency）。在相同的条件下，一个单词或者语言形式输入的频率越高，越可能被学习者注意。

4. 输入感知凸显（Perceptual Salience）。这主要指在输入过程中，语言呈现形式的突出性和重要性，即形式越凸显，越容易被学习者注意。比如一个单词可以通过加粗、增大字号、画线等方式吸引学习者注意。如果注意的来源多样，那感知上突出的形式将更容易被注意。

5. 技能水平（Skill Levels）。此因素主要指学习者对输入形式的处理能力，这种能力因人而异，处理能力越高，对输入形式的注意力就越高。

6. 任务需求（Task Demands）。任务需求是指学习活动过程的结果对学习者的要求。Schmidt（1990）指出学习任务使学习者注意到所学内容时，附带性学习会变得有效和可能。同时，Schmidt（1990）还提出学习者需要注意的信息就是可以注意到的信息，超出学习者能力的任务可能会使注意变得不太可能。

冯志静（2012）将教学指导、输入频率、输入感知凸显、任务需求等四个因素归为外部因素，是教师可以通过课堂的设计进行控制的。期待或准备和技能水平主要与第二语言学习者自身的情况有关，但教师在教学过程中，应关注这两个要素。

教师作为课堂的设计者与组织者，教学任务的选择、教学过程中的引导会影响到学生注意的效果。在输入与输出中引起学生的有意注意，对提高二语学习的质量和效果意义重大。

三、研究设计

笔者在泰国某大学中文系二年级负责汉语听力的教学，学生共 54 名，分两个班。绝大部分学生的汉语水平在新 HSK 四级。所用教材为《成功之路·提高篇·听和说》（2013），此教材的学习起点参照等级为新 HSK 四级、五级，为中级汉语教材。教材共有 12 课，每课一个主题，分为两部分，各部分包括口语表达式、生词、熟语、听力练习。其中听力练习有三类：听小对话，选择正确的答案；听句子，根据本课表达式做出恰当的应答；课文（对话）。

听力教学过程中，如何提高汉语知识的输入与输出的有效性，如何引导并加强学生对汉语知识的有意注意，如何促进听力材料的输入与输出的转化，是教师在听力课堂中需要思考和解决的。基于此，本文将在“注意假说”理论基础上，对听力课进行教学设计。

（一）听前

学术界认为词汇、语境、文化因素等均对外国学生的汉语听力理解有影响（马燕华，1999；刘颂浩，2001），需增加听力教学课堂的必备内容（李红印，2000）。如何在听力课堂中减少以上因素对学生听力理解的影响呢？教师应该在听前加强指导，即加强影响注意的因素之一“教学指导”。教师应在词汇、语境、文化等方面加强输出，引导学生对这些知识的有意注意。

第一课的主题为“吃喝玩乐”，主要围绕留学生在北京的生活，而这对本班的大多数学生来说比较陌生。比如生词表中的“涮羊肉”“豆汁儿”，听力材料中的“胡同”“后海”等。基于此，在听前阶段，教师应加强这方面的教学和指导。同时，在指导过程中应注意“输入频率”和“输入感知凸显”这两个因素。

笔者先询问学生对中国的印象，并将学生提出的各个方面写在黑板上，以此建立词汇群；之后播放一段关于北京生活旅游的视频，视频里包括本课出现的词汇，再把这些词汇一同写到词汇群中。该环节既扩展了学生的词汇量，又介绍了背景文化。

在生词以及口语表达讲解过程中，笔者重点注意词语的复现，将本课的语言文化点融入新知识的学习中，加强输入频率（比如建立新词与新词之间的联系；在讲解知识时，多使用本课的新知识点）和多种感知凸显（课件中新词一律加粗黑体；插入视频、音频等）。

（二）听中

教师应引导学生对内容的“期待或准备”，对于不同的题型采用不同的引导，如四选一的选择题，可引导学生注意各个选项之间的异同点，进而分析出听力题目中的考查点。

如“听小对话，选择正确的答案”中的第八题，四个选项为：A 爬山，B 看电影，C 去图书馆，D 哪儿也没去。通过四个选项，可知此题考查的是“做了什么”。教师可对学生进行引导，让学生对选项进行分析，进而让学生做好准备，加强在听力过程中对考查点的注意。

对听力材料的处理，可分步骤引导学生的期待或准备：第一步，学生在分析完选项后，进行首次听力练习，询问学生做题效果；第二步，学生跟读听力练习，尤其注意听不懂的部分；第三步，学生看听力文本答案，找出听错原因以及不懂的词汇、句型。

在听中阶段，要有效引导学生的期待或准备，进而加强学生对听力材料的有意注意。

（三）听后

听后阶段主要是对听力材料的再次处理，以及针对本课的知识点设置相关的任务，即注意影响因素中的“任务需求”。而在“任务需求”中要考虑影响学生注意的另一因素——“技能水平”。

学生普遍认为听力材料只是听力练习，所以除本课的生词之外，教师应引导学生注意并归纳听力材料中出现的词汇、语言点，对听力材料再次利用。例如第一课听力材料中出现的“没怎么 +V+ 过”“不把自己当外人”“不管……都……”等。通过对听力材料的再次利用，可使学生意识到听力材料的重要性。

语言学习，交际为最主要目的，而在非目的语环境中，教师布置的学习任务，应让学生应用所学，有效输出。根据教材的话题性特点，笔者将学生分组（每组选取不同的话题），在一课结束之后，选择当课话题的小组进行会话表演。要求：内容一定要符合主题，要用到本课学过的生词、口语表达；同时，出题给其他观看的同学，题型可多样。其他学生观看之后，回答这些问题，并交给表演组的同学批改、打分。

通过此任务的学习，小组内各组员可针对各自水平进行小组内的任务安排，发挥所长。对话体，加强了新知识点的运用输出；表演的形式，激发了学生的兴趣；观看的同学听后需回答问题，有利于加强学生的注意。

笔者基于“注意假说”理论，将影响“注意”的六因素与听力教学三环节相融合。听前，“教学指导”发挥重要作用，对新知识的讲解教师要注意“输入频率”和“输入感知凸显”；听中，教师需引导学生的“期待或准备”；听后，教师要在学生的“技能水平”的基础上，设置“任务需求”。

四、结语

听力，是二语四大技能之一。有效的听力课堂对提高学习者的汉语能力至关重要。本文是笔者在教学实践中，对汉语作为第二语言听力教学的探讨和尝试，将“注意假说”理论的六个影响因素与听力课三环节相结合，用以指导听力教学。这一尝试在实践中初步得到学生的认可，但仍需要更多的定量、定性研究和长期的跟踪反馈。

参考文献

[1] 陈方．注意假设研究述评．江苏外语教学研究，2006（1）．
[2] 冯志静．注意假设对英语视听说课程设计的启示．天津师范大学学报（基础教育版），2012（1）．
[3] 李红印．汉语听力教学新论．南京大学学报（哲学・人文科学・社会科学），2000（5）．
[4] 李媛媛．注意假说视角下词的形态理据对二语词汇习得的影响研究．扬州大学硕士学位论文，2017.
[5] 刘颂浩．对外汉语听力教学研究述评．世界汉语教学，2001（1）．
[6] 马燕华．中级汉语水平留学生听力跳跃障碍的实现条件．北京大学学报（哲学社会科学版），1999（5）．
[7] 穆思融．注意假说理论框架下英语中动结构理解的研究．吉林大学硕士学位论文，2008.
[8] 王俊毅，连敏编著．成功之路・提高篇・听和说．北京：北京语言大学出版社，2013.
[9] 王婷．浅析互动假说和注意假说在外语课堂的实际应用．知识经济，2014（12 上）．
[10] 杨楠．注意假说理论下的课堂语言博弈分析．齐齐哈尔大学学报（哲学社会科学版），2010（5）．
[11] 叶青．第二语言习得“注意假说”实证研究探讨．巢湖学院学报，2013（1）．
[12] 喻红．基于“注意假说”的英语语法教学任务设计．内江师范学院学报，2014（6）．
[13] Leow, R. P. A study of the role of awareness in foreign language behavior: Aware versus unaware learners. *Studies in Second Language Acquisition*, 2000, 22(4).
[14] Rosa, E. & O' Neill, M. D. Explicitness, intake, and the issue of awareness: Another piece to the puzzle. *Studies in Second Language Acquisition*, 1999, 21(4).
[15] Schmidt, R.W. The role of consciousness in second language learning. *Applied Linguistics*, 1990, 11(2).
[16] Skehan, P. *A Cognitive Approach to Language Learning*. Oxford University Press, 1998.

专题五

Topic 5

中国文化与中国国情研究与教学实践

Studies and Teaching Practices of Chinese Culture and National Conditions

日本高中中国文化课教学的实践和探究：日本学生与华裔学生的合作学习*

日本大阪府立门真浪速高级中学　柳素子

摘　要：日本大阪府立门真浪速高级中学自开办以来，一直招收外籍学生，汉语学习有以日本学生为对象的初级中级课程，也有以华裔学生为对象的母语课程。其中，中国文化课是由日本学生与华裔学生共同参加，不仅介绍传统文化，同时也涉及现代文化现象。本文以“日本与中国购物行为的异同”为课题，通过实地考察、采访等形式进行了深入调查。课后，利用 KH Coder 将学生的听课情况进行总结分析，通过分析，可以看出日本学生与华裔学生的不同之处。最后提出一些授课建议，让不同语言背景的学生在合作学习的过程中，都收获一定的学习效果。

关键词：日本高中　文化课教学　合作学习　总结分析

一、引言

日本大阪府立门真浪速高级中学是一所综合学科的高中，每年实施“需要日语指导的归国子女・外国学生入学考试”，在校有数十名外籍学生。除了面向华裔学生的汉语母语课程以外，还设置了面向日本学生的初级、中级汉语课程。另外，还有中国文化课程。这一课程不分国籍，目的在于让所有学生了解汉语、了解中国。课程不仅能让学生体验中国的各类传统文化，还积极采用“基于项目的学习（Project-based Learning）”方式授课。现如今的日本高中教育，正是向新的学习指导要领（日本中央教育審議会，2016）转换阶段（2019—2021 年度），提倡“自主型・对

* 本文由在『他者とつながる外国語授業を目指して−「外国語学習のめやす」の導入と活用−』上发表的日文版经过压缩字数、改写内容而成。

话型的深层次学习”，特别注重“合作学习”“运用电子设备・软件”等内容。因此，笔者在中国文化的授课中，通过“基于项目的学习”的方式指导学生合作学习，以便顺应高中教育要求的“自主型・对话型的深层次学习”。

二、教学设计

（一）什么是文化教学，什么是合作学习

在设计教学内容之前，笔者先要确认什么是文化教学，什么是合作学习。关于文化教学，日本的教学大纲《高等学校学习指导要领》（2009）“英语编”第四节中有“外国文化理解”的相关内容，主要涉及日常生活、社会生活、风俗习惯、传统文化、科技、其他等方面。① 另外，柯顿和达尔伯格（2011）的第九章中写道：“即便是在60年以前……文化方面的教学目标基本上是所谓的‘大C’文化——历史人物、地理、文学、音乐与美术。从那以后，文化方面的课程开始扩展，包括使用目的语的人们的日常生活模式、民间传说、当代媒体以及讲目的语的人们生活与思想的无数其他方面。”以此可见，无论是日本的《高等学校学习指导要领》（2009），还是《语言与儿童：美国中小学外语课堂教学指南》（2011），在文化教学内容方面除了相关的传统方面以外，也都包括日常生活等内容。

下面再叙述一下合作学习的定义。Johnson *et al.*（1993）提出过，合作学习“是在教学上运用分组的方法，为了完成小组的学习目标，通过合作的方式让每个学生和其同组学生取得最大限度的学习成果”。Johnson *et al.*（1993）还提过“合作学习有五个基本要素”：（1）Positive Interdependence（互利的相互依存性）。（2）Face-to-Face Promotive Interaction（平等的相互交流）。（3）Individual Accountability/Personal Responsibility（个人责任）。（4）Interpersonal and Small-Group Skills（社会技能和合作技能）。（5）Group Processing（小组自我评价）。Johnson *et al.*（1993）认为在实践中必须要满足这些要素。在五个要素之中，特别是（1）和（2），小组成员有帮助其他成员的责任，要“互相提供有效的支援”，也就是说需要双向的互助合作。

基于以上的“文化教学”和“合作学习”的定义，笔者制订了一份中国文化课教案。

（二）教学构思

我们已经了解到，在文化教学中，应该包含目的语国家的日常生活内容。此外，在合作学习过程中，为了最大限度地提高学习效果，需要“互相提供有效的支援”。因此，在本次实践中，笔者采用了高中生比较感兴趣的“日本与中国购物行为的异同”这一课题，通过实地考察、采访等形式，对比在日本和在中国购物时，是否可以讲价，是否能够自由选择付款方式等异同之处。

（三）教学案例

笔者参考了张岳沖（2012）的案例写法，撰写了一篇教学方案。具体内容如下：

教学内容：有关日本与中国购物行为的异同（中国文化课程）

教学对象：日本高中二年级，七名学生（日本学生四名，华裔学生三名）

教学时间：共8学时（1学时为50分钟）

---

① 据《高等学校学习指导要领》（2009）说，英语以外的外语的教学目标和内容可以参照英语科的记载。

教学目标：（1）提高汉语的四种能力（听、说、读、写）。（2）培养对异文化的理解能力与表现能力。（3）灵活运用电子设备等。

教学步骤：

表1　教学步骤

时间	内容
第1—2课时	复习数字的表达，学习购买会话表达 讨论中日购物行为的异同之处（使用现金时），学习讲价的会话表达
第3课时	在学校附近的中国物产店进行会话实习（询问是否可以讲价）
校外学习	在神户中华街进行会话实习（询问是否可以讲价）
第4—5课时	对中国近年来的支付手段的变化进行讨论 学习询问是否可以用手机支付的会话表达
中国研修旅行[①]	在中国当地商店进行会话实习（询问是否可以用手机付款） 拍摄视频、做问卷调查
第6—7课时	制作短片、整理问卷调查、准备报告资料
集会	在学年集会上做报告
第8课时	学习总结（自我评价、自由报告）

在本次实践中，按照以上所述，反复进行输入（学习单词与语法表达）与输出（中国物产店、神户中华街、中国当地商店进行会话实习、制作短片、问卷调查等），以便扎实掌握学习内容。通过学习实践，学生不仅对能够在中国市场、个体商店（路边摊）等讨价还价有了了解，也对在中国广泛使用的手机支付方式有了深入了解，最终将所学知识总结出来，在学年集会上进行汇报。在制作短片时，日本学生和华裔学生随机分组，用地道的汉语表现方式，并附加日语与汉语字幕（见图1）。

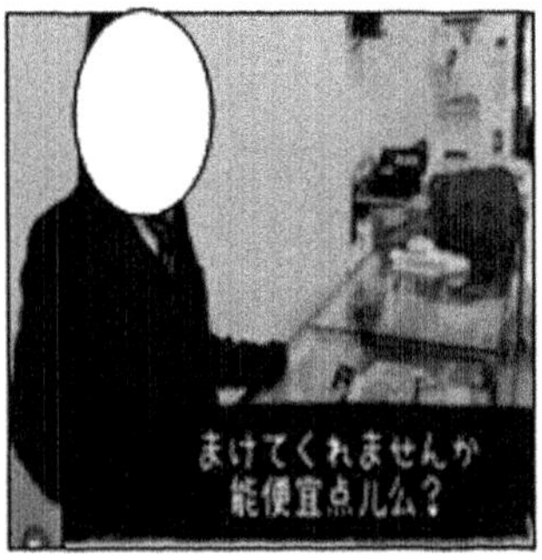

图1　短片

A：这是瓜子儿吗？（これはヒマワリの種ですか？）
B：是的。（そうです。）
A：多少钱？（いくらですか？）
B：六块钱。（六元です。）
A：能便宜点儿吗？（まけてくれませんか？）
B：五块钱也可以。（五元でもいいです。）
A：我要两包。（二つください。）
B：十块钱。谢谢。（十元です。ありがとうございました。）

① 四名日本学生中的三名参加了中国研修旅行。

三、学习总结

（一）学习总结 1（自我评价）

在实践中，学生用评价表做了自我评价。评价内容如表 2：

表 2　评价表①

评价项目	超越目标	达成目标	尚未达成目标	还需努力
单词	积极学习购物时使用的汉语单词，能够在报告中使用	可以说出一些购物时使用的汉语单词	几乎不能说出购物时使用的汉语单词	无法说出购物时使用的汉语单词
考察文化现象	比较中日的购物方式（讲价、支付手段）；思考产生异同的起因，背后思维、价值观等	加深了对中日的购物方式（讲价、支付手段）的理解，发现了异同之处	加深了对中日的购物方式（讲价、支付手段）的理解，想要发现异同之处	加深了对中日的购物方式（讲价、支付手段）的理解
运用电子设备・软件	在统计数据时，使用电子设备・软件，并进行改善和加工	在统计数据时，积极使用了电子设备・软件	在统计数据时，使用了电子设备・软件	没有使用电子设备・软件，仅仅是观察
	在制作短片时，使用电子设备・软件，并进行改善和加工	在制作短片时，积极使用了电子设备・软件	在制作短片时，使用了电子设备・软件	
小组活动	积极参加小组活动，总结意见，改善和加工	积极参加了小组活动	参加了一些小组活动	没怎么参加小组活动

从七名学生的回答中可知，对“单词”“考察文化现象”“运用电子设备・软件”“小组活动”等四个因素，有 70% 的学生达到了目标。特别是“单词”和“小组活动”，全部学生选择了“达成目标”或者“超越目标”。而“运用电子设备・软件”一项，回答“尚未达成目标”的有两名同学。

（二）学习总结 2（自由报告）

本次实践还利用学生自由报告的方式得到了有关合作学习的回答，探讨了日本学生与华裔学生对合作学习方式的不同认识。如上所示，关于小组活动，七名学生都回答“积极参加了小组活动”，其中两名学生达到了“总结意见，改善和加工”的水平。因此，从自由报告中可以期待得到更具体、更明了的内容。但是，如果将自由报告的数据直接应用到数据处理的话，虽然能够把握每一个学生的想法，但是对于把握日本学生组与华裔学生组的整体倾向却有一定难度。因此，为了客观地掌握以两个学生组为单位的倾向，笔者对自由报告所得的数据进行了计量分析。关于数据的分析手法，笔者参考了越中康治等（2015），运用 KH Coder（Version 3. Alpha.13g）对日本学生组与华裔学生组的整体倾向进行了分析。首先对于以下问题，要求用母语回答。

（日语）今回の日本人生徒と中国ルーツの生徒との協働学習はどうでしたか？感想を書いてください。

（汉语）你觉得这次日本学生和华裔学生的合作学习活动怎么样？请谈谈你的感想。

① 该表参照国際文化フォーラム（2013）格式设计。

接下来，将日语与汉语的回答分别进行数据分析，得到分析结果。

日本学生组结果得出用实线连接起来的三个群组。[①] 在搭配关系网中，因为“出现次数越多的词汇会画出越大的圆形”（樋口耕一，2014），可以得知群组中“発音（发音）”在所有的词汇中出现的频率最高。其次，“発音（发音）”与“渡日生（华裔学生）”“中国語（汉语）”“思う（想）”“教える（教）”“話す（说）”“話せる（能说）”之间用实线连接，也可以得知有较高的搭配频率。接下来，使用 KWIC 索引探究“発音（发音）”的例句时，发现了“わからない中国語の発音を教えてくれたり（教我不知道的汉语 发音）”“上手く発音をして話せたのも渡日生のおかげ（多亏了华裔学生，我的发音有了很大进步）”，对日本学生来说，让华裔学生矫正发音是通过合作学习得到的最主要内容。与此同时，相对于群组 2，能够看出日本学生不仅加深了对中国文化的理解，也加强了对母国文化的求知欲。最后对于群组 3，和群组 1 一样，得到华裔学生的帮助可以成为合作学习的一个特色。

华裔学生组结果得出用实线连接起来的六个群组。[②] 在群组 1 中，“中国系”[③]“了解”“学到”“更加”“课程”“还”“可以”是高频度使用的词汇，使用 KWIC 索引，分析例句时，得出了“中国系的课程与各种活动使我对自己的母国中国有了更进一步的了解，而且还让周围的人更加了解自己的母国”的结论。可以看出这样的授课活动促进了华裔学生对母国文化的再认识和文化的传播。从群组 2 的分析结果中能看出，对华裔学生来说，能够在学年集会上发表中日文化的异同之处是非常有意义的。而在群组 3 的分析中，能够看出华裔学生对母国文化学习的积极性。在群组 4 中，能够看出两组学生做到了互相介绍母国文化。在群组 5 中，可以得知华裔学生能够习得中日文化的异同之处。在群组 6 中，可以得知华裔学生通过合作学习加深了和日本学生的交流。

对比日本学生和华裔学生自由报告的结果可知，日本学生把发音矫正放在第一位，三个群组中有两个群组提及。而华裔学生则意识到中日文化的异同之处、对母国文化的理解、文化传播、和日本学生的交流，这些是通过合作学习得到的收获。虽然日本学生也提到了加深了对中国文化理解以及对母国文化的求知欲，但从倾向上来讲，还是有所不同。

四、结语

有关本次“日本与中国购物行为的异同”的实践，本文用评价表进行的学生自我评价的结果显示，针对“单词”“考察文化现象”“运用电子设备・软件”“小组活动”的四因素，70% 的学生能够完成目标。

在自由报告中，我们发现了日本学生和华裔学生的不同之处。在华裔学生的回答中，能够察觉到中日文化的异同之处、母国文化的再认识、文化传播以及加深了和日本学生的交流等主要内容。

---

① 群组 1：発音、渡日生、中国語、思う、教える、話す、話せる；群组 2：母国、話、出来る、たくさん；群组 3：発表、付き合う、質問、インタビュー。

② 群组 1：中国系、了解、学到、更加、课程、还、可以；群组 2：知道、说、发表、觉得、意义、系；群组 3：中国语系、让、能、到、更、人；群组 4：课上、会、好、太、学习；群组 5：中国、日本、很、也；群组 6：文化、增加、同学。

③ “中国系”“汉语系”均为“汉语学科领域”。在本校，中国文化课程以及相关的学科均包含在“汉语学科领域”。

而在日本学生的回答中，除了与华裔学生一样，发现了中日文化的异同之处以外，也出现了让华裔学生矫正发音的回答。在本次实践中，华裔学生提供了较多的能力和知识，有时也形成了单方活动的场面。虽然发音矫正也是合作学习的一环，但是在学习单词和语法时，应该多抽出时间练习发音，等到合作学习时，多让两组学生考虑有关文化方面的问题。在中国文化课上，汉语对日本学生来说是目标语言，对华裔学生来说是母语，在这种差别中，如何能让学生都相互更加积极主动地学习呢？笔者希望通过继续实践找到更好的教学法。

参考文献

[1]［美］海伦娜·柯顿，卡罗尔·安·达尔伯格．语言与儿童：美国中小学外语课堂教学指南（第四版）．唐睿等译．北京：外语教学与研究出版社，2011.

[2] 张岳沪．浅谈对外汉语教学课堂教案的设计．才智，2012（3）.

[3] 国際文化フォーラム．外国語学習のめやす—高等学校の中国語と韓国語教育からの提言．日本：ココ出版，2013.

[4] 越中康治，高田淑子，木下英俊，安藤明伸，高橋潔，田幡憲一，岡正明．テキストマイニングによる授業評価アンケートの分析—共起ネットワークによる自由記述の可視化の試み—．宮城教育大学情報処理センター研究紀要『COMMUE』，2015，22.

[5] 日本中央教育審議会．幼稚園、小学校、中学校、高等学校及び特別支援学校の学習指導要領等の改善及び必要な方策等について（答申）. 2016.

[6] 日本文部科学省．高等学校学习指导要领．2009. http://www.mext.go.jp/a_menu/shotou/new-cs/youryou/kou/kou.pdf.

[7] 樋口耕一．社会調査のための計量テキスト分析．日本：ナカニシヤ出版，2014.

[8] 柳素子．高等学校の中国語教育における『外国語学習のめやす』の活用—日本人生徒と中国語ルーツの生徒との協働学習—．他者とつながる外国語授業を目指して—「外国語学習のめやす」の導入と活用．日本：三修社，印刷中．

[9] Johnson, D. W., Johnson, R. T. & Holubec, E. J. *Cooperation in the Classroom* (4th edition). Interaction Book Company, 1993. 杉江修治他译．学習の輪—アメリカの協同学習入門．日本：二瓶社，1998.

面向孔子学院的中国概况数字课程及资源库构建设想*

高等教育出版社　王　群　王　丽

摘　要：十九大报告中提出，要坚定文化自信，推进国际传播能力建设，讲好中国故事，展现真实、立体、全面的中国。海外孔子学院作为本土化的汉语及中国文化传播机构，正是在全球舞台上传播中国文化的最佳平台。然而，孔子学院在文化传播方面也面临着重大的机遇与挑战，如要传播什么样的中国文化、如何传播、传播效果如何评估等。由于缺少相关师资力量、教学条件有限、没有相关课程资源支持等原因，目前孔子学院的国情文化教学尚处于探索阶段，研究也相对滞后。因此，为了解决孔子学院等在海外教学中的实际困难，本文提出应尝试应用现代教育技术为全球孔子学院创建一套全面介绍中国的中国概况数字课程及资源库，更好地服务于教学，推动中国语言和文化传播。本文将借鉴行为主义、认知主义、建构主义的学习理论及数字化学习等方面的研究成果，探索如何建设面向孔子学院学习者的中国概况数字课程及资源库，从而突破时间、空间、语言、环境等限制，实现在线学习与面授课堂的良性互补，建立更完善、科学的中国概况课程体系。

关键词：中国国情教育　中国概况　数字课程

* 本研究为国家社科基金重大项目“面向全球孔子学院的中国概况教学创新研究及其数字课程建设”（项目批准号：18ZDA339）、汉语国际教育专业学位研究生教育研究课题“面向来华留学生汉教硕士的中国概况课程改革及其数字课程建设研究”（课题编号：HGJ201707）的成果之一。

一、引言

（一）研究背景

十九大报告中提出，要坚定文化自信，推进国际传播能力建设，讲好中国故事，展现真实、立体、全面的中国。而孔子学院作为中外合作建立的非营利性教育机构，致力于满足世界各国人民对汉语学习的需要，增进世界各国人民对中国语言文化的了解，正是在全球舞台上传播中国文化的最佳平台。然而，孔子学院在文化传播方面也面临着重大的机遇与挑战（吴瑛，2009；李军和田小红，2015）。孔子学院要传播什么样的中国文化、如何传播、传播效果如何评估等，成为许多学者的研究目标。目前孔子学院开设的课程以汉语类为主，国情文化教学则处于不断摸索和完善中，研究也相对滞后，主要是由于孔子学院缺少相关师资力量、教学条件有限、没有相关课程资源支持等原因（吴瑛，2009；雷莉，2014）。这些情况不利于培养学习者对中国的整体认知，也使孔子学院的发展受限。

（二）研究目标

进入21世纪以来，随着智能手机、平板电脑、云技术等各类信息技术的广泛应用，现代教育技术也开始加速发展，慕课、微课、直播课等各类在线课程如雨后春笋般涌现，在基础教育、高等教育、终身教育等各个阶段都已开始普遍应用。而为了推动全球孔子学院的发展，也有人提出尝试建立慕课。如雷莉（2014）提出在全球孔子学院引入慕课体系以缓解教育资源分布不平衡和全球汉语教师匮乏的局面，并指出要针对学习者的课程需求和各国孔子学院的特点探索慕课发展之路。2009年，孔子学院总部 / 国家汉办成立网络孔子学院（http://www.chinesecio.com）。据官方网站统计，截至2017年年底，该网站已有62万注册学员，累计访问人数2622万人，可见网络教学在孔子学院的发展中正发挥越来越重要的作用。

纵观网上各类汉语教学资源平台，目前虽然已有一些中国国情课程上线，但却尚无专门针对中国国情数字课程系统性的探索和研究。有鉴于此，为了切实解决孔子学院在海外教学中的实际困难，本文提出应尝试应用现代教育技术为全球孔子学院创建一套全面介绍中国的中国概况数字课程体系，并提供与其配套的标准化、本土化、一体化、品牌化、开放性的资源库，从而更好地服务于教学，推动中国语言和文化传播，增进世界各国人民对中国的了解和理解。

二、理论基础及应用设想

从国际教育思想与教学观念的演变发展来看，对信息化教学起到支撑作用的新型学习理论和教学理论正快速兴起。本文主要借鉴行为主义、认知主义、建构主义、关联主义学习理论及混合式学习理论等方面的研究成果，探索如何建设面向孔子学院学习者的中国概况数字课程及资源库。

（一）行为主义学习理论（Behaviorism）

行为主义产生于20世纪初的美国，所研究的学习是最广义的学习，即动物和人在活动中受外在因素的影响，获得或改变行为的历程，认为人类的思维是与外界环境相互作用即“刺激—反应”的结果，刺激和反应之间的联结叫作强化。该理论认为通过对环境的“操作”和对行为的“积极强化”，任何行为都能被创造、设计、塑造和改变。

行为主义主要强调外在刺激或信息对学习的决定性，但忽略了学习者个体的心理因素。现在所采用的多媒体教学多是基于行为主义学习理论，从多种感官进行刺激加深学习者的印象，促使学习者接受。但也有人指出，行为主义的“刺激—反应”的方式仅适用于一些相对简单的认知任务，如记忆性事物和动作技能（杨红燕，2010；袁玖根等，2012）。

因此，在本文所设计的中国概况数字课程体系中，主要应用行为主义的“刺激—反应”中的研究成果，采用视频课程为教学内容主体，配以 PPT、音频、文档及其他资源，在学习内容、操练习题等知识的设计和复现方面给予学习者更多的正面刺激和积极强化，以期取得学习者的正确“反应”。

（二）认知主义学习理论（Cognitivism）

认知主义将研究重心放在学习者内部心理过程，以人类的注意、知觉、记忆、思维等认知现象为研究对象，将认知类比为计算机加工处理信息过程，认为知识是学习者头脑中的思维符号，而学习过程就是将这些符号所代表的事物转化为记忆的方式。认知主义强调学习者学习的主动性，强调知识的结构性和教师的指导作用（潘光花和张祖霞，2005）。

基于认知主义学习理论，在中国概况数字课程的构建中，将关注学习者在教学过程中的个体心理过程，利用数字化教学手段充分调动学习者的积极性，注意以学习者较为熟悉的学习方法组织和呈现教学内容，使其可以较快理解和记忆，顺利完成学习过程。

（三）建构主义学习理论（Constructivism）

建构主义是网络时代对数字化教学提供最有效支撑的新型学与教理论。建构主义将学习者看成是学习过程积极主动的意义建构者，强调个人意义的获得。网络教学的主要优势是具有交互性、共享性、探究性、协作性和自主性，而建构主义所主张的基于情境的学习、基于资源的学习、基于探究的学习、基于协作的学习和基于问题的学习等自主建构理论使网络教学的上述优势得到最全面的体现和最充分的发挥（何克抗，2009）。

本文设计的中国概况数字课程及资源库借鉴建构主义学习理论，通过视频课程为学习者创设情境，使远在千里之外未曾到过中国的学习者也可以通过网络技术设计的教学情境、学习内容获取中国文化知识。另外，通过设计教学内容、教学拓展、教学实践、教学测评、教学管理等各个阶段，建立具有交互性、共享性、探究性、协作性和自主性的课程系统及资源库，从而使学习者与教师、学习者相互之间建立起良好的互动交流，以促进提高学习效果。

（四）关联主义学习理论（Connectivism）

2004 年，乔治·西门思（George Siemens）提出的关联主义学习理论是一种数字时代学习理论，它从神经科学的角度出发，把学习描绘成大量节点相互联结构成网络整体的过程，具有更灵活、更接近人脑实际的优越性（刘菊，2011）。

中国概况数字课程体系的构建中，将把学习内容作为单个知识点进行创建，但同时从宏观上进行把控，注重教学理念和内部知识体系贯穿，使学习者可以自主构建一个知识网，实现个性化的学习理解。

（五）混合式学习理论（Blending Learning）

本文所提出的数字课程体系除了应用以上几个经典的学习理论以外，还主要借鉴了混合式学习理论，即把传统学习方式的优势和数字化学习（E-Learning）的优势结合起来，既要发挥教师引导、启发、监控教学过程的主导作用，又要充分体现学习者作为学习过程主体的主动性、积极性与创造性。中国概况数字课程及资源库还将延伸到教学管理，通过云课堂的形式组建虚拟教室，充分发挥教师在教学过程中的主导作用。

三、中国概况数字课程及资源库构建设想

（一）对教学流程的设想

基于上述理论基础，本文初步构想中国概况数字课程的教学流程图（见图1）：分为三个阶段，即“准备阶段—面授阶段—总结阶段”，互联网平台为每个阶段提供支持，且不同阶段发挥不同作用。准备阶段、面授阶段、总结阶段共同构成一个相对封闭的生态系统，在教学过程中循环运转；而评价则贯穿于每个阶段，包括形成性评价、终结性评价、师生评价、同行互评等，使教师与学习者可以及时了解学习动态，调整学习内容和进度等。这四个阶段协同运转，形成了“线上—线下”及“线上—线下—线上”的双向闭环过程，构建了一个线上线下共同发展的生态系统（张茂聪和秦楠，2016；秦楠，2017）。

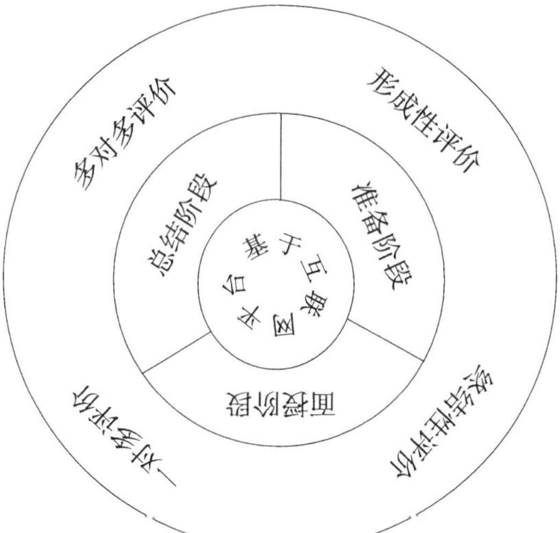

图1　基于混合学习模式的中国概况数字课程教学流程图

（二）内容框架

为了实现以上教学流程，本文提出从教学内容、教学拓展、教学实践、教学测评及教学管理五个方面构建中国概况数字课程及资源库（见图2）。每个模块下根据学习内容、应用对象、使用技术等不同情况分成更有特色的子课程和数据库。需要说明的是，这个设计框架方案有待通过多轮的访谈从而进一步优化改良，力求建设成试用版的数字课程及资源库，经过孔子学院的试用、实践、调整的循环后，再制作完成一套较为完善可行的中国概况数字课程及资源库，应用于全球孔子学院的实际教学。

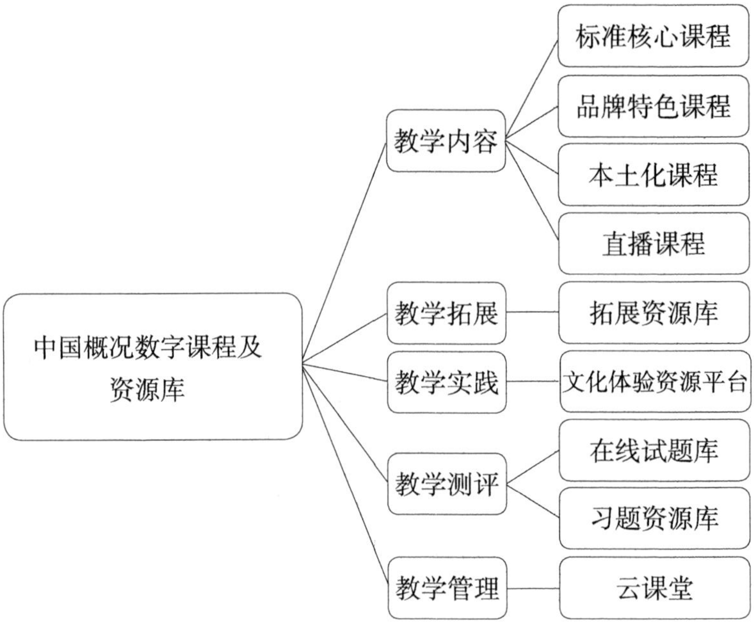

图 2　中国概况数字课程及资源库的初步设计框架

（三）基本特点

从孔子学院的发展情况及实际需求考虑，中国概况数字课程及资源库应具有标准化、本土化、一体化、品牌化和开放性等基本特点。

1. 标准化

为了建立标准、统一、规范的数字课程体系，与现有的孔子学院教学体系相匹配，本数字课程体系应以学分制载入学习者的学习档案，作为其相关毕业证书和奖学金考核的参考。

2. 本土化

本数字课程体系采用了“互联网 + 教育”的混合学习模式，在传播中国文化的同时，还要体现与各所孔子学院所在国家（地区）本土文化的对比，通过课程体系为全世界学习者搭建交流平台，共同分享学习中国文化的乐趣和收获。

3. 一体化

通过慕课、云课堂等现代教育技术方法，实现传统面授课堂教学与“互联网 + 数字”课程的有机融合，发挥真实课堂教学情境与虚拟数字课程各自优势，有效提升中国概况及中国语言文化课程的教学效果。

4. 品牌化

仅以某个机构的力量难以在短期内建设出满足各地不同需求的数字课程，因此要充分调动全球各所孔子学院的主观能动性，发挥其专业特长，研发具有特色的品牌课程系列。

5. 开放性

静态的数字课程无法呈现动态发展中的中国全貌，所以中国概况数字课程体系要保持开放更新的态度，构建持续良性发展的开放型课程体系，形成面向孔子学院的新型中国国情教育生态圈。

四、结语

本文立足于海外孔子学院的发展特点和实际需求，基于行为主义、认知主义、建构主义、关联主义学习理论及混合式学习理论的研究成果，研究如何应用慕课、云课堂等现代教育技术手段，创建适合海外孔子学院师生开展教学所使用的中国概况数字课程及资源库。本文初步设想中国概况数字课程要实现全过程依靠互联网平台，实现“准备阶段—面授阶段—总结阶段”三个阶段与贯穿始终的评价过程相结合的双向闭环过程，构建一个线上线下共同发展的生态系统。中国概况数字课程及资源库内容框架包括教学内容、教学拓展、教学实践、教学测评及教学管理五个方面，力求充分调动师生的参与性和积极性。

由于中国概况数字课程及资源库的设计方案涉及孔子学院教学环境、海外学习者需求、师资情况、数字学习终端、教学支持平台等诸多因素，因此，本研究还有待进一步进行实证研究，得出具有可行性的研究结论，调整改良数字课程设计方案，制作出一套真正符合海外教学需求的中国概况数字课程体系，在全球孔子学院教学中推广使用。

参考文献

[1] 何克抗．21 世纪以来教育技术理论与实践的新发展．现代教育技术，2009（10）．

[2] 雷莉．孔子学院发展的新思路——慕课（MOOCs）教学模式的应用．西南民族大学学报（人文社会科学版），2014（12）．

[3] 李军，田小红．中国大学国际化的一个全球试验——孔子学院十年之路的模式、经验与政策前瞻．中国高教研究，2015（4）．

[4] 刘菊．关联主义学习理论及其视角下的教与学组织研究．东北师范大学博士学位论文，2011.

[5] 潘光花，张祖霞．认知主义学习理论和教育创新观念的对比研究．当代教育科学，2005（21）．

[6] 秦楠．“互联网 +”背景下混合式教学模式建构研究．山东师范大学硕士学位论文，2017.

[7] 汤敏．慕课革命．北京：中信出版社，2015.

[8] 吴瑛．对孔子学院中国文化传播战略的反思．学术论坛，2009（7）．

[9] 杨红燕．浅谈教育技术中行为主义学习理论的应用．科教文汇，2010（4 中）．

[10] 袁玖根，邢若南，张翌鸣．学习理论研究的主要取向及其教育启示——基于行为主义和建构主义学习理论的比较．教育学术月刊，2012（11）．

[11] 张茂聪，秦楠．互联网 + 教育：内涵、问题与模式建构．当代教育与文化，2016（3）．

[12] 郑艳群．汉语教育技术研究的新进展与新认识．国际汉语教学研究，2017（4）．

[13] 祖晓梅，陆平舟．中国文化课的改革与建设——以《中国概况》为例．世界汉语教学，2006（3）．

专题六
Topic 6

汉字教学中的文化要素及其教学与研究
Cultural Elements in Teaching Chinese Characters: How to Teach and Study Them

汉字领先作为汉语难学的心理障碍突破点：实践与观察

南非开普敦大学　马　跃

摘　要：FSI 语言难度排名将汉语归类为“超级难学语言”之一，这无疑对以英语等拼音文字语言为母语的汉语学习者产生了负面影响，令其望汉语而生畏，有些对外汉语教师也附和这一“汉语难学”论调而顺应学习者的要求，在初级教学中采用汉语拼音替代汉字以化解学习者对汉语的怯意，但往往适得其反。显然，汉字的书写形式与发音通常被认为是造成“汉语难学”心理障碍的主要原因。那么“汉语难学”的说法是真实的科学定律或者仅仅是学习心理障碍？在汉语教学实践中，通过对汉语和英语两种语言的文字特征进行比较分析，采用“汉字领先”的教学方式，还原汉语拼音与英语音标等同的辅助作用，帮助学习者采用灵活的方法摸索和领悟汉字的意义与发音规律，利用学习者母语的语言知识来认识、理解和解构汉语，克服“汉语难学”的心理障碍。观测结果支持假设，能够较快接受汉字和较多使用汉字的初学者进步幅度明显高于过多依赖拼音的汉语学习者。

关键词：　汉字教学　文字　语言对比　学习心理

一、引言

成立于 1947 年的美国外交学院（Foreign Service Institute，FSI）长期担负为美国政府各部门培训外语人员的职能，它针对某一门外语与英语的远近程度以及学习者掌握这种外语所花费时间等因素为母语为英语的语言学习者制订了一个语言学习难度系数分类表，俗称语言难度排名，其中汉语被归类为“超级难学语言（Super-hard Language）”之一。[①]FSI语言难度排名最初的功能之一是让师生了解外语学习的效率,但后来成为很多以英语为母语的学习者选学外语的参考指南。FSI语言难度排名是否科学值得商榷，但它无疑已对那些以英语或者其他拼音文字为母语的人士在选择汉语作为外语学习时产生了负面影响，汉语作为“超级难学语言”的标签往往令人对其望而生畏；甚至有些汉语教师也常常附和这种流传甚广的“汉语难学”论调，有意无意地迁就对汉语学习抱有恐惧心理的学习者，在教学实践中长期采用汉语拼音替代汉字以化解学习者对汉语的怯意。本文无意深入探讨“汉语难学”这一说法是否为科学定律，而是从“汉语难学论”以及不当的教学方法之误导对学习者带来的心理障碍入手，讨论如何在教学实践中通过对汉英两种语言的文字特征进行比较分析，用“汉字领先”的教学方式引导学习者还原汉语拼音与英语音标等同的学习辅助功能和作用，帮助学习者采用灵活实用的方法摸索和领悟汉字的意义与发音规律，利用学习者已有的母语知识来认识、理解和解构汉语，克服“汉语难学”的心理障碍。观察结果表明，学习者的课堂表现和考试成绩倾向于支持我们的假设，降低学习者对汉语特别是汉字的先入为主恐惧的心理障碍有利于学习者的学习，较快接受汉字和较多使用汉字的学习者的进步幅度明显高于过多依赖汉语拼音的学习者。

二、语言对比：语言常识作为消除汉语难学心理障碍的基础

世界上某些语言可能会比其他一些语言更难学，这是早已有之的信念。对于母语为拼音文字的学习者来说，汉字由于其独特的书写形式以及用声调可以区别意义这一特征，通常会让人产生“汉语难学”的印象。Cysouw（2013）将语言差异的各种因素量化以预测语言学习难度，他得出的结论是“所学习的语言与学习者的母语差异越大，这门语言就会变得越困难”，“对以英语为母语的人而言，学习一种没有拉丁文字的语言似乎特别困难”。[②]Jackson & Kaplan（2001）指出，学习者所掌握的语言知识会影响学习效果，这跟学习者本身母语水平的高低有关，在其他条件相同的情况下，具备更多语言知识的外语学习者会学得更快更好；反之，他们会觉得外语更难学。另外，学习者先前学习过其他外国语而且也已经达到了比较高的水平的话，这种学习经验也会有助于学习一门新的外语；虽然语言学家强调外语学习要循序渐进，但在不牺牲掌握用法和意义的前提下,提前让学习者认识到母语与目标语在语言形式上的差异会有利于他们的目标语学习。Jackson & Kaplan（2001）还特别提到，学习泰语和汉语这些声调语言的以英语为母语的学习者在注意到书写形式的差异之前是不会注意到声调的音位差异的，换言之，对于汉语这样的声调语言，

① 参见Jackson & Kaplan（2001）以及FSI（2018）。他们还提到美国国防语言学院（Defense Language Institute）也发布了类似的语言难度分类表。具体参见Lett & O’Mara（1990），限于篇幅，本文不赘述。DeFrancis（1984）认为，笼统地说“汉语难学”是因为未能区分口语和书面语，对于英语为母语的人来说，学说汉语比学说法语难度仅增加5%，但是学习阅读汉语要比学习阅读法语难五倍，由于历史原因等，英法两种语言的词汇有很多相似之处。

② Moser（1991）甚至还认为汉语的书面形式对中国人来说也是难学的。他引用了英语的“It’s Greek to me（这看上去就像是希腊语）”，法语的“C’est du chinois（这简直就是中文）”和中文的“跟天书一样”等在表示语言难以理解时的说法作为例证，以此证明外国人觉得中文难学，中国人则会把一门难学的语言叫作“天书”。

采用听说领先、循序渐进的方法而忽略学习者对以汉字所呈现的语言形式的注意，并非一定是有效的教学方法。照此推论，如果学习者仅使用汉字的拼音而不注意汉字的书面形式，则其学习汉语的效率将不会很高。

基于与上述观点相类似的认知，似乎可就“汉语难学”的问题做以下推论：首先，以拼音文字为母语的汉语学习者认为“汉语难学”的观念主要源于其母语（如英语、法语等）与目标语汉语的差异，特别是语言形式上显而易见的差异，如汉字、发音、声调等；其次，学习者对语言之间的异同认识和语言知识方面的欠缺容易使其认同“汉语难学”的观念，以至于往往在接触汉语之初就养成了极力回避接触汉字、依赖汉语拼音学习汉语的习惯，然而结果却是降低了汉语学习的效率而强化了“汉语难学”的印象。因此，关于“汉语难学”的说法可能就是由学习者对语言间差异认知无法厘清、缺少语言知识以及低效的外语学习习惯，甚至是教师的教学习惯等诸多因素交融造成的一种对汉语无法透视、模糊不清的认知结果。简言之，所谓“汉语难学”的感觉更像是一种由诸多因素促成的汉语学习心理障碍，而并非因为汉语本身天生就是一种“超级难学语言”。

因此，我们假设，要对症下药，帮助学习者减轻或者消除“汉语难学”心理障碍的最佳解决方案之一应该是借助学习者已有的语言知识，通过语言对比和类比的方式，让学习者了解其母语跟汉语的异同，从熟悉的母语视角去观察、了解和认识汉语，增加对汉语“可学性”的认知，从而可以敞开心扉接受汉语；要直面“困难”，知“难”而进，而不应该采用回避策略，绕开汉字问题。所以，汉语作为外语的学习活动理应第一时间就从表面差异最大的汉字入手作为突破点，让汉字成为开启学习者心理上接纳汉语的一把钥匙。正如吕必松（2011）所言：“汉字不但不是汉语学习的制约因素，而且还是学好汉语的促进因素。”

三、汉字与英语文字异乎寻常的透视与类比法

不同语言间存在明显的文字、语音和语法（句法）、语义、语用等方面的差异，但人类语言普遍性的原则也同样存在，不同语言的构成原理基本相同。从语言学的观点看，所有语言都“天生平等”，母语使用者语言获得的方式亦大同小异。毋庸讳言，由于语言类型的差异和语言习得的关键期，以及在日常交流中使用频率相对于母语较少等因素，成年人的外语或第二语言学习普遍面临较大挑战。外语学习者首先感到纠结的通常是目标语的书写符号和语音与母语的差异，外语书面文字第一眼看上去可能会感觉只是一些难以辨认的奇怪符号，外语语音听起来也似乎是一串完全不可理解、难以区分音节边界的“噪音”。只有当外语语音和文字符号开始可以被有意义地识别和理解时，外语学习似乎才算真正开始。

汉语拼音能够等同于“拉丁化汉字”而成为汉语学习的替代品吗？为了减轻学习者对汉语的恐惧，使汉语更容易被母语为英语的学习者所接受，借助汉语拼音作为“可拼读”的“拉丁化汉字”来学习似乎成了一种在西方比较普遍的初级汉语学习和教学策略。FSI 的初级汉语教材也以拼音替代汉字。这种做法的动机是消除学习者对汉语的心理恐惧感，目的是帮助母语为英语的学习者以自身所熟悉的文字形式学习汉语。然而，这种教学方式实际上在很多方面并非都是有益的，会误导学习者对汉语产生错误认知。开始时通过拼音学习几句日常交流语句似乎不成问题，但缺少汉字形、音、义的关联会对深入学习汉语造成致命伤，阻碍学习者进步，采用“拉丁化汉字”的误导性教学与学习的陷阱必然强化学习者对汉语为“超级难学语言”的意识。汉语有别于英语，

正如吕叔湘（2008）指出的“汉字、音节、语素形成三位一体的‘字’”，吕先生还特别强调这种情况只适用于汉语。从各种版本的汉语词典的统计来看，现代汉语的基本音节只有400多个，算上声调，汉语全部有意义的单个音节总数也只有大约1300个；而跟这些音节对应的汉字数量却有几万个，同一声音或音节代表数十个甚至上百个书写形式不同而意义千差万别的汉字，如此一来，汉语中同音字的数量是其他语言难以比拟的。汉语“拉丁化”所产生的汉语拼音本质上只是一种语音符号而已，只宜作为学习汉语发音的辅助系统，而绝无可能取代汉字成为文字系统。其实，所有语言的文字系统本身都是形、音、义三位一体的，汉语拼音的功能跟国际音标无异，如用其替代汉字则汉语文字系统失去了表“形”的功能，进而也失去了“义”。虽然在“词”的层面上音节的组合在某种程度上是可以区别意义的，但是汉语中大量的同音异义词仍然让脱离语境的拼音组合变得无法理解。① 汉语初学者很快就会因“拉丁化”汉语的歧义而崩溃。因此，初学者应该识别汉字，而不是使用看似更容易的跟拼音字母系统相仿的所谓“拉丁化汉字”来代替汉字，作为减轻“汉语难学”的心理障碍的手段。吕必松（2011）也强调了根据汉字形、音、义三位一体的特点，从“字本位”汉语观出发进行汉语教学的必要性。本文高度认同吕必松（2011）的论点，即“汉字和汉语‘难学’不是汉字和汉语固有的特点所决定的，而是教学不得法所造成的负面效应，汉字和汉语是‘被难学’了的”。

那么，如何让学习者在学习汉语之初就接受汉字呢？为了引导学习者遵循汉语规律、掌握汉语特点，从汉字入手学习汉语，首先就要让学习者从已有的语言知识出发来认识汉字、认识汉语。借用吕必松（2011）的话，就是“随文学语”，而非“先语后文”，刻板地按照“听→说→读→写”的顺序开始学习汉语。在教学实践中，我们的做法是从第一堂课就直接让学生接触汉字，体验汉语跟英语的不同和相同之处，把汉字的奇妙构成及其所包含的文化信息一起传递给学生，激发起学生对汉语学习的兴趣。例如，我们直接用“大家好”问候学生，然后把这三个字写出来，从它们的象形字的字源入手，配合图片和肢体语言，介绍汉字的形、音、义一体的构成方式，结果学生立刻就会对汉字产生兴趣。为了让学生领悟汉字与英文字的异同，我们还特别借用艺术家徐冰的“新英文书法”的艺术手法（徐冰，1994），把“欢迎学汉语（Welcome to Chinese）”几个英文词中的字母立体组合，改写成貌似三个汉字的样子，以帮助学生理解对比英语文字与汉语文字的构成方式的异同，从而来理解汉字部件结构的立体组合与构成，取得了立竿见影的效果。这些例子让学生明白了英语词素是线性组合的，而具有可提示意义或发音作用的汉字偏旁部首、部件则可能是立体组合的，需要用透视法来解读。表1就是我们对比英汉文字区别时所用的示例：

① 尽管英语词汇也存在下列现象：同音同形异义（如：bank 银行【名】— bank 河岸【名】，bark 狗吠【动】— bark 剥树皮【动】等）、异音同形异义（如：import 进口【名】— import 进口【动】，lead 领导【动】— lead 铅【名】等）、同音异形异义（如：be 是【动】—bee 蜜蜂【名】，dear 亲爱的【形】— deer 鹿【名】等）等，但是其数量跟汉字的同音异形异义现象相比是不可同日而语的。如果采用汉语拼音替代汉字识记汉语字词，只能是掩盖了“异形”问题，可是那等于是把同音异形异义的现象扩大到无以复加的地步，对学习者学习汉语带来的困难不言而喻。

表 1　英汉语言基本结构对照

English		Chinese	
alphabet letter	A, B, C…	stroke （笔画 bǐ huà）	basic: 丶 一 丨 丿 ㇏ ㇀ combined: 亅 ㇇ ㇄ etc.
morpheme (bound & free)	un-, happy	radical （偏旁部首 piān páng bù shǒu / 部件 bù jiàn）	女、子、亻、忄、冫、刂、饣、辶、犭、灬、艹、讠、葡、萄、言
word	happy, unhappy, work	character /word （字 / 词 zì / cí）	好、人、像、犬、刀、工作、言、葡萄、女人、词
phonetic transcription	[ʌn'hæpi], [wɜ:k]	phonetic transcription （拼音 pīn yīn）	hǎo，gōng zuò，Shàng hǎi，Běi jīng，dà xué，dǎo
word boundary	blank, e.g. Hello everyone	word boundary （句读 jù dòu）	chunking, e.g. 大家 / 好、我的 / 家 / 很 / 漂亮、南非 / 的 / 葡萄酒 / 好喝

限于篇幅，表 1 的内容不展开解释，要说明的是，表 1 把英文的 morpheme 跟汉语的 radical 对应起来应该是会有争议的，因为这并不符合当代语言学理论对于汉语“词素”或者“语素”的定义。语言学家只是把独立的汉字叫作“语素”，“葡”或“萄”是黏着语素，“好”或“人”属于自由语素，而偏旁部首、部件却只是汉字的构件，传统上不属于语素的概念所讨论的范畴，因为汉字的偏旁部首似乎跟音位的切分没有对应关系，只有汉字才可以跟音位的切分有关联。而从英语词的结构来看，属于黏着词素的英语词根、词干、词缀等构词成分也是有意义的，其功能确实跟汉字的偏旁部首有异曲同工之处。英语的词素是线性排列的，并可跟音位的切分产生对应关系。但是汉语只有汉字的音节跟音位切分有对应关系，能够区分同音汉字意义的偏旁部首、部件以非线性的方式嵌入汉字但却是无声的“哑音位”，充其量能算作是某种“形素”或者视觉“义素”，在口语上无法被感知，但可在书面语中呈现出来。这是汉语的一个特性。DeFrancis（1984）把汉字特别是形声字的这种独特性质描述为“Morphosyllabic（语素音节？）”，认为形声字的形旁是一个可以提供整个汉字意义线索的语素，而声旁则代表一个暗示整个汉字发音的音节；鉴于声旁的音节价值如此重要，中文书写系统应该被认为基本上是音节类型的书面语音系统。① 因此，我们从书面语文字形态的角度把英语的词和汉语的字加以对照，表 1 中这种“义素”与“偏旁部首 / 部件”的类比关系虽然从现有语言学理论关于汉语语素的定义的角度看有争议，但在教学实践中却能够直观地帮助学习者理解和学习汉字，符合学习者对英汉两种语言书面语文字的理解和分析的直觉，有益于帮助学习者找到理解两种语言文字差异的切入点，进而可以有效地降低学习者排

① 关于 DeFrancis（1984）就这个问题的有关概述，原文如下：“Moreover, for the overwhelming majority of characters, those in the radical + phonetic category, it is meant to suggest that the radical represents a morpheme that may provide a clue to the meaning of the whole character whereas the phonetic represents a syllable that may suggest the pronunciation of the character. In general, the syllabic value of the phonetic is of such overriding importance that the Chinese writing system should be considered to be basically a phonetic system of writing of the syllabic type.”

斥汉字的心理障碍。[①] 因此，我们便将其作为汉字教学的辅助手段而冒天下之大不韪地暂时牺牲语言学理论上的精确性了。

四、教学实践的初步观察结果的分析与讨论

在近几年的教学实践中，我们尝试在初级阶段汉语教学中采用“汉字领先”的教学方法并以上述英汉语言类比的引入方式作为先导，从第一节课开始就让学生接触和学习汉字。我们采用的教材是《新实用汉语课本》（北京语言大学出版社，2006），为避免学生依赖拼音，在课堂上我们用投影幕把剔除了拼音的纯汉字文本课文投射出来，从一开始就引导学生习惯使用汉字理解课文内容；而且以汉字为线索穿插中国文化内容的介绍以激发并强化学生对汉字学习的兴趣。每次上课我们都抽出一点儿时间带领学生看着投影幕集体朗读纯汉字版课文以强化学生对汉字形、音、义三者的视觉联系。在每周一次的辅导课上，从第一周开始就由助教给学生进行汉字听写练习。我们以国际音标的方式处理汉语拼音，将其作为拼读汉字和查字典的工具加以介绍，从不使用汉语拼音替代连续语句和课文，防止学生希冀通过“拉丁化汉字”来学习汉语。我们鼓励学生避免单独使用汉语拼音替代汉字记忆词汇，鼓励学生采用形、音、义三位一体的方式记忆汉字与词汇，有时甚至会鼓励学生采用民俗词源学的记忆术方式。当然，这一过程并不轻松，因为课本中的课文逐句均有拼音标注，要让学生一开始就放弃依赖汉语拼音并非易事。除了上课时间通过投影幕限制拼音跟汉字同现之外，对于学生自身使用课本和练习册时对汉语拼音的使用和依赖我们并无法控制，只能不断口头劝谕。根据对学生汉字接受程度和学习效果的观察，我们也在不断调整和改进引导方式，逐年增强对学生坚持使用汉字的要求，对学生初学汉语即可欣然接受汉字的信心也越来越强，同时希望学生接触汉字的环境可以得到改善，比如我们期待孔子学院将来可以开设书法兴趣课或组织汉语角等活动来帮助学生增加接触汉字的机会。

起初，在探索促使初学者更好地接受汉字的过程中，我们仅凭与学生交流与个人感受了解情况，并未注意收集有关数据。近两年，我们开始注意留存记录了两届汉语初学者在上半学年同一阶段学习过程中汉字考试部分的成绩，并且观察对照学生汉字成绩与各项考试成绩的相关性以及学生重视汉字学习和运用对于整体的汉语学习是否有促进作用。虽非严格控制变量的实验研究，但教学环境的控制基本一致。我们对过去两年中两个不同的年级同在一年级初学阶段的汉字学习情况和学习成绩等有关变量的观察结果进行了初步分析，由于我们的汉语课程是按照学期开设的，而且随着年级升高学生数量和教师会有所变化，因此未对学生的历时变化情况做跟踪调查。本文所做的数据分析仅是根据过去两年同一个学习阶段（一年级上半学年）的两个不同年级组留下的

① 借助以西方语言为基础发展起来的现代语言学理论来描写汉语似乎有些不尽人意之处。拼音文字从语音上切分出音位、词素等，而汉字从语音上切分只是一个音节，在不涉及语境的前提下，众多数量的同音词在书面语中是靠汉字字形去区分意义的，因此汉语的词素或者语素分析没有涵盖汉字中区别意义的偏旁部首 / 部件不能不说是一种缺憾。汉语以及汉字的特殊性应该在语言学理论中得到更贴切的解释。当然这并非本文所能够探讨的话题。值得一提的是，我们所面对的大部分学生选择学习汉语仅仅是出于对于中国文化的兴趣，并非期待成为语言学家，甚至都没有指望把汉语当成主修课程，而仅仅是为了获取一个选修的学分。我们仍会把语言学理论的主流观点介绍给学生，特别是那些将来会主修语言类课程的学生。

数据进行的对比分析。2017 级的有效统计数据有 39 人，2018 级的有效统计数据有 36 人，共 75 人。

两个年级在汉字部分的成绩对照显示（见图 1），2018 级比 2017 级的平均成绩略有提高，但这种差异尚不具备显著的统计意义，也就意味着两个年级组实际上应同属一个整体。如前所述，我们逐年在优化初级阶段的汉字学习强度，因此学习者对汉字的接受程度似乎一届比一届会更好一些，随着学习者对汉字的重视程度提高，整体成绩也许会发生细微变化。但总的来说，他们仍然可以看作是一个整体（当然较小的样本也可能会影响到统计上的显著性）。

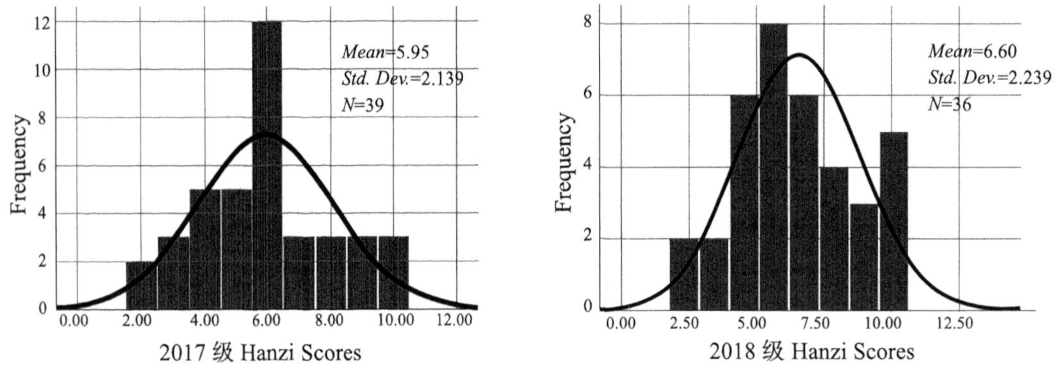

图 1　汉字部分成绩对照表

两个组在同一学习阶段，采用完全一样的试卷所获得的学期考试总评成绩的差异如表 2 所示：

表 2　学期考试总评成绩对照表

Groupings		*N*	*Mean*	*Std. Dev.*	*Std. Error Mean*
Term	2017	39	72.1522	14.647 75	2.345 52
	2018	36	78.4789	10.427 59	1.737 93

两个组的总评成绩有差异，但也不具备统计上的显著区别意义。因而，我们仍然可以把他们看成一个整体，在初学阶段两个组的确均是以“汉字领先”的方式开始学习汉语的。目前我们尚没有条件跟其他所有条件相当而仅控制以何种方式领先开始学习汉语的对照组进行比较，所以也不能妄加揣测以“汉字领先”方式开始学习汉语的实验组在总体成绩上是否会跟以拼音领先的方式开始学习汉语的对照组存在差异。因此，我们只能就同一个整体内学生汉字掌握情况的好坏与其整体的学习成绩的关系进行分析。从学生的卷面成绩和与学生交流的过程中发现，两个组内对汉字的使用和掌握程度有差别的学生，学习的总体成绩也有差别。那么这些差别之间有关联吗？我们就此问题进行了进一步的分析。我们在同一个学习阶段要求各个与核心的汉语综合课程相关的辅导课和口语课均要同时坚持“汉字领先”的原则，共同促进学生对汉字的学习和掌握。统计分析表明，学生的汉字成绩和学期考试总评成绩跟辅导课和口语课的成绩均表现出了显著的正相关（见表 3）。虽然相对于笔试，辅导课和口语课跟汉字成绩的相关程度略低一些，但也具有显著性相关。这似乎证实汉字学习的效果与学生的整体进步有密切关系。

表 3　汉字成绩与各项考试成绩相关关系

		笔试	辅导课	口语课	学期总评
2017 级汉字成绩	*Pearson Correlation*	0.813**	0.663**	0.652**	0.773**
	Sig.（双侧）	0.000	0.000	0.000	0.000
	N	39	39	39	39
2018 级汉字成绩	*Pearson Correlation*	0.734**	0.520**	0.749**	0.694**
	Sig.（双侧）	0.000	0.001	0.000	0.000
	N	36	36	36	36

**. Correlation is significant at the 0.01 level (2-tailed).

不仅汉字成绩与学期总评成绩高度相关，而且两组学生的汉字成绩与期末总成绩的线性回归数据分析结果显示，二者之间的回归关系具有统计上的显著意义，说明汉字学习成绩的好坏的确具有预测学期平均成绩高低的作用。统计结果证实了我们的假设，如表 4 和图 2 所示：

表 4　汉字成绩与学期总评成绩线性回归方差分析结果

ANOVA[a]					
Model	*Sum of Squares*	*df*	*Mean Square*	*F*	*Sig.*
Regression	6852.167	1	6852.167	85.418	0.000[b]
Residual	5856.000	73	80.219		
Total	12 708.167	74			

a. Dependent Variable: Term.

b. Predictors: (Constant), Hanzi Scores.

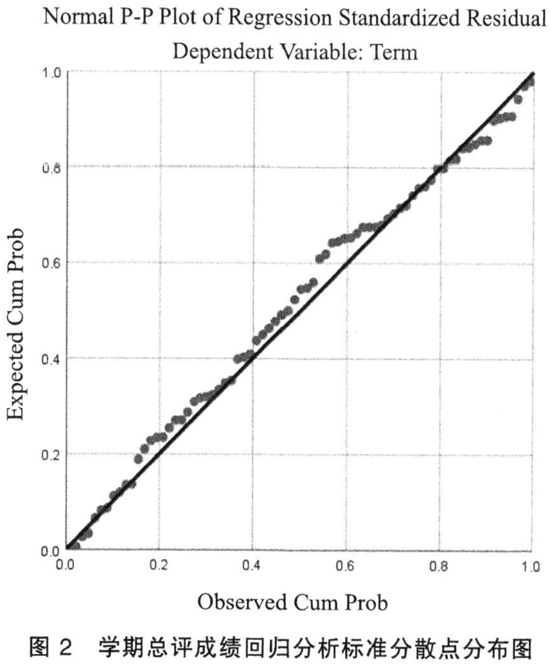

图 2　学期总评成绩回归分析标准分散点分布图

综上所述，在初级汉语教学中，如果辅之以恰当的指导，以英语为母语的汉语学习者是有可能摆脱对“拉丁化汉字”的依赖，还原汉语拼音作为语音标注、与国际音标功能相同的辅助工具作用。直接让学习者通过接触汉字来在某种程度上减轻“汉语难学”的心理障碍，越早掌握汉字，越有可能在汉语学习上取得进步，进行有效的学习，尽早让汉字成为“学好汉语的促进因素”（吕必松，2011）。汉字掌握的情况可以成为学习者汉语学习成果的某种参考性指标，标志着学习者汉语学习的效果。通过对教学实践和观测结果的分析，我们的假设得到初步证实。同时，我们认为，成年人学习一门新的外语，特别是在缺少语境和实践机会的情况下，应该可以利用已经掌握的母语或者其他外语的知识，用对比和类比的方法尽快了解目标语的特点，并且结合目标语的人文和文化背景。例如建立和养成生动活泼地认识和记忆汉字的方法，将会对学习者日后的深入学习裨益匪浅。

五、结语

我们对“汉字领先”教学方法的探索仍然属于初始阶段，教学方法的设计仍有待完善，研究与分析教学效果工作的系统性也需要进一步加强。在不断总结经验的基础上，我们期待这样的尝试将能取得更好的效果，有效地降低学习者“汉语难学”心理障碍对汉语学习的负面作用。

参考文献

[1] 吕必松．我为什么赞成“字本位”汉语观——兼论组合汉语教学法．吕必松的博客，2011 年 9 月 26 日．

[2] 吕叔湘．语文常谈：附《未晚斋杂览》．北京：生活·读书·新知三联书店，2008.

[3] 徐冰．英文方块字书法教室 .1994. http://www.xubing.com/cn/work/details/198?type=project.

[4] Cysouw, M. Predicting language-learning difficulty // Lars Borin & Anju Saxena (Eds.). *Approaches to Measuring Linguistic Differences*. De Gruyter Mouton, 2013.

[5] DeFrancis, J. *The Chinese Language: Fact and Fantasy*. University of Hawai ‘i Press, 1984.

[6] FSI. *FSI's Experience with Language Learning*. U.S. Department of State, 2018.

[7] Jackson, F. H. & Kaplan, M. A. Lessons learned from fifty years of theory and practice in government language teaching // James E. Alatis & Ai-Hui-Tan (Eds.). *Georgetown University Round Table on Languages and Linguistics 1999*. Georgetown University Press, 2001.

[8] Lett, J. A. Jr. & O'Mara, F. E. Predictors of success in an intensive foreign language learning context: Correlates of language learning at the Defense Language Institute Foreign Language Center // Thomas S. Parry & Charles Stansfield (Eds.). *Language Aptitude Reconsidered. Language in Education: Theory and Practice, No.74*. Prentice Hall Regents, 1990.

[9] Moser, D. Why Chinese is so damn hard // Victor H. Mair (Ed.). *Schriftfestschrift: Essays on Writing and Language in Honor of John DeFrancis on His Eightieth Birthday (Sino-Platonic Papers No.27)*. University of Pennsylvania, 1991.

国际汉语教学中的意符独体字

安徽大学　沙宗元　张婷婷

摘　要：统计显示，国际汉语教学中各级新增意符独体字、各级累积意符独体字的占比均呈现明显的规律性：一级意符独体字的占比最高，随着级别增高各级意符独体字的占比递减的趋势明显。意符独体字的构字能力不平衡，构字能力最强的20个意符独体字的构字数占全部构字数的72.09%。此外，相当部分的意符独体字参与构字时呈现出明显的位置倾向。对这部分汉字应予以充分重视，厘清其脉络，构建以意符独体字为纲的教学模式，带动相关字群教学，促进汉字的高效学习。

关键词：国际汉语教学　汉字教学　意符　独体字

一、引言

独体字是指形体构造具有独立性、一般不能拆分为两个或两个以上音义完整的字符或部件的汉字（语言学名词审定委员会，2011）。独体字总数不多，多数具有较强的构字能力，是构成众多合体字的基础，在汉字教学中占有重要地位。多数独体字可参与合体字的构造，分别可用作意符、音符或记号。可作为合体字意符使用的独体字，我们称之为意符独体字。意符独体字均为汉字系统的基础字，字形多较为简单，可独立称说使用（具有独立的形、音、义），构字能力强。深入考察国际汉语教学意符独体字的数量、等级分布以及构字情况，对于汉字教学、教材编写等具有重要的启示和助益。

20世纪60年代以来，学者关于现代汉字独体字的研究主要集中于以下几点：第一，独体字的界定、范围、独体与合体的划分等（王尔康，1961；苏培成编著，1994；谢泽荣，2007；李运富，2015）。第二，特定字集中独体字的数量、类别等属性（苏培成编著，1994；晓东，1994；

沙宗元，2011；王汉卫和苏印霞，2015；李瑛，2016）。第三，现代汉字独体字的规范等问题（中华人民共和国教育部和国家语言文字工作委员会发布，2009；邓章应，2013；李瑛，2016）。20世纪80年代，文字学者开始探讨汉字系统中的字符理论，提出“跟文字所代表的词在意义上有联系的字符是意符”（裘锡圭，1988）。此后，对汉字意符系统进行梳理、分类成为研究热点（李国英，1996；陈枫，2003；黄献，2006；黄居仁等，2013）。还有学者立足于形声字系统，研究形声结构中意符的表义状况与表义功能（龚西征，1987；施正宇，1992；万业馨，1992；陈枫，2006）。

总之，目前的研究主要集中于独体字及汉字意符的功能等方面，关注意符独体字的研究成果较少（沙宗元，2011）。本文以《现代常用独体字规范》（2009）为标准，在《国际汉语教学通用课程大纲》（2014）“常用汉字表（1～6级）”（以下简称“大纲字表”）范围内考察可用作意符使用的独体字数量、级别分布，分析意符独体字的构字状况及其他相关属性，并探讨相关的教学问题。

二、意符独体字的判定、数量及分布

（一）意符独体字的判定

本文依照两个原则确定研究的范围：第一，独体字的判定以《现代常用独体字规范》（2009）为标准。首先在“大纲字表”范围内找出所有符合该标准的独体字。第二，所有的独体字须在“大纲字表”范围参与构字（至少构成一字）且用作意符。意符独体字在组合成合体字时，其表义方式包括两种：其一，在汉字系统中一直作为意符使用，且表义度高。如意符“时、晴、晚”等字中的“日”。其二，由于字义引申等原因，意符独体字在现代汉字中表义度有所降低，但仍有一定程度的意义关联。如“妙、嫌、妄”等字中的“女”。凡符合以上两种情况的，本文即判定作为意符使用。涉及少数疑难字例时，主要以《说文解字》（1963）及《说文解字注》（1988）所释为据。如“嫌”，《说文》：“不平于心也。一曰疑也。从女，兼声。”依此判定“女”字在该字中用为意符。《说文》所无的字例，则依据《汉语大字典》（1986）及《现代汉语词典》（第7版）的相关解释加以确定。

（二）意符独体字的数量及分布

按上述原则，我们对“大纲字表”进行穷尽性考察，最终得出在国际汉语教学中可作为意符使用的独体字共计84个：

贝、本、不、册、厂、车、臣、虫、寸、大、歹、刀、斗、儿、而、耳、二、父、甘、革、工、瓜、广、鬼、户、火、几、见、巾、斤、口、力、立、两、马、毛、门、米、木、目、鸟、牛、女、片、气、丘、犬、人、日、肉、山、上、少、身、尸、十、石、手、首、水、田、土、瓦、王、文、夕、下、小、心、言、羊、页、衣、用、又、予、雨、玉、月、正、止、舟、子、自

以上独体字都有很早的形体来源，甚至可追溯到甲骨文阶段。它们是构成汉字系统的基础字，学者或称之为“字原”。汉字形体虽然千变万化，数以万计，但都是由这些字原构成的（高明，1996）。字义涵盖“人体、动植物、衣食住行、劳动战争、山川自然、神灵之物”等方面，这与古文字学家对汉字基本构形单位的分析相契合（黄德宽，2015）。从这84个独体字原初的结构类型看，属于象形类的最多，共70字，如“贝、册、车、臣、虫、刀、父、鬼、口”等，占

83.33%；属于指事类的次之，共 12 字，如“本、寸、上、下”等，占 14.29%；其余属于会意类，仅“两、用”2 字，占 2.38%。84 个意符独体字在“大纲字表”各个级别的分布情况如表 1：

表 1　意符独体字的数量及分布

数量及分布	一级	二级	三级	四级	五级	六级	合计
各级新增 / 累积字数 / 字	150/150	150/300	300/600	400/1000	500/1500	1000/2500	2500
各级新增 / 累积 意符独体字数量 / 字	23/23	11/34	15/49	10/59	12/71	13/84	84
新增意符独体字在各级 新增字中的占比 /%	15.33	7.33	5.00	2.50	2.40	1.30	
累积意符独体字在各级 累积字中的占比 /%	15.33	11.33	8.17	5.90	4.73	3.36	
新增意符独体字在全部 意符独体字中的占比 /%	27.38	13.09	17.86	11.90	14.29	15.48	100.00
累积意符独体字在全部 意符独体字中的占比 /%	27.38	40.47	58.33	70.23	84.52	100.00	
各级新增 意符独体字	本不车大儿二 工几见米女气 人上少十水下 小衣月雨子	瓜火两门 牛日肉身 手羊正	而耳斤口 力马目鸟 片山文心 用又自	刀父广户 巾毛首言 页止	贝册厂虫 斗革立木 石土王玉	臣寸歹甘鬼 丘犬尸田瓦 夕予舟	

从表 1 可看出，在各级新增意符独体字中，属于一级字表的字数、所占比例均最高；各级新增意符独体字在各级新增字中的占比由一级至六级呈递减趋势。可见，在初级阶段意符独体字的地位十分重要，越到后期意符独体字的数量和占比都逐渐减少。

比较各级新增意符独体字的占比，我们发现一级的占比最大（27.38%），超过四分之一。这说明一级意符独体字最为重要，再次印证了汉字教学初期投入大量精力和时间开展独体字教学的必要性。

三、意符独体字的构字情况

通过对“大纲字表”2500 字进行逐一分析和统计，我们得到了 84 个意符独体字的构字情况，如表 2：

表 2　意符独体字的构字情况

数量及分布	一级	二级	三级	四级	五级	六级	合计 / 平均
新增意符独体字构字数 / 字	205	102	230	79	231	63	910
新增意符独体字的平均构字数 / 字	8.91	9.27	15.33	7.90	19.25	4.85	10.83
新增意符独体字构字数 在全部字表中的占比 /%	8.20	4.08	9.20	3.16	9.24	2.52	
新增意符独体字构字数 在总构字数中的占比 /%	22.53	11.21	25.28	8.68	25.38	6.92	100.00

由表 2 可知，这 84 个意符独体字共构成合体字 910 个，占字表总字数的 36.40%，[①] 即国际汉语教学中近四成的汉字均与意符独体字发生意义及构形上的联系，值得引起重视。再看各级别新增意符独体字构字分布，构字最多的意符独体字分布于一级、三级和五级，新增字均超过了 200 字。各级别新增意符独体字的平均构字能力依次为：五级＞三级＞二级＞一级＞四级＞六级。意符独体字构字数量和构字能力之所以呈现不平衡性，主要是因为构字能力特别强的意符独体字在各级别分布不均衡造成的。统计还发现，个体意符独体字的构字能力差异悬殊，构字能力最强的可构 88 字，最弱的仅构 1 字。构字能力排在前 20 位的意符独体字累积构 656 字，占全部意符独体字构字总数的 72.09%（见表 3）。

表 3　构字能力最强的 20 个意符独体字及其构字数（单位：字）

级别	五级	三级	一级	五级	一级	三级	二级	五级	二级	三级
意符独体字	木	口	月	土	女	心	日	贝	火	目
构字数	88	75	57	50	42	42	40	33	29	25
级别	一级	三级	五级	四级	四级	三级	四级	三级	一级	六级
意符独体字	车	力	石	页	巾	山	广	马	米	尸
构字数	21	21	21	21	17	17	16	14	14	13

这 20 个构字能力最强的意符独体字分布在三级的有 6 个、一级和五级各 4 个、四级 3 个、二级 2 个、六级只有 1 个。这些意符独体字不仅自身是汉字系统中的“基础字”，也是在构形和意义上起“纲领”作用的“关键字”“核心字”，教学中应特别重视。

四、意符独体字构字的位置属性

汉字偏旁位置系统在隶变之前已经基本形成。随着隶变的完成，汉字偏旁位置系统得到了进一步的稳定和发展（万业馨，2005）。统计发现，许多意符独体字的位置分布呈现相当的规律性。在参构的 910 个合体字中，意符独体字的位置属性可概括如下：（1）位于左右结构左侧的有 436 例，位于左右结构右侧的有 72 例，位于左中右结构汉字两侧的有 3 例，位于左中右结构汉字中间的有 2 例。（2）位于上下结构上部的有 61 例，位于上下结构下部的有 224 例，位于上中下结构中间的有 2 例，位于上中下结构上下两部分的有 2 例。（3）分布在左下、左上、右上、右下位置的分别有 11 例、43 例、8 例、17 例。（4）分布在三面包围、全包围结构的内部和外部位置的分别有 9 例、10 例，位于镶嵌结构、重叠结构、品字结构的分别有 3 例、3 例、4 例。其中，16 个意符独体字——“不、厂、歹、父、革、广、户、巾、门、鸟、气、身、尸、小、心、雨”仅有单一的位置属性，规律性极强，需格外重视。

通过考察意符独体字构字数与位置分布之间的关系，我们试图发现合体字意符的位置属性与

① 如果加上 84 个意符独体字自身的数量，则意符独体字总构字数达 994 个，占“大纲字表”的 39.76%。

表义属性结合的紧密程度：若一个意符独体字构字越多，位置属性越单一，则其位置属性与表义属性结合的紧密程度就越高，反之则越低。意符独体字位置属性与表义属性结合的紧密程度，本文简称为“位—义紧密度（Position-Semantic Combination）”。经过统计分析，我们给“位—义紧密度”从高到低的15个意符独体字排出了顺序：心、广、尸、木、贝、石、雨、女、页、月、口、门、厂、土、火。

五、对汉字教学的启示与建议

第一，教学理念上将意符独体字置于十分重要的位置。意符独体字不仅自身是汉字系统的“基础字”，而且多数具有很强的构字能力，可起到系联汉语字词意义系统的纽带作用。国际汉语教材编写、练习设计等，都应重视意符独体字的合理安排，以突出重点，纲举目张。

第二，教学方法上讲求构形理据，由浅入深，循序渐进。我们发现83.33%的意符独体字属于象形类，构形理据、与字义的联系一般都较为清晰。相当多的意符独体字“位—义紧密度”较高。教学时教师可强调此类独体字的构形来源、位置属性等，帮助学习者由浅入深、举一反三、循序渐进地学习汉字。

第三，教学思路上厘清脉络，以意符独体字为纲，带动相关字群教学，实现高效学习的目的。教师可以尝试引导学习者建立通过意符独体字的掌握来判断构成字的含义的思维方式，以利于学习者了解相关汉字的关系，厘清汉字构造的脉络，以意符独体字为纲，培养学习者的学习兴趣，从而提高汉字学习的效率。

第四，适当增补一些构字能力强、“大纲字表”漏收的意符独体字。例如“禾、弓、皿、戈”分别可作为意符构字24个、7个、7个、5个，可惜“大纲字表”失收，教学时教师应注意加以补充。

六、结语

第一，各级新增意符独体字、各级累积意符独体字的占比均呈现明显的规律性，课堂教学、教材编写等应充分加以利用。第二，意符独体字的构字能力呈现不平衡性，那些构字能力强的意符独体字属于汉字系统的“核心字”，在相当程度上起到了系联汉字字群、联系字词意义的纽带作用。第三，不少意符独体字参与构字时呈现出较为明显的位置倾向，这种位置属性与表义属性结合的特性应予以重视。

国际汉语教学应注意深入研究意符独体字的各类属性，厘清其脉络，构建以意符独体字为纲的教学模式，以此带动相关字群教学，促进汉字的高效学习。

参考文献

[1] 陈枫．论汉字义符与物类的关系．陕西师范大学学报（哲学社会科学版），2003（6）．
[2] 陈枫．从语义学角度看汉字义符的示意作用．陕西师范大学学报（哲学社会科学版），2006（5）．
[3] 邓章应．《现代常用独体字表》应与《现代常用字部件及部件名称规范·常用成字部件表》统一．兰州学刊，2013(1)．
[4] 高明．中国古文字学通论．北京：北京大学出版社，1996.
[5] 龚西征．浅谈形声字意符的作用．湖州师专学报（人文科学版），1987（2）．
[6] 汉语大字典编辑委员会编纂．汉语大字典．成都：四川辞书出版社、武汉：湖北辞书出版社，1986.

[7] 黄德宽．古文字学．上海：上海古籍出版社，2015.
[8] 黄居仁，洪嘉馡，陈圣怡，周亚民．汉字所表达的知识系统：意符为基本概念导向的事件结构．当代语言学，2013（3）.
[9] 黄献．形声字意符与传统类属观念．广西师范学院学报（哲学社会科学版），2006（4）.
[10] 孔子学院总部 / 国家汉办编制．国际汉语教学通用课程大纲（修订版）．北京：北京语言大学出版社，2014.
[11] 李国英．论汉字形声字的义符系统．中国社会科学，1996（3）.
[12] 李瑛．通用规范汉字独体字研究——兼评《现代常用独体字表》和《简化汉字独体字表》．内蒙古师范大学学报（哲学社会科学版），2016（3）.
[13] 李运富．汉字“独体”“合体”论．中国文字学报，2015（6）.
[14] 裘锡圭．文字学概要．北京：商务印书馆，1988.
[15] 沙宗元．对外汉语教学所用独体字及其构字状况分析．云南师范大学学报（对外汉语教学与研究版），2011（5）.
[16] 施正宇．现代形声字形符表义功能分析．语言文字应用，1992（4）.
[17] 苏培成编著．现代汉字学纲要．北京：北京大学出版社，1994.
[18] 万业馨．略论形声字与汉字表意性．徐州师范学院学报（哲学社会科学版），1992（4）.
[19] 万业馨．应用汉字学概要．合肥：安徽大学出版社，2005.
[20] 王尔康．试论现代汉字的结构及其简化规律．厦门大学学报（社会科学版），1961（2）.
[21] 王汉卫，苏印霞．基于定量分析的对外汉字学．北京：清华大学出版社，2015.
[22] 晓东．现代汉字独体与合体的再认识．语文建设，1994（8）.
[23] 谢泽荣．独体字四论．重庆师范大学学报（哲学社会科学版），2007（1）.
[24] 许慎撰．说文解字．北京：中华书局，1963.
[25] 许慎撰．说文解字注（第 2 版）．段玉裁注．上海：上海古籍出版社，1988.
[26] 语言学名词审定委员会．语言学名词．北京：商务印书馆，2011.
[27] 中国社会科学院语言研究所词典编辑室编．现代汉语词典（第 7 版）．北京：商务印书馆，2016.
[28] 中华人民共和国教育部，国家语言文字工作委员会发布．现代常用独体字规范（GF 0013-2009）．北京：语文出版社，2009.

专题七
Topic 7

新技术、新媒体、新思维在国际汉语教学中的探索与应用
New Technologies, New Media, and New Thoughts in International Chinese Language Teaching: Exploration and Application

基于大数据对在线汉语课程的质量检测与分析

北京谦育科技有限公司　陈　晨　任博娟

摘　要：随着互联网技术的发展，涌现出越来越多的在线汉语教育平台，科技助力汉语教育不仅让汉语学习更加自由，不受限于时间、地点，也使得教学呈现方式更加立体化、趣味化。同时，在线教育积累了大量课堂教学和用户学习数据，基于大数据分析，我们形成了一套实时反馈、自动诊断、可追踪的教学质量监督体系，保证了每节课的课程质量。

教学质量的评价对象是教学过程及其结果，即教和学相统一的全部过程及所产生的各方面的结果，我们通过大数据技术，对教学过程进行监督，从开口度、回答时长、笑脸率等方面进行数据统计，运用数学和统计学方法建立质量检测和预警模型。通过实例课程分析验证了该模型的准确性，并介绍了在实际教学中的应用和前景。

基于大数据对教学质量进行监控，有效地避免了人为因素的干扰，评估更加公正客观，同时数据筛查更加智能、高效，节约了大量的时间成本。过往的教育关注的是结果，而我们关注过程，通过对学习过程的检测和分析来预测课程质量，指导教学的开展，把控教学质量，未来我们将进一步将科技助力汉语教育，赋能教师，为学生定制个性化的学习成长路径。

关键词：大数据　一对一在线汉语教育　课程质量检测

一、背景和概述

在线教育是一种通过信息通信技术（ICTs）来增长知识和技能的方式，随着互联网和通信技术的发展，在线教育受到越来越多的关注。科技助力教育，为整体教育环境带来了巨大的变革。互联网 + 对外汉语教育，实现汉语教学过程数字化、网络化和多媒体化，使学生拥有个性化、多元化的学习路径；借助互联网，在线教育放大了优质教育资源的作用和价值，实现了系统、文化、资源的全球整合。

无论是传统教育还是在线教育，教学质量评价都是不可缺少的重要部分，面对在线教育庞大的用户群体，设立有效教学质量评价体系，对在线课程质量进行有效检测，显得尤为重要。传统课程质量检测只能通过人工实现观察、记录、分析，因此评价因素主要局限于语言、情感和认知等方面，这样不但存在速度慢、准确性差的缺点，还可能因人为的因素影响判断的客观性、公正性（车垒，2010）。而在线课程教学质量检测方面还尚未有研究者涉及。

在检测教学质量之前，我们首先应该明晰教学质量的评判标准。在一般的质量检测体系中，通常以结果作为主要检测对象。而对于语言学习课程，特别是沉浸式在线课程，由于语言学习的特殊性，从学习语言到获得语言技能是一个从量变到质变的过程，所以我们更关注每节课的教学过程的质量：学生是否得到有效语言练习、学生在课程中的参与度和开口度等。

通过大数据分析技术，本文以教师上课过程为主要研究对象，数据来源于 Lingo Bus 一对一在线汉语课程，通过"收集数据→分析数据→建立模型→验证模型→应用模型"的模式，形成了以检测教学过程为主的实时反馈、自动诊断、可追踪的教学质量监督体系。

二、研究方法

本文在收集和测量得到相关数据的基础上，为了能够有效反映出每一堂课的教学质量，采用了标准差标准化方法、线性规划方法、线性加权合成方法、3δ 方法等数据处理和分析的方法，来对在线视频课程质量进行定量分析，从而检测每堂课的质量指数和预警状态。

三、构建课程质量检测预警模型

课程质量检测预警模型利用指数测算的方法对在线课程教学质量进行测算和比较，再利用预警信号对质量指标进行警情分析，从而得到一套能够预测教师上课质量的评估模型。该模型由质量检测指标体系、指数测算方法和预警状态的确定和输出三部分组成。

（一）质量检测指标体系

在一个质量检测和预警模型中，指标的选择和指标的权重会极大影响模型的精确性和稳定性。因此，本文首先构建了完整的质量检测指标体系，该体系包含了指标的选择和权重的确定。

1. 指标的选择

对于在线视频课程，一般可以采用多个软件来进行分析。根据视频分析，可以得到的各项参数有：学生发言时间占比（开口度）、教师和学生的交互次数、学生平均发言时长（回答时长）、学生最长发言时长、学生平均反应时间、学生正脸图片数量占视频截图总数比例、学生笑脸图片数量占视频截图总数比例（笑脸率）。在这些参数中，笔者最终选取了开口度、回答时长、笑脸率这三个参数作为质量检测指标。原因有以下三点：（1）作为数据来源的 Lingo Bus 在线课程采用沉浸式教学方法，该教学方法的主要目标是鼓励学生在课堂环境下多进行语音练习，所以开口度是衡量一堂课是否合格的重要指标。这可以反映教师有没有留给学生足够多的时间和机会去练习。（2）在保证了开口度的同时，一堂质量合格的课程还应当确保学生的每次回答都是有质量的语言输出，而不仅仅是简单的跟读或重复。所以回答时长是质量检测指标体系中的第二个指标。这个指标可以反映教师是否有意识地引导学生进行整句输出而不是简单的跟读训练。（3）由于视频样本中的学生都是 5—12 岁的儿童，而针对儿童的学习特点，课堂的趣味性和活动性非常重要，于是第三个指标应为学生在这节课的笑脸率。这个指标可以反映教师的课堂氛围调动能力和活动安排能力。

2. 权重的确定

笔者征询了多位有经验教师的看法，大多数教师都认为以上三个指标可以平均地反映课程的质量，所以在这里，笔者采用文本选取要素等权的方法对指标体系进行赋权，即各指标的权重相等。

（二）指数测算方法

开口度、回答时长和笑脸率三个指标的量纲不同，因此，我们应当对这三个指标进行数学和统计学的运算处理。

1. 无量纲化处理

因为三个指标的量纲和意义不同，所以本文采用标准差标准化方法进行无量纲化处理（翟亚军等，2012）。

$$y_i = \frac{x_i - \bar{x}}{s}$$

$$\bar{x} = \frac{1}{n}\sum_{i=1}^{n} x_i$$

$$s = \sqrt{\frac{1}{n-1}\sum_{i=1}^{n} (x_i - \bar{x})^2}$$

其中，$\bar{x}$ 为算术平均值，s 为标准差，y_i 为标准差标准化后的指数。

2. 线性规划

因为标准差标准化后数据的均值为 0，所以为了后面的分析方便，这里设定数据的平均值为 60。对全部数据进行线性规划，取值范围在［60，100］之间。

$$y_2 = 60 + y_1 \times 10$$

3. 线性加权合成

鉴于三个指标的权重相等，所以只用取均值即可，最终可以得到总指数。

$$Z = \frac{1}{3}(y_{2\text{开口度}} + y_{2\text{回答时长}} + y_{2\text{笑脸率}})$$

（三）预警状态的确定和输出

根据误差理论，按照严格评价的原则，用 E 表示总指数的平均值，δ 为总指数的标准差。本文采用 3δ 方法，将 1 倍 δ 选为预警的界限之后（王林，2007），得到了四个区间，分别为：[E+δ，100]，[E，E+δ]，[E−δ，E]，[0，E−δ]。

$$E = \frac{1}{N}\sum_{i=1}^{n} Z_i$$

$$\sigma = \sqrt{\frac{1}{n}\sum_{i=1}^{n}(Z_i - E)^2}$$

划分了不同的区间之后，采用信号灯法输出对应的状态，同时对每个参数的状态也进行提示，如表 1：

表 1　参数状态提示

区间值	状态定义	信号灯
[E+δ，100]	优秀	＊＊＊＊
[E，E+δ]	良好	＊＊＊
[E−δ，E]	合格	＊＊
[0，E−δ]	不合格	＊

自此，在线课程的质量检测和预警模型全部构建完毕，下面将对实际的课程数据进行计算和分析。

四、实例分析

（一）样本选取和数据来源

本文以 Lingo Bus 在线课程中 45 节相同课标的在线课程为样本，这 45 节课的教学内容完全一致但由不同教师给不同学生上课。部分数据样例如表 2：

表 2　初始数据

样本名称	开口度 /%	回答时长 / 分	笑脸率 /%
样本 1	23.00	4.48	7.39
样本 2	44.47	6.29	20.45
样本 3	8.00	4.14	4.50
样本 4	27.80	4.85	0.66
样本 5	33.87	5.40	22.63

（二）总指数测算

笔者对现有数据进行无量纲化处理和线性处理，在进行加权平均后得到总指数。部分数据见表 3：

表 3　经过测算后的总指数表

样本名称	开口度 /%	回答时长 / 分	笑脸率 /%	总指数
样本 1	23.00	4.48	7.39	54.95
样本 2	44.47	6.29	20.45	70.51
样本 3	8.00	4.14	4.50	48.30
样本 4	27.80	4.85	0.66	56.84
样本 5	33.87	5.40	22.63	64.16

（三）预警分析

经测算，这 45 份数据的总指数平均值为 60.00，标准差为 7.97。故相应的四个区间为［0.00，52.03］，［52.03，60.00］，［60.00，67.97］，［67.97，100.00］。用信号灯法进行标记后，得到的数据如表 4：

表 4　预警分析

样本名称	开口度 /%	状态	回答时长 / 分	状态	笑脸率 /%	状态	总指数	状态
样本 1	23.00	＊＊	4.48	＊＊	7.39	＊＊	54.95	＊＊
样本 2	44.47	＊＊＊＊	6.29	＊＊＊＊	20.45	＊＊	70.51	＊＊＊＊
样本 3	8.00	＊	4.14	＊＊	4.50	＊＊	48.30	＊
样本 4	27.80	＊＊＊	4.85	＊＊	0.66	＊	56.84	＊＊
样本 5	33.87	＊＊＊	5.40	＊＊＊	22.63	＊＊	64.16	＊＊＊

（四）样本分析

在 45 节课程样本中，优秀和良好课程占比 44%，低于合格课程占比（45%），不合格课程占比 11%。样本 3、43、17、10、18 的总指数处于不合格区间内，如表 5：

表 5　不合格样本

样本名称	开口度 /%	状态	回答时长 / 分	状态	笑脸率 /%	状态	总指数	状态
样本 3	8.00	*	4.14	* *	4.50	* *	48.30	*
样本 43	17.10	* *	4.00	*	7.72	* *	51.33	*
样本 17	3.30	*	3.57	*	25.77	* * *	47.94	*
样本 10	10.80	*	3.45	*	1.13	* *	46.27	*
样本 18	5.73	*	3.44	*	3.38	* *	44.90	*

（五）验证模型

经过在 Lingo Bus 后台对上课视频的观看，笔者从课堂整体情况以及学生和教师双方的表现等方面对不合格样本进行了人工判断，如表 6：

表 6　对不合格样本的人工判断

样本名称	课堂整体情况	学生分析	教师分析	人工判断结果	是否符合系统判断结果
样本 3	课堂游戏环节没有顺利进行，教师和学生的互动环节很少。	学生年龄较小（5 岁），慢热型，需要教师引导进行输出。	上课指令不明确，语速偏快；对学生引导不够，趣味性和互动性差。	教师授课技巧因素导致课程质量不合格。	符合
样本 43	学生输出少，课堂时间分配不合理，核心句型和词汇练习时间偏短，游戏环节时间偏长。	学生年龄较小（5 岁），性格腼腆，慢热、胆怯、不敢开口，需要教师耐心引导。	教师对学生关注过低，没有进行有效耐心的引导，夸张的表情动作增加了学生恐惧感。	教师授课技巧因素导致课程质量不合格。	符合
样本 17	课堂流畅、自然，教师和学生互动正常，课堂游戏环节顺利进行。	学生耳麦问题导致语音数据偏差。	教师授课认真，组织学生进行课堂活动，引导学生输出。	学生设备不符合标准。	符合
样本 10	学生输出很少，教师和学生几乎没有互动，学生拒绝参与课堂游戏。	学生年龄偏小（4 岁），性格腼腆，非常胆怯。	教师授课认真，积极引导，多次提问，态度温和耐心。	学生不适应课堂导致课程质量不合格。	符合
样本 18	学生几乎没有输出，教师和学生没有互动，没有课堂游戏环节。	家长反馈：学生自闭症。	教师授课认真，积极引导，多次提问，态度温和耐心。	学生个性导致课程质量不合格。	符合

经过人工判断我们发现，运用课程质量检测预警模型筛查出的不合格样本都存在着一些问题，这说明运用这套系统可以合理地对课程质量进行排序和打分，从而可以帮助教师管理团队更快更

准地定位到有问题的教学过程，在后期的教师培训中也可以更快地解决问题。

（六）持续优化模型

在人工校对了 5 个不合格样本后，笔者又看了其他样本视频，发现在计算机判断合格的样本中仍有一些不合格的样本。如表 7：

表 7　人工判断的不合格样本

样本名称	开口度 /%	状态	回答时长 / 分	状态	笑脸率 /%	状态	总指数	状态
样本 25	13.27	*	4.23	* *	56.29	* * * *	58.24	* *
样本 28	27.80	* * *	4.85	*	0.66	*	56.37	* *

样本 25 和样本 28，根据系统判断最终的状态都是合格的课程。但是经过人工判断这两堂课并不是合格课程，人工判断结果如表 8：

表 8　对样本 25 和样本 28 的人工判断

样本名称	课堂整体情况	学生分析	教师分析	人工判断结果	是否符合系统判断结果
样本 25	课堂整体效果一般，游戏环节比较平淡；学生练习机会较少，输出时间较短。	学生年龄 8 岁，性格活泼，注意力一直跟随着教师，积极和教师互动，上课状态非常好。	教师上课方式略呆板，游戏环节比较平淡，也没有针对学生进行扩展练习，没有做到个性化教学。	教师授课技巧因素导致课程质量不合格。	不符合
样本 28	课堂较平淡，互动性差；学生一开始配合输出，后期有抵触情绪，不配合输出。	学生年龄 5 岁，课堂开始情绪平稳，上课过程中被教师频繁纠音导致产生厌烦情绪，课程后半部分一直在敷衍地跟读。	教师上课方式较平淡，纠音过度，导致学生有挫败感，不愿意配合。	教师原因导致课程质量不合格。	不符合

通过以上两个样本的计算机数据和人工判断结果可以看到，目前的课程质量检测预警模型仍不完善，后期会尝试将教师和学生的开口度数据分别分析，还会在系统中引入其他指数以力求系统的准确性和实用性。

（七）其他应用方向

通过课程质量检测预警模型，我们不仅可以快速而精确地定位质量不达标的课程和教师，同时还可以对不同的指标进行对比分析和检测，从而得到不同维度的结论而更进一步完善系统。

1. 利用数据优化教研产品

我们通过学生的上课表现来判断课程的质量，同时我们也可以根据学生对不同课程的反应和参与度来反馈我们的课程设计和游戏安排。如果一堂课学生参与度高、开口度高，那么这堂课的设计一定是合理和有效的。我们可以将数据反馈给教研内部，来优化教研设计。

2. 利用数据赋能教师

通过对教师群体进行整体分析可以得到每位教师所授课程的综合指数，从而可以得到教师授课的优势和不足。如果某位教师整体上授课笑脸率不高，说明该位教师的教学方法不够活泼和幽默，没有充分调动学生的积极性，在将来的教师培训中，我们可以对这样的教师进行专项培训。同时，在对教师进行整体分析后，我们也发现有些教师在某些指标上远高于其他人。我们可以重点去挖掘这些优秀教师的闪光点，总结成经验后向其他教师传播和介绍。

3. 为学生提供个性化学习帮助

通过数据定位我们可以发现学生在哪些类型的教师课堂中开口度高、笑脸率高，这可以说明学生更喜欢哪种类型的教师。在以后的排课安排中，可以通过教师推荐系统，为学生推荐他喜欢风格的教师，从而为学生提供个性化的学习指导，产生更好的教学效果。

五、结语

大数据经过处理后能够具有更强的决策力、洞察发现力和流程优化能力。通过在线教学平台，可以收集大量在线课程数据，而通过数据分析技术，我们可使数据服务于在线教育。

本文从大数据分析的角度出发，阐述了如何应用大数据对课程质量进行分析。通过建立课程质量检测预警模型能够迅速、高效地检测教学质量和优化教学过程，有效避免人为喜好因素的干扰，使得评估更加公正、客观、智能、高效，节约大量时间成本。

在线教育是将来教育转型的大方向之一，面对庞大的用户群体，如何快速、高效、客观地检测课程质量是我们需要持续探索的问题。目前在线教育领域的大数据研究处于起步阶段，相信随着研究的深入，大数据能够推动在线教育平台成为更加方便、更加高效、更加个性化的获取知识的平台。

参考文献

[1] 车䶮．基于 asp.net 的在线教师评价系统的设计与应用．华南理工大学硕士学位论文，2010.

[2] 陈池，王宇鹏，李超，张勇，邢春晓．面向在线教育领域的大数据研究及应用．计算机研究与发展，2014（S1）.

[3] 王林．不确定性与企业预警研究．北京：中国社会科学出版社，2007.

[4] 翟亚军，王站军，彭方雁．研究生教育质量的指数测度方法——对“985 工程”一期教育部直属高校的实证分析．教育研究，2012（2）.

网络会谈在国际汉语教育中的作用*

澳大利亚伍伦贡大学　高小平

摘　要：随着网络科技的飞速发展，网络教学在二语教学中得到了广泛应用，但将网络会谈同时作为培养学习者跨文化交际能力的新型教学手段与师资培养模式还是一个崭新的研究领域。本文通过分析 16 对澳大利亚汉语二语学习者与汉语实习教师的网络会谈记录及意见反馈，揭示了网络会谈在国际汉语教育中的重要作用。网络会谈不但可以有效提高二语学习者的会话交际技能，提升实习教师的反思意识及教学技巧，而且可以增进会话双方对对方社会文化的了解，其中纠错反馈策略的有效应用是会谈成功的重要保证。

关键词：网络会谈　师资培养　国际汉语教育　汉语第二语言教学　纠错反馈

一、研究背景

培养学习者的跨文化交际能力是第二语言教学的一个重要目标，也是国际汉语教育的一项重要任务。随着网络科技的飞速发展，网络教学在汉语二语（以下简称“二语”）教学中得到广泛推广与应用，网络会谈为二语教学开辟了一个更广阔的舞台，成为课堂教学模式的延伸。二语教学中的网络会谈可大致分为三类：第一类是以培养学习者的交际能力为目的的生生会谈。会谈双方为学习对方母语的二语学习者，会谈以沟通理解对方话语为目的，双方母语的使用参半，这样双方均有机会练习目的语（Saito & Ishizuka，2005）。第二类是以培养学习者语言技能为目的的师生会谈。会谈一方为母语使用者或专业教师，以网络会谈为授课形式，达到教授二语学习者

* 作者单位：University of Wollongong, Australia。本研究得到吴应辉教授、田艳副教授以及李柏令教授的大力支持与协助，以及所有志愿者的积极参与，在此谨致谢忱。

的目的。第三类是以培养学习者交际技能与实习教师教学技能为目的的师生会谈。目前有关网络会谈的研究主要集中于前两类，关注的焦点主要在学习者身上，即学习者如何通过网络会谈来提高交际能力，在相关实证与准实证研究中，网络会谈往往只是作为完成任务测试的平台，如 Akiyama（2014）通过学习者在 Skype 上完成的任务来检验词类对日语二语习得的影响，而对会谈中母语使用者一方的研究极为稀少。因此，本文旨在填补这项空白，将汉语母语实习教师也作为研究对象。本文不仅可以丰富国际汉语教育理论，而且对二语教学实践与师资培养也有重要的指导意义。

二、纠错反馈

纠错反馈，即教师对学习者的错误表达做出的回应，是本文涉及的一个重要概念。纠错反馈因其在二语习得理论与教学实践中的重要地位，一直以来倍受关注（Ellis, 2010；Lyster & Saito，2010）。早期的描写性研究致力于揭示纠错反馈的类型，如 Lyster & Ranta（1997）总结了六种口头纠错反馈策略，本文提到的六种纠错反馈策略以 Lyster & Ranta（1997）的分类和定义为基础，添加了超语言信号（Ellis，2013）。（1）重述（Recast），即把学习者的病句用正确的说法重新表述一遍。（2）明确指正（Explicit Corrections），即明确指出错误，并给出正确表达。（3）请求澄清确认（Clarification Requests & Repetition），涵盖了 Lyster & Ranta （1997）中的请求澄清（Clarification Requests）和重复（Repetition）。因为二者皆采用疑问的方式要求学习者对其所述内容或形式予以澄清确认。（4）元语言解释（Metalinguistic Explanations），即提供新信息或语法解释。（5）引导（Elicitation），即通过提问或以让学习者接话的方式引出正确表达。（6）超语言信号（Paralinguistic Signal），如用眼神、手势等暗示错误。现有的实证研究一致认为，纠错反馈对二语学习有显著的促进作用（Nicholas *et al.*，2001；Sheen，2004、2006），而综合了实证及准实证研究结果的荟萃研究发现，纠错效果受多种因素影响，如语境（目的语或非目的语语境）、测试类型、目标语言点、学习者母语及二语水平等（Russell & Spada，2006；Li，2010；Lyster & Saito，2010），纠错反馈的效果在实验条件下比在课堂教学环境中更为显著（Mackey & Goo，2007），因为实际教学中情况更为复杂，用于测试的目标语言点较难掌控，教师的纠错行为相对随机。

现有的纠错研究主要以英语为目的语，纠错形式主要为一位教师对多名学习者，语料多通过课堂观测或实验方式收集，采用长期跟踪调查方式来揭示纠错反馈对二语学习者语言发展影响的研究还几乎没有。而长期跟踪调查是二语习得研究的一个重要方向，对课堂教学有重要的指导意义（Ortega & Iberri-Shea，2005），因此，本文将通过对一学期网络会谈的跟踪调查，回答以下几个研究问题：（1）网络会谈对提高二语学习者的哪些技能更有帮助？（2）网络会谈的成功之处何在？（3）会话双方对纠错反馈策略的使用与效果有何看法？差异何在？（4）网络会谈对师资培养有何作用？

三、研究方法

（一）参加者

本调查参加的一方为澳大利亚一所大学中文专业三年级的 16 名汉语非母语学习者，女 10 人，男 6 人；平均年龄 32 岁（17—53 岁）；母语分别为英语（13 人）、日语（2 人）和韩语（1 人）；

大多在当地完成了两学年（约 220 学时）的汉语课程；实际汉语水平约相当于准中级，学习者之间水平略有差异。会谈另一方为 16 名中国高校硕士研究生（女 15 人，男 1 人），经相关负责人批准由其导师协助招募，招募条件为：（1）汉语国际教育专业在读硕士研究生。（2）普通话标准。（3）能熟练用英语进行沟通交流。汉语母语者平均年龄 24 岁（22—26 岁），在中国学习英语 10 年以上，英语水平为大学英语六级。本调查要求汉语母语者有基本英语沟通能力是因为学习者汉语水平较低、词汇量有限，汉语母语者有时需用英语进行沟通、解释，以节约有限的会话时间。两组初始参加人数为 20 人，排除中途退出及未完成所有会谈者后，最终 16 对完成了 10 周的会话。

（二）步骤

网络会谈开始前，研究者对学习者和母语者分别进行了线下及线上集体培训，就会谈的目的、纠错反馈类型（结合汉语中的实例）、使用 Skype 的技术设置、操作步骤、注意事项等进行了讲解。网络会谈从学期第二周开始，每周一小时，一学期共完成了 10 次会谈。澳大利亚学习者的会谈在大学语音室进行，并用电脑软件录音。会谈采用轮换制，即每位二语学习者每周与一名不同的汉语母语者进行交谈，以使每位学习者有机会接触到不同的话语风格、体验不同的教学特色，并始终对会谈抱有新鲜感。此外，让学习者反复进行自我介绍可以提高其语言表达的准确度、流利度，达到表达输出自动化。同时，实习教师也可接触到不同汉语水平、不同特点的学习者，从而采取有针对性的纠错反馈策略。研究者在每周会谈前，将会话大纲、相关学习内容、主要词汇及语法点发给会谈双方，并将不同的反馈问卷、评估表分发给两组。所有会谈结束后，研究者对两组分别做了线上及线下小组访谈。

四、结果及讨论

本文采用三重对应分析法，即通过对比分析会谈双方的录音语料、反馈、反思报告及访谈记录来回答研究问题。结果显示，网络会谈对提高二语学习者的听、说、会话交际能力效果尤其显著，纠错反馈最受欢迎。

（一）网络会谈对提高二语学习者的哪些技能更有帮助？

多重语料分析显示，网络会谈对提高学习者的听、说、会话交际能力效果最好，其次是了解跨文化知识和增强学习动机，最后是提高书写与阅读技能。网络会谈可增强学习者的学习动机是一个意想不到的发现。大部分学习者都在反思报告中提到，网络会谈促使他们下决心认真准备。开始时由于网络故障及汉语水平有限，很多学习者表示会谈时非常紧张，交流不太顺畅。他们下决心要事先认真准备，并多念几遍自己想说的话，以避免交际中出现尴尬局面。他们准备越充分，交流便越顺畅，会谈越成功，他们便越有信心。到第五次时，大部分学习者已喜欢上了网络会谈，可以用所学词汇就相关话题自由表达自己的思想。会谈的顺利进行又激励他们继续使用这些有效方法，通过认真准备来克服紧张情绪。起初汉语水平较低的学习者最终也非常享受会谈的过程，被纠正的错误逐渐减少，有些自我介绍的内容，可以做到脱口而出，发音准确，表达无误，实现了表达的自动化。这一结果验证了二语技能习得理论（DeKeyser，2007、2014），即二语技能的习得是一个渐变的过程，需要在有意义的交际语境中反复练习，是一个从有意识地努力使用语法规则到自动输出的过程，而教学的重心就在于如何提高学习者自动输出目的语进行交际的能力。

（二）网络会谈的成功之处何在？

会谈双方均认为最成功也是最有趣的地方是了解了中澳社会文化的方方面面，对学习者来说，通过跟澳大利亚社会及自己亲身经历进行对比来了解中国社会文化印象更深刻，感觉更新奇。其次，双方都将对方视为地位平等的友人，当发现对方与自己有共同的兴趣爱好或意见观点时，有一种找到“知音”的兴奋感，有的学习者认为从中国同龄人的角度来了解中国社会更真实、更有趣。此外，学习者认为自己的语言问题得到及时纠正是会谈最成功之处，他们在发音、语法和新词的学习使用上得到帮助，消除了听说汉语的恐惧感，提高了会话能力。总之，轻松、愉快、平等的交际环境，使会话双方增进了对对方社会文化的了解，使二语学习者能够在真实交际语境中使用所学词汇和语法点表达自己的思想，并在母语教师的帮助下有效提高表达的准确性和流利度。

（三）会话双方对纠错反馈策略的使用与效果有何看法？差异何在？

所有学习者都对纠错反馈持肯定态度，希望语伴（这里是指实习教师，下同）纠正自己的错误。大部分学习者希望实习教师纠正自己所有的错误，而且认为实习教师已经做到了；只有个别汉语水平较高且健谈的学习者，不太希望对方总是打断自己的话语来纠正自己的习惯性错误，认为这样会打断思路，影响表达欲望。实习教师也都根据学习者汉语水平及特点对学习者的错误表达进行了更正。然而，会谈双方在纠错的数量与类型、时机及纠错反馈策略的有效性等方面存在差异：（1）纠错的数量与类型。学习者希望对方纠正自己所有的错误，尤其是语法错误。而实习教师纠正最多的是语音错误，其次是句法结构和词汇的用法错误。有些实习教师或认为应该给学习者自己纠错的机会，或受到时间限制不愿打断学习者思路，给他们造成畏难情绪，因此，只纠正了部分有代表性的错误或问题比较突出的错误；而学习者认为实习教师已经纠正了自己所有的错误，所以，没有被纠正的错误用法在之后的会谈中多次反复出现，成为“化石化”现象的一个诱因。（2）纠错的时机。大部分二语学习者希望自己的错误得到及时纠正；而有些实习教师不希望打断学习者的话语和思路，往往等学习者说完一段之后，再集中纠错，但由于语流较快，内容较多，有些错误之处就已经被忘记或略掉了。（3）纠错反馈策略的有效性。学习者认为最有效的纠错反馈策略是明确纠错并讲解的策略，如明确指正和元语言解释，重述只是在纠正发音时比较有效，而请求澄清确认和超语言信号效果最差。而实习教师使用最多的纠错反馈策略却是重述，尤其是在纠正发音和较难解释的语法点（如“了”“的”等）时使用；其次是明确指正；只有个别实习教师使用了引导的方式，让学习者举一反三，引出正确表达。因为会谈双方以谈话内容为中心，学习者有时难以判断对方是在用另一种方式陈述自己所表达的内容还是在纠正自己的错误，使用请求澄清确认策略时，学习者往往不太清楚教师究竟是要求其对表述内容加以澄清还是在暗示其语言表达形式发生了错误。何况汉语水平较低的学习者根本意识不到自己的语言有问题；而且，有的实习教师为了让学习者熟悉正确的发音和表达，会把学习者说过的话都用正确的方式重新表述一遍，这也会引起学习者的误会。因此，请求澄清确认以及重述策略纠错效果不明显。

（四）网络会谈对师资培养有何作用？

网络会谈在增强学习者交际技能的同时，培养了实习教师的反思意识，使其在实践中不断提高教学和纠错技巧，得到了学习者的肯定与称赞。所有学习者都认为实习教师在会谈中对他们帮助极大，有效的纠错对会谈的成功至关重要。通过与不同学习者进行会谈，实习教师在实践中不断反思，总结经验教训，完善纠错反馈策略，教学经验不断丰富，指导效果不断提高。起初，由于实习教师不熟悉学习者所学过的词汇、英语母语者的常见偏误类型，甚至不知如何用英语来解释某些语法点或说明学习者的错误所在，他们对学习者的表达有时存在误解，纠正时解释也不够准确。因此，他们最常用重述策略和介绍新词。这些教师逐渐意识到了问题，感觉到自己能力有限，纠错效果欠佳，因为有的学习者在不断重复同样的错误。大部分实习教师每周会谈后都认真反思总结，不断修正自己的纠错反馈策略，充实自己的知识水平，如主动查询相关语法知识和学习如何用英语进行讲解等。在后期会谈中，实习教师的纠错技巧和语法功底均有显著提升，根据学习者的汉语水平、特点、问题的代表性及时间的允许度来选择纠错反馈策略的意识得到明显增强。此外，教师的态度对学习者心理有一定影响。自查反思之后，起初的急于更正或不经意间表露出的不耐烦情绪都被后来认真倾听、循循善诱的鼓励与引导所代替，尤其是妙趣横生的轻松交谈深受学习者的喜爱与欢迎，对提高会谈效果大有裨益。

五、结语

本文显示网络会谈不仅对提高学习者的听、说及跨文化交际能力大有裨益，而且为培养实习教师的教学技能提供了一种全新的模式，双方受益。本研究结果从长期跟踪、定量分析的角度，丰富了纠错反馈理论，对二语教学及师资培养有重要的实践指导意义。网络会谈为海外汉语学习者提供了一个新的交际渠道与学习平台，学习者在了解目的语文化、发展友谊的同时，可在交际中学习如何正确使用新学的词汇表达自己的思想，并得到实习教师的及时指正，提高了跨文化交际能力，增强了学习动机。实习教师也在了解学习者母语文化及中介语特点的同时，增强了反思意识，提高了教学技巧。总之，网络会谈在国际汉语教育中有重要的实践指导意义，不失为一种提高国际汉语教学效果、达到“师生共赢”的有效手段。

参考文献

[1] Akiyama, Y. Using Skype to focus on form in Japanese telecollaboration: Lexical categories as a new task variable // S. Li & P. Swanson (Eds.). *Engaging Language Learners through Technology Integration: Theory, Applications and Outcomes*. IGI Global, 2014.

[2] DeKeyser, R. M. Situating the concept of practice // R. M. DeKeyser (Ed.). *Practice in a Second Language: Perspectives from Applied Linguistics and Cognitive Psychology*. Cambridge University Press, 2007.

[3] DeKeyser, R. M. Skill acquisition theory // B. VanPatten & J. Williams (Eds.). *Theories in Second Language Acquisition: An Introduction* (2nd edition). Routledge, 2014.

[4] Ellis, R. Epilogue: A framework for investigating oral and written corrective feedback. *Studies in Second Language Acquisition*, 2010, 32(2).

[5] Ellis, R. Corrective feedback in teacher guides and SLA. *Iranian Journal of Language Teaching Research,* 2013, 1(3).

[6] Li, S.-F. The effectiveness of corrective feedback in SLA: A meta-analysis. *Language Learning,* 2010, 60(2).

[7] Lyster, R. & Ranta, L. Corrective feedback and learner uptake: Negotiation of form in communicative classrooms. *Studies in Second Language Acquisition,* 1997, 19(1).

[8] Lyster, R. & Saito, K. Oral feedback in classroom SLA: A meta-analysis. *Studies in Second Language Acquisition,* 2010, 32(2).

[9] Mackey, A. & Goo, J. Interaction research in SLA: A meta-analysis and research synthesis // A. Mackey (Ed.). *Conversational Interaction in Second Language Acquisition: A collection of Empirical Studies*. Oxford University Press, 2007.

[10] Nicholas, H., Lightbown, P. M. & Spada, N. Recasts as feedback to language learners. *Language Learning*, 2001, 51(4).

[11] Ortega, L. & Iberri-Shea, G. Longitudinal research in second language acquisition: Recent trends and future directions. *Annual Review of Applied Linguistics,* 2005, 25.

[12] Russell, J. & Spada, N. The effectiveness of corrective feedback for the acquisition of Lzgrammar: A meta-analysis of the research // J. M. Norris & L. Ortega (Eds.). *Synthesizing Research on Language Learning and Teaching*. John Benjamins Publishing Company, 2006.

[13] Saito, R. & Ishizuka, N. Practice of online chat communication between two countries and across different curricula. *Journal of Multimedia Aided Education Research,* 2005, 2 (1).

[14] Sheen, Y.-H. Corrective feedback and learner uptake in communicative classrooms across instructional settings. *Language Teaching Research*, 2004, 8(3).

[15] Sheen, Y.-H. Exploring the relationship between characteristics of recasts and learner uptake. *Language Teaching Research*, 2006, 10(3).

学习管理系统与对外汉语教学：汉语网课设计的个案研究

美国南佛罗里达大学　韩继宁

摘　要：随着网络技术、移动科技以及多媒体科技的迅速发展，尤其在未来5G技术将广泛应用与发展的背景下，第二语言/外语教学中采用基于网络环境下的学习材料这一话题已经吸引了许多研究者的关注。本文主要探讨了北美一所公立大学中的汉语网课设计过程、实际应用以及学生和教师的反馈，目的是通过汉语网课设计的个案研究，通过学生和教师对网课的反馈，探讨汉语网课的优缺点。最后从汉语教学法和教育信息科技设计的角度，对如何改进这门网课提出了建议。

关键词：学习管理系统　对外汉语教学　网课设计　学生和教师反馈

一、应用科技辅助语言学习

（一）科技辅助语言学习的发展

20世纪60年代是科技辅助语言学习的早期阶段。行为主义理论下的科技辅助语言学习在这个阶段中起着主导的作用。科技辅助语言学习中主要使用了听说教学法、行为主义模型以及语言结构主义（Stern，1983； Levy，1997；Fotos & Browne，2004）。应用科技辅助语言学习的活动主要包含了已经预设答案的练习，一些学者指出科技辅助语言学习在这一阶段缺少鼓励学生主动学习，缺少师生间的互动（Levy，1997；Kern *et al.*，2008）。在这一阶段最有代表性的是伊利诺伊大学的Programmed Logic for Automatic Teaching Operations（PLATO）项目。

20世纪80年代，有学者将这个时期称为多媒体阶段，在这个时期，交际语言教学法在很大程度上影响了科技辅助语言学习。科技辅助语言学习的设计开始关注提高学习者的交际能力，然而，由于这个时期网络传输技术的局限性，科技辅助语言学习的项目和教材主要为学习者提供利于交流的学习语言的内容，并不能为学习者提供一个网络平台来进行真实的交互（Underwood，1984）。很多学者争论称这一时期的科技辅助语言学习的活动并不是真正符合了交互语言教学法（Dunkel，1991；Fotos & Browne，2004）。麻省理工学院的 Athena Language Learning Project（ALLP）是这一时期具有代表性的项目。

从 20 世纪 90 年代开始，随着网络科技的迅速发展，科技辅助语言学习逐渐进入了网络阶段和交互阶段。社会文化理论开始对科技辅助语言学习产生影响，在这一时期，在线模拟真实语境下的交互环境，以及母语者与学习者之间一对一的交互，逐渐成为科技辅助语言学习的重要组成部分。许多学校和语言学习项目开始鼓励语言教师与网络开发者一起合作，将真实权威的材料通过视频、音频、图片、动画等各种方式融入网站之中。许多学者（Murray，2000；Warschauer，2003）指出，网络化的交互语言学习的优势在于可以让语言学习者按照自己的学习速度和节奏灵活地安排学习内容和时间，可以更好地将真实权威材料融入语言教学中，并且可以维持“以学习者为中心”的教学环境，同时，交互性的网络也利于师生间的反馈、学习者间的交流以及纠错反馈的发展。

（二）学习管理系统在语言教学中的应用

学习管理系统是由内容管理系统发展出来的，内容管理系统最初设计应用于商业、能源和医疗行业，目的是通过网络技术的自动化辅助员工交流（Martin-Blas & Serrano-Fernandez，2009）。学习管理系统是一个网络平台，这个平台可以提供各种工具来辅助教师和学生，这些工具可以用于课程管理、用户交互、音频和视频会议、测试、评分、反馈交流、虚拟现实等。许多语言教学项目开始开设在线课程和在线—教室混合课程，有学者（Winke & Goertler，2008）建议语言教师们要接受一种全新的语言教学模式，并且指出学习管理系统可以为在线教育、多媒体教学、远程教学以及在线—教室混合教学提供一个完整和系统的交互平台，以满足课程开发者、教师、学生的需求。许多学者进一步的研究表明了使用学习管理系统有利于外语教学。

（三）对外汉语教学与科技辅助语言学习

姚道中教授（Yao，2009）归纳了从 20 世纪 70 年代起，科技辅助语言学习在对外汉语教学中的应用。ChiNews 为高级汉语学习者提供阅读和听力的课程；LangNet 为学习者提供互动性的材料，以帮助学习者提高阅读和听力的能力。姚道中教授也提出了未来网课发展的建议，他认为网课应该进一步培养学习者的交流能力，并且利用科技为学习者提供有效的反馈。近些年来，很多学者的研究也讨论了在平台中教汉语的有效性。靳洪刚教授（Jin，2009）探讨了在博客、即时通讯和论坛中教汉语的差异，通过研究对比，发现博客为学习者提供了对话的机会，使学习者有更多的方式进行交流，比如语音留言、文字留言等，学习者交际性和参与性在博客中体现得最多。Cai & Zhu（2012）探讨了汉语学习者对于网课的态度，研究要求学习者在网上写作文，上传朗读的录音，并且提供反馈，研究结果表明学习者对于这种方式持积极态度。

二、汉语网课的设计与应用

（一）汉语网课的设计分析

从 2014 年起，北美一所公立大学开始设立汉语网课。网课的设计遵循了 ADDIE 模型。ADDIE 模型是教育信息科技领域和网站设计中常用的设计流程模型，这个模型包含了五个部分：分析（Analysis）、设计（Design）、开发（Development）、实行（Implement）、评估（Evaluation）。第一步，汉语项目的工作人员对学生需求进行分析，以此来探讨开设汉语网课的可能性，在这所大学中，世界语言学系提供汉语主修专业和汉语辅修专业，汉语项目提供从初级到高级的汉语课程，初级课程主要包括基础汉语，高级课程包括中国文学、文化、历史等。基础汉语课为 4 学分，要求学生周一到周四来教室上课，每节课 50 分钟。根据以往学生注册情况，学习汉语的学生主要包括汉语主修专业学生、汉语辅修专业学生、为满足外语学分要求的学生、汉语爱好者以及兼职学生。

我们通过调查问卷来了解学生的需求，调查结果显示，影响学生是否继续注册汉语课的原因有八个：（1）一部分非汉语专业的学生表示自己居住的地方离学校很远，因此当他们满足外语学分要求之后，如果汉语项目开设网课，他们会考虑继续学习汉语。（2）一部分学生表示有兼职的工作，因此如果汉语项目提供的上课时间与工作时间冲突，会影响到他们继续学习汉语。（3）一部分学生表示，如果汉语课程的时间与他们的专业课时间冲突，他们只能放弃选修汉语课，转而去选择时间合适的其他外语课来满足外语学分要求。（4）一些周中在当地工作的非全职学生，只能在晚间或者周末上课。（5）想学习汉语的硕士和博士研究生白天要为大学工作，汉语课时间与他们的工作时间冲突。（6）通过一些大学与高中的合作项目，一些高中生可以选修大学的课程，但是他们平常在高中上课，因此无法来注册汉语课。（7）很多学生表示灵活的上课时间、可以自主控制的学习节奏，对他们选修汉语课有很大的帮助。（8）大部分学生表示，他们很关注网课的质量，如果网课没有办法提供足够的与教师交流和练习的时间，以及教师的纠错反馈，他们会放弃注册汉语网课。基于以上分析，我们开始着手设计汉语网课，网课的主要特点体现在符合汉语教学法、灵活性、学生的自主学习性、学生与教师的交互、教师的纠错反馈以及在线测试。

（二）网课的设计、开发与应用

汉语网课由汉语项目主任指导教学和开发，提供教学法和教学内容的支持。网课教师团队由四位教师组成：一位全职的汉语讲师，一位汉语专业助教以及两位博士生助教。其中一位博士生助教主要负责教育信息科技方面的支持和设计，另外三位教师负责教学课程和内容的设计。四位教师共同协商画出网课流程图（Flowchart）和故事板（Storyboard），经过项目主任修改和批准后，在学习管理系统中，按照流程图（见图 1）和故事板的内容和框架开发成了汉语网课。

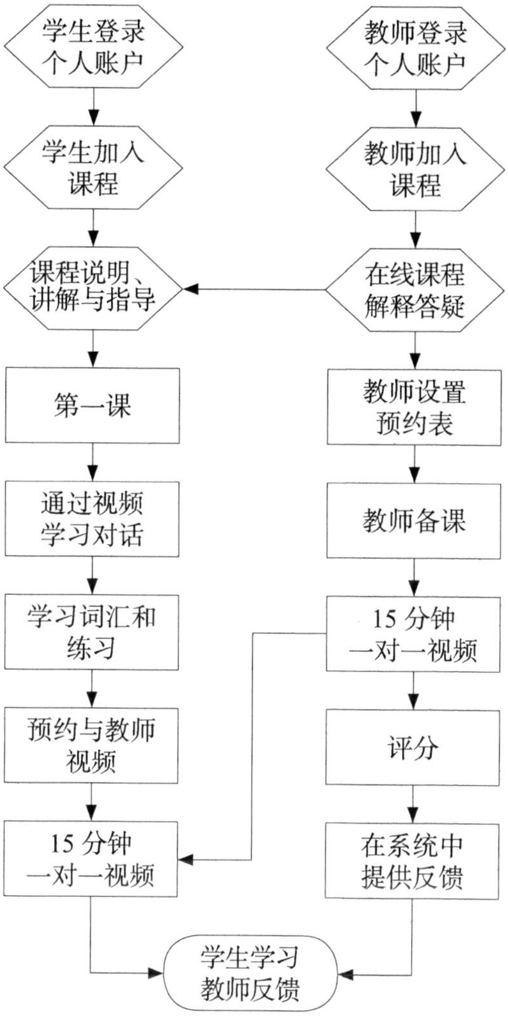

图 1　汉语网课设计流程图

第一次开设汉语网课时，一共有 25 名学生注册，四位教师合作为学生授课。首先，如果学生在学校注册了汉语网课，那么汉语网课就会出现在学生个人账户之中，学生点击后即可进入汉语网课。课程内容和介绍、教师对课程内容和介绍的讲解视频由汉语教师和网课开发者上传到学习管理系统中，网课要求学生必须在开学的第一周看完视频。这一部分的目标是给学生足够清楚的指导，让学生知道课程的内容、结构、模式、评分标准等，学生如果对课程的设置有任何疑问，可以通过留言板提问，教师会在 24 小时内回复。学生观看完视频后，必须接受一次测试，这个测试用于确保学生理解了网课的设置和安排，这个测试不计分数，也可以反复进行，但是学生必须通过后才能解锁使用第一课。

汉语项目主任会安排每周的学习计划，一年级的汉语课为 4 学分，因此学生每周需要完成四个学习任务，并且需要与教师视频四次来操练这些学习任务，学习计划会提前上传到网课中。汉语教师和网课开发者把在教室上课使用的纸质教材内容转移到了网课中，将对话部分录制了视频，词汇和语法解释的文字配有音频。在操练的部分，网课使用图片来描述对话发生的场景，学生点击图片下的小喇叭可以收听录音。网课要求学生记忆对话，并且熟练掌握练习中的词汇和句型。

学生在学习管理系统中学习时，四位汉语教师将协商自己授课的时间，并且把自己的时间间隔成每20分钟一段，授课的时间为15分钟，另外的5分钟供教师休息以及切换授课幻灯片，四位教师的授课时间确保涵盖周一到周日七天白天以及晚上的时间。例如一位汉语助教每周的工作时间为10小时，这位助教将这10小时分成30个20分钟，这样就可以有30个时间段让学生来选择。四位教师确定好时间段后，将这些时间发送给网课开发者，网课开发者使用学习管理系统中的预约插件进行设置，设置完成之后，学生在个人账户中可以进行预约，已经被预约的部分就会标记出来，并且发送邮件提醒教师和学生。网课开发者将视频通话的插件嵌入汉语网课，学生到了预约的时间，打开视频通话插件，即可与教师进行一对一的对话练习。在这15分钟中，教师通过幻灯片告诉学生对话所处的语境，利用对话和练习中的词汇、短语和句式，与学生进行对话，并且对学生的发音和用法进行纠错，根据学生的表现进行打分。视频结束以后，学生可以在网课中进入到下一个学习任务，教师在学习管理系统中为学生提供反馈。

三、研究发现和讨论

在一个学期的汉语网课之后，所有参加网课的学生填写了一个调查问卷，调查问卷的问题涉及学生对网课的态度和评价、学生对网课教师的评价、学生对学习管理系统下的汉语网课的建议。笔者对授课的四位教师进行了采访，采访的问题主要涉及汉语教师对网课的态度和评价、对使用学习管理系统的想法以及对网课设计的建议。以下的部分为笔者对调查问卷中数据的分析和总结。

所有的学生都表示对汉语网课持有积极的态度，他们认为汉语网课的灵活性可以让他们有更多的选择，对他们继续学习汉语很有帮助。很多学生表示下学期会继续选修汉语网课，他们认为通过网课可以有效地学习汉语，每周四次与教师视频的练习，也让他们感觉学习的强度非常大，但是由于时间安排相对灵活，在某些程度上可以缓解他们的压力。有些学生指出，网课的环境对于他们来说还是比较陌生的，因此需要更多的指导，比如需要更多的时间来适应网课，需要一些时间来熟悉技术方面的应用，因此他们建议教师通过视频会议在学期初进行课程说明和简介，学生可以即时提出问题，以寻求教师的帮助。有几位学生指出授课教师并没有很快地帮他们解决问题，这主要是由于所有的沟通都是在网络环境下，因此出现了大量的邮件、留言板提问、即时聊天的信息，授课教师有时忽略了一些学生的留言，造成了学生的负面评价。汉语网课提供给了学生多个与教师沟通的媒介，因此教师很容易忽略部分信息。未来对网课设计的建议是指定一种媒介用于学生向教师提问，或者指定一位教师专门来答疑。由于网络技术的问题，导致了网课期间几次课程取消的情况，主要的原因是学生表示自己家里的网络中断，或者网络传输有延迟导致他们无法正常视频。对于这种现象，我们建议在课程的说明与介绍中要求学生在稳定的网络环境下上课，尽量避免使用移动通信运营商提供的移动网络，并且授课的教师要做好准备，定期预留出一部分时间为由于网络原因无法上课的学生补课。

授课教师认为汉语网课这种方式可以吸引更多的学生注册汉语课，为高中生和兼职学生注册汉语课提供了可能性。另外一些高年级参加海外项目的学生也可以注册汉语网课，继续选修汉语课程，这为以后开展高年级的汉语网课提供了可能性。授课教师表示，由于每个学生的进度不同，导致每天上课使用的教学内容和幻灯片不同，一些刚开始接触到这个教材的教师在学期开始的时候有非常大的备课压力，因此授课教师建议在学习管理系统中设置教师的资源库，教师们可以将自己的课件分享给其他教师，提高工作效率。

对于学生普遍性的错误和语法问题，每两周教师可以录制一个讲解视频上传至学习管理系统，进行统一的讲解和解答。网课的更新和发展也需要汉语教师与网课开发者之间密切的交流与互动。汉语网课的设计和开发不仅需要网络技术的支持和辅助，更需要语言教学法的引导，因此网课开发者最好有一定的语言教学经验和背景，同时与汉语教师进行有效的技术和教学法的沟通。此外，根据这次网课开发的经验，使用一个协同合作的网站来管理项目开发也是非常有帮助的，将开发的过程和每位教师负责的部分在网站中设置好，并且达成合作协议，能够提高网课开发的效率。教师和学生都认为汉语网课缺少学生与学生之间的交流，建议未来的网课可以实行多人通话，一位教师与 2—3 名学生同时进行操练，上课的时间从 15 分钟延长至 20 分钟，这样既可以让学生之间有交互和练习，也为授课的教师减轻了压力。

从汉语教学与教育信息科技的角度来看，在网课的开发设计中，也需要考量教育信息科技设计的原则，例如要参考 WCAG 标准，尽量确保所有的学生都能够正常使用网课；在标题、正文、图片的编排上，要遵守屏幕阅读器的要求，保证有视觉障碍的学生可以通过屏幕阅读器来获取课程信息；为了提高用户使用的便捷性，网课开发者在页面的排列组合上也要遵守 W3C 标准。学习管理系统是一个开源的网站，授课教师可以通过添加插件安装新的功能。在这学期的网课中，汉语教师和网课开发者合作，开发了几个小程序帮助学生学习汉语，学生也表示经常使用这些小程序。例如教材音频播放器，里面保存了教材中所有的音频资料，学生说可以在开车或者运动的时候一直听汉语音频；录音回放功能，学生可以点击录音键录音，通过回放来听自己的发音情况。在线聊天技术支持功能主要在学期开始时使用，如果学生对于技术方面有任何的问题，可以点击在线聊天按钮，值班教师会在线解答学生的问题。教师们在调查问卷中表示，希望能够组织网课的教师参加教师培训，着重于网络技术方面的知识，因为教师对于网络技术的认识也有所不同，当遇到技术问题时，无法及时独立解决，因此，定期的教师培训对网课教师也会有很大的帮助。

通过调查问卷和采访，笔者从学生、教师、教育信息科技的角度分析了学习管理系统下汉语网课的优缺点，对未来网课给出了教学法和设计方面发展的建议。本研究的局限性在于，这门网课只在一所大学中使用，在其他的大学中使用可能会出现不同的问题和发现；这门网课的设计主要针对初级汉语学习者，对于高级汉语学习者，汉语网课的教学法、设计和功能可能需要进行适当的修改。在未来的研究中，笔者也会考虑通过量化研究分析汉语网课的成绩和习得效果，再通过质化研究深入探讨成绩背后的原因，希望能够为科技辅助对外汉语教学提供研究数据与教学建议。

参考文献

[1] Cai, S.-R. & Zhu, W. The impact of an online learning community project on university Chinese as a foreign language students' motivation. *Foreign Language Annals,* 2012, 45(3).

[2] Dunkel, P. Listening in the native and second/foreign language: Toward an integration of research and practice. *TESOL Quarterly,* 1991, 25(3).

[3] Fotos, S. & Browne, C. M. *New Perspectives on CALL for Second Language Classrooms.* Lawrence Erlbaum Associates, 2004.

[4] Jin, H.-G. Participatory learning in internet web technology: A study of three web tools in the context of CFL learning. *Journal of the Chinese Language Teachers Association,* 2009, 44(1).

[5] Kern, R., Ware, P. & Warschauer, M. Network-based language teaching // N. Van Deusen-Scholl & N. H. Hornberger (Eds.). *Encyclopedia of Language and Education 4*. Springer, 2008.

[6] Levy, M. *Computer-assisted Language Learning: Context and Conceptualization.* Oxford University Press, 1997.

[7] Martin-Blas, T. & Serrano-Fernandez, A. The role of new technologies in the learning process: Moodle as a teaching tool in physics. *Computers & Education,* 2009, 52(1).

[8] Murray, D. E. Protean communication: The language of computer-mediated communication. *TESOL Quarterly,* 2000, 34(3).

[9] Sanprasert, N. The application of a course management system to enhance autonomy in learning English as a foreign language. *System,* 2010, 38(1).

[10] Stern, H. H. *Fundamental Concepts of Language Teaching.* Oxford University Press, 1983.

[11] Underwood, J. H. *Linguistics, Computers and the Language Teacher: A Communicative Approach.* Newbury House, 1984.

[12] Wang, S.-G. Intermediate-level Chinese language learners' social communication in Chinese on Facebook: A mixed methods study. Doctoral Dissertations, University of South Florida, 2013.

[13] Warschauer, M. *Technology and Social Inclusion: Rethinking the Digital Divide.* M. I. T. Press, 2003.

[14] Winke, P. & Goertler, S. Did we forget someone? Students' computer access and literacy for CALL. *CALICO Journal,* 2008, 25(3).

[15] Yao, T.-C. The current status of Chinese CALL in the United States. *Journal of the Chinese Language Teachers Association,* 2009, 44(1).

[16] Zhao, Y. The future of research in technology and second language education // Y. Zhao (Ed.). *Research in Technology and Second Language Learning: Developments and Directions.* Information Age Publishing, 2005.

基于翻转课堂的汉语视听说课设计：以韩国大学本科高年级为例

北京大学　金主彬

摘　要：　随着教育信息化的发展，互联网技术逐渐应用于教学中，“翻转课堂”作为一种全新的教学模式，成为国内外教育界的热门话题。以传统教学流程的颠倒、课堂时间的重新规划、师生角色的改变为三大特点的翻转课堂能够满足自主性、互动式、个性化的学习需求，有利于打造建构主义所倡导的“以学生为中心”的课堂。其模式早期注重的基本理念与以语言表达和交流为教学目标的语言课相契合，笔者将二者结合，并通过具体设计加以尝试，以期其独特优势为对外汉语视听说教学模式发展与实践提供一些参考。

关键词：　视听说翻转课堂教学　以学生为中心　自主学习

一、引言

随着现代化科技发展的日新月异，互联网的普及和信息技术在语言教学领域的应用也成为研究热点之一。混合学习研究起始阶段时间跨度大致为 2000 年至 2010 年，是在人们对在线学习（E-Learning）进行理性反思的背景下发展起来的（袁萍，2016）。通过混合式教学，可以使线下教育和线上教育做到优势互补，提高学生的学习效率。混合学习的一种模式即“翻转课堂（Flipped Classroom）”，它的大致概念是传统上在课堂上做的事情改为在课下做，传统上的家庭作业则在课堂上完成（Bergmann & Sams，2012）。2012 年，美国教育咨询公司 Classroom Window 和 Flipped Learning Network 一起展开了一项关于翻转课堂应用价值的调查，结果显示：翻转课堂模式在逻辑性较强的学科应用较多，且取得了较大进展，然而，在语言教学领域的应用研究还属于起步阶段（转引自白迪迪，2014）。翻转课堂实践的应用及推广适用于科学、数学学科等知识性较强的学科，学生在课前接受核心知识，然后在课堂上主要通过实践环节推动知识的内化，经过深入讨论，使知识得到熟练运用。Bergmann & Sams（2012）也着重谈到化学课堂上独立练习、做实验等动手实践活动的重要性。笔者认为翻转课堂适用于以语言表达和交流为教学目标的语言课，尤其是其早期发展及应用观念“重视实践环节”与高级视听说课的教学目标（在课堂中运用多媒体材料使学生在贴近真实的情景、有意义的语境当中培养语言实践能力）相吻合。另外，翻转课堂在汉语视听说教学中的应用也应根据它的课程特点进行专门的设计。对于已经掌握了基础汉语语法和一定量汉语词汇的韩国本科高年级学生来说，更需要能够灵活地运用语言知识的学习模式。然而在目前的情况下，本科课程的课时少，教学时间也有限，视听说素材尤其是基于真实影视剧的内容含量较大，在学生数量较多的情况下教师通常只能照顾到少数积极参加的学生，难以实现因材施教。而利用翻转课堂则可以节省教师在教室里的讲课时间，从而增加学生课上课下运用知识的时间，教师无论在线上还是线下都有更多的时间进行个性化指导，提高教学和学习效率。本文以翻转课堂相关理论研究为基础，把翻转课堂引入汉语教学中，主要探讨其在视听说教学中的应用、设计和研究。

二、翻转课堂相关研究

翻转课堂是在班级授课框架的课堂教学中引入网络学习的新思维，实现网络环境下传统课堂群体教学和网络个别学习的有效结合的混合学习（Blended Learning）的一种模式（Bergmann & Sams，2012）。

（一）翻转课堂的主要特征

1. 传统教学流程的颠倒

翻转课堂最明显的特征就是彻底颠倒了“教师教授 + 学生作业”的传统教学过程，它与传统的教学相反，课前教师根据教学目标提供主要学习材料，学生自主完成对学习资源的接收，即讲授知识的过程放在课前。课堂上，对于学生在课前接受知识的过程中产生的问题教师与学生共同进行答疑、讨论、反思等，学生课中的知识内化以协作的方式实现。

2. 课堂时间的重新规划

由于以教师的讲解、学生的听讲为主的传统课形式被放在课前，因此课堂的大部分时间可用于进行师生、生生间的互动交流活动，如此有助于达到彼此互补、相得益彰的学习效果。这种变化不仅能够提高学生对知识的理解程度，而且能让学生更好地掌控自己的学习情况。

3. 师生角色的改变

由于前面两个因素的转变，师生角色也发生了明显的变化。传统课堂中教师是课堂的中心，但在翻转课堂中教师是指导学生学习的帮手。教师的主要任务是课前准备学习资源、设计课堂活动，课中检查学生的知识掌握情况并及时地反馈，促进学生的发展等。学生则由大部分时间处于被动接收者的身份转变成主动参与者，成为课堂的主角。他们在传统课堂听课的过程中由于担心知识的漏失，常常专注于记笔记而忽略了理解，课后知识内化的过程中因缺少教师的帮助而收效甚微。

翻转课堂中的学生是主动建构者的身份，自主掌控学习时间、地点和速度，能够实现个性化学习。课前遇到难点可以反复地进行自学、充分地思考，在课堂活动中则与教师、同学交互协作解决问题并深入掌握知识。

总体而言，翻转课堂的三大特征有利于自主性、互动式、个性化的教学课堂的实现，教学效率可大幅度提高。

（二）基于网络平台的翻转课堂教学流程

翻转课堂教学模式目前受到对外汉语教学领域越来越多学者的关注，有许多一线的对外汉语教师也在尝试进行翻转课堂教学的设计实施（周冬梅，2016）。参照前人研究成果（张金磊等，2012），笔者整理出基于网络平台的翻转课堂典型模型，如表 1 所示：

表 1　基于网络平台的翻转课堂典型模型

参与者	课前	课中	课后
教师	教学总体设计（学习任务单）；制作课件、录制视频（布置针对性习题及活动）；查看学习情况、设计课堂活动	组织课堂活动（任务型及探究式活动）；个性化辅导	调查教学效果；总结性评价
学生	观看资源自主学习；在线交流、做练习题	参加课堂活动（互动式协作学习）	学习总结；反馈学习效果（提出意见）

通过国外经典模式分析，初步探讨基于网络平台的翻转课堂教学流程，主要包括了课前、课中、课后三个部分。课前初步完成知识的传授，课中进行知识的内化，课后做出总结与课堂评价。

三、视听说教学相关研究

语言交际即是双方的沟通，表达和理解是交际的核心，听觉和视觉是表达和理解的主要因素。吴丽君（1996）指出："视"使教学内容具有直观性，"听"是准确地理解语言，"说"是学习的目的，视听说课是一门将视、听、说三个方面有机地结合起来，提高学生的目的语交际能力的教学方式。目前，在广泛的教育技术支持下，多媒体汉语课堂教学的作用已被大众认可，大部分教师都具备了运用多媒体技术开展教学实践的基本能力。

（一）建构主义与视听说教学

建构主义（Constructivism）学习理论的关键词是主动性学习和协作性学习。它认为知识并不是通过教师的传授而得到的，而是学生在一定的情景下，借助教师或同学等其他人的帮助，利用学习资料自发自主地学习，通过主动对外部信息进行选择和加工而获得的（李志厚主编，2010）。建构主义学习环境中的四大要素包括"情景""协作""会话"和"意义建构"，强调提供给学生有利于形成建构意义的情景是学习外语的重要内容之一。多媒体技术和互联网技术可以作为建构主义学习环境的理想认知工具（何克抗，1998）。换句话说，基于多媒体技术的视听说教学所具有的特征有助于建构主义学习环境的四大要素的实现，所以随着多媒体技术在视听说教学应用领域的飞速发展，建构主义学习环境得到了进一步的完善。

（二）视听说课的发展需求与翻转课堂的结合点

《韩国教育大纲（第七次修订版）》［대한민국의 교육과정（제 7 차 교육과정）］于21世纪初颁布，从颁布开始就一直提倡培养主导21世纪全球化、信息化的具有自主性和创新性的人才。它也反映了外语教学的基本方向：充分运用信息化技术、多媒体教学手段，培养具有交际能力的国际性人才。许多学者指出运用影视等多媒体手段，能够给学生提供直接接触目的语的机会，让学生通过观察而体会目的语实际交流的情况，激发学生的兴趣和动机，有助于实现寓学于乐的学习并培养学生的自主学习能力（송지현，2005）。

翻转课堂的应用可以说是为教学界带来了一场教育理念的革新，即传统教学流程的颠倒、课堂时间的重新规划、师生角色的改变。其在视听说课的应用能够改善以下内容：

第一，教什么？从视听说教材的需求问题来看，教师针对教学对象的学习需求设计有吸引力的语言素材与生动活泼的资料形式，可以激发学生浓厚的学习兴趣和学下去的动力。对于本科高年级学生来说，具有时代性和实用性，能够反映现代中国生活的逼真场景，以及具有趣味性的话题可以激发他们的学习热情，进而提高他们的课堂参与度。另外，在线平台的共享能让学生随时、随地、随心地查阅学习资料，最大限度地获取相关知识，从而提高语言表达技能。

第二，怎么教？从教学方式的需求问题来看，翻转课堂的课前自主学习任务环节使得学生有意识地参与课堂学习，从而令课堂上有更多的时间开展有效的互动式、协作式教学活动来促进学生对知识的消化，有助于培养学生运用语言进行交际的能力，也实现了学生由被动的知识接收者转变为主动参与者，提高了学习的主动性和参与度以及活跃度。另外，课中活动过程中的个别、小组辅导和在课外通过网络平台、聊天室等进行的一对一指导，可以满足学生个性化的学习需求。

第三，如何学习？从学生的需求问题来看，网络环境下新型混合式学习结构的翻转课堂会直接影响学生的学习态度。课前生动有趣的学习材料和个人及小组任务能够激发学生参与学习的动机，使学生根据自己的学习情况主动把握学习进度。另一方面，课上协作式、探究式的学习活动不仅可以让学生切身体会集思广益的效果，还可以让学生更积极地与同学交流，这一点对语言交际能力的提高有很大的帮助。

由此可见，翻转课堂的出现形成的自主性、互动式、个性化的学习环境，弥补了传统的“填鸭式”教学方式的不足，使学生进行主观能动的学习，培养语言表达的能力。换句话说，有效地运用多媒体技术的视听说课程，并将翻转课堂有机地结合起来，能够解决教与学相关的难题，使中高级学生的语言表达能力得到提高，从而提升以培养交际能力为目标的视听说课的效率。

四、教学设计及评价分析

（一）教学设计原则

借鉴前文所论述的翻转课堂与视听说教学结合的可行性，笔者整理出视听说翻转课堂教学设计框架，如表2所示：

表 2 视听说翻转课堂教学设计框架

环节	流程	项目	前期主要内容设计
课前	教学总体设计	教学对象分析	针对韩国汉语中高级水平学生及汉语专业本科高年级学生
		课堂目标分析	灵活地思考和运用所掌握的语言材料；提高语言交际能力；了解一定的中国国情
		学习平台设计	Kakaotalk、NaverBand 等方便与学生交流的平台
		学习任务单设计	学习指南、学习任务、问题设计、学习资源、学习测试及反馈
	教学材料设计	PPT 课件、视频	视频背景及人物介绍、视频片段、课前小组任务
课中	组织课堂活动	重难点解释；互动式活动；个别答疑	通过分析课前提交的学习情况归纳出重难点进行解释；探究、创新型小组协作任务与报告，小组之间的评价及反馈；根据实际情况随时进行个性化指导
课后	总结及反馈	巩固知识内化；课堂效果反馈	对本节课内容进行知识归纳和梳理；现场或通过在线交流平台对整个课堂环节提出意见以便改进教学效果

课前环节主要需要分析和设计的内容有：第一，教学对象分析：HSK 五级及五级以上水平的韩国汉语专业本科生（即汉语中高级水平学生）。第二，课堂目标分析：学生通过视和听学习真实的语言材料，在此基础上，掌握新的语言知识点，提高语言运用能力，熟练地表达自己观点。此外，还可以进一步了解中国现代社会及文化。第三，学习平台设计：在翻转课堂设计的过程中，网络学习平台是课前知识传授和课后学习评价反馈环节的核心因素。网络学习平台的设计可以借助现有的技术条件，例如以 Kakaotalk、NaverBand 等方便与学生交流的平台为依托进行设计。第四，学习任务单设计：学习任务单是翻转课堂中课前自主学习的指南针，能够让学生在课前明确学习内容、目标和方法，并且为学生提供相关学习材料。它能让每一位学生根据个人的需求制订学习进度并按照进度进行学习，这样将有利于增强学生学习的自主性。学习任务单的设计包括学习指南、学习任务、问题设计、学习资源、学习测试及反馈等内容。一般以任务驱动和问题导向为基本方式，有效引导学生把握课前学习的重难点，提高自主学习能力。为了更加直观地理解视听说翻转课堂的流程，笔者对视听说翻转课堂教学流程图进行了探讨，如图 1 所示：

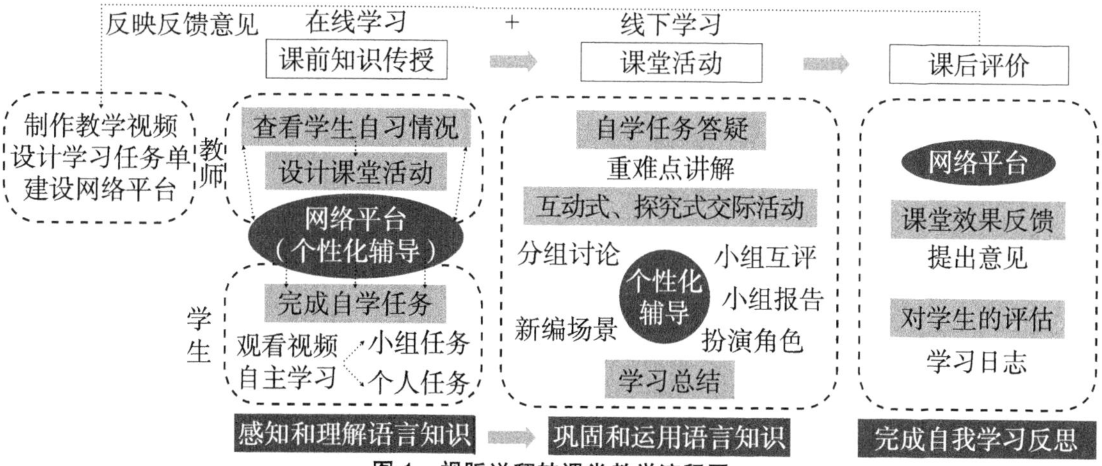

图 1 视听说翻转课堂教学流程图

（二）师生角色变化分析

师生角色的改变是翻转课堂三大特征之一，它有助于实现以自主性、互动式、个性化为特色的学习环境。为了对此进行进一步的证明，笔者对现有的视听说课堂与新设计的视听说翻转课堂进行了对比分析，并主要关注教师和学生的角色如何转变，如表 3、表 4 所示：

表 3　现有视听说课堂

环节和角色	教师	学生
课前	按照教材备课	在不明确学习目标的情况下进行课前预习
课中	按照教材里呈现的方式进行教学；以观看视频与传授重点知识为主	跟着教师的讲课进行学习（边听边记）；全程依赖教师的指引
课后	将已学内容的复习练习题和未完成的活动以作业的形式留给学生	课后单独（或小组）完成教师布置的家庭作业；自行自习（较难完成课堂学习以外的自习）
角色	单一知识传授者、课堂的中心	被动的知识接收者

表 4　视听说翻转课堂

环节和角色	教师	学生
课前	有具体的教学目标及动机；反复观看视频，查找有关资料，根据学生需求，按照步骤设计教学材料及活动（运用网络平台及时提供帮助）	有具体的学习目标及动机；自主观看视频，查找有关资料，根据个人需要，制订并按照步骤完成学习任务（运用网络平台及时获得帮助）
课中	按照学生需求进行教学；有效地组织课堂活动，引导学生完成对知识深层次的掌握并提升语言运用及思考能力；巡视教室，查看学生理解情况，随时进行个别、组别辅导答疑；施行以过程为主的评分细则	依照个人学习目标积极地进行学习；通过师生、同学之间协作与对话的方式来提升语言运用能力；随时、主动地要求教师进行个别、组别的学习辅导，获得教师的帮助
课后	不断开发和设计有效引导学生有意识地进行自主学习的材料及课堂环境	自我检查学习成果；为课堂学习的改进主动提供意见和信息
角色	课堂设计者、学生学习的促进者	主动建构者、课堂的中心

由此可见，翻转课堂改变了传统的“以教师作为知识传授者、课堂中心”的学习环境，转变为“以学生为中心”的学习环境。在外语学习的课堂中，学生应主观能动地进行学习，而不应该过分依赖教师，仅完成教师布置的学习任务。翻转课堂对优质合适的学习资源以及课内外时间的有效运用促进了学生知识的自我建构，符合“以学生为中心”的建构主义理论。

（三）学生相关评价

与现有的视听说课堂进行对比后，笔者通过问卷和访谈，对学生对新设计的视听说翻转课堂的预期反应进行了分析。本次实验以 22 名曾经参加过现有视听说课堂的本科生为对象，首先为他们演示笔者设计的 1 课时视听说翻转课堂教学流程（김주빈，2018），然后发放调查问卷，要求学生对 11 项评价内容进行评分而后提供具体意见。参加此次实验的学生由 HSK 六级的 12 名女学

生与10名男学生组成。

1. 问卷调查

问卷设计11项针对视听说翻转课堂实例教案设置的评价内容，主要涉及具体环节及学习效果的评价（1：教学材料，2至3：课前任务，4至7：课堂活动，8：课后评估，9：个性化学习，10至11：自主学习）。评分原则：1分为非常不同意，2分为不太同意，3分为一般，4分为比较同意，5分为非常同意。每道题下边可以陈述评分理由等补充意见，调查结果如表5所示：

表5 问卷调查评分结果（单位：%）

评价内容	评分结果			
	非常同意	比较同意	一般	不太同意
1. 对教学材料的兴趣	45.45	45.45	9.10	0.00
2. 课前任务对吸收语言知识的积极作用	31.80	50.00	18.20	0.00
3. 课前任务对课堂表现的积极作用	54.50	36.40	9.10	0.00
4. 课堂互动式活动对激发发言的积极作用	54.50	31.90	9.10	4.50
5. 课堂协作式活动对提高交际能力的积极作用	59.10	22.70	18.20	0.00
6. 课堂活动对巩固、运用语言知识的积极作用	50.00	36.40	13.60	0.00
7. 课堂上师生、生生之间的互动对学习汉语的积极作用	41.00	50.00	4.50	4.50
8. 课后日志及自我评估对汉语进步的积极作用	27.30	59.10	13.60	0.00
9. 网络平台对个性化学习的积极影响	68.20	22.70	9.10	0.00
10. 完成各种任务后的成就感对自主性学习的积极影响	36.30	45.50	18.20	0.00
11. 视听说翻转课堂对培养自主学习能力的积极影响	50.00	31.80	18.20	0.00

评分完成后，笔者针对评分理由等补充意见进行了访谈，尤其是对选择“非常同意”占比不足40.00%的三道题进行了进一步分析。分析得知：尽管教学意向很好、预期效果也很高，但因大部分学生已习惯于传统课堂的“坐着等老师做好的菜”，对他们而言，过量的任务会增加他们的压力，致使他们降低相关项目的评分。

2. 对视听说翻转课堂与传统视听说课堂的选择

访谈要求学生对两种课堂模式进行选择并说明具体原因。结果显示，22名本科生偏好的都是视听说翻转课堂。通过本次实验，我们初步了解了本科高年级汉语学习者对全新的视听说翻转课堂的具体意见，得知互联网时代的大学生对灵活运用网络平台的新的视听说课堂实例表示肯定的评价与期待，而且对汉语交际能力的提高欲望越强的学习者越是持积极赞同的态度（김주빈，2018）。

五、总结

（一）主要发现

本文以韩国视听说课堂教学为例，对翻转课堂的应用做了一些思考，也提供了以下问题的答案：为什么汉语课堂需要运用翻转课堂，翻转模式该如何运用在视听说教学中，具体该如何设计“翻转”视听说课堂，以及其预期效果如何。

1. 翻转课堂发展的基本观念与汉语教学的发展需求相互适应。学习语言的根本目的是为了交际，语言交际即是双方的沟通，表达和理解是交际的核心，而听觉和视觉是表达和理解的主要因素。视听说教学就是使学生在观看影视的过程中感知、初步了解语言，而通过口头输出的活动环节才能使他们真正达到巩固、自如运用的目标，因此交际实践环节对视听说教学成效的影响很大。这就要求我们应该在充分利用现代教育技术的基础上，不断地探寻如何在语言课堂中更好地实施翻转课堂。

2. 在信息化教育环境下，翻转课堂的主要特征与建构主义所主张的“以学生为中心”学习环境的特征相符合。同时翻转课堂与本身就以多媒体技术为主要材料的视听说教学的结合具有极大的发展可行性。

（二）相关建议

为了保证翻转课堂的成功实施，参照一线教师与学生的意见，我们提出了实际应用于翻转课堂时需要注意的事项并整理为以下建议：

第一，网络学习环境是实施翻转课堂教学的基础条件，在线学习平台、学习资源、交流软件等网络学习工具与环境，直接影响学生的课前自主学习和课堂活动的主动参与程度。并且，访谈结果也再次证明：如何为学生选择出具有针对性的影视资源并用于视听说翻转课堂教学、如何制作优质合适的教学视频并开发出相应的辅助学习材料、如何给学生提供有足够吸引力的学习环境以支撑并激发其学习动力等，都是需要解决的问题。另外，学生课前的自主学习对翻转课堂全程的效果起着重要的作用，因此教师还需要加强对学生课前自主学习的引导并给予适当的监督。同时，需要注意的是应避免学生因压力过大而导致自主学习效率降低的情况，不应占用太多学生的课外时间。

第二，翻转课堂内课堂活动的重新组织是帮助学生提高自觉性和主动性的重点环节。教师应从影视片段场景里设计出具有真实性、趣味性的问题与任务，以及相应的学习指南，刺激学生对活动话题的参与热情，引导学生通过小组合作的方式来完成任务，从而掌握相关语言知识和提升运用能力。其中，小组合作方式是最合理有效的自主任务形式，同时，合理公平的分组策略有着关键的作用。通过访谈得知：学生对新设计的视听说翻转课堂的最大顾虑之一就是因小组成员的性格、汉语水平偏差而产生一些矛盾，从而降低学习效果的问题。为了使每个人都被公平对待，以及在课外自主学习和知识内化的过程中，学生都可以积极参与互动式活动，互相学习，取长补短，教师应当提前了解每个学生的汉语水平和性格，进行合理分配，并且必须在以小组形式完成任务时制订一些公平的规则，如控制每个学生的发言频率等。总之，教师作为课堂设计者及促进者，需要充分了解学生的实际情况和需求，重点考虑学习活动的内容和要求，探索有效的翻转课堂教学活动设计。为了确保整体教学进度，教师还可以对小组任务及时进行适当的表扬和奖励，通过这类方式，提升学生对小组整体成绩的责任感。小组成员意识到自己对小组的成绩负有责任，产生一种团结的精神，这样的归属感将对每个人的发挥产生一定的积极作用。

翻转课堂的出现并不意味着完全颠覆并替代以往的传统课堂，无论什么教学方法都会有优势和缺陷。真正的翻转课堂在汉语教学中的应用效果如何，有赖于教学实践的检验。希望日后能够进一步完善汉语翻转课堂的运用研究，同时也期待出现其他基于翻转课堂的相关研究，如在课型的应用、在线平台及教学资源的建设等方面，盼望最终能够出现更为有效的提高汉语教学质量的教学模式。

参考文献

[1] 白迪迪．"翻转课堂"教学模式在对外汉语教学中的应用研究．现代语文（语言研究版），2014（3下）．

[2] 何克抗．建构主义——革新传统教学的理论基础（一）．学科教育，1998（3）．

[3] 李志厚主编．变革课堂教学方式——建构主义学习理念及其在教学中的应用．广州：广东教育出版社，2010.

[4] 吴丽君．关于高年级的视听说课教学．世界汉语教学，1996（2）．

[5] 袁萍．基于混合学习的汉语综合课教学模式设计．现代教育技术，2016（3）．

[6] 张金磊，王颖，张宝辉．翻转课堂教学模式研究．远程教育杂志，2012（4）．

[7] 周冬梅．翻转课堂特点及其在对外汉语教学中的运用．现代语文（语言研究版），2016（9下）．

[8] 김주빈（金主彬）．基于翻转课堂的中高级视听说课网络平台设计．이화여자대학교 외국어교육특수대학원 석사학위논문, 2018.

[9] 송지현．문화콘텐츠를 이용한 중국어 교육방안 小考．중국어문학논집 제 30 호．중국어문학연구회, 2005.

[10] Bergmann, J. & Sams, A. *Flip Your Classroom: Reach Every Student in Every Class Every Day.* ISTE and ASCD, 2012.

国际汉语教学资源动态数据库的建设构想*

高等教育出版社　梁　宇

摘　要：随着国际汉语教学资源逐步增多，研究不断深入，建立教学资源数据库成为热点。本文概述了当前教学资源数据库的建设成果及存在的不足，基于国际汉语教学资源“多元、交织、动态”体系特征，提出建设国际汉语教学资源动态数据库的构想。本文论述了数据库“四库三层”的总体架构，细致描述了字段设计和标注方式，以及数据的获取渠道和录入机制，阐明了数据库的主要特点。

关键词：国际汉语教学资源　动态　数据库　建设

一、引言

在海内外汉语教学不断发展的新形势下，国际汉语教学资源建设和研究已然成为重要的战略课题。基于数据库的教材研究，其科学性和系统性得以提升，然而目前国际汉语教学资源数据库（或称“教材数据库”）数量少、规模小、开放性不足，与国际汉语教学资源快速发展的现实状况不符，对教学资源研究的支撑作用有限。当前教材数据库多为静态数据库，只收集某一固定时间的共时数据，教材库建成后不再扩充，侧重字词、语法、语篇等教学内容方面的数据。静态教材库可用于语料分析，却不擅长进行宏观、历时的教材发展研究。

本文提出建立国际汉语教学资源动态数据库的构想。国际汉语教学资源，包括纸质教学资源和数字教学资源。动态数据库，又称监测数据库，相对于静态数据库，用于观察教学资源的发展

* 本研究为国家社科基金重大项目“汉语国际传播动态数据库建设及发展监测研究”（项目批准号：17ZDA306）的阶段性成果。

变化。该数据库具有较高的史料价值、学术价值和应用价值：从史料价值来看，该库利用数字化技术，将绝版教材、海外教材保存下来，为相关教材史研究提供珍贵的史料支持；从学术价值来看，基于该库搭建的国际汉语教学资源研究平台，可利用大数据技术展开教材研究，提升研究成果的科学性；从应用价值来看，基于该库所做的相关研究，可为我国汉语教学资源发展提供决策依据，为国内外汉语教学资源建设提供研发导向。本文主要论述数据库的建设背景、总体设计和主要特点。

二、国际汉语教学资源动态数据库的建设背景

（一）数据库建设现状

当前，国际汉语教材数据库主要有三种类型：（1）自建教材库。部分学者根据自己的研究需要，选取某一时期、某一类型（范围）教材，设计研究维度和字段，建立教材数据库，用于独立学术研究（黄金英，2011；吴峰，2012；盛译元，2013；陈传俊，2015）。（2）综合性数据库的教材分库。此类教材库是综合性数据库的组成部分，发挥特定功能，围绕总库的建设目标。例如中央民族大学国际教育学院的“国际汉语教学数据库”中的“教材数据库”，北京外国语大学“中国文化海外传播动态数据库”中的“中国主题外文出版物目录数据库”，暨南大学“华侨华人特色数据库”中的“华侨华人书刊全文数据库”等。（3）专业性教材数据库。此类数据库以教材信息和教材内容为基础，发挥辅助教学的功能，也适用于应用型学术研究。例如孔子学院总部 / 国家汉办开发的“国际汉语教材编写指南平台”，中山大学建设的“全球汉语教材库”等。

这些数据库在国际汉语教学、教材建设与相关研究中发挥了一定作用。在教材史研究方面，部分数据库对教材进行了广泛收集和细致整理，中山大学“全球汉语教材库”收录教材 17 800 余册（种），不仅成立了实体教材展览厅，还对所选教材文本进行了扫描或 OCR 处理，转化为电子文本，存档入库（周小兵等，2017），为研究汉语演变、国别语言变体、汉语教学发展等提供了基础数据。在学术研究方面，一批基于教材库的科研成果相继推出（范常喜等，2012；周小兵等，2014、2015），在国际汉语教材编写、评估、标准研制等方面进行了应用性研究。在教学实践方面，部分基于教材库的研究为教材编写与使用提出了建议，推动了教材建设和学科发展；部分教材库设置了检索功能，教学者利用教材库查询、筛选符合自身需要的教材教辅用书，辅助教学顺利进行。

（二）数据库建设中存在的问题

1. 分类模糊，缺乏数字教学资源数据

自建教材库一般收录某一类型汉语教材，例如美国、泰国等国别汉语教材库，数据类型比较单一；综合、专业教材库也没有对国内来华留学生汉语教材和海外汉语教材、华文教材和汉语作为外语教材、通用汉语教材和专门用途汉语教材加以区分。按课型、年龄、级别、国别等的教材分类也不完善。大部分教材库以纸质教材为基础建库，极少涉及数字教学资源，这与新时代互联网、移动端、大数据、云计算、人工智能等现代科技背景下教学资源数字化、网络化、碎片化急速发展的形势极不相符。

2．侧重教学，忽略教材宏观发展和动态监测

现有教材库大都为静态教材库，根据语言要素、技能、语料、练习、文化等教学内容进行库结构设计并提取数据。教师可以利用教材库进行教学内容的选择、拼接、使用，研究者可以开展新教材研发以及等级字表、词表、语法表、话题表等的研制。然而，当前教材库极少支持宏观、历时、动态的教材发展监测研究，对国际汉语教学资源政策走向、研发现状、热点变化、研究动态把握不足。

3．建库标准缺失，规范性不足

当前教材库建库比较随意、各自为政，前期设计和论证不足，建库缺乏顶层设计，对建库的基本原则、库结构设计、数据来源的选择、筛选的标准、标注的方式、录入的流程等重要问题考虑不周，这就导致数据库标准化、规范性较差，数据库之间基本对接不上，数据资源浪费。

4．持续乏力，开放和共享不足

目前大部分教材库或处于停建、缓建状态，或只能使用后台数据，不对外开放。教材库数据更新慢、维护效率低，项目大都以科研结项为目标，持续建设的人财物保障不足，数据库长期发展的机制和动力匮乏，造成教材库建设大都“半途而废”，这与新教材不断研发、教材研究持续进行的发展现状极不相称，与数字教学资源即时更新、快速传播的动态特点也不相符。当前教材库只开展数据建设，不提供数据服务，教材库使用功能不完善、检索不方便、开放性不足、用户体验欠佳。

（三）国际汉语教学资源发展体系的特征

国际汉语教学资源发展体系是一个复杂动态系统，呈现“多元、交织、动态”特征。“多元”是指该体系由相对独立的许多子体系组合而成，子体系之中又含有许多相关因素。总体来看，该体系由政策规划、资源建设、学术研究三大部分组成。政策规划由国内外不同政府机构、语言组织等制定和发布；资源建设大致可分为纸质教学资源和数字教学资源，这两大类型又可根据不同教学性质、母语背景等进行细分；学术研究包括科研项目、论文著作、会议活动等。“交织”是指该体系之中的许多子体系并非完全独立运行，而往往相互交织和重叠，构成错综复杂的体系特征。例如，孔子学院总部 / 国家汉办作为重要的国际汉语教学资源规划单位，与国内外各主要资源政策制定部门、研发单位、科研学术机构几乎都发生了某种联系。“动态”是指该体系与体系内许多子体系、因素相互交织、彼此影响、不断变化。自国际汉语教学诞生之日起，教学资源的规划、建设、研究就从未停止，在互动中持续进行。

基于以上认识，我们应将国际汉语教学资源看作一个动态发展的体系。以“复杂动态系统理论”为依据，坚持整体观，取代局部观；倡导无序论，摒弃秩序论；提倡非线性的动态发展观；重视多因素相关关系的考察。在数据库结构设计和数据整理分析的过程中，充分体现该体系的资源性、发展性和动态性。

三、国际汉语教学资源动态数据库的总体设计

总体来看，前期教材数据库建设进行了有益尝试，但仍处于起步阶段，尚不能完全满足辅助

教学、教材建设、科学研究的需要，无法适应当下国际汉语教学与教学资源数字化、网络化、智能化的时代要求，也没有充分体现国际汉语教学资源体系复杂、动态的发展特征。

为此，本文将建设一个监测国际汉语教学资源动态发展的数据库。建库的基本原则是：科学分类、规范流程、持续维护、动态监测、开放共享。“国际汉语教学资源”定位为面向海内外汉语作为第二语言 / 外语教学和华文教学的资源，不包括汉语为母语或民族语的教学资源。“教学资源”包括“纸质教学资源”和“数字教学资源”。研究重点是动态数据库建设，研究目标为教学资源动态发展监测，即对相关数据进行及时更新和补充，开展历时、动态的考察和监测。数据收集的重点是 2000 年以后汉语国际传播高速发展时期的相关数据，坚持全球视野，重视海外数据收集。

（一）技术路径

图 1 展示了技术路径，主要分为数据库建设和研究两大阶段。在数据库建设阶段，有三个主要步骤：（1）数据库的架构设计，包括底层结构设计、子库和字段设计、数据录入标准制定等内容。（2）建立数据获取渠道，获取数据，并将原始数据存入资料库，同时，组织人员进行数据筛选、录入、核查。（3）数据库平台搭建、界面设计、功能设计。然后，根据专家在审核和验收中提出的宝贵建议，修改完善数据库，最终对外开放，并实时更新数据，升级平台。

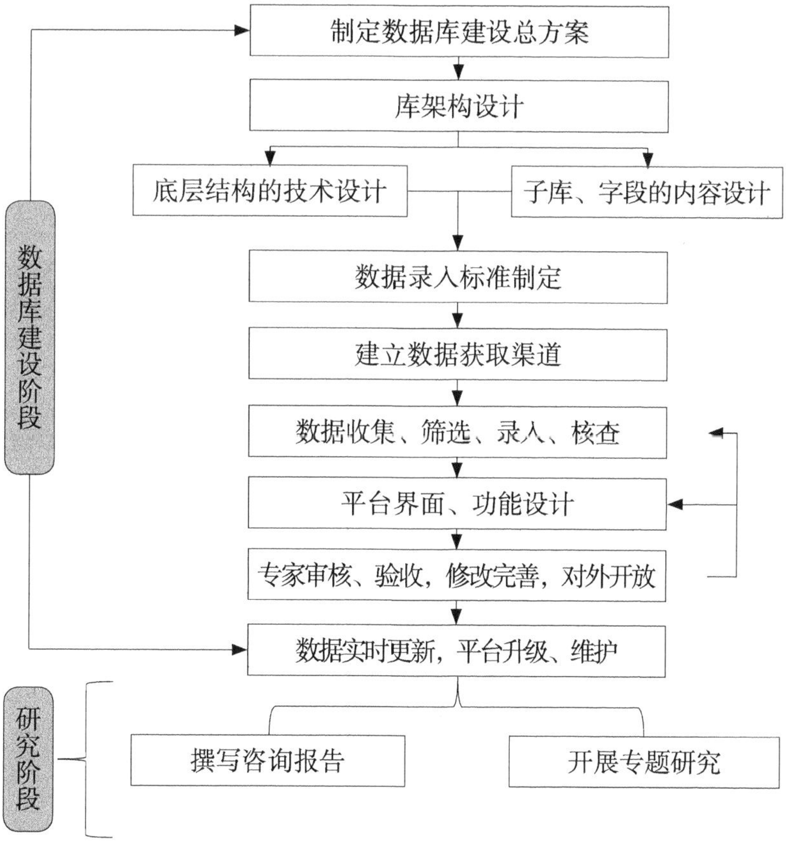

图 1　国际汉语教学资源动态数据库建设技术路径图

（二）库架构设计

数据库设计了“四库三层”的架构，所谓“四库”是指四个子库，分别是教学资源政策信息库、纸质教学资源数据库、数字教学资源数据库、教学资源研究数据库。所谓“三层”是指“总库—子库—分库—字段”自上而下的层级设计。教学资源政策信息库主要收录国内外官方有关汉语教学资源的政策信息和基础数据，根据政策规划发布来源设立“孔子学院总部 / 国家汉办、国务院侨务办公室、国家新闻出版广电总局（图 2 中简称‘孔子学院、国侨办、新闻出版局’）、国外政府官网”四个分库。纸质教学资源数据库主要收录纸质教学资源信息，根据教学性质设立“国内对外汉语教学资源、国外汉语作为外语教学资源、国外华文教学资源、其他类型汉语教学资源”四个分库。数字教学资源数据库主要收录在线平台、移动端 APP 等新形态、数字化教学资源数据，根据资源形态相应设立四个分库。教学资源研究数据库分设“学术会议、学术论文、学术著作、科研项目”四个分库，收录相关研究动态信息（见图 2）。每个分库设计相应字段和标注方式。

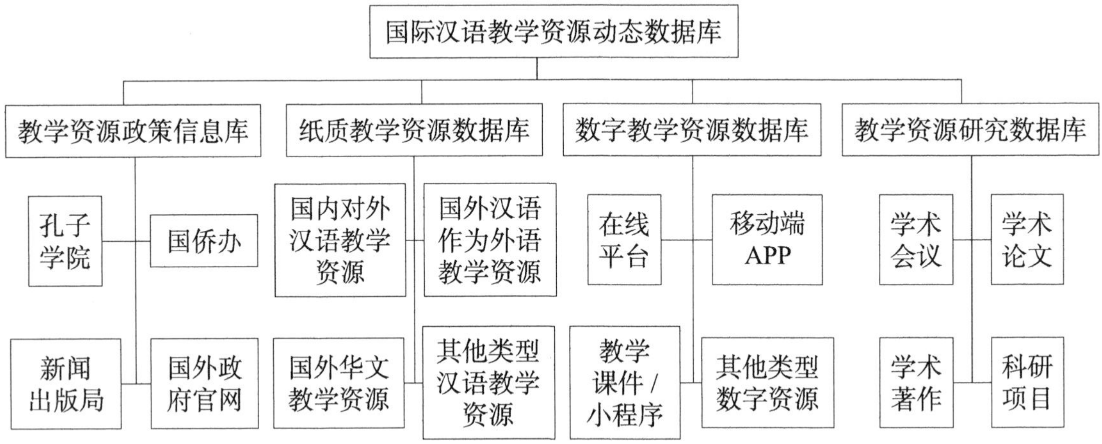

图 2　国际汉语教学资源动态数据库架构设计图

（三）字段设计和标注方式

数据库对数据字段和标注方式进行了前期整体设计，经过反复论证和修改，又分别进行了样本试测，最终得以确定。

1. 子库 1：教学资源政策信息库

以孔子学院总部 / 国家汉办教学资源政策信息库为例，它包括以下字段：政策 / 信息发布时间、政策 / 信息内容、教材立项 / 资助情况、主干教材开发情况、文化读物开发情况、工具书开发情况、本土教材开发情况、收录案例、网络孔子学院数字课程、教材展览 / 活动、教材培训、教材版权转让、教材获奖、教材发行册数、教材发行国家（地区）数量、教材发行支出。

2. 子库 2：纸质教学资源数据库

每册（种）教学资源将采集基本信息、出版信息、内容信息、适用信息、捆绑物信息和链接信息。字段设计如下：ISBN 号、丛书名、中文书名、外文书名、作者、作者责任方式、出版年、版次、出版地、出版社、字数、页数、价格、图书类型（教材、读物、考试、教辅、其他）、图书形式（新编、修订、多语种、其他装帧）、注释语种、国别、汉字繁简体、注音形式、适用对象（幼儿、小学生、初中生、高中生、大学生、社会成人）、适用年级、适用水平（零起点、初级、中级、高级）、适用课型、教材内容简介、捆绑物形式、捆绑物数量、捆绑物简介、配套网站链接、配套网站提供的内容、购买网站链接、封面、目录、前言、使用说明、样课。

3．子库 3：数字教学资源数据库

子库 3 是最具创新性的部分，以在线平台为例，从平台概况、平台结构 / 功能、平台内容、运维模式四个维度设计字段，如表 1：

表 1　在线平台数字教学资源数据库字段设计

维度	字段
平台概况	平台名称（中 / 外文）、网址、创立时间、创立单位、语种、用户（教师、汉语学习者、教师 + 汉语学习者）、用户类型（学前、K12、大学生 + 成人、商务人士、文化爱好者）、是否注册、浏览总人数、注册总人数、年度新增注册人数、新闻更新频率
平台结构 / 功能	模块设计情况、层级设计、有无教师管理（教师端、在线教师）、有无教学工具（试题库、电子词典等）、教学工具类型（试题库、卡片制作、繁简体转换、查字典等）、有无直播、有无激励机制、激励方式（证书、积分、排名、抵消学费、其他）、有无社区 / 评论区、有无移动端（APP、Android、APP+Android）、有无链接社交平台（Facebook、YouTube、Twitter、Weibo、WeChat、QQ）
平台内容	学习资源数量、资源类型（综合、口语、听力、阅读、写作、商务、汉字、词汇、语法、语音、考试、文化）、资源形式（文本、PPT 录屏、录音讲授、视频讲授、动画、游戏）、单种资源最多使用次数、单种资源最少使用次数、有无互动、互动方式（问答、语音识别纠错、批改、其他）、有无作业、作业反馈方式（评分、评星、评语、其他）、有无测试、测试反馈方式（评分、评星、评语、其他）、是否支持下载、是否支持用户上传、上传文件类型（DOC、PDF、PPT、音频、视频）、内容更新频率
运维模式	运营模式（B2B、B2C、B2B+B2C、O2O、C2C、MOOC）、是否收费、收费情况（单品种最高收费额、最低收费额）、有无免费试用、有无自营商店（销售延伸实物产品）、支付方式（PayPal、支付宝、微信、其他）、有无广告植入、有无使用说明 / 帮助、有无客服

4．子库 4：教学资源研究数据库

子库 4 分为学术会议、学术论文、学术著作、科研项目四个部分。学术会议收录字段：会议名称、会议议题、主办单位、举办年月等；学术论文收录字段：篇名、作者、期刊名、年份、期号、关键词、摘要等；学术著作收录字段：书名、作者、出版单位、出版年份等；科研项目收录字段：课题名称、立项人、工作单位、项目名称、项目类别、立项年份等。

（四）数据来源与收集

建库最重要的环节是获取可靠的数据。数据收集的方式主要有两种。一是主动收集，主要有四个数据来源：（1）项目组与相关政府机构、语言组织、国外汉语教学协调机构等建立合作机制，打通数据通道，获取一手数据。（2）中外主要出版单位、图书进出口公司年度出版书目、电子书目、网上书店的教材信息等。（3）与当前较为成熟的教材库合作，购买相关数据。（4）利用先进的数据挖掘技术和网络爬虫技术获取其他网络数据。二是数据征集，通过新媒体发布数据征集通知，主要面向纸质和数字教学资源研发的出版单位、公司、机构、个人征集数据。据了解，这些研发机构和个人，也有数据汇集和分析的需求，他们对自己研制的产品细节更为熟悉，数据可靠性更强，这种方式更容易实现共建共享的数据库建设理念。

（五）数据筛选与录入

1. 数据筛选原则

为确保数据真实、可靠、可用，数据甄别、筛选可依据以下原则：（1）权威性原则：考察数据来源、发布方的权威性、专业性，例如政府官方网站的新闻通告、权威核心期刊发表的论文、出版社发布的年度出版目录等都具有较高权威性，可信度较高。（2）实证性原则：如果数据是通过科学的研究方法，经过统计、归纳、论证而得出，该数据将更为可信。（3）典型性原则：数据如果出自汉语国际传播的典型国家（地区）、典型机构，涉及典型教材（产品），应优先处理。

2. 数据录入规范

数据库的数据类型有：数字、外文、网址、文本、图片、音频、视频等，项目组对各种数据类型逐一制定了细致的录入规范，保障数据录入的规范性和准确性。

数据全部采取人工录入和标注的方式。录入前对录入人员进行统一培训；采取“责任制”，增加责任人字段，录入数据时填入录入人员姓名，以便查找数据溯源；录入后必须进行核查，采取数据两两交叉审核，或者数据组长负责制。

四、国际汉语教学资源动态数据库的主要特点

（一）“一体两翼”的总体设计，突出重点，注重相关性研究

“一体”指以教材资源为主体。以往教材库以“教学内容”为基点，以教材语料为主要数据，既缺乏对教材发展现状和趋势的宏观、历时考察，又由于缺乏系统考察“两翼”，即教学资源的政策与研究，不利于探究教材、政策、研究之间的相关关系，不利于揭示教材发展走向背后的深层缘由。

而实际上，长久以来，汉语国际传播的宏观政策和汉语作为第二语言/外语教材和华文教材的理论研究深刻地影响着国际汉语教学资源建设与发展。孔子学院总部/国家汉办先后提倡的“专业化汉语教学向大众化、普及型、应用型转变”“大力发展多语种教材”“鼓励编写本土化教材”等政策无不对教材研发产生着深远影响。教材研发也离不开教材基础理论、编写理论、评价理论，甚至与教材编写相关的第二语言习得理论、第二语言教学理论、跨文化教学理论等研究的支撑。可见，教材发展绝不是教材自身的问题，应将其置于汉语国际传播和汉语国际教育的理论体系与实践研究的大系统之中。

教材政策、教材发展、教材研究，三者关系如何？“政策规划”的顶层设计发挥了多大引领作用？教材建设到底是“理论铺路”还是“实践先行”？是“需求导向”还是“政策导向”？这些相关性问题需要大数据论证和纵深研究。为此，数据库采取了“一体两翼”的总体设计（见图3），即以“国际汉语教学资源数据”为主体，以“教学资源政策信息”和“教学资源研究动态”为侧翼，体现了国际汉语教学资源领域“政策、实践、研究”三结合的理念，反映了“政策导向、理论建构、实践应用、学术研究”四大方面交错、联动的复杂关系，为探讨内外部因素间横向共时和纵向历时的相关性搭建研究平台，为国际汉语教学资源发展监测拓宽了研究视野，这是国际汉语教学资源数据库建设及研究方面的首次尝试。

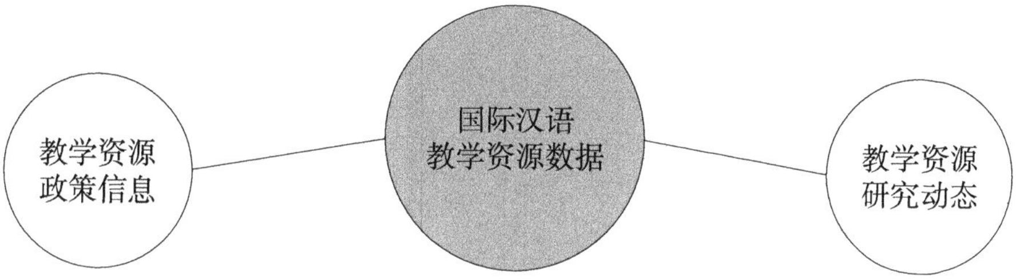

图3　国际汉语教学资源动态数据库“一体两翼”的总体设计图

（二）“数据驱动”的建库理念，科学普查，强调动态监测

国际汉语教材建设可以体现汉语国际教育的发展水平，也可以从一个侧面反映汉语国际传播的基本面貌。进入21世纪，汉语加快走向世界。特别是2005年之后，对外汉语教学向汉语国际传播快速转变，国际汉语教材建设的重心也相应地发生了转移，教材研发的热点不断涌现。然而，这些基于经验的感性认识，仍需要大数据的支撑和科学的实证研究。开展国际汉语教材普查有利于摸清教材“家底”，了解教材发展的基本面貌。以教材普查为基础的历时分析，有利于掌握教材建设的历时变化，捕捉不同时期的研发热点，发现问题与不足，预测未来教材发展趋势，制定科学的教材规划和决策。

教材普查和统计工作艰巨繁杂却意义非凡。李泉（2002）对1980—2000年间出版的各类教材数量有过初步统计：有400—500种。周小兵等（2017）指出，“全球汉语教材库”自2009年建库以来，共收录国际汉语教材17 800余册（种），其中实体教材10 000余册（种）。诸如此类的调查研究取得了许多重要成果。但是教材建设快速发展，研发出版持续进行，以往的各种调查研究，或因时代已久，或因调查范围受限、调查目的不同，难以反映当前汉语教材发展状况，更难以持续不断地进行。

“数据”是我们所处时代的特征之一，也为我们提供了一种研究范式，一种观察研究对象的方法和工具。“数据驱动”的研究路径是：首先考虑用数据解决哪些问题，进而掌握大量数据，然后分析数据所展现出的模式，发现并解释其中的规律（刘海涛和林燕妮，2018）。

为此，本文的数据库搭建及普查工作以“数据驱动”为核心理念。搞清国际汉语教学资源建设中的基础性问题，例如：全球有多少国家（地区）研制并出版汉语教材？出版过多少教材品种？每年新增多少品种？新增品种多为哪些类型？教材研制的侧重点发生了哪些变化？等等。在架构设计中强调科学分类。对种类繁多的教学资源进行科学分类、有序入库是数据库结构搭建的难点；科学分类也是量化研究的基础，能够有效提高数据库的使用效率，为研究阶段的相关性分析、比较研究、交叉研究奠定基础。在数据“搬运”中，立足第一手数据，反映数据实态，制定数据录入标准，保障数据的真实、客观。“大数据的核心是预测，关注的是趋势。”（刘海涛和林燕妮，2018）本文致力于搭建以数据为基础的学术研究平台，研究者可通过大数据建模，预测汉语教材发展走向，为科学决策提供参考依据。

（三）以“数字教学资源数据库”为创新点，描绘教学资源数字化发展现状与前景

互联网是20世纪最伟大的发明之一。移动端、大数据、云计算、人工智能等现代信息技术应用于国际汉语教学，为其解决了两大难题：一是跨越时空，语言的教与学不再受到教室空间、授课时间的限制，有助于缓解师资短缺的问题；二是语境补偿，创设虚拟语言文化环境，帮助海外汉语学习者“习得”语言（李宇明，2014）。

鉴于现代信息技术为国际汉语教学带来的“红利”，近年来汉语教学网站/平台、移动端APP应用、微信小程序等纷纷涌现，二维码技术普遍应用于教材开发，资源链接更为便利，使“课本”在形态上得以“瘦身”，在体量上却得到“扩充”。据不完全统计，仅国内对外汉语教学网站数量已高达210余家（吕军伟和张丽维，2017），在APP Store里能够搜索到594种汉语产品（盛赛，2017）。

这组数据提供了一个数量上的基本概念，表明汉语数字教学资源已具有一定规模。但由于数字教学资源跟纸质教学资源相比，在形态、类型、功能上都发生了很多变化，呈现出协同性、多维性、共时性、动态性、链接性、网络性的多模态特征（张德禄和张淑杰，2010），纸质教学资源的调查方式不适合收集此类数据。而我们希望进一步获取更为具体的数据，以便我们对数字教学资源产业形成更为清晰的认识。例如：目前有哪些类型的数字教学资源？提供哪些功能？用户情况如何？使用频率如何？运营模式如何？是否营利？等等。

本文将“教学资源”定义为：一切为汉语学习者使用，帮助他们学习汉语，且可以通过公开渠道获取的资料，并以媒介质来区分纸质教学资源和数字教学资源。以当前较为常见的基于网络的教学平台、基于移动终端的APP应用、基于微信的小程序为主要调查对象，并密切关注尚未广泛使用的VR、AR、AI等其他语言信息技术的发展动态。此次对数字化汉语教学资源开展的普查，具有开创性，设计了“概况、结构/功能、内容、运维模式”四个维度和47个字段，是数据库字段设计最多、最细的模块，便于开展全面、系统的考察，是本数据库建设的重点和最大亮点。

五、结语

基于数据库的教学资源研究受到重视，其研究价值逐步彰显，研究前景日益广阔。本文论述了国际汉语教学资源动态数据库的设计构想，对数据库的架构和字段进行了细致的描述，对数据获取渠道和录入机制加以阐述，希望为未来开展教学资源发展的动态监测研究搭建基础平台。与以往教学资源数据库不同，本数据库采取“一体两翼”的总体设计，注重“政策导向、理论建构、实践应用、学术研究”的相关性研究；以“数据驱动”为建库理念，以“数字教学资源数据库”为创新点，用大数据展示国际汉语教学资源发展全景，预测未来。

本数据库建设意义非凡，任务却异常艰巨，工作面临诸多困难。需要同时具备专业领域知识和数据库技术的复合型人才，或者两类专业人才合作完成；数据庞杂且分布广泛，零散而不集中，搜索、获取、筛选、甄别数据需要较高的专业素养；海外数据较难获取，且需要多语种人才。面

对挑战，我们依然迎难而上，秉承共建共享的理念，希望凝聚多方力量，引入多方资源，优化协作模式，尽快建好国际汉语教学资源动态数据库，更好地为国际汉语教学资源建设和研究服务。

参考文献

[1] 陈传俊．越南本土汉语教材研究．中央民族大学博士学位论文，2015.
[2] 范常喜，杨峥琳，陈楠，卢达威．国际汉语教材发展概况考察——基于“全球汉语教材库”的统计分析．国际汉语，2012（2）．
[3] 黄金英．缅甸小学本土化汉语教材建设探讨——基于五套汉语教材自建语料库．中央民族大学博士学位论文，2011.
[4] 李泉．近20年对外汉语教材编写和研究的基本情况述评．语言文字应用，2002（3）．
[5] 李宇明．孔子学院语言教育一议．语言教学与研究，2014（4）．
[6] 刘海涛，林燕妮．大数据时代语言研究的方法和趋向．新疆师范大学学报（哲学社会科学版），2018（1）．
[7] 吕军伟，张丽维．基于“互联网+”的汉语国际教育在线互动教学平台建设现状研究．前沿，2017（8）．
[8] 盛赛．汉语学习类APP资源的调查及应用分析．山东大学硕士学位论文，2017.
[9] 盛译元．美国高校汉语教材研究．中央民族大学博士学位论文，2013.
[10] 吴峰．泰国汉语教材研究．中央民族大学博士学位论文，2012.
[11] 张德禄，张淑杰．多模态性外语教材编写原则探索．外语界，2010（5）．
[12] 周小兵，薄巍，王乐，李亚楠．国际汉语教材语料库的建设与应用．语言文字应用，2017（1）．
[13] 周小兵，陈楠，郭琎．基于教材库的全球华文教材概览．海外华文教育，2015（2）．
[14] 周小兵，李亚楠，陈楠．基于教材库的新加坡华文教材分析与思考．云南师范大学学报（对外汉语教学与研究版），2014（6）．

新型评价文化视域下国际汉语教学课堂评价的优化路径与提升策略

西安交通大学　赵　炜

摘　要：随着教育评价理念的转变，以心理测量学为基础的测试文化正转向以社会文化理论为基础的评价文化，这为更新国际汉语教学中的课堂评价观、优化评价的促学效能提供了新视角与新方法。为了充分发挥课堂评价的促学效能，教师应立足于课程设计的宏观视角与实施评价的主要过程，构建起一种系统性地规划课堂评价的操作性框架：依据教学标准设定评价目标，在师生互动中形成民主化的评价氛围，利用评价信息建立细致、有效的反馈机制，从而达到优化课堂评价、提升教学质量的最终目的。

关键词：国际汉语教学　课堂评价　目标　师生互动　反馈

一、引言

国际汉语教学中的课堂评价不同于外在于教学的标准化水平测试，而是内嵌于教学中的、以促学为目标的形成性评价。近年来，教育评价理念发生了剧烈而深刻的变化，以心理测量学为基础的测试文化逐渐转向以社会文化理论为基础的评价文化，相关研究也随之从聚焦于标准与责任的讨论，转向对课堂内部评价与教学质量的关注（Black & Wiliam，1998）。因此，对国际汉语教学背景下课堂评价的研究与讨论，体现出教育评价理论与汉语教学实践发展的双重诉求。课堂评价与教学的界限在新型评价文化视域中被打破，教师应立足于课程设计的宏观视角与实施评价的主要过程，构建起一种系统性地规划课堂评价的操作性框架，从而优化课堂评价，提升教学质量。

二、依据教学标准设定评价目标

评价与教学、学习的协调一致是在课堂环境下对新型评价观的集中体现，这意味着教师要将三者有意识地联结起来，形成一种推动教学、提升学习的新模式。Hattie & Jaeger（1998）认为，要在评价、教学、学习之间形成紧密的关系，其首要的条件是教师根据学生现有能力，设定具有挑战性的目标。该目标不仅是教学目标和学习目标，也是评价目标，成为创设评价任务、制定评价规则的重要参照。

在国际汉语教学实践中，一些教师在课堂评价的计划上还缺乏清晰的目标意识，其评价活动与教学活动常常显示出一定的盲目性。与之相关有两个潜在因素：（1）部分教师缺少宏观的目标意识，习惯于将教学内容等同于教学目标。（2）还有一些教师习惯于根据教材与个人经验来确立教学目标，很少关注上位的教学标准与课程纲要等基础性资料。汉语教师目标设定意识的缺失在某种程度上致使课堂评价与教学过程相脱节。

以留学生汉语言专业本科二年级"中级汉语阅读"课为例，《高等学校外国留学生汉语言专业教学大纲》（2002）对二年级言语技能"读"的目标进行了设定，主要内容概括如下：

能够读懂浅显文艺读物、新闻消息、日常公文信函等，理解其内容大意，掌握文章要点。

细读题材熟悉、含有3%左右非关键性生词的文艺读物或浅显时事新闻，阅读速度为每分钟120—150字，正确理解率为85%以上；速读难度略低于或近似于上述情况的同类文章，阅读速度为每分钟300字，正确理解率为70%以上。

初步养成阅读课外中文书报的习惯。一年内阅读量不少于15万字。

教师首先应了解、熟悉标准，再以之为基础，结合对学生实际阅读水平的考察，将标准内容逐步转化为具有可操作性的、能发挥指导教学与实施评价之双重功能的目标体系：①

目标1：阅读浅显的文艺读物、时事新闻，阅读速度为每分钟250字。

目标2：阅读正确理解率为60%，达到及格水平。

目标3：养成课外阅读中文书报的习惯，一年内阅读量不少于15万字。

上述三个具体目标既是教学目标，也是评价目标。我们可以进一步从实现评价目标的角度来设计评价任务，从而使评价真正与教学有机融为一体：

1. 阅读小测试：每课一测，记录阅读时间，计算阅读速度。（目标1）
2. 阅读小测试：每课一测，回答问题，计算正确理解率。（目标2）
3. 完成阅读教材规定的练习任务。（目标1/2/3）
4. 讲新闻：每课由两名同学用PPT介绍选取的新闻。（目标3）

多元化的评价任务（1—4）基本满足与覆盖了先前设定的目标，使课堂评价的实施始终围绕着目标而得以有效展开。由此而获得的各项评价信息，便易于发挥调整教学、改善学习的积极作用。从这个角度来说，能否依据汉语教学标准来设定清晰的评价目标，将从根本上影响着汉语课堂评价的质量与效果。

---

① 笔者对阅读课教学目标的设定，一方面参考了教学标准，另一方面是基于对学生的跟踪调查。从2014年到2015年，笔者对汉语言专业二年级35名本科生进行了阅读速度与质量的测试。每课一测，阅读一篇文章（浅显的新闻与文艺作品），学生自我计时，之后回答5道判断题。两年共进行测试120次，平均阅读速度约为每分钟253字，阅读正确理解率约为60.2%。据此，笔者对标准中的相关目标进行了适度调整。

三、在师生互动中形成民主化的评价氛围

课堂评价是在教学环境下发生的一种社会化活动，师生双方是积极参与者。实施评价所使用的标准与规则须由他们共同讨论、制定和解释，反映出师生间的一种平等对话的民主关系。评价的民主化从根本上要求将课堂评价转变为开放性的领域，使之属于师生双方共同拥有。在这个共享领域中，师生可以展开有效的对话交流，推进评价的社会化品格。实施民主化的课堂评价可以基于两个层面来理解：

其一，以标准为基础制定与开放评价目标，使目标变得清晰、透明，成为师生双方共同利用的教育资源。也只有当学生们清楚地理解学习目标时，他们才能充分理解所学的内容，并以之监控自己的学习进程，最终转变为独立的终身学习者。

其二，立足标准，在师生的互动协商中确立具体的评价规则，这是课堂评价民主化在具体实施过程中的集中表现。针对某一特定的课堂评价任务（特别是表现性评价），部分国际汉语教师倾向于依靠感性经验做出整体判断，相对欠缺制定评价规则的意识和能力。

笔者曾依据经验对汉语言专业本科二年级留学生的 PPT 报告制定了评价规则如表 1：

表 1　PPT 报告评价规则（未修改）

项目	评价规则	总分
PPT 内容	1. 内容与主题有无关系（4 分） 2. 内容是否丰富（3 分） 3. 内容之间有无逻辑性（3 分）	10 分
PPT 形式	1. 整体设计效果（4 分） 2. 图片效果如何（3 分） 3. 文字是否清晰、易懂（3 分）	10 分
语言表达	1. 整体效果如何（4 分） 2. 发音是否清晰（3 分） 3. 语言是否流畅（3 分）	10 分

在使用评价规则对学生第一次 PPT 报告进行评价之后，请学生针对评价规则提出改进意见如下：

1. 不清楚“内容是否丰富”的含义。能否改为“内容有重点、有意思”？

2. 既然已经有“图片与文字效果”，“整体效果”是不是多余？

3. 有些小组的 PPT 图片上的文字太多了，看不清具体的内容。

4. 很多同学总是读百度上的书面材料，很难听懂。

5. 介绍时的表情、动作也很重要。

在此基础上，又邀请了两位擅长 PPT 报告的同学分享了个人经验，再结合同学们提出的相关意见，笔者对评价规则进行了修改如表 2：

表2 PPT报告评价规则（修改后）

项目	评价规则	总分
PPT内容	1. 内容与主题相关（1—4分） 2. 内容重点突出，能引起听众兴趣（1—3分） 3. 内容之间具有逻辑性（1—3分）	10分
PPT形式	1. 图片清晰，编排合理（1—5分） 2. 文字适当，编排合理（1—5分）	10分
语言表达	1. 用自己的话进行表达（1—4分） 2. 语言清晰流畅（1—3分） 3. 表情、手势与动作恰当、自然（1—3分）	10分

该规则既包含教师对PPT报告质量的理解，又吸收了学生的主张与意见，是师生双方交流、协商的结果。学生在讨论过程中不仅成为参与评价活动的主体性角色，而且通过对评价规则的修订提升了自身对PPT报告的认识水平，并能为今后的自评以及同伴互评提供基础性参照。从这个角度来看，评价过程因其民主化氛围与开放性特征，发挥出了积极的促学效能，这是传统评价方式所不具有的。

四、利用评价信息建立细致、有效的反馈机制

课堂评价要较好地发挥促学效能，就必须与教学联结起来，而反馈是实现联结的关键点。

我们建议从两个方面来优化反馈的质量：

其一，要提供有意义的反馈，使之发挥描述性、诊断性的作用。如在对汉语言专业本科二年级留学生的阅读教学中，学生阿雅（化名）30次阅读的平均速度为每分钟145字，平均成绩5.1分（总分10分）。对照阅读课教学目标（阅读速度每分钟250字，正确理解率60%），该生成绩没有达标。阿雅专门询问了阅读速度慢与正确理解率低的原因，这多少反映出该评价的反馈囿于分数报告的局限性。

针对阿雅的问题，笔者从阅读主题的角度进行了简单分析。第一学期共进行阅读测试30次（30篇文章），分成五个主题：社会类（7篇）、文化类（7篇）、经济类（6篇）、政治类（4篇）和教育类（6篇）。该生的平均得分为：社会类（4.1分）、文化类（6.7分）、经济类（3.2分）、政治类（3.6分）、教育类（7.9分）；平均阅读速度为：社会类（147字）、文化类（179字）、经济类（117字）、政治类（102字）、教育类（180字）。可见经济类与政治类的文章是影响该生阅读速度与质量的因素之一，因而我们建议她从这两类主题入手来提升阅读能力。

其二，在赋予反馈意义的基础上，要增加反馈的有效性与针对性。以上文针对阿雅的反馈为例，我们为其提供了如下建议：

1. 阅读“常用汉语800字表”“常用汉语1500高频词语表”（《国际汉语教学通用课程大纲》，2008），每天学习与复习一定数量的基本汉字与生词。熟练掌握最基本的汉字与生词。

2. 精读已完成的经济类和政治类的测试文章，查找不理解的汉字与生词，将其写在固定的练习本上。熟读这些文章，增强语感。

3. 每天去网上浏览经济类与政治类的新闻资讯，猜测生词的含义。查找一些重要的生词，并记录在练习本上。

虽然上述建议的有效性还有待实践检验，但作为一个具有可操作性的评价反馈至少为学生提供了改进学习质量的机会与参考的策略，这对于反馈自身来说，是完整自足的。也只有这样，我们才能在评价、反馈和学习之间构建起一种紧密的联系，形成评教结合的教学模式。

五、结语

进入 21 世纪以来，课堂评价领域正由心理测量学主导下的标准化测试向建构主义主导下的课堂评价模式转型，这对国际汉语教学中的课堂评价提出了全新要求。汉语课堂评价以促进学生的汉语学习为最终目标，其本质上是一种内嵌于教学的形成性评价模式。在课堂评价新观念的影响下，立足于课程设计的宏观视角与实施评价的主要过程，可以构建出兼具解释性与操作性的汉语课堂评价框架：依据教学标准设定评价目标；在师生互动中形成民主化的评价氛围；利用评价信息建立细致、有效的反馈机制。换言之，以目标的设定、评价的执行与反馈的实施为基点，能够为优化评价质量、提升评价效率提供一条切实可行的参考路径。

参考文献

[1] 国家对外汉语教学领导小组办公室编．高等学校外国留学生汉语言专业教学大纲．北京：北京语言大学出版社，2002.

[2] 国家汉语国际推广领导小组办公室编．国际汉语教学通用课程大纲．北京：外语教学与研究出版社，2008.

[3] Black, P. & Wiliam, D. Inside the black box: Raising standards through classroom assessment. *Phi Delta Kappan*, 1998, 80(2).

[4] Hattie, J. & Jaeger, R. Assessment and classroom learning: A deductive approach. *Assessment in Education: Principles, Policy & Practice*, 1998, 5(1).

一个帮助华语学习者快速阅读句子的有效方法及实验证据

南亚技术学院　庄雅琳　台湾师范大学　陈振宇

摘　要：华语缺乏可以标示词界线的物理线索，读者在阅读时必须多经历一道“断词”的处理程序。对于词汇辨识还未达到同母语者般自动化的华语学习者而言，在阅读时需耗费更多的认知资源。因此借由改变语言单位呈现的方式来省略断词的步骤，应有助于学习者快速阅读句子。本研究以母语者及华语学习者为对象，采用“自主步调阅读任务”的实验方法，探讨以“字”“词”“短句”为单位的呈现方式对阅读效率的影响。实验进行时，受试者每按一次键出现一个字、词或短句，他们以这种方式阅读文句。研究采用单因子受试者内实验设计，自变项为不同语言单位（字、词、短句）的呈现方式，依变项为“答题正确率”“答题时间”与“整句阅读时间”。结果显示，母语者在以“短句”为单位呈现的情况下阅读时间最短；学习者则是在以“词”为单位呈现情况下的阅读时间最短。由实验的结果可知，以“词”为单位的呈现方式对华语学习者的阅读有明显的帮助，理由是这种呈现方式免除了将字组合成词的认知负荷，使学习者能快速提取词义，进而实时整合与理解句义，有效增进阅读效率。本研究的实验成果为华语作为第二语言的阅读教学或教材设计提供了重要的理论基础及启发。

关键词：断词　词单位　自主步调阅读任务

一、引言

大部分的拼音文字书写系统都存在着标记词界线的空格，对于阅读理解有着重要的作用。当阅读缺乏词间空格的文本时，读者的词汇辨识与眼跳计划会受到影响，阅读效率会下降 30%—

50%（Rayner *et al.*，1998；Perea & Acha，2009； Winskel *et al.*，2009）。不同于拼音文字，华文缺乏标记词界线的物理线索，使得华文读者在阅读时除了要辨认文字外，还必须多经历一道涉及词的切割与辨识的“断词”程序。母语者在阅读时，潜意识完成上述的步骤，但对于阅读技能并不纯熟的华语初学者而言，需要耗费较多的心力在字词的辨识上，因此在文章的理解上就缺乏足够的认知资源可供运用，使得阅读速度变慢。若华文阅读材料呈现的方式能省去学习者断词的步骤，降低学习者的认知负荷，增进文字的辨识度，应该有助于学习者达到最大信息量的阅读效率。

过去关于词间空格对华文阅读作用的研究，都是在文本中插入空格以解决断词的问题，其假设为若词间空格在阅读过程中具有重要的作用，那么加入词间空格应该也有助于华文词汇的辨识及理解（刘英茂等，1974；杨宪明，1998；Hsu & Huang，2000b；彭瑞元，2003；洪敦明，2005；林昱成，2009；陈振宇等，2010；林仁一，2012）。部分研究也扩展至以学习华文的外国人为受试对象（Shen *et al.*，2012；Bai *et al.*，2013）。研究发现，一般华文成人读者已习惯文中无空格的书写方式且具备自动化处理能力，因此，词间空格对他们的阅读过程没有正向影响，甚至还可能出现负面作用。但在认知资源有限的情况下，例如阅读障碍者、华语初学者或是阅读高难度的内容时，词间空格的效应便会显现出来。因此，在阅读材料中加入词间空格，对第二语言学习应是有正向的帮助，因为在一定程度上可能降低学习者对于字词判断的不确定性，加速词汇的辨识，进而提升阅读效率。虽然部分研究结果显示词间空格有助于华文阅读，但读者可能经由边缘视觉对右侧的词进行认知处理。另外，插入词间空格也增加受试者的扫视距离。因此，本研究利用“自主步调阅读任务（Self-paced Reading Task）”的实验方法，有效控制读者目光的移动。在阅读过程中，受试者不需耗费认知资源计划下一个注视点而能更专注于接续出现的字词，以决定字词在文本中所代表的意义，这样对于探讨“词单位”对华文阅读的效应更具说服力。

二、研究方法

本研究利用“自主步调阅读任务”的实验，探讨“字”“词”及“短句”三种呈现方式对华语母语者及学习者阅读效率的影响。若在相同的理解程度下，受试者阅读以“词”为单位呈现的文句速度较快，就能说明以“词”为单位的呈现方式的确因为省去断词步骤而有助于提高阅读效率。由于学习者的学习经验及词汇量有限，对于字词辨识还未达到同母语者般自动化，因此，我们预测比起母语者，以“词”为单位的呈现方式对学习者的阅读产生的正面效应可能更为明显。

（一）受试者

受试者包括华语母语者和外籍学习者。母语者为台湾某大学学生共43名，其中男性22名，女性21名，年龄介于19岁和23岁之间（*M*=20.5，*SD*=1.01）。学习者则从各华语中心招募40名受试者，男性6名，女性34名，年龄介于19岁和28岁之间（*M*=22.68，*SD*=3.86）。学习者的平均学习时间为14.9个月（*SD*=10.6）。所有受试者视力或矫正视力正常，无色盲或弱视。

（二）实验材料

实验材料是“华测会”研制的8000词表中同时出现于《新版实用视听华语》（2008）第一册、第二册的共278个词汇，我们依据教材课文内容编制了96个语意清楚的直述句，字数介于21个和23个字之间（*M*=22.25，*SD*=0.82）。本实验依据词中所包含的音节数量对词进行划分，词数介于 12 个和 18 个词之间（M=14.59，SD=1.33），单音节词占全部词语的 51.1%，双音节词占 46.6%，三音节词及三音节以上词占 2.3%。实验共设计以“字”“词”及“短句”为单位的三种呈现方式，每组各 32 句，利用“中研院”的在线断词系统（CKIP）进行断词处理，再以人工方式校正断词错误或不一致之处。

（三）实验设计

每位受试者皆需阅读三种呈现方式共 96 个句子，每句皆附有一个是非判断的理解问题，以确认受试者是否认真阅读并理解句子。受试者每按一次键会出现一个字、词或短句，他们以这种方式阅读文句进行测试。呈现方式之顺序依照拉丁方格设计，同一种呈现方式内的句子则为随机呈现。受试者单独在安排的教室里接受测试，在主试者讲解实验程序并确定受试者了解实验进行的规则及进行短暂练习后进入正式实验。

三、结果与讨论

我们分别记录受试者在“字”“词”“短句”三种呈现方式下的答题正确率、答题时间及整句阅读时间，并利用相依样本单因子变异数分析检测三种呈现方式下受试者的阅读效率是否存在差异。此外，针对本实验的整体数据我们也进行独立样本单因子变异数分析，实验结果以 $\alpha=0.05$ 作为显著差异的标准。

（一）受试者为母语者

1. 以受试者为单位之分析（By Subject）

受试者在三种呈现条件下的答题正确率、答题时间、整句阅读时间之平均数（M）、标准差（SD）及统计结果如表 1、表 2 所示：

表 1　母语者在三种条件下阅读效率之平均数与标准差（N=43）

依变项	呈现方式	M	SD
答题正确率	字	0.90	0.05
	词	0.92	0.05
	短句	0.91	0.04
答题时间	字	2580.42	659.46
	词	2670.74	715.85
	短句	2643.78	655.39
整句阅读时间	字	9519.71	2638.48
	词	7001.01	1890.87
	短句	5372.21	1920.38

表 2　呈现方式对阅读效率之变异数分析（By Subject）

依变项	变异来源	*SS*	*df*	*MS*	*F*	*P*	η_p^2
答题正确率	呈现方式	0.006	2	0.003	0.970	0.380	0.023
	误差	0.267	84	0.003			
答题时间	呈现方式	184 881.720	2	92 440.860	0.460	0.640	0.011
	误差	17 014 088.700	84	202 548.680			
整句阅读时间	呈现方式	365 513 132.000	2	187 756 566.000	94.550	0.000***	0.692
	误差	166 812 777.000	84	1 985 866.390			

***.P<0.001。

以单因子相依样本 ANOVA 分析呈现方式对受试者答题正确率的影响，结果发现不同的呈现方式下受试者在整句阅读时间上有显著差异，F（2，84）=94.55，P<0.001，η_p^2=0.692。LSD 事后比较显示：以“字”为单位（M=9519.71，SD=2638.48）与以“词”为单位（M=7001.01，SD=1890.87）、以“短句”为单位（M=5372.21，SD=1920.38）有显著差异（P<0.001）；以“词”为单位与以“短句”为单位也有显著差异（P<0.001）。

2．**以项目为单位之分析**（By Item）

实验材料在三种呈现条件下的答题正确率、答题时间、整句阅读时间之平均数（M）、标准差（SD）及统计结果如表 3、表 4 所示：

表 3　实验材料在三种条件下阅读效率之平均数与标准差（N=32）

依变项	呈现方式	*M*	*SD*
答题正确率	字	0.90	0.08
	词	0.92	0.07
	短句	0.91	0.07
答题时间	字	2580.42	246.11
	词	2670.74	284.40
	短句	2643.78	283.73
整句阅读时间	字	9519.71	580.00
	词	7001.01	512.29
	短句	5372.21	426.77

表 4　呈现方式对阅读效率之变异数分析（By Item）

依变项	变异来源	*SS*	*df*	*MS*	*F*	*P*	η_p^2
答题正确率	呈现方式	0.005	2	0.002	1.040	0.360	0.022
	误差	0.205	93	0.002			
答题时间	呈现方式	137 586.400	2	68 793.200	0.850	0.430	0.018
	误差	7 509 908.530	93	80 751.710			
整句阅读时间	呈现方式	279 500 000.000	2	139 725 817.000	536.730	0.000***	0.920
	误差	24 210 573.100	93	260 328.740			

***.P<0.001。

以单因子独立样本 ANOVA 分析实验材料对受试者答题正确率的影响，结果发现不同的呈现方式下受试者在整句阅读时间上有显著差异，F（2，93）=536.73，P<0.001，η_p^2=0.920。LSD 事后比较显示：以“字”为单位（M=9519.71，SD=580.00）与以“词”为单位（M=7001.01，SD=512.29）、以“短句”为单位（M=5372.21，SD=426.77）有显著差异（P<0.001）；以“词”为单位与以“短句”为单位也有显著差异（P<0.001）。

（二）受试者为学习者

1．以受试者为单位之分析（By Subject）

受试者在三种呈现条件下的答题正确率、答题时间、整句阅读时间之平均数（M）、标准差（SD）及统计结果如表 5、表 6 所示：

表 5　学习者在三种条件下阅读效率之平均数与标准差（N=40）

依变项	呈现方式	*M*	*SD*
答题正确率	字	0.89	0.89
	词	0.90	0.81
	短句	0.91	0.60
答题时间	字	6317.37	1965.09
	词	6121.59	1490.77
	短句	6212.52	1642.64
整句阅读时间	字	17 256.92	4896.79
	词	13 998.68	3729.98
	短句	15 830.11	5145.53

表 6　呈现方式对阅读效率之变异数分析（By Subject）

依变项	变异来源	*SS*	*df*	*MS*	*F*	*P*	η_p^2
答题正确率	呈现方式	0.004	2	0.002	0.890	0.420	0.022
	误差	0.195	78	0.002			
答题时间	呈现方式	767 953.870	2	383 976.940	0.300	0.750	0.008
	误差	101 200 142.000	78	1 297 437.710			
整句阅读时间	呈现方式	213 413 704.900	2	106 706 852.500	13.260	0.000***	0.254
	误差	627 839 276.800	78	8 049 221.500			

***.$P<0.001$。

以单因子相依样本 ANOVA 分析呈现方式对受试者答题正确率的影响，结果发现不同的呈现方式下受试者在整句阅读时间上有显著差异，$F(2, 78)=13.26$，$P<0.001$，$\eta_p^2=0.254$。LSD 事后比较显示：以“字”为单位（*M*=17 256.92，*SD*=4896.79）与以“词”为单位（*M*=13 998.68，*SD*=3729.98）有显著差异（*P*<0.001），与以“短句”为单位（*M*=15 830.11，*SD*=5145.53）也呈现差异（*P*=0.048）；以“词”为单位与以“短句”为单位同样有显著差异（*P*=0.008）。

2. 以项目为单位之分析（By Item）

实验材料在三种呈现条件下的答题正确率、答题时间、整句阅读时间之平均数（*M*）、标准差（*SD*）及统计结果如表 7、表 8 所示：

表 7　实验材料在三种条件下阅读效率之平均数与标准差（*N*=32）

依变项	呈现方式	*M*	*SD*
答题正确率	字	0.89	0.04
	词	0.90	0.04
	短句	0.91	0.04
答题时间	字	6317.37	541.63
	词	6121.59	539.36
	短句	6212.52	465.25
整句阅读时间	字	17 256.92	866.03
	词	13 998.68	872.25
	短句	15 830.11	1091.26

表 8 呈现方式对阅读效率之变异数分析（By Item）

依变项	变异来源	*SS*	*df*	*MS*	*F*	*P*	η_p^2
答题正确率	呈现方式	0.005	2	0.002	1.480	0.230	0.031
	误差	0.152	93	0.002			
答题时间	呈现方式	614 363.100	2	307 181.550	1.150	0.320	0.024
	误差	24 822 654.600	93	266 910.270			
整句阅读时间	呈现方式	170 730 936.000	2	85 365 468.090	94.790	0.000***	0.671
	误差	83 751 874.940	93	900 557.800			

***.$P<0.001$。

以单因子独立样本 ANOVA 分析实验材料对受试者答题正确率的影响，结果发现不同的呈现方式下受试者在整句阅读时间上有显著差异，$F（2，93）=94.79$，$P< 0.001$，$\eta_p^2 = 0.671$。LSD 事后比较显示：以“字”为单位（M=17 256.92，SD=866.03）与以“词”为单位（M=13 998.68，SD=872.25）、以“短句”为单位（M=15 830.11，SD=1091.26）有显著差异（$P<0.001$）；以“词”为单位与以“短句”为单位也有显著差异（$P<0.001$）。

本研究假设三种呈现条件下，华语母语者阅读整句的速度会较快，而学习者由于阅读能力尚未如母语者成熟，“词”单位呈现文句的方式可以减少他们将字组合成词的认知负荷，因此在阅读时对学习者所产生的正面效应更为明显。结果显示，不论是从受试者还是从实验材料方面进行分析，两组受试者在“字”“词”“短句”为单位的呈现方式上的理解程度相当。但在整句阅读的平均时间上，母语者阅读以“短句”为单位的时间最短，其次是以“词”为单位，最后则是以“字”为单位。这个结果与前人的研究结果类似，对于阅读经验丰富及技巧熟练的母语者而言，因为习惯传统文句的呈现方式，加上具备自动化处理的能力，因此在阅读以“短句”为单位呈现的材料时，能快速地掌握文句所传递的信息。学习者阅读以“词”为单位呈现的文句时间最短，显示“词”单位的呈现方式事先替学习者省去断词的步骤，使他们能将更多的认知资源运用于整句的理解上，因此对于阅读时间达到促进的作用。这个结果符合我们的研究假设，受试者在阅读以“短句”为单位呈现的材料时，需要进行断词的工作，而阅读以“字”为单位呈现的句子时，还需要将出现的每个字与前后的字组合后才能够建构出语意，因而增加阅读时间。

虽然，读者对某字的阅读时间也会受到前面字词的影响，但也显示读者可能采用判断邻近的字词是否属于同一概念的阅读策略（Gibson & Levin, 1975）。阅读单位大小是影响阅读成效的一个重要因素（Samuels *et al.*，1978）。句子以概念单位呈现，读者无须分别理解各个独立的字，而能很快辨识出字词及组合，加快阅读的速度（Gibson & Levin，1975）。以“词”为单位呈现可以形成隐形的词边界，“词”是比“字”更容易被读者感知或记忆的概念单位，缩短从“字”到“词”进行结构分析和意义整合的认知距离，有助于在阅读过程中将“词”这一概念单位储存于短期记忆内（Haberlandt *et al.*，1989）。根据 Sweller（1988）提出的“认知负荷理论”，将信息进行结构化的分析、区块化的设置以及指标注意力的引导，能减少学习者心智统整的过程，有效降低认知负荷。在视觉空间上，“词”单位的呈现方式可以凸显同一概念，使得文句的外在结构与学习者心理辞典的内在结构相配合，加深学习者对词汇的知觉，使词汇更易进入长期记忆并转化为学习者的心理辞典，加快学习者提取意义的速度。再搭配适合的教学方法，应有助于学习者阅读效率的提升。

四、结论

虽然全球学习华语的人口不断攀升，但华语所具有的许多独特的属性也成为学习者阅读的难点。要在国际上扩展华语的学习，首要破除他们对华语难学的第一印象。本研究采用“自主步调阅读任务”,分析受试者阅读以不同语言单位呈现的华文材料时的整体阅读速度及理解程度之差异，目的并非推翻传统华文的呈现方式、否认汉字识读对阅读的重要性，也不是剥夺学习者学习时需经历的断词经验，主要是希望透过科学的实验结果，从教学的角度切入，提供华语教师另一种教学思维，除了在教学内容上的精进外，如何透过有效呈现教学内容的方式，培养学习者阅读的技巧。“词”单位的呈现方式可视为一种教学辅助，不仅是对语言能力还处于认知和技巧掌握阶段的初学者，即使是对阅读已处在自动化处理阶段的高级学习者，也有助于他们阅读文言文或专业领域等难度较高的文章。当然，阅读课文在排版时是否一定要有这两种呈现方式，以便于学习者对照使用还需要做进一步的实验研究。不过，降低学习者阅读时的难度并减轻他们的认知负荷，使学习变得既有趣也有用，这对于在国际上推展华语学习是很重要的。本文期望能对华语作为第二语言的阅读教学或教材设计提供一些理论基础及启发。

参考文献

[1] 陈振宇，黄秀霜，高斌领．词间空隔设计及其对阅读表现的长期影响．台湾行政当局科委机构项目研究，NSC97-2410-H-006-095-MY3，2010.

[2] 洪敦明．汉语文本中安置词间空格线索对阅读效率之影响．中正大学心理学研究所未发表之硕士学位论文，2005.

[3] 林仁一．物理性的断词线索对一般大学生阅读效率的影响：一个眼球轨迹追踪的研究．成功大学认知科学研究所未发表之硕士学位论文，2012.

[4] 林昱成．词间空格对小学正常及阅读困难学生阅读效率之影响．成功大学认知科学研究所未发表之硕士学位论文，2009.

[5] 刘英茂，叶重新，王联慧，张迎桂．词单位对阅读效率的影响．中华心理学刊，1974，16.

[6] 彭瑞元．探讨加入词间空格对于中文阅读效率的影响．中正大学心理学研究所未发表之硕士学位论文，2003.

[7] 台湾师范大学主编．新版实用视听华语（1—5 册）．台北：正中书局，2008.

[8] 杨宪明．中文词间、词内空格调整对阅读的影响．台南师院学报，1998，31.

[9] Bai, X.-J., Liang, F.-F., Blythe, H. I., Zang, C.-L., Yan, G.-L. & Liversedge, S. P. Interword spacing effects on the acquisition of new vocabulary for readers of Chinese as a second language. *Journal of Research in Reading*, 2013, 36(S1).

[10] Gibson, E. J. & Levin, H. *The Psychology of Reading*. M. I. T. Press, 1975.

[11] Haberlandt, K. F., Graesser, A. C. & Schneider, N. J. Reading strategies of fast and slow readers. *Journal of Experimental Psychology: Learning, Memory, and Cognition*, 1989, 15(5).

[12] Hsu, S.-H. & Huang, K.-C. Effects of word spacing on reading Chinese text from a video display terminal. *Perceptual and Motor Skills*, 2000a, 90(1).

[13] Hsu, S.-H. & Huang, K.-C. Interword spacing in Chinese text layout. *Perceptual and Motor Skills*, 2000b, 91(2).

[14] Perea, M. & Acha, J. Space information is important for reading. *Vision Research*, 2009, 49(15).

[15] Rayner, K., Fischer, M. H. & Pollatsek, A. Unspaced text interferes with both word identification and eye movement control. *Vision Research*, 1998, 38(8).

[16] Samuels, S. J., LaBerge, D. & Bremer, C. D. Units of word recognition: Evidence for developmental changes. *Journal of Verbal Learning and Verbal Behavior*, 1978, 17(6).

[17] Shen, D.-L., Liversedge, S. P., Tian, J., Zang, C.-L., Cui, L., Bai, X.-J., Yan, G.-L. & Rayner, K. Eye movements of second language learners when reading spaced and unspaced Chinese text. *Journal of Experimental Psychology: Applied*, 2012, 18(2).

[18] Sweller, J. Cognitive load during problem solving: Effects on learning. *Cognitive Science*, 1988, 12(2).

[19] Winskel, H., Radach, R. & Luksaneeyanawin, S. Eye movements when reading spaced and unspaced Thai and English: A comparison of Thai-English bilinguals and English monolinguals. *Journal of Memory and Language*, 2009, 61(3).

专题八

Topic 8

国际汉语教学其他相关问题研究

Research on Other Related Issues in International Chinese Language Teaching

"给我"结构在人际互动角度上的话语分析

北京语言大学　窦玉荣

摘　要：本文通过对电视剧《酸甜苦辣小夫妻》台词中"给我（+VP）"结构所在的例句进行统计分析，归纳出"给我"的三种结构类型和四种所在句类，在此基础上，从场景类型、场景内人物关系和场景内氛围类型三方面考察了"给我"的使用场景，是以现场交互场景为主体，并进一步分析出了该结构主要具有明确行为动作方向性以及对听者的未然行为发出命令、宣泄负面情感这两种语用功能。

关键词："给我"结构　人际互动　话语分析　使用场景　语用功能

一、引言

（一）选题缘由和相关研究

a. 这件衣服不错，你给我试试这件衣服。

b. 我今天不方便换衣服，你给我试试这件衣服。

c. 你赶快过来！就站这儿！你给我试试这件衣服！听见没有？

相同的句子中，"给我"的意义却不同，我们对"给我（+VP）"结构很感兴趣，希望对其在口语中的使用进行研究。本文不包含"给"作为动词的情况。

韩其峰（1992）认为"给我"是加强语气的助词；隋长虹（2003）认为"给我"是语气副词，构成权势关系时才使用，表强制性命令；张恒君（2013）认为"给我"为情态副词，表明说者的强硬态度、凸显强势地位、宣泄负面情绪；尹海良（2014）认为"给我"凝固性增强，不是介宾短语，"给我 +VP"必须在现场交互中完成，功能在于以言行事。

我们认为："给我"不是助词，因为助词是附着在实词、短语或句子上表示特定语法意义的成分，

"给我"没有这样的语法意义；"给我"也不是副词，因为语气副词可单独使用，可位于主语前，而"给我"的位置固定，多出现在主语后、谓语前。因此，我们把"给我"结构定为介词短语。

（二）理论基础

话语分析理论认为：使用语言和理解语言时，语境是不可缺少的因素。话语分析研究的是自然的语言，研究方法很多，其中定量分析法和语境替换法是我们主要使用到的方法。定量分析法是指话语分析者很少说某个句子"能不能说"，而是观察这个句子"有多少人说"，从而看出人们使用语言时的趋向；语境替换法是指同样一句话在不同的语境中会有不同的理解。

话语分析角度也很多，其中，言语行为理论提出了言内行为、言外行为、言后行为三个概念。其中，言外行为是指表达说话者意图的行为，是在说某些话时实施的行为。在此基础上，言外行为又分为阐述类、指令类、承诺类、表达类和宣告类，每一类行为都有共同的目的，但具有同样目的的言外行为可能具有不同程度的言外之力。

（三）研究方法和语料

本文立足于自然口语的研究，通过边看边记录的方式，从电视剧《酸甜苦辣小夫妻》中收集了含介词短语"给我"的例句共128例。我们将以此为基础，归纳该结构的结构类型和所在句类，在话语分析理论的指导下，探究该结构在人际互动中的使用场景及语用功能。

二、"给我"的结构类型和所在句类

（一）"给我"的结构类型

1. 常规结构

在常规结构中，构成元素"给"和"我"词汇意义显著，凝结度低，语音距离长，在不同情景下可替换为其他元素。含这种结构的例句共66例，占51.56%。例如：

（1）王凯旋（对郭伟）：我还真得感谢你给我出了这么好的一馊主意。（19集）

（2）丽丽（对王凯旋）：你给我发个短信就行了。（35集）

在这类结构中，"给"常可替换成"为、向、把、被"类意义的词语，如例（1）；或用于引进交付、传递的接受者，如例（2）。"我"为与事成分，语义指向明确，在不同情景中，"我"也可替换为其他代词或名词，如例（1）中言者如果换成王凯旋的妻子丽丽，她也可以这样说：

（1'）丽丽（对郭伟）：他还真得感谢你为他出了这么好的一馊主意。

除了上述常规结构外，还有种特殊情况，例如：

（3）丽丽：目前餐厅的设计还是需要改动一下，东边这几个座位的视野不太好。

赵总：想一块儿去了，今天老陈还给我说这事儿呢。（31集）

这里的"给"可替换为"跟"，这不是"给"的常规语义，"跟我说"比"给我说"更常见。我们发现这种例句的言者均为赵总，可见，这是由地域或习惯差异带来的言者的一种语言使用偏好。

2. 高凝结构

高凝结构中，“给”和“我”词汇意义不显著，凝结度高，语音距离短，不能被其他元素替换。含这种结构的例句共 48 例，占 37.50%。例如：

（4）肖燕（对王凯歌）：你现在就去给我道歉！（9 集）

这一类结构语气强烈，“给”和“我”不能被替换，即使把言者换成别人，如例（4）中肖燕换成王凯歌的哥哥王凯旋，为了保持表意不变，句子内容也不应改变，即：

（4'）王凯旋（对王凯歌）：你现在就去给我道歉！

在这类结构中，“我”的语义指向不明确，无论言者是谁，都要使用“给我”，如果因言者更换而替换了“我”，则句意改变，例如：

（4"）王凯旋（对王凯歌）：你现在就去给肖燕道歉！

例（4"）和例（4）中道歉的目标人物发生了变化，句意完全不同，可见，例（4）中的“给我”是高凝结构，即使情景改变，构成元素也不能被替换，如例（4'）。

3. 常规–高凝结构

在常规结构和高凝结构之间还存在一个模糊区间，其间的结构可理解为常规结构，也可理解为高凝结构，有时两类结构特征同时体现，我们称其为常规–高凝结构。含这类结构的例句共 14 个，占 10.94%。例如：

（5）媛媛（对肖燕）：你给我把我箱子拿出来。（2 集）

在这个例句中，“我”有担任与事成分的偏向，语义指向也相对明确，“给”可替换成“为、替”等词语，这时就可看成常规结构；但如果更关注交际中的事件和情感表达，那么这种偏向性就会减弱，语义指向也可以不明确，这时，即使情景元素发生改变，“我”也可以不必被替换，“给我”就理解为高凝结构。例如：

（5'）王凯歌（对肖燕）：你替媛媛把她箱子拿出来。

（5"）王凯歌（对肖燕）：你给我把她箱子拿出来。

如果把例（5）理解为常规结构，那么言者改变时，“我”可替换为“媛媛”，“给”可换为“替”，即例（5'），句意不变；如果把例（5）理解为高凝结构，那么言者改变时，“给”和“我”都可以不被替换，如例（5"），句意不变。

（二）“给我”的所在句类

吕叔湘主编（1999）把句子分为陈述句、疑问句、祈使句、感叹句四类。刘月华等（2001）把句子分为陈述句、疑问句、祈使句、感叹句、呼应句五类。“给我”结构所在的句子除了陈述句、祈使句、感叹句以外，还有“问句”。称“问句”，是因为句类中的疑问句并不包括反问句，刘月华等（2001）认为反问句是和疑问句同等级的其他问句形式。而我们的语料中存在反问句，为了方便归类，我们暂且将疑问句和反问句都称作“问句”。

1. 陈述句

陈述句是一种叙事、描写、说明、议论性的句子，它给听话人或读者以信息，一般应包括新的信息（刘月华等，2001）。语料中的陈述句有 22 个，占 17.19%。例如：

（6）刘向前（对王凯旋）：一会儿护士会给我拿来。（13 集）

（7）丽丽（对王凯旋）：你这两边撒谎，事儿没给我办成，还想在床上睡？（2集）

陈述句中有常规结构，如例（6），也有常规–高凝结构，如例（7）。陈述句中的“给我”大部分用于已然行为或曾经发生过的可重复性的动作，如例（7），也有用于未然行为的情况，如例（6），但例句很少。

2. 祈使句

祈使句表示请求、命令、劝阻或禁止，多出现于对话中（刘月华等，2001）。语料中的祈使句有 88 个，占 68.75%。例如：

（8）艾可（对王凯旋）：给我开点儿药吧。（9集）

（9）裴阿姨（对万强）：（你）现在马上给我回家去！（18集）

（10）葛经理（对丽丽）：放假没问题啊，但是这个项目，你不能给我撂挑子啊！（35集）

“给我”所在句类，祈使句最多，而且祈使句是唯一一个被“给我”的结构类型全覆盖的句类，是“给我”结构的承载主体。常规结构如例（8），高凝结构如例（9），常规–高凝结构如例（10）。

3. 感叹句

感叹句的主要功能是表达、抒发感情，表达说话人强烈的喜悦、赞赏、愤怒、悲痛、厌恶、惊讶等等，而不是为了给人新的信息（刘月华等，2001）。感叹句有 8 个，占 6.25%。例如：

（11）王凯歌（对王自强）：今天晚上记得看现场直播啊，颁奖典礼，给我颁奖！（36集）

（12）刘美美：你也得理解理解丽丽姐。

葛经理：我理解她？这么简单的事，这么给我装腔作势！（36集）

例（11）为常规结构，“我”指向言者，表达了其强烈的喜悦感；例（12）为高凝结构，表达了言者对丽丽的愤怒之情。

4. 问句

问句包括疑问句和反问句。例句共 10 个，占 7.81%，疑问句 7 个，反问句 3 个。例如：

（13）刘向前（对王凯旋）：凯旋，我那个狮子头没给我倒了吧？（14集）

（14）赵总（对老陈）：谁给我做（手术）？（36集）

（15）丽丽：我那是给你解围呢！

王凯旋：给我解什么围呀？（22集）

（16）丽丽妈（对王凯旋）：你不是要给我买鱼吗？（8集）

（17）王自强（对裴阿姨）：那兔崽子们还都长行市了！敢跟老子玩儿阴的了！这样，你们不是给我来个调虎离山吗？我给他来个直捣黄龙！（8集）

例（13）和例（14）都是疑问句，前者为是非问句，后者为特指问句。例（15）至例（17）都是反问句，例（15）是特指问形式的反问句，动词后加“什么”，轻读，表示“没有必要”，这种反问句有不赞成或责备语气；例（16）和例（17）为是非问形式的反问句。在问句中，既有常规结构，如例（13）至例（16），也有高凝结构，如例（17），但数量少，不典型。

以上我们从结构类型和所在句类两个维度对“给我”结构进行了举例分析，结果如表 1：

表 1　“给我”的结构类型和所在句类

所在句类	常规结构		常规-高凝结构		高凝结构		总计	
	数量	百分比 /%	数量	百分比 /%	数量	百分比 /%	数量	百分比 /%
陈述句	21	16.41	1	0.78	0	0.00	22	17.19
祈使句	32	25.00	13	10.16	43	33.59	88	68.75
感叹句	4	3.12	0	0.00	4	3.13	8	6.25
问句	9	7.03	0	0.00	1	0.78	10	7.81
总计	66	51.56	14	10.94	48	37.50	128	100.00

从表 1 可知：常规结构是主体和根本结构；高凝结构的使用率也较高，说明“给”和“我”的凝结度越来越高，“给我”的虚化程度越来越强；三种结构的存在证明了“给我”的语法意义和功能是一个动态发展变化的连续统。祈使句是结构分布的主体句类。

三、“给我”的使用场景

（一）场景类型

“给我”的使用场景分为现场交互场景和非现场场景。命令发出者和接收者同时在场为现场交互场景，反之为非现场场景。

1. 现场交互场景

现场交互场景例句有 110 个，占 85.94%。例如：

（18）刘向前（对艾可）：（你）这么着急就来给我解释这件事情。（20 集）

（19）王凯旋（对郭伟）：你是给我打电话吗？（14 集）

（20）王自强（对王凯旋）：就这么一段路吧，你愣给我把裤子给尿了！（嘿嘿笑）（35 集）

（21）王凯旋（对郭伟）：丽丽说跟我离婚！你给我想想办法、出出主意啊！（29 集）

常规结构 51 个，如例（18）和例（19），高凝结构 45 个，如例（20），常规-高凝结构 14 个，如例（21）；从句类看，陈述句 14 个，如例（18），祈使句 88 个，如例（21），感叹句 2 个，如例（20），问句 6 个，如例（19）。

2. 非现场场景

非现场场景例句有 18 个，占 14.06%。例如：

（22）王凯旋（对丽丽）：医院又给我安排了一台手术。（22 集）

（23）丽丽（对刘向前）：您是说凯旋给我编瞎话了？（28 集）

（24）王自强（对裴阿姨）：你以为他真的没地儿住吗？他这来给我示威来了！（17 集）

常规结构 15 个，如例（22）和例（23），高凝结构 3 个，如例（24）；陈述句 8 个，如例（22），感叹句 6 个，如例（24），问句 4 个，如例（23）。这类场景中，一般施事不在会话现场。

通过以上分析，得出表2和表3：

表2 不同使用场景下结构类型统计

结构类型	现场交互场景		非现场场景	
	数量	百分比/%	数量	百分比/%
常规结构	51	39.84	15	11.72
常规-高凝结构	14	10.94	0	0.00
高凝结构	45	35.16	3	2.34
总计	110	85.94	18	14.06

表3 不同使用场景下所在句类统计

所在句类	现场交互场景		非现场场景	
	数量	百分比/%	数量	百分比/%
陈述句	14	10.94	8	6.25
祈使句	88	68.75	0	0.00
感叹句	2	1.56	6	4.69
问句	6	4.69	4	3.12
总计	110	85.94	18	14.06

从表2和表3可以看出：现场交互场景是主体使用场景，充分体现出现场感与人际互动性，这与祈使句类为主体句类是相符合的。非现场场景中没有祈使句类，也没有常规-高凝结构。祈使句一般出现于对话场合，有现场互动特征，与非现场场景特征相矛盾；没有常规-高凝结构可能是因为"给我"的发展趋向是从"常规"到"高凝"，而常规-高凝结构在发展趋向上更偏向高凝结构，所以大多为祈使句，更偏向于现场交互场景。

（二）场景内人物关系

"给我"涉及的人物关系有平等关系和权势关系，权势关系又包括正向权势关系和反向权势关系。

1. 常规结构涉及的人物关系

在常规结构中，"我"语义指向言者，与会话的其他参与者或事件行为的实施者可以有不同的人物关系。例如：

（25）肖燕（对王凯歌）：我好开心啊，你能给我做饭。（8集）

（26）万强（对裴阿姨）：我什么时候说你给我添负担了呀？（23集）

（27）王自强（对王凯旋）：你以后少给我报这个团、那个团的，我坚决不去！（2集）

例（25）中，"我"是肖燕，与王凯歌是平等的夫妻关系；例（26）中，"我"指万强，是裴阿姨的儿子，属反向权势关系；例（27）中，“我”指王自强，是王凯旋的父亲，属正向权势关系。

由于“我”指向确定，人物关系不会影响言者表达请求、命令、疑问、情感态度或陈述自己的经历及未来事件等内容。因此，常规结构对人物关系没有特定要求。但由于礼貌原则，当人物为反向权势关系时，言者的命令常会转变为请求，在句式和用词上也有改变。例如：

（28）王凯旋（对王自强）：裴阿姨这所作所为，您能不能给我解释一下啊？（4集）

王凯旋想了解裴阿姨的行为原因，如果问在场的弟弟，也可用命令式，例如：

（28'）王凯旋（对王凯歌）：裴阿姨这所作所为，你给我解释一下。

但如果问父亲，出于礼貌，王凯旋只能选择请求式，用问句形式的祈使句，语气缓和，且用“您”表尊敬。相反，例（27）中是正向权势关系，言者的命令无须换作其他形式来表现。

2. 高凝结构涉及的人物关系

高凝结构涉及平等关系24个，权势关系24个，其中正向权势关系23个，反向权势关系仅1个。

高凝结构所在的祈使句中，言者表达的都是严厉的命令，所以高凝结构与常规结构涉及的平等关系有差异。前者涉及的人物虽然社会身份平等，但对话时，人物之间在情感、伦理、道德、心理等方面产生了不平等关系，一方才对另一方发出了强烈的命令，并用“给我”加以强化，使双方在这一时刻形成权势关系，我们称之为即时权势关系，区别于常规结构涉及的平等关系，那么高凝结构涉及的权势关系也相应地称为绝对权势关系。也就是说，在高凝结构的使用中，权势关系是必需的。

第一，即时权势关系。这类例句有24个，占50.00%。例如：

（29）肖燕（对王凯歌）：王凯歌你给我滚！（2集）

肖燕和王凯歌本是平等的夫妻关系，可由于王凯歌与前女友合租房子，触犯了肖燕的利益，情理上王凯歌处于下位，两人形成了即时权势关系，肖燕才对丈夫发出了严厉的命令。

第二，绝对权势关系。这类例句有24个，占50.00%，其中正向权势关系23个，反向权势关系1个。例如：

（30）裴阿姨（对万强）：万强，你给我住嘴！（18集）

（31）丽丽（对葛经理）：你给我回来！（2集）

例（30）为正向权势关系。例（31）为反向权势关系，员工向经理发出命令，违背一般认知，之所以存在，是因为葛经理没有架子，丽丽又是老员工，上下级关系不显著；而且丽丽不怕丢工作，对葛经理没有敬畏心；此外，葛经理给丽丽少发了奖金，触犯了她的利益，葛经理从权势关系的上位下移。可见，涉及反向权势关系有特殊原因，正向权势关系为主体。

3. 常规-高凝结构涉及的人物关系

涉及平等关系的例句有8个，涉及绝对权势关系的例句有6个。例如：

（32）丽丽（对同事）：你给我保密，听见没有？（18集）

（33）王自强（对王凯歌）：你把电视给我打开。（6集）

例（32）理解为常规结构时，涉及平等关系，理解为高凝结构时，为即时权势关系。例（33）是绝对正向权势关系。

（三）场景内氛围类型

场景内氛围类型分为和谐型和冲突型。

1. 常规结构涉及的氛围类型

常规结构涉及和谐型氛围的例句有 60 个，涉及冲突型氛围的例句有 6 个。例如：

（34）王凯旋（对王凯歌）：你嫂子多关心我呀，还给我带了一枕头！（28 集）

（35）刘向前（对王凯旋）：你是不是怕艾可回到我身边，所以给我安上一个这样的病？（24 集）

（36）王凯旋：你老公我这么有魅力，我怕谁呀？

丽丽：真的假的呀？你可别给我挖坑跳啊！（21 集）

例（34）是和谐型氛围；例（35）和例（36）是冲突型氛围，前者是真冲突，后者是伪冲突，表面争吵，实为夫妻打趣。常规结构涉及伪冲突氛围的仅此 1 例。

在常规结构的使用中，和谐型氛围为主体氛围，冲突型氛围即使出现，冲突等级也不高。这可能是由于呈现冲突型氛围的句子中出现"给我"结构时，冲突等级越高，句子的语气就越强烈，"给我"就越可能朝强化语气方面——也就是朝高凝结构方向——产生理解偏向，有些甚至进入了常规-高凝结构区间。

2. 高凝结构涉及的氛围类型

高凝结构涉及的均为冲突型氛围，真冲突 45 例，伪冲突 3 例。例如：

（37）王自强（对林哥）：趁早给我滚蛋啊！（25 集）

（38）丽丽妈（对王凯旋）：你给我说清楚！（2 集）

（39）丽丽（对铭铭）：铭铭，你给我换鞋！（30 集）

（40）王自强（对王凯旋）：就这么一段路吧，你愣给我把裤子给尿了！（嘿嘿笑）（35 集）

例（37）至例（39）是真冲突，冲突等级依次递减，这与冲突双方的关系及引发冲突的事件有关。例（37）是因债务问题发生激烈冲突；例（38）是因房子问题发生家庭纠纷；例（39）是因生活习惯引发小冲突。例（40）是伪冲突，表面上是父子因尿裤子发生冲突，实则体现了父亲对儿子的嗔怪和怜爱。

在高凝结构的使用中，冲突型氛围为主体氛围，这与其句类分布、场景类型和人物关系都是相符的。

3. 常规-高凝结构涉及的氛围类型

常规-高凝结构涉及冲突型氛围的例句有 7 个，涉及和谐-冲突型氛围的例句也有 7 个，各占 50.00%。例如：

（41）王自强：（房子）你给我退回来。你租出去干什么？

王凯歌：怎么又成说我了，真是的！（27 集）

（42）王自强（对王凯歌）：你把电视给我打开。（6 集）

例（41）是父子因房子发生冲突，是冲突型氛围。例（42）是和谐-冲突型氛围，如果将"给我"理解为常规结构，体现父亲对儿子善意的请求，那么和谐型氛围凸显；如果将"给我"理解为高凝结构，体现父亲对儿子关掉电视的不满和让儿子打开电视的命令，那么冲突型氛围凸显。

通过以上分析，得到表 4：

表 4　不同氛围下结构类型统计

结构类型	和谐型	和谐–冲突型	冲突型	
			真冲突	伪冲突
常规结构	60	0	5	1
常规–高凝结构	0	7	7	0
高凝结构	0	0	45	3
总计	60	7	57	4
			61	
百分比 /%	46.87	5.47	47.66	

整体来说，常规结构与和谐型氛围相对应，高凝结构与冲突型氛围相对应，常规–高凝结构偏向于与冲突型氛围相对应。

四、“给我”的语用功能

（一）常规结构的语用功能

在常规结构中，“给我”的功能是明确行为的目标对象，即行为的方向性，这个行为可以是已然的，也可以是未然的。例如：

（43）丽丽（对王凯旋）：你给我定了这么好一辆车，还不要了，多可惜呀！（35 集）

（44）肖燕（对王凯歌）：想让我高兴就做点儿靠谱的事，不是在这儿给我画饼。（21 集）

（45）王凯旋：（这衣服）给我打一折。

售货员：好的，那我给您包起来。（15 集）

例（43）“定车”和例（44）“画饼”都是已然行为，例（45）“打一折”是未然行为。

行为可能是有利的，如例（43）和例（45），“给我”明确引出行为受益者；行为也可能是有损的，如例（44），“给我”明确引出利益受损者。此外，还有种中性的行为，单看句子无法判断利弊，需要放在更大的话语背景中考察，例如：

（46）丽丽（对警察）：刘美美给我拿过一份酒店的方案。（36 集）

“拿过一份酒店方案”这个行为看不出好坏，但随剧情发展，发现行为目的是为了剽窃创意，“给我”明确引出行为受损者。

（二）高凝结构的语用功能

高凝结构的语用功能以负面情感宣泄为主，例句共 45 个。此外，还有 3 个例句表面上表达负面情绪，实则表达言者的嗔怪、怜爱等情感，我们将这类语用功能称为伪负面情感宣泄。例如：

（47）丽丽：她可能不是那意思。

丽丽妈：你给我闭嘴！你还是我生的吗？（21 集）

（48）王凯旋：你什么事得往好了想想，克服克服啊！

丽丽：（无奈地笑）我发现你就，可能给我找理由了！（26 集）

例（47）中，丽丽妈非常生气，发出了“你闭嘴”的命令，表达了强烈的负面情感，并使用“给我”加以强化；例（48）中，丽丽表面上说丈夫找理由，实为夫妻间打趣，属于伪负面情感宣泄。

在表达负面情感宣泄时，存在两种情况：一种如例（47），是言者对听话人的未然行为发出命令，这类句子共42个；另一种情况是言者对听话人或不在现场的第三人曾经的行为表示不满，即对已然行为加以责怪，这类句子有3个。例如：

（49）刘美美：你也得理解理解丽丽姐。

葛经理：我理解她？这么简单的事，这么给我装腔作势！（36集）

葛经理觉得丽丽装腔作势，对她的行为加以责怪，“给我”强化了不满和责怪的情感。由于是对已然行为进行责怪，所以被责怪人也可以不在会话现场。例（49）中，如果被责怪人也在现场，也可以这样说：

（49’）丽丽：你也得理解理解我。

葛经理：我理解你？这么简单的事，这么给我装腔作势！

直接对被责怪人表达不满，语气更强烈、负面情感宣泄程度更强、冲突等级更高。可见，高凝结构的语用功能还是以对听话人的未然行为发出命令、以宣泄会话时刻对听话人产生的负面情感为主。

（三）常规–高凝结构的语用功能

常规–高凝结构具有上面两种结构的语用功能。这两种功能可能偏向于择一体现，也可能同时得到体现。例如：

（50）王自强（对王凯旋）：把他全程有头有影地给我录下来，我要叫亲戚朋友都好好看一看。（36集）

（51）葛经理（对丽丽）：放假没问题啊，但是这个项目，你不能给我撂挑子啊！（35集）

（52）葛经理（对丽丽）：丽丽，孩子让你老公接一下，今天你务必给我跑一趟。（36集）

例（50）是和谐型氛围，“给我”的功能偏向于常规结构，明确引出行为受益者；例（51）是冲突型氛围，“给我”的功能偏向于高凝结构，宣泄强烈的负面情感；例（52）的“跑一趟”，像命令又像请求，氛围不和谐也不冲突，可理解为“给我”的两种功能都有体现。

五、结语

本文通过对电视剧《酸甜苦辣小夫妻》台词中“给我（+VP）”结构所在例句进行统计分析，归纳出“给我”的三种结构类型和四种所在句类，并从场景类型、场景内人物关系和场景内氛围类型三方面考察了“给我”的使用场景，分析出了该结构的语用功能。

我们的目标是研究自然口语中的“给我”结构，但由于语料来源仅有一部电视剧，分析难免不够全面，有待进一步扩大语料范围进行更深入的考察。

参考文献

[1] 韩其峰．谈“给我”的助词性质．淮阴师范学院学报（哲学社会科学版），1992（1）．
[2] 刘月华，潘文娱，故韡．实用现代汉语语法（增订本）．北京：商务印书馆，2001.

[3] 吕叔湘主编．现代汉语八百词（增订本）．北京：商务印书馆，1999.
[4] 倪劲炜．祈使句中的语气副词“给我”．皖西学院学报，2009（6）．
[5] 隋长虹．“给我”动词短语句的多角度考察．临沂师范学院学报，2003（4）．
[6] 王丹荣．祈使标记“给我”+VP 构式的成句因素探析．河北大学学报（哲学社会科学版），2015（3）．
[7] 尹海良．强势指令义构式“给我 +VP”探析．汉语学习，2014（1）．
[8] 张恒君．汉语的权势标记“给我”研究．湖南社会科学，2013（4）．
[9] 张旺熹．汉语口语成分的话语分析．北京：北京语言大学出版社，2012.

汉语与豪萨语语音对比及汉语教学研究

浙江财经大学　郝小明

摘　要：随着“一带一路”倡议在非洲的快速推进，非洲的汉语教学也进入了发展的快车道。但是针对非洲语言的汉外对比及教学研究却很少，滞后于汉语教学的发展。汉语与非洲三大语言之一——豪萨语的对比及教学研究仅见一篇论文。因此，本文进行汉语与豪萨语语音对比及汉语教学探讨。

关键词：汉语　豪萨语　辅音　元音

一、引言

从2009年到2018年，中国已连续九年成为非洲第一大贸易伙伴国（新华网，2018年8月28日）。随着“一带一路”倡议在非洲的快速推进，非洲的汉语教学也进入了发展的快车道。以孔子学院为例，2006年非洲仅有6所孔子学院，但到2017年年底已发展为54所孔子学院（国家汉语国际推广领导小组办公室，2006；孔子学院总部/国家汉办，2017）。孔子学院、孔子课堂已遍布非洲大陆。

非洲大陆以语言众多著称。根据联合国教科文组织的统计，非洲人使用的语言有2000多种，占世界语言总数的30%，而美洲人和欧洲人所使用语言总和大约只占世界语言总数的18%（罗美娜，2011）。从语言学的角度看，非洲的本土语言主要分属四个语系：闪-含语系、尼日尔-刚果语系、尼罗-撒哈拉语系、科伊桑语系。此外，还有马来-波里尼亚语系的马达加斯加语，以及外来的印欧语系的英语、法语、葡萄牙语等。从语言的使用看，在非洲有三种最重要的语言：北非的阿拉伯语，东非的斯瓦希里语，西非的豪萨语。其中，说阿拉伯语的人数为1亿，说斯瓦希里语的为5000多万，说豪萨语的为5500万。豪萨语长期以来是西非地区公认的商业交际语，以及豪萨族人的日常生活用语。在非洲，说豪萨语的人主要分布于尼日利亚北部、尼日尔南部。此外，在大西洋几内亚湾沿岸的喀麦隆、贝宁、加纳、上沃尔特、多哥、马里、乍得等国也居住着相当数量的豪萨族人（宁骚，1983）。

从汉语教学看，在说豪萨语的西非国家中，贝宁、尼日利亚、喀麦隆、马里、多哥、加纳等国，已建立了孔子学院或孔子课堂，有中国派出的汉语教师，展开了汉语教学（孔子学院总部/国家汉办，2017）。在国内的院校，母语为豪萨语的非洲留学生也与日俱增。此外，在国内出版了以下豪萨语版的汉语教学材料：《汉语图解词典》（商务印书馆，2009）、《汉语图解小词典》（商务印书馆，2009）、《每日汉语》（中国国际广播出版社，2009）、《国际汉语教学通用课程大纲》（外语教学与研究出版社，2010）、《当代中文》（华语教学出版社，2010）、《汉语乐园》（北京语言大学出版社，2010）、《快乐汉语》（人民教育出版社，2010）等。

但是，从国际汉语教学的研究看，针对非洲上述三大语言的基础性汉外对比及汉语教学研究却很少，滞后于教学发展，也远不及汉英、汉日、汉韩等对比及汉语教学研究。汉语与豪萨语对比及汉语教学的研究更是凤毛麟角，笔者仅见到《汉语和豪萨语声调对比与声调教学》一篇（李百华，1988）。因此，本文进行汉语、豪萨语辅音和元音的对比以及汉语教学的探讨。

按传统的语言谱系分类，豪萨语属闪-含语系中含语族的乍得语支（崔希亮，2009）。豪萨语的研究通常以尼日利亚的卡诺地区方言为“标准”豪萨语。因此，本文以卡诺语音与汉语普通话语音进行对比。关于豪萨语音系的研究，国内学者与国外学者的观点有很大不同，本文采用美国学者 Russell G. Schuh 和 Lawan D. Yalwa 的观点（转引自国际语音学会编著，2008）。

二、汉语、豪萨语辅音对比及汉语教学探讨

（一）汉语、豪萨语辅音概述

汉语普通话中，辅音分布在声母系统和韵母系统中。声母系统中包含 21 个辅音声母、1 个零声母（含辅音和半元音），韵母系统中包含 16 个带鼻辅音的韵母。汉语普通话共有 22 个辅音音位：/p/、/p^{h}/、/m/、/f/、/t/、/t^{h}/、/n/、/l/、/k/、/k^{h}/、/ŋ/、/x/、/tɕ/、/tɕ^{h}/、/ɕ/、/tʂ/、/tʂ^{h}/、/ʂ/、/ʐ/、/ts/、/ts^{h}/、/s/。辅音声母在与不同的元音韵母相拼或鼻辅音做韵母的韵尾等情况下，辅音音位有不同的变体。主要音位变体为：（1）大多数辅音音位（辅音［f］除外）与圆唇元音相拼时，产生圆唇音变体。（2）舌尖中音 /t/、/t^{h}/、/n/、/l/ 与齐齿呼韵母相拼时产生腭化音变体。（3）舌根音 /k/、/k^{h}/、/x/ 同［ei］相拼时，发音部位前移。（4）鼻音 /n/ 做声母、韵尾时，分别有两个变体。（5）鼻音 / ŋ / 做韵尾以及在音节开头时，分别有两个变体。在汉语拼音方案中用 18 个拉丁字母表示辅音音素或音位（黄伯荣和廖序东主编，2011）。

豪萨语的辅音共有 31 个音位：/b/、/ɓ/、/m/、/ɸ/、/w/、/ʦ'/、/s/、/z/、/d/、/ɗ/、/t/、/n/、/l/、/r/、/ʈ/、/ tʃ /、/dʒ/、/ʃ/、/j'/、/j/、/k^{j}/、/g^{j}/、/k^{j}'/、/k/、/g/、/k'/、/k^{w}/、/g^{w}/、/k^{w}'/、/ʔ/、/h/。其中，/w/、/j/ 为半元音（近音）。主要音位变体为：（1）鼻音音位 /m/、/n/ 有音位变体［ɲ］、［ŋ］。（2）/ɸ/ 音位有音位变体［f］、［p］。在书面语中，豪萨语用 20 个拉丁字母表示辅音音素或音位。

（二）汉语、豪萨语辅音异同

汉语与豪萨语辅音对比见表 1。从发音方法和发音部位两方面讨论主要异同。

1. 发音方法

首先，汉语只有“肺部气流音”，而豪萨语有“肺部气流音”和“非肺部气流音”两类。豪萨语中，肺部气流音与非肺部气流音整齐对应：［b］、［ɓ］；［d］、［ɗ］；［j］、［j'］；

［k^j］、［k^{j}’］；［k］、［k’］；［k^w］、［k^{w}’］，只有［ʦ’］例外。

其次，从气流强弱、声带是否振动、成阻与除阻方式三方面，讨论汉语和豪萨语肺部气流音的异同。从气流强弱看，“送气—不送气”对立是汉语形成音位的重要区别特征，有 6 对音，但不是豪萨语形成音位的区别特征。从声带是否振动看，“清—浊”对立在汉语和豪萨语中都是形成音位的区别特征，但汉语只有 1 对音，豪萨语有 6 对音。此外，汉语清音多于浊音，豪萨语浊音多于清音。从成阻与除阻方式看，“塞音”“擦音”“塞擦音”“鼻音”“边音”“半元音”为汉语和豪萨语共有；“颤音”“闪音”，豪萨语有而汉语没有。

2. 发音部位

首先，舌面前音［tɕ］、［tɕ^h］、［ɕ］，汉语有而豪萨语没有；舌叶音［tʃ］、［dʒ］、［ʃ］和喉音［h］，豪萨语有而汉语没有；双唇音、唇齿音、舌尖前音、舌尖中音、舌尖后音、舌面中音、舌根 / 舌面后音以及喉音［ʔ］为汉语和豪萨语共有。

其次，腭化音、唇化音与常规音是否形成音位对立，汉语与豪萨语不同。汉语中，腭化音、唇化音与常规音都不形成音位对立，如大多数辅音音位（唇齿音 /f/ 除外）有圆唇音变体，舌尖中音音位 /t/、/t^h/、/n/、/l/ 有腭化音变体。而豪萨语中，硬腭化软腭音、常规软腭音、唇化软腭音——［k^j］、［k^{j}’］、［g^j］，［k］、［k’］、［g］，［k^w］、［k^{w}’］、［g^w］——形成音位对立。

表 1　汉语与豪萨语辅音对比表①②③④

音标 / 发音部位 / 发音方法、语种				双唇	唇齿	舌尖前	舌尖中	舌尖后	舌叶	舌面前	舌面中	舌根 / 舌面后			喉
塞音	清	不送气	汉	p			t						k		ʔ

① 表 1 所列为汉语普通话辅音音位的典型变体、零声母音位的常用变体［w］、［ɥ］、［j］、［ɣ］、［ʔ］，以及豪萨语辅音音位的典型变体。

② 为了便于比较，表 1 中发音部位、发音方法的名称采用周殿福编著《国际音标自学手册》（1985）“国际音标汉译表”。汉语普通话辅音的发音部位、发音方法名称根据黄伯荣和廖序东主编《现代汉语（增订五版）》（2011）。豪萨语辅音的发音部位、发音方法依据国际语音学会编著《国际语音学会手册》（2008）的“辅音表”。汉语名称与豪萨语名称对应如下：在发音部位中，舌尖前音和舌尖中音与豪萨语的齿龈音对应；舌叶音与龈后音对应；舌面中音与硬腭音对应；舌根 / 舌面后音与硬腭化软腭音、常规软腭音、唇化软腭音对应；喉音与声门音对应。在发音方法中，塞音与爆发音对应；边音与边近音对应；半元音与近音对应。此外，豪萨语塞音、擦音、塞擦音有非肺部气流音的外挤气音和内爆音。

③ 汉语零声母音位的变体包括合口呼、撮口呼、齐齿呼的半元音［w］、［ɥ］、［j］，开口呼的［ɣ］、［ʔ］。其中，半元音［w］、［ɥ］列入双唇音，［j］列入舌面中音，［ɣ］列入舌面后音，［ʔ］列入喉音。

④ 豪萨语［r］的发音部位归入舌尖中音；［ɽ］的发音部位归入舌尖后音；［j’］的发音方法为外挤气、浊、擦音。此外，常规硬腭化软腭音、常规软腭音、唇化软腭音——［k^j］、［k^{j}’］、［g^j］，［k］、［k’］、［g］，［k^w］、［k^{w}’］、［g^w］——在圆唇元音以及前元音前时：在圆唇元音前，“硬腭化软腭音—常规软腭音—唇化软腭音”的对立消失，都为唇化软腭音。在前元音前，“硬腭化软腭音—常规软腭音”的对立消失，为硬腭化软腭音，但与唇化软腭音对立。

续表

音标 发音部位 发音方法、语种				双唇	唇齿	舌尖前	舌尖中	舌尖后	舌叶	舌面前	舌面中	舌根／舌面后			喉
塞音	清	不送气	豪				t					k^{j}	k	k^{w}	ʔ
		送气	汉	p^{h}			t^{h}						k^{h}		
			豪												
	浊	不送气	汉												
			豪	b			d					g^{j}	g	g^{w}	
	清	外挤气	汉												
			豪									k^{j}’	k’	k^{w}’	
	浊	内爆	汉												
			豪	ɓ			ɗ								
擦音	清		汉		f	s		ʂ		ɕ			x		
			豪	ɸ		s			ʃ						h
	浊		汉					ʐ					ɣ		
			豪			z									
	浊	外挤气	汉												
			豪								j’				
塞擦音	清	不送气	汉			ts		tʂ		tɕ					
			豪						tʃ						
		送气	汉			ts^{h}		$tʂ^{h}$		$tɕ^{h}$					
			豪												
	浊	不送气	汉												
			豪						dʒ						
	清	外挤气	汉												
			豪			ts’									
鼻音	浊		汉	m			n						ŋ		
			豪	m			n								
颤音	浊		汉												
			豪				r								
闪音	浊		汉												
			豪					ɽ							
边音	浊		汉				l								
			豪				l								
半元音	浊		汉	w ɥ							j				
			豪	w							j				

（三）汉语声母习得偏误分析及教学策略

在汉语教学中，豪萨语母语学习者产生的辅音偏误主要有三类：

第一类是送气音［p^h］、［t^h］、［ts^h］、［$tʂ^h$］、［$tɕ^h$］、［k^h］不送气或送气不足。从上述发音方法对比分析可知，这类偏误产生的原因是汉语中送气与否构成不同的音位，而豪萨语的音位构成不具有这样的特征。有效的教学策略有二：一是送气音的发音技巧训练；二是结合语义的送气音与不送气音对比练习，使学习者理解在汉语中送气与否表达不同的意义。

第二类是汉语舌面前音发音部位不准确。舌面前音［tɕ］、［$tɕ^h$］、［ɕ］用舌叶音［tʃ］、［dʒ］、［ʃ］代替。从上述发音部位对比分析可知，这类偏误产生的原因是豪萨语没有舌面前音，因此用相近的发音部位舌叶音代替。因汉语没有舌叶音与舌面前音的音位对立，因此这类偏误不会造成意义表达错误，可以适当纠正。

第三类是相同的拉丁字母表示的不同辅音混淆。在书面上，汉语拼音字母和豪萨语字母均以拉丁字母为基础构成，或用单个字母，或用字母组合，或用字母变体。汉语和豪萨语采用的拉丁字母中有 16 个是相同的：b、c、d、f、h、j、k、l、m、n、r、s、t、w、y、z。这些字母表示的辅音，有的是汉语与豪萨语完全不同；有的是有相同的音，也有不同的音。因此，汉语教学初始阶段，对这 16 个字母表示的音，要进行汉语拼音字母与豪萨语字母发音的对照讲解和发音练习。

三、汉语、豪萨语元音对比及汉语教学探讨

（一）汉语、豪萨语元音概述

汉语普通话中，元音仅分布在韵母系统中。韵母系统包含 10 个单元音韵母，13 个复元音韵母，16 个元音与鼻辅音组合的带鼻音韵母。汉语韵母系统中共有 10 个元音音位：/a/、/o/、/ə/、/e/、/i/、/u/、/y/、/ɿ/、/ʅ/、/ɚ/，分别在单元音韵母、复元音韵母、带鼻音韵母等情况下有不同的变体。在汉语拼音方案中，用 7 个拉丁字母或其变体 ɑ、o、e、ê、i、u、ü 表示元音音素或音位（字母 r 用作表示卷舌音韵母和儿化韵）（黄伯荣和廖序东主编，2011）。

豪萨语的元音共有 10 个音位：/i:/、/e:/、/a:/、/o:/、/u:/，/i/、/e/、/a/、/o/、/u/。其中，长元音比较稳定，短元音在词中的位置时会有不同的变体。在书面语中，用 5 个拉丁字母 a、o、e、i、u 表示元音音位或音素，每个字母既表示长元音，也可表示短元音。

（二）汉语、豪萨语元音异同

汉语与豪萨语元音对比见表 2。主要异同概括如下：

第一，构成音位的区别特征不同。在汉语音位系统中“圆唇—不圆唇”是重要区别特征，构成两对对立音：［i］、［y］；［ɤ］、［o］；而在豪萨语音位系统中，“圆唇—不圆唇”则不是区别特征。音长在豪萨语音位系统中是重要区别特征，构成 5 对对立音位：/i/、/i:/，/e/、/e:/，/a/、/a:/，/o/、/o:/，/u/、/u:/；而在汉语音位系统中，这则不是区别特征。

第二，汉语有舌面音音位、舌尖音音位和卷舌音音位，豪萨语只有舌面音音位。舌面音音位 /i/、/e/、/a/、/o/、/u/ 是汉语与豪萨语共有的音位（汉语与豪萨语的音位变体不同）；舌面音音位 /y/ 和 /ə/、舌尖音音位 /ɿ/ 和 /ʅ/ 以及卷舌音音位 /ɚ/ 则是汉语独有而豪萨语没有的音位。

第三，汉语的韵母系统有单元音、元音与元音组合、元音与辅音组合三种形式；而豪萨语只有单元音形式。

表 2　汉语与豪萨语元音对比表①

音位	/i/	/e/	/a/	/o/	/u/
汉语变体	i、ɪ、j	e、ε	a、ᴀ、ɑ、ε	o、o^c	u、ɷ、w、ʋ
豪萨语变体	i、ɪ、ɨ、y	e、ε	a、ə、ɒ	o	u、ʊ、ʉ、ɯ
代表字母	汉 i；豪 i	汉 e、ê；豪 e	汉 a；豪 a	汉 o；豪 o	汉 u；豪 u
音位	/i:/	/e:/	/a:/	/o:/	/u:/
汉语变体					
豪萨语变体	i:	e:	a:	o:	u:
代表字母	豪 i	豪 e	豪 a	豪 o	豪 u
音位	/ɿ/	/ʅ/	/y/	/ə/	/ɚ/
汉语变体	ɿ	ʅ	y、ɥ	ə、ɤ	ɚ、ɐr
豪萨语变体					
代表字母	汉 i	汉 i	汉 ü	汉 e	汉 er

（三）汉语韵母习得偏误分析及教学策略

在汉语单元音韵母的教学中，语音偏误主要有两类：第一类是圆唇与不圆唇的问题；第二类是汉语音素［ɿ］、［ʅ］、［ɚ］等发音不准或发音困难的问题。引起第一类问题，是由于豪萨语中“圆唇—不圆唇”不构成音位对立，有效的教学策略是汉语音素［i］与［y］、［ɤ］与［o］的有意义对照练习，使学习者理解在汉语中圆唇与否表达不同的意义。引起第二类问题，是由于这些音素汉语有而豪萨语没有，通常的教学方法是延长声母 z、c、s 的呼读音的发音以演示［ɿ］；延长呼读声母 zh、ch、sh 的呼读音的发音以演示［ʅ］；先示范音素［ə］，然后加卷舌动作，演示［ɚ］的发音。

在汉语复元音韵母以及带鼻音韵母的教学中，语音偏误主要为把复合音发成单个元音或单个辅音。这是因为豪萨语中没有复合元音，也没有复合的元音与辅音。因此，复合元音韵母、带鼻音韵母的发音是教学的难点。

四、结语

语音教学是汉语教学的基础，打好语音基础是习得地道汉语的标志。本文基于汉语语音体系与豪萨语语音体系中的辅音和元音进行了系统性的对比，并在此基础上，初步探讨了相关的教学问题，希望能对豪萨语母语学习者汉语语音的学习和教材编写提供参考。此外，关于汉语与豪萨语的声调异同以及汉语声调教学，李百华（1988）进行了详细讨论，笔者与其有关豪萨语声调以

① 表 2 所列为汉语普通话元音音位及其变体以及豪萨语元音音位及其变体。

及汉语声调教学的观点基本一致，限于篇幅，这里不再赘述。

参考文献

[1] 崔希亮．语言学概论．北京：商务印书馆，2009.
[2] 国际语音学会编著．国际语音学会手册．江荻译．上海：上海教育出版社，2008.
[3] 国家汉语国际推广领导小组办公室．国家汉办年度报告（2006）. 2006.
[4] 黄伯荣，廖序东主编．现代汉语（增订五版）．北京：高等教育出版社，2011.
[5] 孔子学院总部 / 国家汉办．孔子学院年度发展报告（2017）. 2017.
[6] 李百华．汉语和豪萨语声调对比与声调教学．世界汉语教学，1988（3）.
[7] 罗美娜．非洲国家的多元语言使用问题．世界民族，2011（2）.
[8] 宁骚．非洲的语言和文字．西亚非洲（双月刊），1983（5）.
[9] 中国连续九年成为非洲第一大贸易伙伴国．新华网，2018 年 8 月 28 日．
[10] 周殿福编著．国际音标自学手册．北京：商务印书馆，1985.

外国留学生“以A为B”文言构式习得研究*

北京大学　汲传波

摘　要：基于语体语法理论，本文考察了现代汉语中常用的“以 A 为 B”文言构式在 HSK 动态作文语料库中的使用情况。结果发现，外国留学生和汉语母语者在书面语中对该构式的使用频率均值约为 1 ∶ 4，外国留学生存在少用的倾向；留学生习得该构式的偏误率约为 32.81%，偏误比例较高且类型多样。基于研究结论，本文提出要加强现代汉语书面语中的文言构式习得研究，重视文言构式的教学，提升外国留学生使用汉语书面正式语体的能力。

关键词：以 A 为 B　文言构式　习得　偏误　正式语体

一、引言

现代汉语“以 A 为 B”结构，有学者将之归入古句式（冯胜利，2006），有学者称之为文言语法成分（孙德金，2010b）、文言结构（汲传波，2016）。若从构式角度来看，也可以称之为文言构式。近些年语体语法成为研究热点，汉语第二语言教学界对学术汉语研究开始关注，“以 A 为 B”等文言构式的研究价值得到进一步凸显。

学界对此文言构式的研究成果不太多，且主要集中于本体研究领域。最为重要的代表性成果，如孙德金（2005、2010a、2010b、2012）对该构式进行了深入且系统的研究。孙德金（2010a）认为“以 A 为 B”结构是现代汉语中很常用的句法结构形式，该结构是从文言语法中沿用至现代汉

* 本研究得到 2016 年度教育部规划基金项目“面向第二语言教学的汉语语体语法研究”（项目编号：16YJAZH021）资助。

语书面语语法中的一种具有不可替代价值的句法结构形式。“以A为B”的核心意义是“认定”，由此引申出变化义、比较义、等同义；“A”可以是单个词，也可以是复杂结构，“B”一般是简单的词和短语；该构式同一般的动词性结构相似，在句子中可以充当谓语、定语、宾语、同位语，也可以独立成句。这些本体的研究成果为二语习得研究奠定了非常好的基础。还有一些学者对该构式也进行了探讨，如罗主宾（2011）研究了现代汉语“以A为B”句对A、B的选择和规约问题；王停（2016）选取现代汉语“以A为首”进行了多角度考察。

另外，有学者从对外汉语教学视角研究该构式，比如冯胜利（2006）列举了一些在汉语教学中应该重视的古句式，其中就包含“以A为B”。林秀琴（2000）从对外汉语教学的视角辨析了“以……为……”与“把……当作/作为……”的异同；汲传波（2016）通过对比中国学者和韩国高级汉语学习者的学术论文语料，发现中国学者比韩国学习者更多地使用“以A为B”构式。

已有的汉语教学大纲大多没有对“以A为B”给予充分重视，比如《国际汉语教学通用课程大纲》（2014）中无“以A为B”构式。《汉语水平等级标准与语法等级大纲》（1996）只在乙级大纲的固定格式中出现了“以A为中心”，其他构式则未出现。《中高级对外汉语教学等级大纲（词汇·语法）》（1995）在中级教学语法基本纲的固定格式中出现了“以A为B”，在高级教学语法基本纲的固定格式中出现了“以A为首”“以A为主”。我们认为《中高级对外汉语教学等级大纲（词汇·语法）》（1995）对“以A为B”的安排顺序有些欠妥，高级阶段的两个构式其实是包含于中级阶段的“以A为B”构式中的；另外，该大纲尚未对该构式的语体使用特点予以重视，将其等同于一般的汉语固定格式。

综上可知，虽然汲传波（2016）的研究涉及外国留学生习得“以A为B”构式的情况，但只是考察了韩国学生，语料也只限于学术论文语料，并且对该构式的研究也只是其文章的一小部分。除此之外，学界目前未见到深入研究外国留学生习得此类构式的成果，因此值得继续深入研究。本文拟对HSK动态作文语料库进行穷尽考察，在了解外国留学生正确习得“以A为B”构式的基础上，重点分析习得偏误的具体情况。

二、外国留学生习得“以A为B”文言构式的总体情况

HSK动态作文语料库424万字语料中共检索到256个“以A为B”构式，频率均值为60.4（每百万字）。孙德金（2005）曾将该构式在现代汉语研究语料库中进行检索，共发现461个，如果换算为频率均值则为230.5（每百万字）。通过对比可以发现，汉语母语者使用“以A为B”构式的频率均值是汉语学习者的近四倍，汉语学习者使用频率偏低。这一结果表明，汉语学习者存在少用该类文言构式的倾向，主要原因可能在于该类文言构式作为正式语体的典型特征之一，输入不足或者习得困难。这也表明留学生的书面正式语体能力存在不足。

根据学界已有成果（孙德金，2005；罗主宾，2011）可知，该文言构式的A段词语非常分散，B段则往往相对集中。孙德金（2005）通过对现代汉语研究语料库检索发现，B段如果是黏着语素，多集中在：主、例、重、首。罗主宾（2011）分别对论文标题、《毛泽东选集》、10年的政府工作报告进行检索，发现B段主要集中在如下词语上：视角、指导、导向、个案，首、代表、中心、基础，重点、指导、核心、主。我们在BCC科技文体中进行检索，取“以A为B”100次以上的所有格式进行合并统计，计算出B出现次数前10位的词语有：中心、主体、基础、核心、目的、单位、纽带、纲、例、代表。综合这些本体研究结果可知，“以A为B”构式中的B段在不同类

型的语料中出现情况差异很大，但也有一些共核的成分。

检索 HSK 动态作文语料库可发现，B 段所用词语有的与母语使用者的高频用词重合，有的则有差异，出现 4 次以上的列举如下：例（25 次）、榜样（24 次）、中心（19 次）、基础（11 次）、前提（11 次）、主（11 次）、荣（10 次）、本（5 次）、第一（5 次）、借口（5 次）、目的（4 次）、天（4 次）。汉语学习者使用“以 A 为 B”文言构式呈现出自己的特点，比如对“榜样”“荣”“第一”“借口”的使用频率较高。

汉语学习者习得该构式的正确与偏误情况之比为 172 ：84，偏误率为 32.81%，接近三分之一。由此可见，该构式的习得难度不低，值得深入研究。下面我们从正确习得与偏误习得两个方面进行分析。

三、“以 A 为 B”文言构式的正确习得情况

留学生习得“以 A 为 B”文言构式正确的句子在 424 万字的 HSK 语料中共出现 172 次。我们根据音节数量，把 B 分为单音节形式和非单音节形式，其中 B 为单音节形式的共 62 句，B 为非单音节形式的为 110 句。B 为单音节形式的具体用例如表 1 所示：

表 1　留学生正确习得“以 A 为 B”构式中 B 为单音节形式的具体分布

B	例	主	荣	本	天	重	贵	鉴
频次	21	9	7	4	4	3	2	2
B	乐	业	傲	家	生	师	最	尊
频次	2	2	1	1	1	1	1	1

表 1 显示“以 A 为例”“以 A 为主”居于留学生正确使用的前两位，这和汉语母语者的使用情况基本一致（孙德金，2005）。虽然既有的汉语教学大纲中有“以 A 为主”，并没有出现“以 A 为例”，但我们认为在汉语教材中应该把“以 A 为例”作为重要语言点。汉语教材中的“以 A 为 B”分布情况另文再进行分析。留学生使用“以 A 为荣”的比例要高于汉语母语者，这可能与留学生年龄、HSK 作文的话题都有一定的相关性，具体原因也有待继续研究。

B 为非单音节形式的具体用例比较复杂，用了 48 个不同形式，多数在“以 A 为 B”构式中出现一次。习得正确较多的如：榜样（23 次）、中心（12 次）、基础（9 次）、前提（6 次）、借口 / 目的（4 次）、本位 / 理由 / 目标 / 手段 / 语言 / 宗旨（2 次），其他的如“背景、标志、标准、成功、代表、第一、根本、核心单位”等等只用了 1 次。

“以 A 为榜样”共有 24 个句子，其中有 23 个正确句子，占所有正确习得句的 13.37%。其中 A 为：自己、父母、父亲、母亲、自己的行为、他、她、他们。“以 A 为榜样”使用频次高，也应该与留学生的年龄及 HSK 作文话题有相关性。

习得正确 4 次以上词语的用例共有 103 句，约占所有正确句的 59.88%，分布比较集中。这些构式共有 11 个：以 A 为榜样、以 A 为例、以 A 为中心、以 A 为基础、以 A 为主、以 A 为荣、以 A 为前提、以 A 为本、以 A 为借口、以 A 为目的、以 A 为天。留学生为什么对这些构式“情

有独钟”，值得今后深入分析。

习得正确的例句如：

（1）我是泰国人，就以泰国为例。（泰国）①

（2）现今的年轻人都以自己的父母为榜样，如果身为市民的我们都以身作则，把吸烟的坏习惯铲除。（马来西亚）

（3）我觉得这个小故事批评了现代人们的以自我为中心和利己主义。（韩国）

（4）总的来说，最好的结交方式应以了解为基础，一切以平常心对待。（新加坡）

（5）本人知道贵公司以日本旅客为主，因此本人认为自己能胜任当贵公司的导游。（新加坡）

（6）我以你为荣，做一个堂堂……（新加坡）

以上例句中“以A为B”主要做谓语、宾语，用得还比较地道、自然。

四、“以A为B”文言构式的偏误习得情况

“以A为B”文言构式的偏误习得情况比较复杂，我们将之分为五类进行深入考察：“以”的偏误、A的偏误、“为”的偏误、B的偏误、综合偏误。各类偏误占所有偏误的具体比例见表2：

表2 留学生习得“以A为B”的偏误类型

比较项	“以”的偏误	A的偏误	“为”的偏误	B的偏误	综合偏误	总计
频次	20	9	14	19	22	84
百分比/%	23.81	10.71	16.67	22.62	26.19	100.00

（一）“以”的偏误

“以”的偏误共有20例，占所有偏误句的23.81%，居于第二位。主要包括两类：应该用“以”却用了其他词，缺少“以”。

应该用“以”却用了其他词，这类偏误共有12例，例如：

（7）*每个人都为自己的利益为出发点。（新加坡）

（8）*最近我们为了我们的身体健康用绿色食品为食。（韩国）

（9）*我们应当维护遵守别人的利益和对健康为第一。（韩国）

（10）*用我的大哥為例，他在初中時期是個甲等優異生，不論成績或是課外活動方面都無與倫比。（美国）

例（7）—例（10）偏误句中的“为、用、对”都需要修改为“以”，形成完整的“以A为B”结构。

缺少“以”的共有8个句子，例如：

（11）*但是这个新技术要不危害人的身体建康为前提。（韩国）

（12）*但我仍坚持平淡生活，努力学习为座右铭，母亲归功不少。（新加坡）

① 本文保留例句原文，即使有错别字等，也都未予修改，对例（10）等中的繁体字也予以保留。全文余同。

例句（11）不考虑学习者的汉字书写偏误，加上“以”就正确了。例句（12）也需要加上“以”。

（二）A 的偏误

“以 A 为 B”构式中 A 的偏误共有 9 句，占所有偏误句的 10.71%，总数居于第五位，是所有偏误类别中最少的。例如：

（13）* 否则，以这样方法为借口的罪犯可能会增加的。（日本）

（14）* 因此，我们应该以有吃的东西的状态为前提。（日本）

（15）* 素仰贵公司大名及服装界的成就，当能以加入成贵公司一份子为荣。（马来西亚）

例句（13）需要修改为“以这类/种方法为借口”，例句（14）需要修改为“以有吃的东西为前提”，例句（15）需要修改为“以成为贵公司的一份子为荣”。

（三）“为”的偏误

“为”的偏误共有 14 句，占所有偏误句的 16.67%，居于偏误的第四位。具体的情况可以分为四个小类：“为”用错（9 例）、“为”多余（2 例）、该用“为”却用了其他词（2 例）、缺“为”（1 例）。

第一小类是“为”用错的情况，例如：

（16）* 所以生活的节奏以公共汽车的时间为定。（韩国）

（17）* 如果有的话，我们俩以对话为解决。（韩国）

（18）* 我父母说，以养动物为学会爱有生命的。（日本）

（19）* 如果他以我的话为对他的批评，他肯定不高兴。（日本）

例（16）至例（18）都可以把“为”改为“来”，不用“以 A 为 B”构式。例句（19）可以把“为”修改为“作为”。

第二小类是“为”多余的情况，都可以通过删除而使句子正确，例如：

（20）* 这一所女子中学以什么为出名呢？（日本）

（21）* 我认为每个人应该以自己的办法为解决问题。（日本）

第三小类是该用“为”却用了其他词的情况，例如：

（22）* 又以我以例子。（新加坡）

（23）* 在吃绿色食品和不挨饿中。我觉得应该以不挨饿当先。（韩国）

第四小类是缺“为”的情况，例如：

（24）* 从而以自我中心的心态看待父母。（韩国）

（四）B 的偏误

“以 A 为 B”中 B 的偏误共有 19 句，占 22.62%，居于所有偏误类型的第三位。多数是 B 用错，个别句是缺少 B。例如：

（25）* 孩子就以他们的坏事儿为模仿做跟他们做的那样一样的坏事。（日本）

（26）* 以公平和理由爲先题。（澳大利亚）

（27）* 尤其中华民族，自古以来有“大家庭”的观念，并以大家庭能和睦相处为荣誉。（印度尼西亚）

（28）* 现在应当以学习为中。（菲律宾）

（29）* 我认为孩子以父母为决定怎样成大。（日本）

例（25）至例（28）的“以A为B”中的B都不合适，可以分别修改为“榜样”“前提”“荣”“中心”。例（29）中的B缺少，可以补充为“榜样”。

（五）综合偏误

综合偏误是指“以A为B”构式偏误的部分等于或多于两处，不便归纳到某一个方面。这类偏误因错误不止一处，因此比前四类更复杂一些，共计22句，约为26.19%，占所有偏误种类的第一位。其中又可以分为两个小类：不该用“以A为B”构式而用所产生的偏误（15例），该用“以A为B”构式却误用或没有使用的偏误（7例）。

第一类，不该用“以A为B”构式而用所产生的偏误，例如：

（30）* 对吸烟者来说，以吸烟为能保持自己的心情稳定，而可以提高自己的力量。（日本）

（31）* 父母只以自己的思想或标准为中判断子女的感受。（韩国）

（32）* 因此这更多的增加以间接吸烟为得腓癌的发病人数。（韩国）

（33）* 那个男性是“变质者”，以执行暴行为接近了她。（日本）

（34）* 因此，某市政府在公共场所以规定为禁烟。（韩国）

学习者没有真正掌握“以A为B”构式却误用，例（30）、例（31）可以修改为“以A来B”结构，例（32）可以修改为“因A而B”，例（33）可以修改为“以A而B”，例（34）可以删除“以”和“为”。

第二类，该用“以A为B”构式却误用或没有使用的偏误，例如：

（35）* 我们都为他高興，为他以榮。（新加坡）

（36）* 这个故事表示自己中心的思想的后果。（日本）

例（35）该用“以A为B”却用成了“为A以B”，例（36）使用“以A为B”构式会更好一些。

五、结语

陈平（2018）认为：“我们阅读今天的英文书报，见不到古英语的踪迹，但古汉语词语句式却是现代汉语书面语的常用成分。”“以A为B”文言构式就是现代汉语书面正式语体中的常用成分，但与一般的汉语书面语构式在语体使用上仍有不少差异，可能会成为外国留学生习得的难点。这类构式应该是现代汉语书面语的特点之一，但汉语二语教学界对此关注并不太多。本文在语体语法理论的启发下，尝试考察外国留学生在书面语中习得“以A为B”文言构式的情况。研究结果发现，留学生在书面语中使用该构式的频率偏低，习得偏误率为32.81%，偏误类型复杂。这一结果与我们之前的一些研究发现相似，说明留学生的汉语语体能力比较薄弱，主要表现在两个方面：书面语的口语化倾向（汲传波和刘芳芳，2015）和学术汉语能力的不足（汲传波，2016）。随着学习汉语的人数逐渐增加，位于金字塔尖的高级汉语水平的学习者越来越多，需要我们针对书面语的口语化倾向和学术汉语能力不足的问题开展研究，找到解决方案，提升留学生现代汉语书面正式语体的能力。

引言中我们谈到有一些汉语教学大纲中已经列出了“以A为B”构式，为什么留学生习得情况还不理想。我们认为，目前的汉语教学大纲和教材基本上将这一类文言构式混同于固定格式，并未从语体的角度将其凸显，或者说对这类文言格式在何种语体中运用并未予以重视。目前国内的汉语教学基本上采用分技能教学，有综合课（读写课）和口语课（听说课），好像对语体教学有了分类，其实这两类课程对语体的重视程度并不高，尤其是对“以 A 为 B”类体现汉语书面正式语体特色的构式重视不足。今后，面向二语的现代汉语书面语教学不但要重视一般的汉语构式，也需更进一步关注“以 A 为 B”等文言构式，不但应该将其列入大纲、编入教材，更应该凸显这类构式的语体属性。在具体的教学策略上，需要注意讲解，举例时体现这类构式的语体特点，输出时选择合适的练习形式，尽量多采用转述类的练习形式，避免采用对话形式的练习。另外，提供语境、完成句子也是一种比较好的练习方式（汲传波，2009）。学术汉语目前成为研究热点，我们建议将文言构式的习得也纳入学术汉语的研究范围，从更高的层面对其进行教学设计和教学实验。当然，由于汉语二语教学界对此关注不多，相关的研究也亟须深化和提升。本文限于篇幅，仅抛砖引玉，期冀更多的学者关注文言构式的习得、汉语的语体特征等问题。

参考文献

[1]［美］冯胜利．汉语书面用语初编．北京：北京语言大学出版社，2006.

[2]［美］冯胜利．语体语法的逻辑体系及语体特征的鉴定 // 北京语言大学对外汉语研究中心编．汉语应用语言学研究（第四辑）．北京：商务印书馆，2015.

[3] 陈平．论现代汉语语法研究中的证据问题．当代修辞学，2018（5）.

[4] 国家对外汉语教学领导小组办公室汉语水平考试部编．汉语水平等级标准与语法等级大纲．北京：高等教育出版社，1996.

[5] 汲传波，刘芳芳．留学生汉语书面语中的口语化倾向研究．语言教学与研究，2015（1）.

[6] 汲传波．中级综合汉语教材语体不对应研究．云南师范大学学报（对外汉语教学与研究版），2009（6）.

[7] 汲传波．韩国学生汉语学术论文中文言结构使用初探．汉语学习，2016（6）.

[8] 孔子学院总部 / 国家汉办编制．国际汉语教学通用课程大纲（修订版）．北京：北京语言大学出版社，2014.

[9] 林秀琴．“以…为…”和“把…作为 / 当作…”结构的比较分析．首都师范大学学报（社会科学版），2000（S3）.

[10] 罗主宾．现代汉语“以 A 为 B”句对 A、B 的选择和规约．重庆教育学院学报，2011（5）.

[11] 孙德金．描写与实证——汉语要素的多视角考察．北京：北京语言大学出版社，2005.

[12] 孙德金．现代书面汉语中的“以 A 为 B”式意动结构．汉语学习，2010a（3）.

[13] 孙德金．现代书面汉语中文言语法成分的语体及个人风格对比考察．对外汉语研究，2010b（6）.

[14] 孙德金．现代汉语书面语中文言语法成分的界定问题．汉语学习，2012（6）.

[15] 孙瑞珍主编．中高级对外汉语教学等级大纲（词汇・语法）．北京：北京大学出版社，1995.

[16] 王停．现代汉语“以 A 为首”的多角度考察．常州工学院学报（社科版），2016（3）.

三谈教材注音之问题

北京语言大学出版社　王弘宇

摘　要：变调、轻声、儿化是语音教学的三大难点，难在读音的或然性上。对这三个困扰教学的经常性问题，教材有责任根据语言文字规范和语言教学规律提出解决方案。本文以"案例与解说"的形式阐述教材注音与词典注音的不同，提出教材注音的理念和教材注音的原则。

关键词：对外汉语教材　注音问题

一、变调的注音问题

（一）教材中的变调问题

变调的注音问题，主要是对发生语流音变的"一""不"开头的音节如何标注调号，是标注原调，还是标注变调。

《现代汉语词典》[①]对"一""不"开头的音节一律标注原调，无论是否发生语流音变；有的教材也照抄《现代汉语词典》，变调仍按原调标注。例如：

（1）【案例】不用

李佳美：好的，我记住了。谢谢！

售票员：不用谢！（《缅甸初级汉语教程》[②]）

【解说】案例按照《现代汉语词典》标注原调"不用(bùyòng)谢"，而实际读音是"不用(búyòng)谢"，词典注音与实际读音不符。那么，对外汉语教师该教原调还是该教变调？

① 相关各教材依据出版时相应版本的《现代汉语词典》。

② 为讨论方便，本文省略了各教材的出版单位和出版时间。余同。

（2）【案例】一定，不到，一次

哥奈温：北京有哪些好玩儿的地方？

王华：到了北京就一定要去天安门、长城和故宫。

李佳美：我觉得颐和园很美，也应该去看看。

玛拉茵茵：这些地方我都知道。中国有句话叫“不到长城非好汉”，我最想去长城，我要当一次好汉！（《缅甸初级汉语教程》）

【解说】案例按照《现代汉语词典》标注原调“一定（yīdìng）”“不到（bùdào）”“一次（yīcì）”，而实际读音是“一定（yídìng）要去天安门”“不到（búdào）长城非好汉”“我要当一次（yícì）好汉”，词典注音与实际读音不符。那么，对外汉语教师该教原调还是该教变调？

（二）变调问题处理意见

教材注音与词典注音不同。教材注音是教学性的，特别是第二语言教学，不能完全照搬语文词典。标注原调，外国学生学起来等于平添了一个障碍，从原调到变调的转换很吃力；教师教起来也要费力解释语流音变，影响教学效率和教学效果。

教材注音应按实际读音标注。根据《汉语拼音正词法基本规则》（GB/T 16159–2012）：“在语言教学等方面，可根据需要按变调标写。”对发生语流音变的“一”“不”开头的音节，对外汉语教材不按词典标注原调，而按实际读音标注变调，这便于外国学生一开始就按实际读音来学习，避免了关于变调的烦琐讲解，这是考虑了第二语言教学的特殊性，体现了教学的经济原则。以下是对外汉语教材按实际读音标注的案例：

（3）【案例】一下

我来介绍一下：这是王明，他是英语系的。（《汉语韵律会话》）

【解说】《现代汉语词典》：一下（yīxià）；对外汉语教材：一下（yíxià）。

（4）【案例】一样，一定

A：怪不得我常常听到“冷死了”“热死了”“累死了”“渴死了”，大概是很不舒服，就像死了一样吧？

B：也不一定。有时候也说“高兴死了”“幸福死了”“开心死了”。（《汉语韵律会话》）

【解说】《现代汉语词典》：一样（yīyàng），一定（yīdìng）；对外汉语教材：一样（yíyàng），一定（yídìng）。

二、轻声的注音问题

（一）教材中的轻声问题

轻声的注音问题，主要是如何确定轻声和非轻声，以及对可读轻声词（两读词）标注调号还是不标调号。

《现代汉语词典》对轻声描写细致，注音要加一个圆点“·”表示可读轻声。对外汉语教材注音不用圆点，但往往也会按《现代汉语词典》注为轻声。例如：

（5）【案例】走过

这时，一个老渔民走过，他对大卫和儿子说：“这二十年里，我天天都这么过。”（《汉语过关》）

【解说】案例注音“走过（zǒuguo）”。此时的“～过”是经过的意思（一架飞机飞过），不是经历的意思（以前来过这儿）。表示经过是趋向动词，读去声（飞过 fēiguò）；表示经历是动态助词，读轻声（来过 láiguo）。轻声与非轻声，词类属性不同，意义也不同。回头看案例“走过”，该确定为轻声还是非轻声？

（6）【案例】火车站里，旅行袋里

游客：您好！我从新加坡来，我的旅行袋不见了。

警察：什么时候？

游客：一小时前，我在火车站里。

警察：您去过火车站的失物招领处了吗？

游客：去过了，没有。

警察：旅行袋里有什么？

游客：护照、手机、钱包和照相机。（《汉语过关》）

【解说】案例将方位词“里”标注为轻声“火车站里（li）”“旅行袋里（li）”，可能是依据《现代汉语词典》“里（·li）”；《国际汉语教学通用课程大纲》（2014）则标注为上声“里（lǐ）”。轻声与非轻声，词类属性相同，意义也相同。那么，方位词“～里”该标注调号还是不该标调号？

（二）轻声问题处理意见

教材注音与词典注音不同。教材注音是教学性的，教学要求明确，尽量避免或然性。确定轻声与非轻声，首先要看是否区别词义——这是最重要的。区别词义的要明确标注轻声或非轻声（东西 dōngxi，泛指事物或人；东西 dōngxī，指东边和西边）；不区别词义的则要宽容，不必要求一定要怎样（母亲 mǔqīn / mǔqin）。

学习原调是第一位的，掌握轻声是第二位的。根据《汉语拼音正词法基本规则》（GB/T 16159-2012）：“如是轻重两读，音节上仍标声调。”这对第二语言教学十分必要。了解原调，更容易与轻声形成对比，因而也就更利于掌握轻声。例如：

（7）【案例】右边，后面

我们现在在学校的大门口，右边有三座教学楼，办公室在一号教学楼。教学楼的后面是足球场、小卖部、食堂和游泳池。左边有大礼堂、图书馆、篮球场和室内体育馆。医务室在体育馆的里面。学校还有一个后门，在游泳池的后面，旁边是停车场。（《汉语过关》）

【解说】案例对“右边（yòubiān）”“左边（zuǒbiān）”标注了调号，对“后面（hòumian）”“里面（lǐmian）”按轻声处理；《现代汉语词典》相反，对“右边（yòubian）”“左边（zuǒbian）”按轻声处理，对“后面（hòumiàn）”“里面（lǐmiàn）”标注了调号。其实，只要不区别词义，两者都是可以的，但最好处理一致。我们的意见，初级教材应当首先考虑有利于初次学习和记忆，所以标注调号更好一些：“右边（yòubiān）”“左边（zuǒbiān）”“后面（hòumiàn）”“里面（lǐmiàn）”。

（8）【案例】生意

A：你不喜欢做什么工作？

B：做生意，天天都在讲钱。（《汉语过关》）

【解说】案例注音“生意（shēngyi）”。案例“生意”指商业经营，如“生意（shēngyi）不错”；不是指生机，如“生意（shēngyì）盎然”。轻声与否区别词义，所以案例必须标注为轻声。

三、儿化的注音问题

（一）教材中的儿化问题

儿化的注音问题，主要是“儿”的泛化。汉语中有时会用汉字“儿”来提示儿化读音，本来是个别的，可是在对外汉语教材中却大面积添加，不管是初级教材还是中高级教材，不管是口语教材还是阅读教材。

《现代汉语词典》对儿化的描写格外细致，许多词在注音后还要加“(～儿)”，表示可读儿化。不少对外汉语教材对儿化也是格外热衷，似乎不加“儿”就不地道，不加“儿”就不足以作为汉语教材。例如：

（9）【案例】地名/地名儿

北京任何一个地名儿，都有一个地名儿跟它对得上。（《说汉语　谈文化》）

【解说】案例中“地名儿”是“儿”的过度使用。“地名”是可读儿化词（两读词），读音上可儿化可不儿化；案例是中国文化教材，重在阅读理解，书面加“儿”没有必要。

（10）【案例】热心肠/热心肠儿

记者：那有机会得多练习练习，对了，你的邻居们都说你是热心肠儿。

吉姆：老北京都是热心肠儿嘛。邻居们有什么事就帮一把，互相帮助嘛。（《成功之路》）

【解说】案例中“热心肠儿”是“儿”的过度使用。“热心肠”是可读儿化词（两读词），读音上可儿化可不儿化；口语中即使读儿化，书面也一般不写“儿”。

（二）儿化问题处理意见

我们不赞成“儿”的泛化，特别是不认同把儿化当作地道的标准，刻意追求儿化。我们赞成这样的观点：“不能教过多的儿化词语，只需把汉语普通话中必须儿化的词教给学习者就够了，以免增加学习者负担。”（张旺熹主编，2013）

掌握基本读音是第一位的，掌握儿化读音是第二位的。书面是否加“儿”，首先要看是否区别词义；不区别词义的可读儿化词（两读词）一般情况下没有必要加“儿”。因为，可读儿化词（两读词）的读和写本来就不是一一对应的，读“r”多，写“儿”少。例如：

（11）【案例】犯错/犯错儿

A：对不起对不起，因为我不小心，给您带来这么大的麻烦。

B：没事没事，再能干的人也有个犯错儿的时候，这点小事不算什么，别放在心上。（《成功之路》）

【解说】案例给“犯错”加了“儿”，同样情况也应处理一致：“没事儿没事儿，再能干的人也有个犯错儿的时候，这点儿小事儿不算什么，别放在心上。”如此，“儿”就太多了。本来是两可的，完全可以不加“儿”：“再能干的人也有个犯错的时候。”

（12）【案例】有一点/有一点儿

男：你和哥哥很多地方都不一样啊。

女：很多人都这么说，其实有一点还是很像的。（《新 HSK 速成强化教程》）

【解说】案例中“有一点”是有一个事项的意思；若加“儿”变成“有一点儿”则是少量的意思，儿化与否区别词义。本案例，我们认为是有一个事项的意思，所以不能改成：“很多人都这么说，其实有一点儿还是很像的。”

四、小结：教材注音的原则

（一）按实际读音注音的原则

这是相对于词典注音来说的。针对词典“一”“不”开头的音节一律标注原调的情况，我们提出按实际读音注音的原则。其他案例又如：

（13）【案例】好主意

学生：还有，新体育馆还可以用来举办其他活动，如：音乐会、义卖会和展览会。

校长：好主意，让我回去想一想。（《汉语过关》）

【解说】案例注音：好主意（hǎozhǔyi），是按《现代汉语词典》标原调。可是案例发生了语流音变，根据“按实际读音注音的原则”，应当标注变调：好主意（hǎozhúyi）。

（二）按整体概念注音的原则

这是相对于严格以词为单位注音来说的。针对按词注音容易零碎的情况，我们提出按整体概念注音的原则。例如：

（14）【案例】出汗

王兰：哎呀，你跑得都出汗了。

玛丽：快坐下，喝点儿冷饮吧。（《汉语会话301句》）

【解说】生词表：汗（hàn）。案例将“出汗”分为“出”和“汗”。语言单位越整越容易记忆，越碎越不容易记忆。根据“按整体概念注音的原则”，应当标注：出汗（chūhàn）。同例如：开发区（kāifāqū），老朋友（lǎopéngyou），记住（jìzhù），查词典（chácídiǎn）。

（三）按课文用例注音的原则

这是相对于不看课文用例、照抄词典来说的。针对教材注音与课文用例不符的情况，我们提出按课文用例注音的原则。例如：

（15）【案例】很有名

A：你的学校怎么样？

B：我的学校很有名。（《汉语过关》）

【解说】案例注音：很有名（hěn yǒu míng）。案例注音按动词（离合词）分写（人有了名，就去做广告），课文用例却是形容词（受“很”修饰，不能带宾语）。形容词中间不能插入其他成分，注音不能分写，案例注音与课文用例不符。根据“按课文用例注音的原则”，案例注音应当连写：很有名（hěn yǒumíng）。

参考文献

[1] 孔子学院总部/国家汉办编制．国际汉语教学通用课程大纲（修订版）．北京：北京语言大学出版社，2014.

[2] 张旺熹主编．对外汉语本体教学概论．北京：商务印书馆，2013.

[3] 中国社会科学院语言研究所词典编辑室编．现代汉语词典（第7版）．北京：商务印书馆，2016.

[4] 中华人民共和国国家质量监督检验检疫总局，中国国家标准化管理委员会发布．汉语拼音正词法基本规则（GB/T 16159–2012）．北京：中国标准出版社，2012.

《初级汉语—乌兹别克语教学辞典》中的辞类和词类文法标注信息*

北京外国语大学　YAKUBOV DJASUR　陈国华

摘　要：对条首辞进行文法[①]标注，已经成为汉语和汉外通用或教学辞典的普遍做法。但在本文看来，这些辞书在这一方面有四个主要不足：（1）词和非词单位（即捆绑词干和缀）的界限不明确。（2）标注体系缺少系统性和一致性。（3）词的分类标准与其实际用法相脱离。（4）兼类词的处理不够客观。本文认为，汉语文法应当区别辞和词，前者是有意义的最小语言单位，后者是能独立担任某一句法成分（即指代成分、称名成分、限定或修饰成分、述谓成分、宣意成分、连接或引介成分和感叹成分）的最小语言单位。本文将这一观念应用到《初级汉语—乌兹别克语教学辞典》条首辞的文法标注中，将辞类视为辞的形态—句法分类，包括词、捆绑词干和缀，将词类视为词的句法功能分类，即名词、饰词[②]、谓词[③]等。本文首先重新界定形位、辞位、辞、词、捆绑词干和缀等基本单位，其次区分能独立起某种句法作用的自由辞和不能独立起任何句法作用的捆绑辞，再次根据不同的句法功能，把自由辞（即词）分为指代词、疑问词、名词、限定词、饰词、实指谓词、宣意谓词、副词、连词、介词和叹词这11个类别，最后将捆绑辞分为捆绑词干和缀这2个类别。

关键词：辞类　词类　辞位　辞　词

* 作者单位：北京外国语大学中国外语与教育研究中心。本研究得到教育部人文社会科学重点研究基地重大项目“基于文字学、文法学与语言学理论的《新型初级汉英教学辞典》的研编”（项目编号：15JJD740004）资助。

① 本文将“文法（Grammar）”作为“语法（Grammar）”的同义词对待。

② 本文将“饰词（Adjective）”作为“形容词（Adjective）”的同义词对待。

③ 本文将“谓词（Verb）”作为“动词（Verb）”的同义词对待。

一、引言

近年来，在乌兹别克斯坦学习汉语的人越来越多，汉语教学迅速发展，开设汉语课程的学校一年比一年多，汉语教学方面存在的问题也日益凸显出来，慢慢引起乌兹别克斯坦汉语教师的注意。其中一个迫切的问题应该是汉语和汉外通用或教学辞典（以下简称“汉语和汉外辞典”）的编纂和使用。存在的问题主要是条目的确立和编排不太合理，释义、文法标注、构字等信息不够全面、准确，不便于汉语师生使用。

文法标注信息方面的问题主要是词和非词单位（即捆绑词干和缀）的界限不明确、标注体系缺少系统性和一致性、词的分类标准与其实际用法相脱离和兼类词的处理不够客观。汉语和汉外辞典在文法标注信息方面的主要问题，是汉语文法研究现状的直接反映。

本文首先讨论与“字”“辞”“词”“语素 / 词素”“词缀”和“半词缀”等语言单位相关的一些重要问题，其次提出汉语和汉外辞典在文法标注信息方面的主要不足，再次对“形位”“辞位”“辞”“词”“捆绑词干”和“缀”这几个基本单位进行重新界定，最后制订《初级汉语—乌兹别克语教学辞典》（以下简称《汉乌辞典》）辞位划分方案及辞类和词类文法标注格式。

二、“字”“辞”“词”“语素 / 词素”“词缀”和“半词缀”

“字”既是书写单位，表示一个字符（Graph），如许慎在《说文解字·叙》里说的“形声相益，即谓之字”（许慎撰，2013）；同时大多数“字”又是语言单位，代表一个语言符号，如“三字经”“字字是真理”；“字”还用来代表一个文法单位，如古已有之的“虚字”“实字”（郑奠和麦梅翘编，1964）和马建忠（1898/1983）所说的“名字”“静字”“动字”等，“字”就表达了英语 word 的意思。

章士钊编（1907/1930）最早区分了“字”和“词”：“一字可为一词（如见字为动词、于字为前置介词之类），而一词不必为一字（如齐宣王三字，孟子两字，始为一名词之类）。”黎锦熙编（1924/2007）也认为，一个词可以由一个字组成，如“人”“红”“来”等，也可以由几个字组成，如“鹦鹉”“老头子”“便宜”等。

吕叔湘（1979）、朱德熙（2010）认为，词是由“语素”组成的。有的词由一个“语素”组成，有的词由两个或多个“语素”组成。

赵元任（1968/1979）承认，在识别 morpheme 时难以确定许多双音节或多音节的语言单位，例如“麻烦”“如果”“警察”等，是一个 morpheme 还是两个 morpheme。王洪君（1994）、徐通锵（1994）认为，可以用“字组”这一术语来指大于“字”的语言单位。问题是，有些单字并不一定与 morpheme 相对应，例如“葡萄”，其中的“葡”和“萄”这两个字单独不能表示一个完整的意义，所以也不能视为 morpheme。

Bloomfield（1926）认为，morpheme 指语言中的“最小形式（A Minimum Form）”，word 指“最小自由形式（A Minimum Free Form）”，这是一个能单说（有意义）的形式，但是不能被分解成能够各自单说（有意义）的成分。在他看来，morpheme 和 word 具有普适性，而非针对英语这一特殊语言。

如果 Bloomfield（1926）的上述公设成立的话，本文需要确定什么是汉语的 morpheme 和 word。morpheme 是最早由 Baudouin de Courtenay 造出来的词。词干 morph 的意思既不是“语”，也不是“词”，而是“形式”；后缀 -eme 的意思不是“素”，这只是一个后缀，借用了音系学术语 phoneme 的后三个字母。汉语学界将 morpheme 译为“语素”或“词素”（如吕叔湘，1979；朱德熙，1982），其实这一译名不能准确表示该语言单位的性质。陈国华（2013）将 morpheme 译成“形位”，即“形式单位”，本文采用这一译名。

为了确定汉语的 word，汉语学界曾使用过各种方法，包括王力（1944/1984）的扩展法、陆志韦编著（1951）的同形替代法和吕叔湘（1979）的两条界定词的标准。

朱德熙（1982、2010）认为，这些方法都不能有效认定什么是 word，但他也没有给出一个比较明确的认定方法。Huang & Shi（2016）将 word 解释为能单独回答问题的最小单位。问题是，普遍公认的大多数虚词不能单独回答问题，但语言学界也不能不承认它们是 word。虽然不容易给汉语的 word 下一个较为明确的定义，但本文还是需要确定什么是汉语的 word，否则也无法在《汉乌辞典》中进行词类文法标注。

汉语里与“词”相关的单位还有“辞”。在《汉语大词典》（1993）中，这两个字的释义大致一样，即“文辞；言词”（“辞”条下 ❸ 和“词”条下 ❶）。古代文法中，“辞”和“词”都用来称名具备某种文法功能的语言成分，即所谓“虚辞”或“虚词”（孙良明，2002/2005；陈国华，2015）。这一意义上的“辞”和“词”基本不存在实质差异，只不过前者比后者用得相对频繁一些。进入现代，“词”用来翻译英语的 word，它迅速在汉语文法学和辞书学里扎下根来，并有将“辞”从语言学术语库中彻底排挤出去之势。

高名凯（1948/1986）、陆志韦等（1957/1964）以“阿—”“老—”“第—”等为例，说明汉语具有前缀这类形态，如“阿姨”“老爷”“第一”；以“—头”“—子”“—儿”等为例，说明汉语具有后缀这类形态，如“玩头”“厂子”“信儿”。

赵元任（1968/1979）指出，汉语不仅有前缀和后缀，还有中缀，如“糊里糊涂”“看得见”“看不见”。吕叔湘（1979）认为，汉语的前缀、后缀和中缀应当总称为“语缀”，而非“词缀”，因为它们的附着对象不仅可以是词，还可以是短语，如“世界战争不可避免论者”“战斗英雄、劳动模范们”。吕叔湘的这一观点十分关键，因为它打破了汉语学界长期以来在汉语 affix 的认识上存在的局限，以为 affix 仅指“词缀”。

Korotkov *et al.*（1961）、Gorelov（1984）、Solntsev（1995）等俄国汉语学家除了“词缀”之外，还分别列出“半词缀”。他们区分“半前缀”和“半后缀”。前者包括“超”“维”“反”等，如“超高”“维生素”“反义词”。后者包括“手”“性”“机”等，如“帮手”“耐性”“飞机”。

有些中国语言学家（如吕叔湘，1979；王洪君和富丽，2005）将“半词缀”称作“类词缀”，并解释为“意义不像真词缀那么虚化也不像词根那么实，虚实介乎词缀和词根之间”的语言单位。

由此可见，人们长期以来对汉语“词缀”“半词缀”和“类词缀”的认识也并不一致，这一现象当然也反映在各部汉语和汉外辞典所提供的文法标注信息上。因此本文也有必要对这些语言单位进行重新界定。

三、汉语和汉外辞典文法标注信息上的主要不足

（一）词和非词单位（即捆绑词干和缀）的界限不明确

大部分辞典对条首辞的文法标注仅限于词和极少数的缀，没有充分区分词和非词；在非词当中，没有充分区分捆绑词干和缀。例如在 /ʃ/ 这个音节下面的 40 多个单字条目，有词类标注的

条首辞仅有几个，即“几²”（副词）、“叽”（拟声词）、“鸡”（名词）、“唧”（谓词）、“积”（谓词/名词）、“基”（名词）、“嵇”（名词）、“激”（谓词）等，其余30多个，包括“讥”“击”“饥”“机”“肌”“缉”等常用字，都没有词类标注。也就是说，除非这几个条首辞是词之外，其他大多数不是词。这种做法有一个问题，汉语师生很难确定剩余30多个条首辞的辞类，如果它们不是词，那是什么文法单位？是捆绑词干还是缀？

（二）标注体系缺少系统性和一致性

同一条首辞的同一用法，在不同的辞典中有时标注为不同的文法单位，例如“第一”中的“第”：有的辞典标注为“虚词”，有的辞典标注为“名词”，还有的辞典标注为“前缀”。

（三）词的分类标准与其实际用法相脱离

汉语和汉外辞典一般将汉语的词分成12大类：名词、谓词、饰词、副词、数词、量词、代词、介词、连词、助词、叹词和拟声词。但在很多情况下，这种分类方法不能全面且准确反映词类的用法。不少词类之间有相互交叉的文法特征，很不容易截然分开。例如除了谓词之外，有的饰词（如“高”“矮”等）也能做谓语，也就是说，是否应当将这样的词标注为“饰词”，是值得考虑的。除了极少数辞典把能做谓语的“饰词”标注为“性状谓词”之外，其他大多数都标注为“饰词”。

（四）兼类词的处理不够客观

在许多辞典里普遍存在刻意减少兼类词的现象。也就是说，在那些通常被标注为单一词类的条首辞之中，有一部分实际上具备两个或多个文法功能。例如“研究”不仅能用作谓语，如“研究医药”，还能被其他名词直接修饰，如“语言研究”，同时还能直接修饰其他名词，如“研究方向”。更重要的是，“研究”还能被指量构造或数量构造限定，如“这项研究”“一种研究”。根据朱德熙（1985）界定名词的标准，“研究”应当标注为“谓词兼名词”。有的辞典将“研究”标注为“谓词”和“名词”，而有的辞典把“研究”仅标注为“谓词”，不重视这个词的名词用法。

四、“形位”“辞位”“辞”“词”“捆绑词干”和“缀”

“形位（Morpheme）”，简称“形（Morph）”，是形态学（Morphology）的一个基本概念，指有意义的最小语言单位（Bloomfield，1926），包括自由形位（Free Morpheme）和捆绑形位（Bound Morpheme）①。能单独使用的形位称为“自由形位”，即词（Word），例如book、gas、child；从不单独出现、必须与另一形位一起使用的形位称为“捆绑形位”，如缀（Affix），例如book<u>s</u>、gas<u>es</u>、child<u>ren</u>中的-s、-es、-ren这三个复数后缀。morpheme是一种变体，那些意义和文法功能相同而形式不同的morphs，例如上面提出的-s、-es、-ren，以及以词干的不同形式出现的morphs，如<u>foo</u>t→<u>fee</u>t、<u>mouse</u>→<u>mice</u>，称为“变体形（Morphemic Variants）”。

“辞位（Lexeme）”，简称“辞（Lex）”，是词汇学（Lexicology）的一个基本概念，指一套具有相同内容而不考虑其形态—句法特性的文法学的词（Mugdan，2015）。lexeme也是一种变

① 原文bound一般译成“粘着”（吕叔湘，1962；克里斯特尔编，2000），现写作“黏着”。陈国华（2017）译为“捆绑”，因为“粘着”不是“自由”的反义词，“捆绑”才是。本文采用这一译名。

体，构成同一 lexeme 的不同形式的 lexes，如“舌 / 舌头”“椅 / 椅子”“花 / 花儿”“没有 / 没”等，称为“变体辞（Lexemic Variants）”。表达一个意思的 lexes 的组合，如“帮助”“岩石”“葡萄干”等，以及 lex 的屈折变化，如“他们”“去过”“高兴地”等，在形态学里称为“辞组（Lexical Group）”；在句法里，这些辞组连同自由形位统称为“词（Word）”。

汉语的形位和辞位有很大程度的重叠。本文借用中国传统文法术语，将汉语的形位和辞位统称为“辞位（Morpho-Lexeme）”，简称“辞（Morpho-Lex）”。就辞义与音节的关系而言，辞有两种：（1）单音节辞，如“我”“们”“都”“去”“过”“那”“里”。（2）多音节辞，如“葡萄”“咖啡”“巧克力”。

根据形态—句法标准，汉语的辞可以分成两大类：能独立担任某一句法成分的自由辞（Free Morpho-Lex）和不能独立担任任何句法成分的捆绑辞（Bound Morpho-Lex）。句法成分可以是：具备指代功能的成分、具备称名功能的成分、具备限定或修饰功能的成分、具备述谓功能的成分、具备宣意功能的成分、具备连接或引介功能的成分，以及表示感叹的成分。一个辞如果能独立担任以上句法成分中的任何一种，它就是自由辞，这种最小句法单位即词（Word）。捆绑辞不能独立担任任何句法成分，因此只是形态学单位，不是句法单位。这种辞要么是捆绑词干（Bound Stem），要么是缀（Affix）。

“词”就是具备句法功能的辞。根据语义和句法功能的不同，词可以分成两大类：实词（Lexical Word）和虚词（Functional Word）。实词指具有概念意义的辞，语句中的概念成分都能被指代和疑问。依据这一标准，具备称名、限定、修饰和述谓功能的辞都是实词。这类词包括名词（Noun，如“爸爸”“妈妈”“哥哥”等）、限定词（Determiner，如“一”“二”“三”等）、饰词（Adjective，如“圆”“高”“矮”等）、实指谓词（Lexical Verb，如“吃”“喝”“买”等）和副词（Adverb，如“很”“太”“十分”等）。虚词指具备宣意、连接和引介功能，以及表示感叹的辞。虚词不具有概念意义，也不能被指代或疑问。这类词包括宣意谓词（Subjective Verb，如“在”“是”“能”“会”等）、宣意副词（Subjective Adverb，如“似乎”“或许”“大概”等）、连词（Conjunction，如“和”“也”“而且”等）、介词（Adposition，如“从”“自”“到”等）、叹词（Interjection，如“啊”“哎”“哎呀”等）。此外，孟瑞玲（2017）认为，指代词（Pointing Word）本身自成一类，既不是实词，也不是虚词，因为除了具备指代功能之外，各种指代词没有一个统一的句法功能，有时跟名词相当，如“我”“你”“他”，有时跟实指谓词相当，如“干”“做”。

“捆绑词干”指具有概念意义，但不具备句法功能的捆绑辞。如前文所说，有些汉语学家称作“半词缀”或“类词缀”的辞实际上都是本身不具备句法功能的只能附着在其他成分上之后才具备句法功能的捆绑词干（周石平，2017）。

“缀”不具有概念意义，也不具备句法功能，只能附着在其他成分上，与之构成一个整体，起某种文法作用，如区别词性或改变词性，标明个体、集体、复数，标明两个词之间关系，标明所指称动作或事件的状态，标明言者的态度、口气等。根据其所附单位的不同级别，缀分为词缀（Word Affix）、语缀（Phrasal Affix）和句缀（Clausal Affix）这三大类。

从辞书学视角来看，凡是《汉乌辞典》收录的辞，在辞典中都应该进行文法标注。考虑到这一点，本文区分辞类（Morpho-Lexical Class）和词类（Word Class）。辞类是辞的形态—句法类别，本文以上所说的词、捆绑词干和缀就是辞的形态—句法分类。词类则是具备独立句法功能的词的句法功能分类，本文上面提出的名词、饰词、谓词等就是词的句法功能分类。根据条目性质的不同，这两种分类信息都应该在《汉乌辞典》的条目中进行标注。

五、《汉乌辞典》辞位划分方案及辞类和词类文法标注格式

（一）自由辞

语句由具备不同句法功能的成分（Parts of Speech）组成，能独立担任某一句法成分的辞称为自由辞，即词，具备同样句法功能的词就是同一类词。词类标注就是词的句法功能分类标注。一个词能担任几种句法成分，就标注几种。词可以分成 11 个类别。

1. 指代词

凡用来指别事物或替代另一句法成分的辞是指代词。包括“这”“那”“一切”“一些”“许多”“干”“做”等。在《汉乌辞典》中，疑问词标注为“*olmosh*”。

2. 疑问词

凡用来对所指别的事物或所替代的句法成分表示疑问的辞是疑问词。包括“谁”“什么”“哪（个 / 些）”“多少”“几（个）”等。在《汉乌辞典》中，疑问词标注为“*so'roq so'z*”。

3. 名词

凡用来对所指称事物或其概念进行称名的辞是名词，其句法特征是能独立嵌入“这是 / 不是 X”或“X 有 / 没有 Y”的 X 槽，例如“这是 / 不是马”“今天有 / 没有雨”。汉语名词根据能否接受数量构造的限定，分为可数名词（Countable Noun）和不可数名词（Uncountable Noun）这两种。前者包括“胸（个）”“脸（张）”“脚（只）”“腿（条）”等，后者包括“知识（点）”“兴趣（点）”“甜头（点）”等。在《汉乌辞典》中，可数名词标注为“*sanaladigan ot*”，不可数名词标注为“*sanalmaydigan ot*”。

4. 限定词

用名词表示特指时，一般需要起限定作用的辞对名词加以限定，以点明其指称对象是哪个、哪些或多少。这种起限定作用的辞是限定词。限定词的句法特征是能独立嵌入“X（个 / 种 / 年 / 位 / 些）N”中的 X 槽，如“半年”“一位教师”。限定词包括“每”“某”“该”“各”“百”“千”“万”等。在《汉乌辞典》中，限定词标注为“*aniqlovchi so'z*”。

5. 饰词

凡用来修饰名词，表示名词所称名事物属性的辞是饰词。本文以 N 代表名词，饰词的句法特征是能独立嵌入“XN 也是 / 不是 N”或“XN 也是 / 不是一类 / 种 N”的 X 槽，例如“白马也是 / 不是马”“白马也是 / 不是一种马”。饰词包括“旧”“老”“大”“小”等。在《汉乌辞典》中，饰词标注为“*sifat*”。

6. 实指谓词

凡用来对指称事物的行为和性状进行述谓的辞是实指谓词。实指谓词的句法特征是能独立嵌入“N 不 X”的 X 槽，如“他不去”“他不累”。汉语的实指谓词分为行为谓词（Behavioral Verb）和性状谓词（Stative Verb）这两类。行为谓词分为及物谓词（Transitive Verb）和不及物谓

词（Intransitive Verb）这两种。前者包括“说”“唱”“写”等，后者包括“哭”“笑”“跑”等。性状谓词（可受“很”之类程度副词修饰）包括“爱”“恨”“想”等。在《汉乌辞典》中，及物谓词标注为“*obyektli fe'l*”，不及物谓词标注为“*obyektsiz fe'l*”，性状谓词标注为“*holat fe'li*”。

7. **宣意谓词**

凡用来表达言者主观性的辞是宣意谓词。宣意谓词的句法特征是不能被指代或疑问。汉语的宣意谓词分为否定谓词（Negative Verb，如“不”“没（有）”“别”等）、系谓词（Linking Verb，如“是”“像”“有”等）、动态谓词（Progressive Auxiliary Verb，如“在”）、情态谓词（Modal Verb，如“能”“会”“可以”等）和态度谓词（Attitudinal Verb，如“好”“对”“行”等）这五次类。在《汉乌辞典》中，否定谓词标注为“*inkor fe'l*”，系谓词标注为“*bog'lovchi fe'l*”，动态谓词标注为“*progressiv yordamchi fe'l*”，情态谓词标注为“*modal fe'l*”，态度谓词标注为“*munosabat fe'li*”。

8. **副词**

在句中对谓语或语句进行修饰或评判的成分是附语（Adjunct），起附语作用的辞是副词。副词的句法特征是从句中删除后不影响语句的合法性，例如：不经常去→不去、没那样说→没说。根据副词所担任的附语的不同性质，分为饰谓副词（Predicative Adverb，如“万分”“非常”“特别”等）、饰句副词（Clausal Adverb，如“正在”“已经”“曾经”等）和宣意副词（Subjective Adverb，如“一定”“肯定”“必定”等）这三次类。在《汉乌辞典》中，饰谓副词标注为“*predikativ ravish*”，饰句副词标注为“*klauza ravishi*”，宣意副词标注为“*subyektiv ravish*”。

9. **连词**

位于两个成分（词、短语、语句）之间起连接两个成分作用的辞是连词。包括“但是”“可是”“不过”等。在《汉乌辞典》中，连词标注为“*bog'lovchi*”。

10. **介词**

起引介一个成分做语句作用的辞是介词，分为前置介词（Preposition，如“于”“在”“连”“被”等）和后置介词（Postposition，如“—东”“—南”“—西”“—北”等）这两种。在《汉乌辞典》中，前置介词标注为“*old ko'makchi*”，后置介词标注为“*orqa ko'makchi*”。

11. **叹词**

不跟其他任何句法成分产生句法关系、永远独立使用的辞是叹词。叹词可以表达相当于语句所能传达的言者主观态度，包括陈述、感叹、疑问和祈使，如“哦”“啊”“哎呀”等。在《汉乌辞典》中，叹词标注为“*undov so'z*”。

（二）捆绑辞

不能独立起任何句法作用的辞是捆绑辞，这种辞要么是捆绑词干，要么是缀。

1. 捆绑词干

在词的构造中，凡不是缀的捆绑辞就是捆绑词干。以“性”为例。在“性质”和“性能”里，“性”的意思是“特性”，它既不像“可爱”中“可—”那样改变右边“质”和“能”的名词性质，因此不是派生词缀；又不像“人们”中的“—们”那样表示一种文法意义，因此也不是屈折词缀；更不是“老师”中的“老—”那样没有意义的韵律词缀。由于它不能单独表示“特性”这一意义，例如“这件事的性质→*这件事的性”，因此只能是一个与“质”和“能”构成并列构造的捆绑词干。汉语的捆绑词干包括“忽”“然”“国”“工”“构”“机”等。在《汉乌辞典》中，捆绑词干标注为“*bog'langan o'zak*”。

2. 缀

根据所缀单位级别的不同，缀分为词缀、语缀和句缀这三类。

缀在词之后的缀是词缀。根据文法功能，词缀分成三种，即派生词缀（Derivational Affix，如“作家”“变化”等）、屈折词缀（Inflectional Affix，如“吃着”“吃了”“吃过”等）、韵律词缀（Prosodic Affix，如“舌头”“鼻子”等）。按照位置，词缀也分成三种，即前缀（Prefix，如“老师”“阿姨”等）、中缀（Infix，如“看得见”“看不见”等）和后缀（Suffix，如“看头”“一些”等）。在《汉乌辞典》中，派生词缀标注为“*so'z yasovchi suffiks*”，屈折词缀标注为“*shakl yasovchi suffiks*”，韵律词缀标注为“*bo'g'in suffiksi*”。

缀在短语之后的缀是语缀。语缀包括序数语缀（如“第—”）、个数语缀（如“—个”“—只”“—条”等）、领属语缀（如“—的”）等。在《汉乌辞典》中，语缀标注为“*fraza suffiksi*”。

缀在句末的缀是句缀，表示时态（如“—了”“—来着”等）或言者的口气（如“—啊”“—吗”“—呢”“—吧”等）。在《汉乌辞典》中，句缀标注为“*klauza suffiksi*”。

六、结论

汉语和汉外辞典所提供相关条首辞的文法标注信息不够全面、准确，无法有效帮助师生通过使用辞典来了解汉语辞语的用法。这些问题是汉语文法研究现状的直接反映，因为现有汉语文法对“字”“辞”“词”“语素 / 词素”“词缀”“半词缀”等语言单位缺乏严谨界定。

为了解决上述问题，本文引入“辞”和“词”这两个形态和形态—句法概念，将前者界定为有意义的最小语言单位，将后者界定为能独立担任某一句法成分的最小语言单位。

本文将这一观念应用到《汉乌辞典》条首辞的文法标注中，将辞类视为辞的形态—句法分类，即词、捆绑词干和缀，将词类视为词的句法功能分类，即指代词、疑问词、名词、限定词、饰词、实指谓词、宣意谓词、副词、连词、介词和叹词。

辞和词这两个形态和形态—句法概念的引入解决了以下四个问题：（1）有意义的最小语言单位不再是“语素”或“词素”，而是辞位。（2）词不再是能单独回答问题的最小语言单位，而是能独立担任某一句法成分的最小语言单位。（3）捆绑辞不再是“半词缀”或“类词缀”，而是捆绑词干和缀。（4）缀不仅可以是词缀，还可以是语缀和句缀。

本文对汉语和汉外辞典中文法标注的完善有以下四个意义：（1）辞和词的区分有助于确定这两个形态—句法和句法单位之间的界限。（2）词的重新分类有助于了解各类词的不同用法。（3）捆绑词干和缀的区分有助于理解这两种捆绑辞的异同。（4）词缀、语缀和句缀的区分有助于明确这三种缀所附单位的级别。

参考文献

[1]［英］戴维·克里斯特尔编．现代语言学词典．沈家煊译．北京：商务印书馆，2000.
[2] 陈国华．语气、语式、态与宣意元素．当代语言学，2013（1）.
[3] 陈国华．《辨字诀》：一部早于《马氏文通》的本土汉语文法 // 郭锡良，鲁国尧主编．中国语言学（第八辑）．北京：北京大学出版社，2015.
[4] 陈国华．中文最小有意义单位及其相关语言学和辞典学术语．中国科技术语，2017（6）.
[5] 高名凯．汉语语法论．北京：开明书店，1948. 北京：商务印书馆，1986.
[6] 汉语大词典编辑委员会，汉语大词典编纂处编纂．汉语大词典（第十一卷）．上海：汉语大词典出版社，1993.
[7] 黎锦熙编．新著国语文法．上海：商务印书馆，1924. 长沙：湖南教育出版社，2007.
[8] 陆志韦编著．北京话单音词词汇．北京：人民出版社，1951.
[9] 陆志韦等．汉语的构词法．北京：科学出版社，1957. 修订本，1964.
[10] 吕叔湘．说“自由”和“粘着”．中国语文，1962（1）.
[11] 吕叔湘．汉语语法分析问题．北京：商务印书馆，1979.
[12] 马建忠．马氏文通．上海：商务印书馆，1898. 北京：商务印书馆，1983.
[13] 孟瑞玲．初级汉英教学辞典汉语虚辞语法标注与释义研究．北京外国语大学博士学位论文，2017.
[14] 孙良明．中国古代语法学探究．北京：商务印书馆，2002. 增订本，2005.
[15] 王洪君，富丽．试论现代汉语的类词缀．语言科学，2005（5）.
[16] 王洪君．从字和字组看词和短语——也谈汉语中词的划分标准．中国语文，1994（2）.
[17] 王力．中国语法理论．上海：商务印书馆，1944. 济南：山东教育出版社，1984.
[18] 徐通锵．“字”和汉语研究的方法论——兼评汉语研究中的“印欧语的眼光”．世界汉语教学，1994（3）.
[19] 许慎撰．说文解字（附音序、笔画检字）．徐铉校定．北京：中华书局，2013.
[20] 章士钊编．中等国文典．上海：商务印书馆，1907. 第十六版，1930.
[21] 赵元任．汉语口语语法．吕叔湘译．北京：商务印书馆，1968/1979.
[22] 郑奠，麦梅翘编．古汉语语法学资料汇编．北京：中华书局，1964.
[23] 周石平．初级汉英教学辞典汉语实辞语法分类和标注研究．北京外国语大学博士学位论文，2017.
[24] 朱德熙．语法讲义．北京：商务印书馆，1982.
[25] 朱德熙．语法答问．北京：商务印书馆，1985.
[26] 朱德熙．语法分析讲稿．袁毓林整理注释．北京：商务印书馆，2010.
[27] Bloomfield, L. A set of postulates for the science of language. *Language*, 1926, 2 (3).
[28] Gorelov, V. *Lexicology of Chinese Language*. Education Publishing House, 1984.
[29] Huang, C.-R. & Shi, D. *A Reference Grammar of Chinese*. Cambridge University Press, 2016.
[30] Korotkov, N., Rozhdestvenskiy, Y., Serdyuchenko, G. & Solntsev, V. *Chinese Language*. Oriental Literature Publishing House, 1961.
[31] Mugdan, J. Units of word-formation // Peter O. Müller, Ingeborg Ohnheiser, Susan Olsen & Franz Rainer (Eds.). *Word-Formation: An International Handbook of the Languages of Europe (Volume I)*. De Gruyter Mouton, 2015.
[32] Solntsev, V. *Introduction to the Theory of Isolating Languages*. Oriental Literature Publishing House, 1995.

方位隐喻的认知考察及教学研究：以“上”“下”为例*

北京语言大学　杨冰冰

摘　要：汉语中“上”“下”作为一对最基本的空间方位词，其方位隐喻常投射到社会心理域，表示权力关系、经济能力等隐喻含义。本文通过对“上”和“下”在社会心理域的组合搭配的考察，基于语义将“上”和“下”的隐喻含义分为了10类，发现“上”和“下”的隐喻含义存在不对称现象。同时对“上”和“下”形成隐喻表达的内部认知原因进行探讨，发现空间方位的制约、原型、心理认知以及社会文化影响“上”“下”隐喻义的形成。本文可为“上”“下”隐喻义的对外汉语教学提供参考。

关键词：方位隐喻　认知心理学　文化语言学　对外汉语教学

一、问题的提出

“上”和“下”的构词及搭配较为复杂，作为一对最基本的方位词，“上”“下”的隐喻用法丰富，例如：

上级 上战场 上书店

下级 下战场 下乡

这些词和短语中的“上”和“下”并不表示“上”“下”本身的位置高低的语义，而是隐喻地位高低、开始结束等特殊含义。在汉语中“上”“下”使用频率极高，且“上”和“下”的组

* 本研究为北京语言大学研究生创新基金（中央高校基本科研业务费专项资金资助）项目成果（项目编号：18YCX138）。

合搭配存在对称与不对称的现象，这对于汉语作为第二语言的学习者来说存在较大的困难。

关于方位隐喻的对外汉语教学，缑瑞隆（2004）用意象图式分析了“上”“下”的语义演变及不对称现象；刘丹（2015）从认知角度对方位词语意义及功能进行了探讨，并运用偏误分析指导“上”“下”的教学；杨冰冰和王治敏（2018）基于语料库对“上”“下”的组合搭配进行分析。目前对“上”“下”的方位隐喻研究较为丰富，但是关于“上”“下”的隐喻类型的描写还不够全面，在教学方面缺乏较为新颖的教学方法，因此，本文基于语义特征分析法与隐喻认知对“上”“下”的隐喻类型进行系统的分析，同时针对对外汉语教学提出教学方法参考。

二、“上”和“下”的隐喻义考察

方位隐喻指在语言中从空间域向非空间域的映射（蓝纯，1999）。“上”“下”的隐喻用法丰富，且作为空间域中一对最常用的反义词，其隐喻投射也存在复杂的对称与不对称的现象。本文基于语义对“上”和“下”在社会心理域的隐喻含义进行分类与说明。

（一）隐喻社会权力关系的高低

a. 皇上 圣上 上级
下人 下级
陛下 殿下 阁下
麾下 在下 足下

b. 奉上 呈上 献上
下令 下发 下放

c. 上台 上任
下台 下野

“上”和“下”在隐喻社会权力高低时通常做构词成分，由“上”构成的词通常隐喻地位权力高；“下”的构词通常隐喻地位权力低。a 组中的词大多为称谓词，“皇上、圣上”等为古代最高统治者的称谓词，“上”即表示位尊的意思。“下人”是指佣人等为地位高的人服务的地位权力较低的人。而“陛下、殿下、阁下”比较特殊，因为在古代，最初“陛下”指宫殿的台阶，大臣们无法直接同皇帝讲话，他们只能让那些站在“陛下”上的卫兵来传达，所以用“陛下”来称呼皇上是指“告诉天子的人在陛下”。“殿下、阁下”的由来和“陛下”类似，这里虽然用“下”来作为统治者的称呼，但是表示的意思实指地位较低的大臣的谦称。“麾下、在下、足下”即是表示自己的谦称。b 组由“上”构成的词为权力较低者向权力高者递交某物时使用的词；“下”构成的词为权力较高者向权力较低者发布指令等的常用词。c 组中在“上”“下”隐喻社会权力时，“上”常隐喻权力高，“下”常隐喻权力低，两者体现出了一定的对称性。

（二）隐喻好义与坏义

a. 配得上 比得上 看得上 高攀得上 考得上 算得上 称得上

b. 上坡路 上策 三十六计，走为上计
下坡路 下策

c. 下场 下贱 下流 下三烂

a组中，“上”做可能补语，后面连接的名词性成分是说话人认为较好的、层次较高的。如“配得上英雄这个称号”“考得上北京大学”等，“英雄”“北京大学”都是在人们心中较为向往的。“上”做可能补语的这些搭配没有相对应的“下”，可能补语的否定形式用“不”来表示，如“配不上”“高攀不上”等，不用“下”来表示。b组中的“上”和“下”对称性较强，“上坡路”和“下坡路”既可表示字面义也可表示隐喻义，表示积极的、良好的意义时用“上”，表示倒退、消极义时用“下”。“三十六计，走为上计”为固定用法，没有对应的“下”。c组词贬义色彩浓厚，没有对应的“上”。

（三）隐喻经济与消费能力的强弱

a. 上档次 上好的 上乘 上品

下等货　　　下乘 下品

b. 用得上 吃得上 用得起 买得起

由“好义”和“坏义”引申，一般来说质量较好的物品价格高，所以“上”隐喻经济能力强，“下”隐喻经济能力较弱。a组由“上”“下”做构词成分隐喻质量好坏、价格高低，对称性较强。b组“上”做可能补语，后面连接说话者认为消费较高的物品。例如“他们在陛下诞辰之日才吃得上肉”“买得起苹果手机”。“上”隐喻花费较高的，在人们所处的经济能力之上的。此时无对应的“下”的相关表达。

（四）隐喻实现义与达到义

a. 选得上 赶得上 抵得上 追得上 帮得上

放得下 摆得下 容得下 盛得下

b. 上万种 住上（一个月）时速上80 赚上400块 上年纪

下了80了

c. 考上 过上（好日子）

设下 拦下 买下 省下 签下

“上”和“下”都可以表示实现与达到，a组“上”和“下”都可以做可能补语表示动作的实现。b组中的“上”隐喻达到，常表示量多。“上万种”表示种类多，“住上（一个月）”表示说话人主观感受住的时间长等。此时常没有对应的“下”。“下了80了”较为特殊，表示时速或其他达到80以下，但是这种搭配较少。c组中“上”表示实现义，常表示经过努力、克服困难后得以实现。“下”也表示做到、实现，但是没有克服困难的意思，动作较为短暂，如“拦下一辆车”“签下一份协议”中的“拦”和“签”都为短暂性动词。所以c组虽然“上”和“下”都可以表示实现义，但是“上”和“下”的隐喻义差别较大，且不能互换。

（五）隐喻量的多少

上升 工资上涨

下降 财政收入下滑

“上”和“下”隐喻量的多少有相应的物理基础，即在一个容器或平面上增加物体，高度会上升；去掉某种物体则高度会下降。上面例子中，“上”和“下”做动词语素与其他成分搭配表示数量的增加与减少，对称性较强。

（六）隐喻“到、去”义

a. 上北京 上东北

下江南 下广州

b. 上大城市 上酒店

下厂子 下乡

动词“上”“下”后面可以连接处所词表示“到、去”义。a组中“上”和“下”后面的名词为地名，由于受“上北下南”和中国地形西北高东南低的影响，以中国中原地区为参照点，在搭配北方的城市时常用“上”来表示，搭配南方的城市时常用“下”来表示。在b组中，受到“上”和“下”隐喻好坏义与经济能力的影响，表示去较为发达的、消费水平较高的地点时常用“上”来表示，表示去较为落后的、消费水平较低的地点时常用“下”来表示。这体现了“上”和“下”的对称性，但是“下”常连接处于心理低处的处所，搭配大多较为固化（杨冰冰和王治敏，2018），而“上”的搭配受限较少。

（七）隐喻时间

a. 上周三 上个月 上一次

下周三 下个月 下一次

b. 上课 上战场 哆嗦上了

下课 下战场 停下来了

当上 迷上 上瘾

c. 合上 闭上 关上

d. 这样下去 说下去

e. 住上（一年）待上（一年）

几乎在所有的语言中，表示时间的词语都来自空间概念（戴浩一，1990、1991）。汉语中“上”“下”的空间方位义常投射到时间域。a组为“上”和“下”最基本的时间隐喻表达，“上”隐喻过去，“下”隐喻将来。“上”和“下”对称性较强。b组中，“上”隐喻开始，“下”隐喻结束。当“上”和“下”都做动词表示开始或结束某种行为时，二者一般可以互换，但是“上瘾”较为特殊，没有对应的“下瘾”的表达。当“上”做补语时，一般没有对应的“下”的表达，如“当上、迷上”，不能说“当下、迷下”。较为特殊的是“停”这个动词，常与“下来”搭配表示动作的结束。一般来讲，“上”隐喻开始，“下”隐喻结束，但是“上”也可以表示“合拢、关闭、结束”的意思（沈家煊编，1999），如c组中的例子。此时没有对应的“下”。d组中“下去”做补语表示动作的持续，“上”没有这样的表达。“下”的此用法是从“下”隐喻将来引申出的，持续即为将来状态，所以“下去”引申为表示动作时间持续的表达。上文我们论述了“上”可以隐喻量的增多，投射到时间隐喻中，“上”可以表示时间长，如“住上（一年）”表示主观感受住的时间长。

（八）隐喻行使义与放弃义

带上 拿上

放下 抛下

由“上”隐喻开始、“下”隐喻结束引申出“上”可以表示开始、行使义，“下”可以表示结束、放弃义。

（九）隐喻前进与后退

上战场 走上操场 走上征程

下战场 走下神坛

受“开始为上”“结束为下”与前进状态紧张、后退状态松懈的身体基础的影响，“上”隐喻前进，“下”隐喻后退、退出。

（十）隐喻靠近与远离

走上来 端上来

退下去 撤下去

蓝纯（1999）在汉语语料中发现靠近某人为“上”，但发现“下”没有对应的表达。通过对语料的观察和自省，我们发现“上”可以表示“靠近”，“下”可以表示“远离”，如“他走上来嘘寒问暖”“把茶端上来”“都退下去吧”“都撤下去吧”。表示靠近与远离时参照物不仅可以是人，也可以是物，如“海浪退下去了”。

三、“上”“下”隐喻义的认知理据分析

（一）空间方位制约

“上”“下”的本义分别表示空间位置的高与低，《说文解字》：“上，高也。”“下，底也。”“上”“下”作为最基本的方位词，隐喻投射受“上”“下”表示空间高低的本义影响。比如“上台、下台”“上坡路、下坡路”等，由空间方位虚化为社会心理域中的积极与消极含义，再如上文中表示隐喻义的“上升、下降”也是由空间物理关系引申而来的。

（二）原型理论认知解释

认知语言学认为，人们关于空间概念的形成时间很早，并且空间概念的形成大多是以人类自身的身体物理属性为基础的。Lakoff & Johnson（1980）认为“up”“down”的概念隐喻以人类自身的身体构造为基础。在汉语中，“上”“下”的方位隐喻中大部分也都有其身体基础的原因。如受古代宫殿布局的影响，权力高的统治者常居于台阶之上，而位卑者常于台阶之下，由于身体所处空间的高低，形成了权力地位高低的隐喻。又如由于表示“好义”和“经济能力强”属于积极性表达，是人们内心所希望追求的，人们在追求时的状态是积极向上的；而“坏义”是人们所鄙视的，此时的身体状态是向下的，较弱的经济能力也不是人们所追求的。

人们对世界进行类化或范畴化的认知参照点即是原型。我们的躯体就是一种原型，是我们建立空间范畴的认知参照点。“上”和“下”隐喻前进与后退就是以我们自身所处的方位为原型来进行隐喻投射的。

（三）心理认知方式影响

认知语言学认为，语言体现社会的一般认知方式，沈家煊编（1999）认为在汉语中，从认知上来讲，“上”常与表示积极义的词搭配，“下”常与非积极义的词搭配，这体现了社会的一般认知方式。但是有这样一些常见的搭配如“考下六级证书”“拿下一个项目”等，似乎“下”也可以表示积极义，下面我们对这个问题进行探讨。

以迅雷不及掩耳之势，攻下城门。

快给我拿下这小子。

整场比赛共拿下 12 分。

“攻下”后面经常加城市等地点名词；“拿下”后面经常加人或者比赛分数等。

近两年镇里有 2 名学生相继考上“北大”和“北师大”。

三年之内要把 Topik 6 级考下来。

“考上”后面连接的一般是大学类的表示目标的处所名词；“考下”后面一般与证书等相连。同时，我们通常会把“考下”用在“把”字句里，如“把驾照考下来”“把心理咨询师考下来”等。同“攻下、拿下”类似，“考下”后面加证书之类的名词表示把某物攻克，使之成为自己的领有物，那么此时对于说话者来说，“驾照、证书”就不再处于心理高处了。

（四）社会文化原因

语言是文化的一部分并反映社会文化。中国古代社会属于权力社会，上下尊卑明显，这种文化思维方式蕴含在以“上”和“下”组成的搭配中，如“上”“下”隐喻社会权力高低、经济与消费能力等。同时，受“上北下南”等地理文化影响，做动词时“上”常与北方的处所词搭配，“下”常与南方的处所词搭配。

四、“上”“下”隐喻义的对外汉语教学

在对外汉语教学中，由于“上”“下”隐喻义复杂，学生常因为理解不深出现混用，前文我们对每类隐喻义的形成原因都进行了简单的阐释，教师可以运用溯源法对隐喻形成的原因向学生进行简单的讲解。另外，在教学中也可借助图式、情景与动作、归类对比等方法。

（一）与心理认知相关的隐喻教学

前文我们对“上”“下”隐喻形成的认知原因进行了探讨，身体原型是方位隐喻形成的基础，针对与心理认知有关的隐喻，教师在教学中要重视例子的直观性，对此，我们提出以下教学方法。

1. 图式教学

认知语言学认为以身体经验为基础建立的认知图式是先于概念而存在的（Lakoff & Johnson，1980），较难用语言解释的例子我们可以通过建立隐喻形成的认知图式来辅助教学，使学生更容易理解。

2. 情景与动作指导法

在二语教学中教师充当指导者的角色，“满堂灌”式的语言教学往往会使学生的兴趣降低。“上”“下”作为学生最常使用的词语之一，教师可以在教学中创设情景来使学生融入课堂，在利用图式教学的同时穿插全身动作指导，这样既可以使学生对方位隐喻有更直观的了解，也可以加强课堂的趣味性。

（二）与社会文化相关的隐喻教学

“上”“下”隐喻义的形成受中国社会文化的影响，关于文化词教学，我们认为可以采取以下方法。

1. 文化溯源法

对于文化内涵较为简单的隐喻搭配，教师可采用文化溯源法，比如关于中国古代社会权力关系的形成等可以向学生进行简单的解释，但在教学中要注意教学词汇的使用。

2. 归类对比法

汉语和英语中的方位隐喻都十分丰富，在教学中教师需要对汉语和英语中差别比较大的隐喻进行对比，重点讲解，如上文中讲到的“攻下、考下”等。通过文化对比引入语言对比，引起学生的兴趣，使其加深对方位隐喻的理解。

五、结语

作为汉语中一对最基本的空间方位词，“上”和“下”的隐喻义非常丰富，本文对“上”和“下”的隐喻义进行了考察与分析，基于“上”和“下”组成的常用搭配形式对“上”“下”在社会心理域的隐喻义进行分类描写与解释。我们将“上”“下”的隐喻分为了10类，包括隐喻权力关系、经济能力等，我们发现在每类中都存在“上”“下”的对称与不对称现象。我们对这些常见搭配进行了简单的阐释，这也是本文的主体部分。在此基础上，我们对“上”和“下”形成隐喻义的内部原因进行了阐释，空间方位的制约与身体物质原型是形成“上”“下”隐喻表达的基础，心理认知方式与社会文化是隐喻形成的关键因素。最后，我们对“上”“下”隐喻义的教学提出了图式教学、归类对比等教学方法参考。总之，“上”“下”在社会心理域的隐喻表达丰富，关于“上”“下”的一些搭配问题的研究与分析也是我们今后考察的重点。

参考文献

[1] 崔希亮．认知语言学：研究范围和研究方法．语言教学与研究，2002（5）.
[2] 戴浩一．以认知为基础的汉语功能语法刍议．叶蜚声译．国外语言学，1990（4）、1991（1）连载．
[3] 缑瑞隆．方位词“上”“下”的语义认知基础与对外汉语教学．语言文字应用，2004（4）.
[4] 蓝纯．从认知角度看汉语的空间隐喻．外语教学与研究，1999（4）.
[5] 李文莉．“上”、“下”隐喻映射的对称与不对称现象分析．零陵学院学报，2004（2）.
[6] 刘丹．基于认知基础的方位词“上、下”的对外汉语教学．西安外国语大学硕士学位论文，2015.
[7] 吕叔湘主编．现代汉语八百词．北京：商务印书馆，1980.
[8] 沈家煊编．不对称和标记论．南昌：江西教育出版社，1999.
[9] 束定芳．论隐喻产生的认知、心理和语言原因．外语学刊，2000（2）.
[10] 杨冰冰，王治敏．基于语料库的“上/下+处所词”结构的考察与研究//杨冰冰主编数字化汉语教学（2018）．北京：清华大学出版社，2018.
[11] 周统权．“上”与“下”不对称的认知研究．语言科学，2003（1）.
[12] Lakoff, G. & Johnson, M. *Metaphors We Live By*. The University of Chicago Press, 1980.

汉语作为第二语言阅读篇章主旨理解能力与策略初探

华东师范大学　朱勘宇

摘　要：本文通过质化与量化分析手段考察了汉语作为第二语言阅读中的篇章主旨理解能力与策略。研究发现，汉语作为第二语言学习者概括汉语篇章主旨时使用了五种策略。策略的驱动因素为学习者头脑中关于典型的议论文篇章结构的知识以及母语阅读知识。策略使用中存在两个问题：缺乏语体意识、缺乏分析文中段落/句子的篇章功能的意识与能力，由此导致学习者篇章主旨理解能力较为低下。研究显示：学习者对议论文的主旨理解准确率高于记叙文；在议论文中，对典型结构的、结构标志清晰的议论文的主旨理解准确率高于非典型结构的议论文。

关键词：汉语作为第二语言阅读　篇章主旨理解　概括　策略

一、问题的提出

我们在教学实践中时常听到学生这样反映："读文章时，我知道每个词、每句话的意思，可是读完以后不知道这篇文章说了什么。"这些学生在理解文章主旨方面存在困难。我们使用《新汉语水平考试真题集 HSK（六级 · 2012 版）》《HSK 真题集（六级 · 2014 版）》中的"阅读"第四部分测试学生。测试结果显示："理解文章大意"类题目的正确率仅为 57.1%。是什么原因导致学生在完成这项任务时没有较好的成绩？本文试图寻找答案。本文研究目标：考察汉语作为第二语言学习者的篇章主旨理解能力，探究学习者理解汉语篇章主要意思时所使用的策略，并对策略的使用情况及其中存在的问题进行分析。

刘颂浩（2005）把"理解文章大意"的能力称为概括能力。作为"理解篇章主旨"的同义词，本文也会使用“概括文章 / 篇章大意 / 主旨”。

二、研究对象和研究方法

（一）研究对象

本研究的考察对象为上海 H 大学 2014 级和 2015 级汉语国际教育硕士留学生，共 54 人；其中，亚洲学生 37 人，分别来自 11 个国家，欧洲和美洲学生共 17 人，分别来自 9 个国家。

（二）研究步骤与研究数据

研究步骤：

1. 学生完成“概括文章主旨”测试（以下简称“概述测试”）与“有声报告”。

2. 研究者对概述文本（学生所“产出”的描述文章主旨的短文）与有声报告进行质化分析，归纳出学生所使用的策略，同时，对概述文本进行打分，对概述测试成绩进行量化分析。

3. 研究者根据步骤二所得到的策略制作调查问卷，学生完成调查问卷，研究者统计问卷结果。

研究数据为概述文本、有声报告与调查问卷，数据分析方法为质化与量化手段相结合。

1. 概述测试

每位学生阅读三篇文章，然后写下每篇文章的主要意思。每篇概述的字数要求在 80—90 字，这一数值由“参考答案”（见附录二）决定。参考答案由三位有多年教学经验的汉语作为第二语言教师概括文章的主旨并综合而成。

概述测试文章（见附录一）“如果我是公司老板”“家庭变小，影响环境”和“戒酒俱乐部”，分别选自《发展汉语（第二版）中级写作（I）》（2012）第 13 课、《发展汉语（第二版）高级写作（I）》（2012）第 10 课和《中国视点：中级汉语教程》（2000）第 14 课。

2. 概述文本

对概述文本的数据分析结合质化与量化手段。质化手段指的是，对概述文本中出现了原文（测试文章）哪些信息、信息有无改变以及信息间顺序有无改变等进行分析，并与学生的有声报告进行对照，以此确定学生所使用的策略。量化手段指的是，对概述文本进行打分，然后对概述测试成绩进行统计与分析。统计工具为 SPSS 19.0。

对概述文本的评分标准包含两项：必要信息和冗余度。概述文本中每包含一个必要信息得 10 分，每出现一个段落的冗余信息扣 10 分（必要信息及分值说明见附录二）。

3. 有声报告

在进行有声报告时，每个学生都需要看着自己的概述文本回答“我理解文章主要意思的时候是怎么思考的”“为什么我这么思考”两个问题。第一个问题旨在分析学生的概括策略，第二个问题旨在分析策略的驱动因素（为什么有这样的策略）。

4. 调查问卷

调查问卷的目的是：量化显示学生的概括策略使用习惯。概述文本与有声报告反映了本次概述测试中的策略使用情况，对调查问卷结果的统计可以反映出策略的惯常使用情况（问卷见附录三）。

三、统计与分析结果

（一）概述测试成绩

我们统计了概述测试的总平均成绩、总合格率、每篇文章的平均成绩与合格率。统计结果见表 1，表中的“均值”表示成绩的平均值。

表 1　概述测试成绩的描述性统计

文章	均值	标准偏差	人数	合格率 /%
文章（一）如果我是公司老板	69.3113	22.613 04	54	64.81
文章（二）家庭变小，影响环境	60.8796	23.920 85	54	59.26
文章（三）戒酒俱乐部	41.1885	25.729 42	54	24.07
总计	57.1265	26.727 25	162	49.38

概述测试的总合格率为 49.38%，也就是说，有一半多学生没有合格；总平均成绩为 57.1265，没有合格。这两个数据说明，学生理解篇章主旨的能力较差。

三篇文章中，“如果我是公司老板”的平均成绩最高，合格率也最高；成绩最低的是“戒酒俱乐部”，合格率仅为 24.07%，超过四分之三的学生对该文的概述没有合格。对三篇文章的概述测试成绩进行两两比较得出：“如果我是公司老板”和“家庭变小，影响环境”之间成绩无显著差异（$P=0.070 > 0.050$），但是“戒酒俱乐部”的成绩与另外两篇文章均有非常显著的差异（$P=0.000 < 0.010$）。

（二）概述文本与有声报告分析

对概述文本与有声报告的质化分析显示：学生概括文章主旨时使用了五个策略，他们会只使用其中一个，也会同时使用多个。这五个策略分别是：

1. 利用文章结构标志。结构标志指的是能够清晰标示文章结构的词语，比如“首先 / 第一”“其次 / 第二”“最后”“总之”等等。

2. 把每段话的主旨相加。学生概括文章中各段落主要意思的方法是利用该段的第一句话和 / 或最后一句话。

3. 利用文章开头。

4. 利用文章结尾。策略 3 和策略 4 的使用包括两种情况：（1）直接使用文章的开头和 / 或结尾表达文章主旨。（2）根据文章的开头和 / 或结尾确定文章主旨，然后在文中寻找相应意思的语句组成概述文本。

5. 利用文章题目。策略 5 的使用亦包括两种情况：（1）根据题目确定文章主旨，然后在文中寻找相应意思的语句组成概述文本。（2）摘录文中含有题目中词语的句子，合在一起组成概述文本。

（三）调查问卷结果

我们把以上五种策略制作成了调查问卷，表 2 列出了研究对象的选择均值。

表 2　调查问卷选择均值

策略	选择均值
1. 概括文章大意时，我注意标志文章结构的词语，如“首先 / 第一”“其次 / 第二”“最后”“总之”等。	3.98
2. 我认为，一篇文章的主要意思是这篇文章中每段话的主要意思的总和。	3.41
3. 我认为，一篇文章的主要意思是由这篇文章的开头表达的。	3.19
4. 我认为，一篇文章的主要意思是由这篇文章的结尾表达的。	3.44
5. 我认为，一篇文章的题目可以告诉我们这篇文章的主要意思。	3.39

统计结果显示：使用频率最高的是策略 1，频率 3.98 接近于“常常”，为高频策略；其余四个皆为中频策略。这些策略按照使用频率由高到低排列依次为：利用文章结构标志 > 利用文章结尾 > 把每段话的主旨相加 > 利用文章题目 > 利用文章开头（“>”表示顺序）。

四、讨论

（一）策略的驱动因素

有声报告显示：策略 1 至策略 4 的驱动因素都是学生头脑中的议论文篇章结构知识。下面以一位学生的有声报告为例进行说明。

因为我学过一些课文，先介绍要写的内容，然后说三个或者四个理由，第一（个理由）前面是“首先”，第二（个理由）前面是“其次”，第三（个理由前面）常常就写“第三”，最后前面写“最后”。老师说，我们写作文的时候也要这样，这样很清楚。所以我看文章的时候，比较注意这样的词语，看到后马上就差不多知道大概的意思。

这位学生所说的“一些课文”其实是具有典型结构的议论文。由于头脑中这样的知识，该生在概括文章主旨时产生了“利用文章结构标志”这一策略。可见，该生产生策略 1 的驱动因素是头脑中的议论文篇章结构知识。

综合所有考察对象的回答，我们发现：所有学生对篇章结构的理解都是开头表述文章要写什么，中间每段话写一个方面、一个理由、一个点，结尾进行总结；并且，这样的知识促使他们在概括文章主旨时产生了策略 1 至策略 4。可见，学生头脑中的“典型的”议论文的篇章结构知识是他们产生这四种策略的驱动因素。

与前四种策略不同，策略 5 来自于学生的母语阅读知识。报告了策略 5 的学生都表示，他们从中学的母语课中就学习到“文章的题目可以表示文章的主要内容”。这一策略迁移到了第二语言阅读中。

（二）策略使用中的问题

对照概述文本与有声报告，我们发现，策略使用中存在两个问题，从而导致学生的概括准确率较为低下。

1. 缺乏语体意识

学生的策略主要由“典型的”议论文篇章结构知识驱动产生，但是学生并没有意识到这种篇章结构知识是关于“议论文”的。他们认为所有文章的篇章结构都是如此，由此把这些策略应用于所有的语体中。

比如策略 2，主要适用于概括“开头 / 结尾表述论点，中间每个段落表述一个分论点”这样的具有较典型结构的议论文。在本次概述测试中，只有“如果我是公司老板”适用于这样的策略，可是，一些研究对象在概括其他两篇文章时也使用了该策略。

2. 缺乏分析文中段落 / 句子的篇章功能的意识与能力

在一个合格的篇章中，为实现“语义连贯（Coherence）”这一篇章性，文中的每个段落、句子都在篇章中扮演着一定的角色、发挥着一定的作用，我们可以把这样的角色 / 作用称为段落、句子的“篇章功能”。如果要正确理解一篇文章的主旨，仅明白文章中每个词、每个句子的“理性意义”是不够的，需要理解文中段落、句子的篇章功能；只有这样，才能梳理出文中的内容是如何组织起来的，从而理解文章的主要意思。

我们在研究中发现，学生缺乏理解文中信息篇章功能的能力，他们甚至都没有这样的意识。学生阅读时的重点往往在于生词，对篇章内信息的理解也只停留在句子的理性意义层面。这也就是为什么学生常常“明白每个句子的意思，却不知道整篇文章说了什么”。

由于学生缺乏对文中段落 / 句子的篇章功能的理解，他们对策略的使用具有“形式化”倾向。比如策略 3 和策略 4，一些学生并不能具体分析所读文章的开头 / 结尾是否真的承载了“表达主旨”的篇章功能，只是因为它们占据着“开头”“结尾”的位置，便认为它们即是文章主旨。

（三）概述测试成绩现象解释

学生的篇章主旨理解策略主要来自于典型的议论文篇章结构知识。可以看到，越是接近于这种形式的文章，学生对其主旨理解就越好；越是偏离于这种形式的文章，学生对其主旨理解就越差。三篇文章中，“如果我是公司老板”最接近于这种形式，“家庭变小，影响环境”次之，而“戒酒俱乐部”则最远。不仅如此，由于“戒酒俱乐部”是一篇记叙文，篇章结构与学生所熟悉的议论文篇章结构相去甚远，该文的概述测试成绩不仅在三篇中最低，而且与前两篇均具有非常显著的差异。

五、结论

（一）汉语作为第二语言阅读概括策略现状

通过概述测试与有声报告，我们发现，汉语作为第二语言学习者理解汉语篇章主旨时使用了五种策略。这五种策略按照使用频率由高到低排列依次是：利用文章结构标志 > 利用文章结尾 > 把每段话的主旨相加 > 利用文章题目 > 利用文章开头。策略的驱动因素主要是学习者头脑中关于典型的议论文篇章结构的知识，此外，还有学习者的母语学习知识。策略使用中存在两个问题：（1）学习者缺乏语体意识，以为自己所知道的议论文篇章结构是所有文章的篇章结构。（2）学习者缺乏分析篇章内段落、句子的篇章功能的意识与能力，对篇章的理解多停留在句子的理性意义层面。这些问题导致汉语作为第二语言学习者理解汉语篇章主旨的能力较差。

本次研究显示：学习者对议论文的主旨理解准确率高于记叙文；在议论文中，对典型结构的、结构标志清晰的议论文的主旨理解准确率高于非典型结构的议论文。

（二）对汉语作为第二语言阅读教学的启示

通过本文研究，我们认为，汉语作为第二语言阅读教学亟须加强篇章主旨理解能力的培养。为此，阅读教学需要加强文章内容组织的教学：分析文中的段落 / 句子具有什么样的篇章功能、文章中的内容是如何组织起来的。此外，还需加强语体教学：给学生阅读不同语体的文章，并且对它们不同的篇章结构进行讲解分析。

参考文献

[1] 蔡永强编著 . 发展汉语（第二版）中级写作（Ⅰ）. 北京：北京语言大学出版社，2012.
[2] 岑玉珍编著 . 发展汉语（第二版）高级写作（Ⅰ）. 北京：北京语言大学出版社，2012.
[3] 国家汉办 / 孔子学院总部编制 . 新汉语水平考试真题集 HSK（六级・2012 版）. 北京：商务印书馆，2012.
[4] 孔子学院总部 / 国家汉办编制 .HSK 真题集（六级・2014 版）. 北京：高等教育出版社，2014.
[5] 刘颂浩 . 对外汉语教学研究 . 北京：教育科学出版社，2005.
[6] 余宁编著 . 中国视点：中级汉语教程 . 北京：北京语言文化大学出版社，2000.

附录一　概述测试文章①

（一）如果我是公司老板

① A 如果我是公司老板，首先我要了解每一个员工。B 我会努力去发现每个员工的优点和缺点，根据每个员工的性格和能力，安排不同的工作。C 如果有的员工因为自己的缺点犯了错误，我会想办法让他（她）知道出现错误的原因，然后给他（她）一些好的建议，而不是一直批评。D 除了了解员工的优缺点，我还会了解每个员工的生活情况，帮助那些生活有困难的员工。E 为了了解员工，我会每天找时间和员工聊一聊，或者一起吃饭。

① 为便于进行质化分析，我们对测试文章中的每一段、每一句话都做了标注，段落使用数字标注，句子使用英文字母标注。同时，我们对学生概述文本中的每个句子（小句）来自于原文中哪个段落的哪个句子（小句）进行了标注。这样一来，概述文本中出现了原文哪些信息、信息有无改变、信息间顺序有无改变等可以一目了然。需要指出的是：在给学生的测试试卷中，文章没有任何标记，研究者只在自己的分析工作中给文章做上标注。测试文章（一）相对原文略有调整，但对原文存在的一些不规范的地方，我们考虑尊重原文。

② A 如果我是公司老板，我会努力建立和员工的融洽关系。B 融洽的同事关系，是公司健康发展最重要的基础。C 如果员工与员工之间、老板与员工之间能够建立起融洽的关系，大家就会工作得非常愉快，公司的事业就会发展得越来越好。D 相反，如果彼此之间的关系不融洽，就会对公司的发展产生负面影响。E 为了和员工之间建立融洽的关系，我会想办法让自己变得有幽默感。因为研究发现，具有幽默感的老板往往比较容易和员工建立起融洽的关系。

③ A 最后，如果我是公司老板，我会建立一套客观标准来评价员工，而不是完全依靠我个人的感觉来判断。B 虽然个人感觉有时也很重要，但如果只依靠这种个人感觉来评价员工，往往会对一些员工产生偏见。C 为了科学、公平地评价员工，我会让所有员工一起来讨论并决定评价标准，而不是我一个人说了算。

④ 总之，如果我是公司老板，我会努力做到上面几点，让自己成为一个优秀的老板。

（二）家庭变小，影响环境

① A 在世界范围内，几代人同在一所房子里生活的情况正在不断地改变，三口之家、两口之家，甚至一口之家，越来越多。B 人们对这种现象看法不一：有人认为，这是人类文明的进步；也有人担忧，因为家庭变小，环境被破坏的问题也更严重了。

② A 据世界有关组织统计，这 20 年间，每年的人口增长率为 1.8%，而住宅增长率为 3.1%，住宅数量的增长速度超过了人口增长的速度。B 这是因为小家庭多了，导致住宅数量不断增加。而住宅数量的增长也导致自然资源消耗增加，环境受到更多破坏。C 因为建造更多住房需要占用更多土地，消耗更多木材、石头、玻璃、水泥等建筑材料，而这些材料在生产过程中也会造成对环境的破坏和污染。

③ A 在住宅内部，小家庭和大家庭所用的电器数量和消耗的能源是相差不多的。B 例如，一个家庭通常情况下使用一台冰箱、一台洗衣机、一台电视机。C 但如果这个家庭分成四个小家庭，他们所使用的电器就会增加到四套，无形之中，就大大增加了电力的消耗，而增加发电量的同时，同样会加剧环境的污染。

④ 由于分开居住，汽车等交通工具的使用就更加频繁，而汽车等交通工具的使用不但消耗能源，也污染能源。

⑤ A 上个世纪，许多科学家都提倡通过控制人口增长，达到减少环境压力的目的，各国政府和人民也作出了努力，收到了一定的效果。B 可是，这些卓有成效的工作都被越来越快的家庭数量增长抵消了，实在可惜。

⑥ 因此，人们所热衷的小家庭生活形式会使环境遭受破坏，这是一个不能不承认的事实。

（三）戒酒俱乐部

① A1 哈尔滨卫星路有个中国第一家戒酒俱乐部， A2 300 多名参加者都是自愿戒酒和反对酗酒者。B1 俱乐部成立 3 年多以来，B2 这里的医生已使 300 多名酒瘾患者彻底与酒“拜拜”。

② A 由于北方气候寒冷，人们尤其是男人爱喝点白酒来暖暖身体，这本来是很正常的现象，但有些人慢慢喝上了瘾，离开了酒就没办法过，完全变成了一个酒鬼。B 来这个俱乐部戒酒的人，开始大多是被家里或单位在实在受不了的情况下送来的。

③ A 根据了解，戒酒俱乐部的医生用中药、心理治疗和戒酒沙龙互相结合的方法，使数百名患者恢复了健康。B 这些人的治疗时间是根据他们酒精中毒的轻重程度来决定的，短的 3 周，长

的 3 个月。

④ A 43 岁的英语教师张某，工作认真负责，但心理素质很不稳定。B 因为一点小事被领导批评几句以后便想不开，每天买回许多酒，喝了醉，醉了喝，醒了再喝，连上厕所在卫生间也要抱着酒瓶喝几口。C 老婆最后受不了，气得同他离了婚，这下更好，他除了买酒，天天呆在家里喝……D 被送进戒酒俱乐部以后，医生们一方面用中药治疗，一方面对他进行心理治疗，帮助他正确认识生活中遇到的问题，正确地对待自己，终于使他重新建立了生活的信心。

⑤ A 戒酒俱乐部的“戒酒沙龙”每月活动两次，主要是请戒酒成功者向刚刚戒酒者介绍经验和体会，帮助他们坚定自己彻底告别酒杯的决心。B 某电脑专家酒瘾极大，又没办法控制自己，经常喝得大醉而不能工作，最后是被人抬进戒酒俱乐部的，治疗一周才能与人正常谈话。C 第 10 天，他参加了戒酒沙龙活动，别人戒酒成功的经验坚定了他戒酒的决心，他积极和医生合作，终于获得成功，重新坐到了电脑前面。

⑥ A记者在戒酒俱乐部看到，那些酗酒的人大多都脱发严重，很早就生了白发，远比他们的实际年龄老得多。B 而根据医生的介绍，因为酒精中毒，他们的身体都受到很大的损害。戒酒俱乐部的陈主任说：“C1 如果一个人天天喝酒，每天超过半斤，2 至 4 年以后就会形成酒依赖，形成慢性酒精中毒，带来很多严重的疾病。C2 妇女酗酒还会影响孩子的健康。”

⑦ 朋友，为了你自己和孩子的健康，千万不要酗酒。

附录二　概述测试参考答案及分值说明

文章（一）如果我是公司老板

如果我是公司老板，我要了解每一个员工，努力建立和员工的融洽关系，建立一套客观标准来评价员工。
① A　② A　③ A

参考答案共包含三项“必要信息”（画线部分），“必要信息”分值总分为 30 分。原文共四个段落，有可能出现“冗余信息”的段落一共四个，所以“冗余度”分值总分为 40 分。概述文本满分分值为 70 分。

文章（二）家庭变小，影响环境

现在小家庭越来越多，可是这种生活形式会使环境遭到破坏，因为：小家庭多了，导致住宅
⑥
数量不断增加，建造更多住房需要消耗更多自然资源，造成对环境的破坏和污染；小家庭多
② B
了增加电力消耗，加剧环境污染；分开居住导致交通工具的使用更加频繁，消耗能源、污染能源。
③ C　④

参考答案共包含四项“必要信息”。由于原文第⑥段和第④段都只有一句话，所以不再有标注句子序号的英文字母。原文共六个段落，有可能出现“冗余信息”的段落一共四个（因为第⑥

段和第④段都只由一句话组成，且这两句话都表达了“必要信息”，所以这两个段落不包括“冗余信息”）。概述文本满分分值为 80 分（“必要信息”40 分 + “冗余度”40 分）。

文章（三）戒酒俱乐部

哈尔滨有个中国第一家戒酒俱乐部，参加者都是自愿戒酒和反对酗酒者。成立 3 年多以来，
①A1 ①A2 ①B1
俱乐部通过中药、心理治疗和戒酒沙龙互相结合的方法，已使 300 多名酒瘾患者与酒“拜拜”。
③A ①B2

参考答案共包含五项“必要信息”。其中③ A“俱乐部的方法”提到了三种方法“中医”“心理治疗”和“戒酒沙龙”。有学生没有把三种方法全写进概述文本中，而是写了其中一个或两个，每一个以 3.33 分计分。原文共七个段落，有可能出现“冗余信息”的段落一共六个（由于第①段包含的全部是“必要信息”，所以该段中不包含“冗余信息”）。概述文本满分分值为 110 分（“必要信息”50 分 + “冗余度”60 分）。

由于三篇概述文本满分分值不同，学生的概述文本按上述标准进行评分后所得到的分数为“原始分”，然后“原始分”再被换算成百分制分数，以方便三篇文章概述文本得分情况的比较。

附录三　调查问卷

关于篇章主旨理解的调查问卷

请注意：每个问题有 1—5 五个选项。哪个数字代表你的情况，请在这个数字下面画“○”。请按照你的真实情况填写。谢谢！

Each question has 5 options. Please draw “○” under the number that represents your situations. Please choose according to your true conditions. Thanks!

选项 1 我 **从来不** 这么做。 I **never** do this.
选项 2 我 **偶尔** 这么做。 I **seldom** do this.
选项 3 我 **有时候** 这么做。 I **sometimes** do this.
选项 4 我 **常常** 这么做。 I **often** do this.
选项 5 我 **一直** 这么做。 I **always** do this.

策略	1	2	3	4	5
1. 概括文章大意时，我注意标志文章结构的词语，如“首先/第一”“其次/第二”“最后”“总之”等。 While summarizing the main ideal of an article, I pay attention to the text-structure signals, such as “firstly”, “secondly”, “lastly”, “in conclusion” and so on.					
2. 我认为，一篇文章的主要意思是这篇文章中每段话的主要意思的总和。 I think, the main idea of an article is the adding of each paragraph’s main idea.					
3. 我认为，一篇文章的主要意思是由这篇文章的开头表达的。 I think, the main idea of an article is expressed by its opening paragraph.					
4. 我认为，一篇文章的主要意思是由这篇文章的结尾表达的。 I think, the main idea of an article is expressed by its last paragraph.					
5. 我认为，一篇文章的题目可以告诉我们这篇文章的主要意思。 I think, the title of an article can tell us the main idea of the article.					

附录：第十三届国际汉语教学研讨会参会论文题目

安熙珍　　翻转课堂在汉语教学中的应用模式及其实践效果
白玉寒　　非汉语专业留学生的汉语课程设置与教学模式探究
毕彦华　　论赴美汉语教师在美国汉语教学的适应问题：基于个人在佛蒙特大学的教学实践
曹彩虹　　教学模式改革的方向：兼论商务汉语教学
曹　儒　　汉语词汇语义逻辑与对外汉语教学语义理据
曹贤文　　汉语国际教育质量标准和质量保障建设：回顾与前瞻
曾广煜　　本土汉语教师构建身份权威策略的个案研究
常　娜　　MBA 项目在华短期汉语速成培训的教学模式探索
陈　晨　　基于话语分析、任务法和多媒体网络技术的研究型国际汉语高级口语教学模式建构
陈　晨等　基于大数据对在线汉语课程的质量检测与分析
陈　慧　　非目的语环境下幼儿汉语教学中的高效语言输入和输出
陈慧娟　　对外汉语形声字的教学研究与实践
陈慧忠　　移动互联时代的在外汉语教学
陈菊咏　　构建基于脑的国际汉语教学模式
陈　莉　　论微信公众平台在汉语教学中的运用
陈　蒙　　留学生双音节声调组合的习得规律及偏误特征
陈雅芳　　中国台湾对外汉语教材中文化词语选用分析及编写建议
程乐乐　　冲突、竞争、融合：对外汉语教师实践性知识获得的一种模式
池　宇　　基于课堂体验的留学生情绪管理研究
崔秀仲　　异质文化中的中国节日文化教学
迪丽娜·米来提　浅析哈萨克斯坦学生汉语拼音学习现状
丁树雄　　一种基于字母标调的改革对外汉语声调教学的革命性方法
董淑慧等　现代汉语中“A 啊 B 啊”及其音变形式的列举功能
窦玉荣　　“给我”结构在人际互动角度上的话语分析
段　然　　零起点课堂媒介语使用及师资培训思考
方丽娜　　远程幼儿华语师资教育的学习支持系统之设置分析
方欣欣　　加拿大中文教育评估与考试改革阐析
付　丽　　新媒体环境下汉语国际教育专业混合式课堂教学模式研究：基于 APP 移动学习视角
傅　佳　　从密集型教学到混合型教学：探讨汉语预科教育视角下的有效教学模式
干红梅　　初中级水平留学生多音字词的习得研究
高小平　　网络会谈在国际汉语教育中的作用
古丽尼沙·加马力　从丝绸之路古代语言接触与融合看文化交流的双向性
桂　靖　　产出导向型汉语教材教学目标的设定与反思

郭晓沛　BOPPPS 教学模式在留学生汉语口语课堂中的应用
韩继宁　学习管理系统与对外汉语教学：汉语网课设计的个案研究
韩玉国　语法意识提升及对汉语语法教学的启示
韩志刚　初级阶段对外汉字教学新法：根字口诀法
郝小明　汉语与豪萨语语音对比及汉语教学研究
贺莉娜　母语背景下韩国汉语学习者跨文化认同研究
胡琬莹　针对英语母语者的京味儿文学读物研究
胡文华　汉字教学与汉字教学中的文化要素教学分析
黄金城　排除笔画笔顺理论谬误，改进预备阶段汉字教学
黄启庆等　汉语国际教育视角下的学术汉语词汇特点研究
黄卓明　国际学生中国概况课程建设研究与实践
汲传波　外国留学生“以 A 为 B”文言构式习得研究
姜　红　中国文化教学中的地方文化教学：以安徽文化为例
姜丽萍　美国外语学习标准发展研究
姜文英　澳大利亚高校汉语实证研究本科专业标准
姜子舒　基于移动互联网的国际汉语教学创新模式探索
蒋冰冰　汉语正音教学设计及教学模式探讨
金椿姬　国际汉语教学视角下韩国本土汉语教学与教材编写
金铭霞　新媒体视域下国际汉语传播与教学研究
金　鑫　“一带一路”背景下黑龙江省应用型本科院校汉语国际教育专业人才培养问题研究
金主彬　基于翻转课堂的汉语视听说课设计：以韩国大学本科高年级为例
蓝　微　对外汉语教学中的中国文化教学与传播的表与里
李宝贵　近十年我国汉语国际教育研究的热点主题分析及其演进：基于 2008—2017 年 CNKI 数据库的文献计量与内容分析
李海燕等　本科留学生学术汉语写作课需求调查与课程建设
李　慧　多元智能理论视角下的国际汉语教学研究
李　津　评价视角下的国际汉语教材研发路径初探
李铭娜　旧词新义式网络流行语的对外汉语教学研究
李　婷　浅谈国际汉语教学中文化教学的内容选择：基于在沪留学生的词语自由联想法调查
李伟佳　意象图式在对外汉语教学中的应用：以存在句教学为例
李先银　互动语言学理论映照下的对外汉语语法教学系统构建
李　瑶　交互性输入对汉语初中级学习者听力理解的影响
李治平　语用否定构式“什么 X”的形成机制及教学策略
梁　宇　国际汉语教学资源动态数据库的建设构想
林晓勤　本土化国际汉语教师培养与汉语言课程教学模式探索
林亿芳　国际汉语教学课程设计和教学模式研究
刘海燕　“支那通”汉语习得动机的批判研究
刘　红　浅析来华学历留学生“公共汉语”课程的教学策略
刘娟娟　国际汉语教师入职培训模式构建研究：以云南师范大学为例

刘立新	视听说教材发展与研究现状分析
刘　路	中高级汉语口语课堂合作学习中的同伴支架研究
刘露翌	中外合作汉语课堂中教师话语对比分析
刘　琼	对外汉语教师文化自信研究
刘　荣	高校国际汉语教学模式优化策略浅谈
刘雅琦	技术支持下的国际汉语教学模式
刘玉杰	关于直播课堂跨境线上汉语教学实践平台的建设与思考
柳　茜	阅读教学成败的关键：选文趣味性
柳素子	日本高中中国文化课教学的实践和探究：日本学生与华裔学生的合作学习
柳岳梅	留学生中华文化教学现存问题及对策探讨：以教学内容为例
卢福波	汉语教材理念方法之系统性实现问题：以《会通汉语》为例
罗　莲	国际汉语教师语言测试与评估素养调查研究
骆明弟	论对外汉语词汇教学的“因词施教”原则
吕滇雯	国际化人才职场汉语需求分析
吕和发	国际汉语公示语教学研究初探
马　跃	汉字领先作为汉语难学的心理障碍突破点：实践与观察
牟　蕾	“一带一路”沿线国家来华留学生中国形象的认知及传播研究：基于词汇联想测试和问卷调查的研究
宁　晨	网络化自媒体时代的任务、兴趣驱动式：对外汉语口语教学创新探索与实践
潘　玲	PYP 汉语的跨学科教学研究：以新加坡伊顿国际学校为例
潘先军	多模态理论视野下的国际汉语视听说教学研究
沙宗元等	国际汉语教学中的意符独体字
邵洪亮	多语生态下的个体优选语分析：以新加坡华裔为例
邵文佳	成长型国际汉语教师的动态养成
沈　莛	国际商务汉语教学中的诚信价值观传播研究与教学实践：重庆大学外国留学生汉语课程和文化课程体系建设之一
沈　岚	文化现实主义与汉语国际教育
沈庶英	翻转课堂中“转”的学习环境构建：以商务汉语翻转学习为例
盛　蕾	留学生汉语课堂跨文化认同的构建：基于传播学的探讨
施　歌	新媒体时代学习型对外汉语字典的设计与应用：以《掌中汉语》APP 为例
施正宇	关于对外汉字教学一些问题的思考
施仲谋等	汉语国际教育的 IB 师资培养：以香港教育大学为例
石旭登	汉语教师的负面教学经验对教师行为的影响
史　迹	论 HSK 三级与《欧框》B1 中级语言能力的对应问题
宋春香	中国文化体验式教学模式与实证研究
宋　鹏	对外汉语听力教学探讨：以《发展汉语（第二版）初级听力（Ⅱ）》为例
宋　燕	针对“了[1]”偏误之对韩汉语语感教学法
苏小迪	《新实用汉语课本》文化内容呈现体系研究
苏　叶	医学学历留学生汉语学习动机的调查与分析

孙宝新　从范畴化看临时量词“肚子”对中心成分的选择：兼谈范畴化理论对国际汉语临时量词教学的几点启示
孙　琳　MTCSOL“同伴辅导”中的实践性知识个案研究
陶　花　基于语料库和 Sketch Engine 工具的汉语教材词汇搭配分析：以“叫”为例
陶　炼　“你好！”初探
田　靓　中英双语项目对学习者工作和职业发展影响的调查与分析
田　笑　会话身份视角下的国际汉语教学研究
田　艳　关于建立国际汉字教学学科的构想
涂玲俐　针对中级汉语阅读教学实践的反思性总结及思考
汪启明　对外汉语教学专业研究生论文同质化现象剖析
王弘宇　三谈教材注音之问题
王红侠　学历留学生汉语课程过程考核方式改革之探索
王洪涌　《词汇等级划分》入门级词汇对普及化等级其他词汇意义理解的影响
王　群等　面向孔子学院的中国概况数字课程及资源库构建设想
王世友　课程论视域下的国际中小学汉语教材研发
王晓燕　中非汉语教学中课堂文化差异及对策研究：以非洲科摩罗大学孔子学院汉语课堂为例
王一平　基于 CLIL 模式的高级留学生中文书面语体表达能力培养：以复旦大学汉语国际教育外籍硕士研究生“高级汉语”课程为例
王奕祯　试论国际汉语教学中岁时节日文化的应用
王治敏等　翻转课堂理念下的口语课堂活动设计研究
魏　红　缅甸本土汉语师资发展变化情况调查：以曼德勒和仰光地区本土教师为例
吴门吉　对汉语国际教育文化传播方式的思考
吴星云　语言与文化视域下的美国高中汉字教学：以纽约州立布法罗大学孔子学院合作的一所私立高中为例
吴阳红　汉语思维在对外汉语教学中的重要作用
吴英成　在线平台作为全球汉语教室
吴应辉　孔子学院发展计量研究（2015—2017）
吴勇毅　关于汉语作为第二语言 / 外语教学法的研究（2005—2016）：演变与发展
吴中伟　论专门用途汉语教学的性质、目标和分类
夏　爽　IB 小学中文课程之教材编写模式探讨
肖婧婧　以“学生的学习和发展为中心”教学原则应用于对外汉语文化教学的可行性分析
邢俊国　关于国际汉语词典编写的几点思考与尝试
徐　祎　基于词汇变异实际的马来西亚华语教学研究
YAKUBOV DJASUR 等　《初级汉语—乌兹别克语教学辞典》中的辞类和词类文法标注信息
杨冰冰　方位隐喻的认知考察及教学研究：以“上”“下”为例
杨晓黎　语素教学中重点语素的选取与相关思考
叶　辉　“兴趣养成论”理论视角下的国际汉语教学法研究
由兴波　全面推进“一带一路”俄语区国家的中华文化传播工作

岳 岚　19 世纪西方人的声调教学与学习
张 璐　汉语视听说课主题式教学模式研究：以中国人民大学留学生教学为例
张梅一　海外儿童 AR 语言文化课程设计模式
张 倩　基于在线学习平台的个性化学习与混合式教学模式个案分析：以初级汉语综合课三位学生为例
张 旋等　柬埔寨汉语教师志愿者的跨文化适应研究
张亚茹　留学生高级汉语综合课课程研究现状与展望
张永芳　初中级汉语教学中文化和语言交际水平的结合
张媛媛　初级阶段语言文化教学模式建构
张 云　海外汉语教学服务满意度调查与分析
赵 静等　海外华人的语言认同与语言学习的个案研究
赵鹏飞　基于“注意假说”的汉语听力课教学设计
赵世芳　语言教育双向规划视域下的对阿汉语多阶分用汉语词汇教学研究
赵 炜　新型评价文化视域下国际汉语教学课堂评价的优化路径与提升策略
赵秀菊　国际汉语教师信念维度研究
赵延风　试论全球化时代国情文化教学中中国叙事体系之构建
郑飞洲　高级汉语视听课的教材和教法探讨
周 敏　基础教育阶段泰国学生汉语学习策略研究
朱 晨　论对外汉字教学中汉语工具书的运用
朱勘宇　汉语作为第二语言阅读篇章主旨理解能力与策略初探
庄雅琳等　一个帮助华语学习者快速阅读句子的有效方法及实验证据
纵 璨　对多元文化背景下短期强化高级汉语口语课的新思考
祖晓梅　国际汉语教师跨文化能力的内涵和标准